HISTOIRE

DE LA RÉUNION

DE LA LORRAINE

A LA FRANCE

AVEC NOTES, PIÈCES JUSTIFICATIVES ET DOCUMENTS HISTORIQUES
ENTIÈREMENT INÉDITS

PAR

M. LE COMTE D'HAUSSONVILLE

TOME TROISIÈME

PARIS

MICHEL LÉVY FRÈRES, ÉDITEURS

RUE VIVIENNE, 2 BIS

1857

L'auteur et les éditeurs se réservent le droit de reproduction
et de traduction à l'étranger.

HISTOIRE
DE LA RÉUNION
DE LA LORRAINE
A LA FRANCE

DU MÊME AUTEUR

HISTOIRE
DE LA
POLITIQUE EXTÉRIEURE DU GOUVERNEMENT FRANÇAIS
1830-1848

AVEC DES NOTES, PIÈCES JUSTIFICATIVES ET DOCUMENTS
ENTIÈREMENT INÉDITS.

DEUXIÈME ÉDITION

Deux beaux volumes grand in-18.

PARIS.   IMPRIMERIE DE J. CLAYE, RUE SAINT-BENOÎT, 7.

Nous aurions voulu publier à la fois les deux derniers volumes de l'*Histoire de la réunion de la Lorraine à la France*; mais l'obligation que nous nous sommes imposée d'écrire d'après les pièces du temps, et, autant que possible, d'après les documents émanés des principaux personnages qui paraissent dans notre récit, servira peut-être d'excuse à notre lenteur involontaire. Ayant à raconter actuellement la vie de Charles V de Lorraine, le défenseur de Vienne contre les Turcs, de Léopold son fils, qui fut, toute sa vie, dans d'intimes rapports avec la cour d'Autriche, de François, dernier duc de Lorraine, monté lui-même plus tard sur le trône de la maison de Hapsbourg, nous avons considéré comme un devoir d'entreprendre, aux archives secrètes de Cour et d'État à Vienne, les mêmes recherches que nous venions d'achever aux archives des affaires étrangères à Paris. C'était, à notre sens, la seule manière de nous mettre en complète possession de l'ensemble de notre sujet. L'abondance et la valeur des documents qui nous ont été communiqués, à Vienne, avec une si gracieuse complaisance, nous ont toutefois causé quelque embarras. Il nous était impossible d'étudier suffisamment, cette année, tant et de si riches matériaux; d'autre part, nous avions lieu de craindre, si notre narration demeurait trop longtemps interrompue, que le public n'eût entièrement oublié des événements et des figures historiques que nous ne nous flattons pas d'avoir gravés bien avant dans sa mémoire. Il nous a donc semblé prudent de lui donner, dès à présent, ce troisième volume qui forme un tout par lui-même, car il contient la fin de la vie de Charles IV et la vie entière de Charles V. Malgré les soins qu'il nous a coûtés, il ne nous a pas ennuyé à composer; puissent nos lecteurs ne pas le trouver ennuyeux à lire.

Janvier 1857.

HISTOIRE

DE

LA RÉUNION DE LA LORRAINE

A LA FRANCE

CHAPITRE XXV

Charles IV est gardé plus étroitement que jamais dans la prison de Tolède. — Il met sa principale confiance dans la duchesse Nicole. — Démarches de cette princesse pour la délivrance de son époux. — Elle meurt à Paris. — Dévouement des Lorrains pour procurer la liberté de leur souverain. — Ruses de Charles IV pour s'échapper de sa prison. — Elles échouent. — Sa lettre à Philippe IV. — Préliminaires de paix signés entre Mazarin et Pimentelli. — Conditions acceptées par la cour de Madrid. — Situation de la France et de l'Espagne. — Entrevue du cardinal et de don Louis de Haro. — Les deux ministres ont peine à s'entendre au sujet des intérêts du prince de Condé. L'Espagne cède au prince de Condé des places que celui-ci remet à la France. — Charles IV sort de prison. — Le roi d'Espagne refuse de le recevoir. — Charles arrive à la frontière des Pyrénées. — Son entrevue avec don Louis de Haro et avec Mazarin. — Il proteste contre les conditions qui lui sont faites par le traité. — Ses emportements contre don Louis de Haro. — Mazarin tâche de persuader au ministre espagnol de céder quelques provinces à Charles IV, afin que la France rende à ce prince le duché de Bar. — Don Louis de Haro propose une dernière conférence au sujet du duc de Lorraine. — Elle n'aboutit point. — Signature définitive du traité. — Charles IV se rend à Blois.

Charles IV avait été arrêté à Bruxelles au mois de février 1654 ; et sa captivité durait depuis à peu près deux ans, lorsque le duc François, son frère, quittant brusquement la Flandre et le service espagnol, se jeta aux bras de la France, avec toute l'armée lorraine. Au premier bruit de cet événement inattendu l'exaspération avait été grande à Madrid. M. Dubois de Riocour avait dû, par prudence, s'abstenir pendant quelque temps de paraître en public [1]. Le roi d'Espagne avait refusé d'écouter davantage les instances de l'envoyé lorrain, chargé de solliciter l'élargissement de son maître. Don Louis de Haro déclarant toute négociation rompue, avait sommé le négociateur ainsi éconduit de partir aussitôt, s'il ne voulait être soupçonné d'avoir eu part à ce que la cour de Madrid appelait hautement la trahison du prince lorrain.

M. Dubois de Riocour ne put même obtenir la permission d'aller visiter une dernière fois le duc. Depuis quelque temps déjà, le commandant du château de Tolède avait ordre de ne laisser plus arriver jusques à Charles IV les lettres de la duchesse sa femme, de ses sœurs ou de ses amis [2]. Devenu de plus en plus

---

[1] « Dubois cala les voiles pendant tout ce temps, sans beaucoup paroître en public, pour éviter les occasions d'une furie populaire..... » *Histoire de l'emprisonnement de Charles IV, duc de Lorraine*, page 11, Cologne, Pierre Marteau, 1690.

[2] Les archives générales de France possèdent un assez volumineux dossier relatif à la captivité de Charles IV. Ce dossier faisait partie des archives espagnoles de Simancas, apportées en France pendant l'invasion de l'Espagne par les armées impériales. Lorsque le gouvernement français les rendit plus tard à l'Espagne, il retint en sa pos-

méfiant, le ministre espagnol alla jusqu'à refuser au souverain captif la consolation de congédier lui-même son pieux serviteur. Leurs adieux se firent par écrit ; et la lettre du duc témoigne que la rigueur de son sort et la dureté de ses geôliers n'avaient ni abattu son courage ni diminué sa fierté. « Je suis persuadé, mandait-il à M. de Riocour, que vous demeurerez ferme à l'obligation naturelle de tout bon Lorrain ; et la plus signalée

---

session la portion de ces archives qui regardait principalement les affaires de France. Les papiers relatifs à Charles IV, ainsi restés en France sont renfermés dans deux cartons marqués K. K ; ils se composent de documents émanés de la chancellerie espagnole, qui attestent avec quel soin minutieux le duc de Lorraine était gardé et surveillé à Tolède. Nous y avons remarqué comme ayant quelque intérêt plusieurs lettres autographes du duc de Lorraine — Le 1er août 1656, Charles écrit au roi d'Espagne pour le féliciter de la nouvelle du secours de Valenciennes par M. D. Juan d'Autriche. « V. M., dit-il, aura pour agréable que je luy en vienne donner le compliment, avec les souhaits que Dieu luy fasse la grâce de mestre soubs ses pieds tous ses ennemis, mon regret estant que je n'y puis rien contribuer que par mes vœux en l'estat où je suis. » — Le 4 juillet 1656, c'est une proclamation de Charles IV qui donne à Mme la duchesse de Lorraine « l'autorité de faire assembler ceux de la maison et de l'État, pour aviser aux affaires. » — Le 17 octobre 1656, le duc de Lorraine écrit au roi d'Espagne pour lui redemander sa liberté. — Le 27 novembre 1656, Charles prie le roi d'Espagne de pardonner à ceux de ses domestiques qui ont entrepris quelque chose pour sa liberté. — Le 14 janvier 1657, Charles autorise la duchesse de Lorraine à faire participer le duc François aux affaires...

... « Vous exhortant et luy aussi de vous entendre et qu'il ne se laisse aller sy follement aux sentiments de valets et domestiques...... » — Le 21 mars 1657, dans une autre lettre sans adresse, Charles IV recommande à quelqu'un des siens une obéissance complète aux ordres de la duchesse de Lorraine.

On y trouve également diverses lettres de condoléance de la princesse de Phalsbourg, de Marguerite, duchesse d'Orléans; de divers seigneurs lorrains, etc., etc...

preuve que vous m'en puissiez donner, c'est d'assurer à tout ce pauvre peuple désolé que tous mes regrets sont de ne le pouvoir plus assister..... Vous irez à la cour, où vous ferez connaître la joie que j'ai eue d'entendre qu'ils se sont rangés à leur devoir, en obéissant à Mme la duchesse Nicole comme ils y sont obligés. C'est la loi et la coutume établie par tant de siècles ; c'est ma volonté et mes ordres. Plus une personne est en misère, plus ses amis et serviteurs se doivent montrer affectionnés et pleins de respect et de zèle.....

« Vous témoignerez à Madame, si vous la pouvez voir en passant à Paris, que j'ai tous les ressentimens du monde des soins qu'elle a de moi, que je lui en donnerai jusqu'au dernier soupir toutes les reconnaissances auxquelles elle a droit. Vous direz à tous les Lorrains non seulement de lui obéir, parce qu'en mon absence, ils le doivent, mais pour l'amour de moi de la servir et de la révérer plus que moi-même. Tout ce qu'elle fera sera bien fait, et elle peut disposer de tout absolument. — C'est à quoi je conjure la cour de tenir la main particulièrement, et de croire et vous aussi que si dans ce naufrage mes sujets ont perdu le Nord pour un peu de temps je ne laisserai pas d'être, comme du passé, dans la même affection et dans la même estime à leur égard... [1]. »

Charles avait raison de mettre sa plus grande con-

---

1. *Histoire de l'emprisonnement de Charles IV*, page 131.

fiance dans la duchesse Nicole. Conseillée par Mazarin et le duc de Guise, elle s'employa toujours avec ardeur en faveur de son époux. Au début, quelques nuages s'étaient élevés entre elle et son beau-frère le duc François au sujet de la conduite des troupes lorraines; mais la douceur conciliante de la princesse les avait bientôt dissipés. Il avait été convenu que les différents corps d'armée reconnaîtraient l'autorité supérieure de la femme de leur souverain, mais qu'ils seraient, en campagne, commandés par François ou par ses fils. Nicole garda le pouvoir civil tout entier; et demeura seule chargée d'agir, comme régente, au nom de Son Altesse. Un agent très-actif et assez capable, le Sr de Saint-Martin, dirigeait principalement, sous elle, les affaires de la Lorraine [1]. Par son entremise, la duchesse se mit en rapport avec la cour souveraine de Lorraine qui n'avait point cessé de siéger à Trèves. Elle obtint des puissances belligérantes la neutralité pour un certain nombre de places qui étaient constamment demeurées sous l'obéissance de Charles IV, à savoir : Bitche, Hombourg, Langstoul, Mussy, Longyon, Marsal et Dieuze. Elle entra en arrangement avec Mazarin pour l'établissement en quartiers d'hiver de six régiments d'infanterie, de quatorze régiments de cavalerie, et de deux com-

---

1. « La princesse ne faisoit plus rien que par le conseil de Saint-Martin, homme d'un esprit subtil et délicat. » *Mémoires de Beauvau*, page 154.

pagnies de gardes et chevau-légers qui avaient quitté leurs garnisons de Flandre pour entrer au service de France. Ces troupes furent logées partie en Lorraine, partie en Champagne et dans la Picardie. — Leur état-major se composait du duc François, commandant en chef, de deux maréchaux de camp, les comtes de Ligneville et Du Chatelet, un intendant, le sieur Raulin, un quartier-maître général, et quatre adjudants généraux [1]. Ces officiers, quand ils n'étaient pas en campagne, ainsi que le marquis de Beauvau, gouverneur des enfants du duc François, résidaient le plus souvent à Paris; ils formaient, pour les affaires de Lorraine, une sorte de conseil supérieur dont la régente prenait volontiers les avis.

Un des premiers soins de Nicole fut d'envoyer Mengin solliciter du roi d'Espagne la liberté de son mari. Ayant échoué de ce côté, elle s'empressa de recourir à l'assistance des cours étrangères. Elle supplia les Vénitiens de s'employer à tirer son mari des mains de leurs alliés les Espagnols. Elle somma le pape d'interposer sa haute autorité en faveur d'un prince si injustement détenu. Mais ses plus grands efforts se tournèrent surtout du côté de l'Empire. Il lui semblait que les électeurs catholiques étaient particulièrement tenus de prendre fait et cause pour leur ancien champion, le soldat de Prague et le vain-

---

1. Guillemin, *Histoire manuscrite de Charles IV*.

queur de Nordlingen. Les circonstances étaient assez favorables ; car la diète allait bientôt s'assembler pour élire l'empereur d'Allemagne. La duchesse expédia Beaulieu en Allemagne chargé de lettres adressées de sa main à tous ceux des membres de la diète que les liens du sang ou ceux de l'amitié unissaient le plus intimement à la maison de Lorraine [1]. Mais une grave maladie qui devait conduire la duchesse au tombeau, interrompit tout à coup cette œuvre généreuse. La mort sembla cruelle à la pauvre Nicole, venant justement la saisir lorsque pour la première fois elle espérait reconquérir l'affection de son époux ; elle l'accepta toutefois avec résignation et avec sa douceur accoutumée. Telle était sa piété, qu'à peine rassurée par les longues épreuves d'une vie innocente et cependant si tourmentée, elle voulut mourir sur une simple paillasse, vêtue d'une laine grossière taillée sur le modèle de l'habit des moines de Saint-François. Le duc avait depuis sa captivité paru lui rendre enfin justice. Comparant sa conduite avec celle de Béatrix, dont il croyait avoir, à cette époque, quelques raisons de se plaindre, il avait, dans une lettre datée d'Espagne, donné de grands et mérités éloges à cette épouse si dévouée. — « Nonobstant le mauvais ménage que nous avons eu ensemble, écrivait-il à son confesseur, elle a abandonné tous ses biens et toute sa

---

[1]. *Vie manuscrite de Charles IV*, par le père Hugo.

maison qu'elle a voulu sacrifier pour moi. Elle m'a obéi avec une ponctualité et une promptitude infinie. Elle s'est assujettie à ceux qu'on lui avoit donnés pour conseillers, ayant voulu mettre en gage les rentes qu'elle avoit en Lorraine, et même vendre ses hardes pour m'en envoyer le prix à Tolède » [1]. Cependant il est douteux que ces témoignages d'affection fussent bien sincères. Les biographes de Charles IV remarquent avec tristesse qu'il ne manifesta aucun regret après la mort de cette princesse, et qu'il ne parla plus jamais d'elle. Rendu à la liberté il ne visita point son tombeau, et ne fit faire pour elle aucune prière [2].

Nicole expirée, le duc François succéda à son pouvoir, mais non pas tout à fait à sa bonne volonté pour le prisonnier de Tolède. Il continua toutefois, auprès de la cour d'Espagne et des puissances étrangères, les démarches officielles commencées par la duchesse de Lorraine. Il était puissamment secondé par Madame retirée à Blois avec Gaston d'Orléans ; et cette princesse écrivit lettres sur lettres à Rome pour émouvoir le saint Père en faveur de son frère [3]. Comme

1. Lettre de Charles IV, du 25 octobre 1657, citée par Dom Calmet.
2. La duchesse Nicole, morte en février 1657, fut enterrée à Paris dans l'église Saint-Paul, où son corps demeura longtemps en dépôt.
3. « J'ai fait du côté de Rome toutes diligences pour mon cher frère, et continueray et n'oublieray rien pour le servir, car je suis tous les jours plus touchée de son malheur. » Lettre de Marguerite au révérend père Donat tirée des papiers du père Donat (Bibliothèque de la ville de Nancy).

La duchesse d'Orléans avait précédemment envoyé M. de Prie à

elle, les princes lorrains établis à la cour de France, M. de Guise à leur tête, intercédèrent partout avec activité pour obtenir la délivrance du chef de leur maison. C'était un scandale assez généralement ressenti en Europe que cette brusque arrestation et cette détention prolongée d'un prince souverain. Les Espagnols étaient hautement blâmés d'user d'un pareil traitement envers un si ancien allié qu'ils ne pouvaient convaincre de trahison, et qu'ils ne voulaient pas non plus relâcher de bonne grâce. Mais l'indignation n'était nulle part aussi grande que parmi les sujets de Charles IV. Plus d'un fidèle Lorrain quitta alors son pays et sa famille pour venir en Espagne tenter au péril de ses jours la délivrance de son maître. Trois hommes de cœur, les sieurs Roucels, Roussault, et le baron de Sérinchamps, formèrent la résolution de gagner isolément Tolède, sous quelque déguisement, afin de s'unir aux serviteurs de Son Altesse, et de l'enlever tous ensemble de vive force, au sortir de la messe, pendant la promenade qu'il faisait d'ordinaire dans le jardin d'un monastère où ses gardes ne le suivaient point, par respect pour les règles de la clôture. Leur projet fut découvert aussitôt leur entrée en Espagne. Le sieur Roucels fut, comme gentilhomme, retenu simplement en prison. Roussault, valet de

la cour de Madrid, pour réclamer de Philippe IV la liberté du duc son frère; mais son envoyé y avait été très-froidement reçu. *Vie manuscrite du père Hugo.*

chambre de confiance du duc, fut appliqué à la question ordinaire et extraordinaire; mais il ne voulut jamais rien avouer, ni dénoncer aucun de ses complices. Seul M. de Sérinchamps, lieutenant-colonel d'un régiment de cavalerie, put avec son épée se dégager des mains des assaillants, et parvint à grand'peine à regagner la frontière française.

Un si mauvais succès ne découragea pas d'autres braves gens aussi dévoués quoique plus obscurs. L'affluence des Lorrains qui venaient à Tolède sous de faux noms et avec des professions supposées était fort grande; et souvent il arrivait aux Espagnols de les employer sans s'en douter pour le service du prisonnier. C'est ainsi que le cocher qui le menait à la promenade était Lorrain de naissance, et fourrait adroitement sous les coussins de la voiture des billets dont un de ses compatriotes, le coiffeur du prince, rapportait exactement les réponses. Tous deux furent découverts, et plongés dans une basse fosse où ils périrent rongés de vermine. Rien n'y fit. Les intelligences avec le dehors se continuèrent au moyen d'un autre Lorrain, nommé Sureau, tailleur d'habits de Charles IV. Celui-ci observé de trop près, alla trouver un jour le gouverneur du château de Tolède. — « Je suis, lui dit-il délibérement, porteur de lettres pour le duc de Lorraine mon souverain, il faut que je les lui rende aujourd'hui. Mais prenez garde, si vous m'en empêchez, je vais de ce pas vous accuser vous-même de m'avoir engagé dans ce commerce. » Le gouverneur intimidé ou touché laissa passer les lettres. On ne prit pas si doucement la chose à Madrid, et, par ordre du ministère espagnol, Sureau fut mis à la question. Il la souffrit sans mot dire, jusqu'à l'entière dislocation de tous ses membres. Quelques-uns des juges opinèrent à la mort. Le plus grand nombre cependant conclut au bannissement, « étant naturel, » disaient-ils, « à un sujet de servir son souverain. » Ce dévouement indomptable des Lorrains envers Charles IV frappait les Espagnols d'étonnement ; ils étaient pleins d'admiration pour la constance prodigieuse de Sureau. Comme le malheureux demeura longtemps à Madrid, gisant sur le fumier où, pour refaire son corps brisé, on l'avait plongé après sa torture, les seigneurs de la cour avaient coutume de l'aller visiter se disant l'un à l'autre : « Allons voir l'homme ». Montrant par là, rapporte don Calmet, l'estime qu'ils faisaient de son grand courage et de sa générosité extraordinaire. Charles devenu libre n'oublia pas, assure le même auteur, son fidèle serviteur : il l'ennoblit, et lui donna la prévôté d'Amancé en Lorraine.

Ce prince, que les siens savaient si bien servir, ne s'abandonna point non plus lui-même. Il imagina mille ruses pour se tirer des mains de ses geôliers, mais il parut surtout compter sur la pitié des dames espagnoles. Les religieuses de Tolède ne lui furent pas moins favorables que ne l'avaient été les héroïnes de la Fronde. « Elles seules, » disait-il plus tard, « lui avoient procuré quelque consolation pendant sa captivité; » et peu s'en fallut qu'il ne leur dût même sa liberté. En effet, certaines religieuses d'un monastère voisin de sa prison trouvant beaucoup d'agrément dans sa conversation, avaient pris une si forte affection pour lui qu'elles le régalaient souvent et de fruits et de confitures qu'on lui apportait dans un grand coffre. Le duc avait adroitement ordonné ce coffre à la mesure de son corps; et les gardes avaient pris l'habitude de le laisser passer et repasser sans le visiter, pensant toujours qu'il n'était rempli que de ces sortes de friandises dont, pour les mieux tromper, le duc leur donnait souvent leur part. Cependant il comptait se faire ainsi porter en cachette dans le couvent, et de là, un beau jour, s'enfuir vers la frontière du Portugal. Mais le commandant des gardes, « qui étoit un vieux Rodrigue, dit le marquis de Beauvau, très-rude et fort soupçonneux » découvrit enfin toute cette pratique; il fit mettre en prison ceux dont il se défiait et resserra plus que jamais son prisonnier.

Désespéré de l'inutilité de ses tentatives d'évasion et las de négocier inutilement avec les ministres espagnols, qui l'amusaient de vaines promesses, Charles s'adressa directement au roi Ferdinand. Ses lettres contenaient un mélange singulier de fierté et de soumission, d'humbles prières et de menaces peu déguisées : « Tant de princes d'Italie et d'Allemagne et le duc d'Orléans, mon beau-frère, » écrivait-il le 15 novembre 1658, « ayant vainement employé leur médiation pour ma délivrance, Sa Majesté impériale depuis son élection ayant daigné joindre son intercession à la leur, sans avoir pu obtenir ma liberté et sans que son ambassadeur ait pu jusqu'ici recevoir de réponse favorable, je me sens obligé de représenter à Votre Majesté qu'il semble qu'elle prenne plaisir à voir périr ma maison et mon État, et à me voir achever ma vie dans cette infortunée prison, quoique sa parole si souvent engagée la convie à m'en tirer, que mes services la sollicitent, et que l'obligation qu'elle a de faire justice la presse de la rendre à un prince malheureux.... Sera-t-il dit, Monseigneur, que je serai contraint de me jeter avec mes États et ma maison sous la protection de ceux à qui j'ai trente ans fait la guerre pour les intérêts de Votre Majesté, lesquels paraissent moins mes ennemis que Votre Majesté puisqu'ils se contentent de mes biens, et que je ne peux, en vous offrant ceux qui me restent, mériter votre amitié! Votre Majesté m'a fait perdre tout ce que j'avais dans ses pays et partout ailleurs; elle réduit mes enfants à manquer de pain ; elle me réduit de souverain que j'étois à la tête des plus braves soldats qui fussent en Europe, à la miséricorde de ses sujets qui m'ont traité à leur discrétion. Que Votre Majesté croye après cela, que la vie qu'elle me laisse est pire que la mort[1]. »

Mais la délivrance du duc de Lorraine ne devait provenir, ni des hardies entreprises de ses sujets, ni de ses propres tentatives, ni de la générosité du roi d'Espagne. La paix seule était destinée à lui ouvrir les portes de sa prison ; et cette paix allait être le fruit des triomphes croissants de la France, c'est-à-dire de la puissance la plus ennemie de Charles IV, de celle-là même contre laquelle il n'avait jamais un instant cessé d'intriguer et de combattre.

Toutes les années que, depuis 1654, Charles IV avait tristement passées sous les verrous de Tolède, avaient été marquées par autant de campagnes conduites en Flandre par Turenne contre les armées espagnoles, commandées elles-mêmes alors par Condé. Mais le cabinet de Madrid avait eu bientôt occasion de s'apercevoir qu'il n'avait pas fait un heureux marché en gagnant Condé à son parti, pour perdre presque en même temps les troupes lorraines. En effet, tandis qu'habituellement contrecarré dans ses habiles dispositions par la jalousie de ses surveillants espagnols, le prince français avait tout au plus réussi à soutenir dans son nouveau parti sa haute renommée militaire, les troupes de Charles IV, jointes à

---

1. Lettre de Charles IV au roi d'Espagne, tirée des papiers du père Donat gardés à la bibliothèque de Nancy. (Don Calmet, t. IV, p. 467.)

d'armée française, avaient encore grandi leur vieille réputation de vaillance par les plus signalés exploits. Le maréchal de La Ferté, qui n'aimait guère les Lorrains, avait été forcé de reconnaître les services qu'ils lui avaient rendus au siége de Montmédy. MM. d'Harcourt, de Ligneville et de Lenoncourt recevaient les éloges publics de M. de Turenne pour la part brillante que leurs régiments avaient prise à ses plus décisives victoires, et notamment à la bataille des Dunes, qui lui avait ouvert le chemin des Pays-Bas[1]. En Italie, les armées françaises n'avaient guère été moins heureuses. L'affaiblissement graduel de la monarchie espagnole était, d'année en année, devenu plus apparent. Le moment était arrivé où cette cour avait dû se décider à rabattre un peu de sa fierté traditionnelle; et vers le milieu de l'automne de 1658, don Louis de Haro avait été contraint de faire, au nom de son maître, les premières avances d'un rap-

---

1. *Mémoires du marquis de Beauvau*, page 166. Voir aussi les *Mémoires de Turenne*. « Le comte de Ligneville avec les Lorrains chargea la cavalerie espagnole de l'aile droite, et la renversa. » — *Mémoires de Montglat*, campagne de 1656.

« Toujours les plus ardentes au choc, et les plus impétueuses dans l'action, les troupes lorraines firent un carnage effroyable des Espagnols; elles ramenèrent prisonniers le marquis de Ceraldo, général de bataille et gouverneur d'Anvers, le marquis de Belleveder, le baron de Himberk, don Emmanuel Dolleolu, le vicomte de Furnes, le baron de Gulpen, Des Roches, l'un des capitaines des gardes du prince de Condé, l'un de ses secrétaires, l'intendant de la maison, un adjudant général, le baron de Montmorency, quarante capitaines, et soixante-dix officiers. » (Le Père Hugo, *Vie manuscrite de Charles IV.*)

prochement rendu indispensable par tant et de si longs revers.

La conclusion de la paix devenait presque assurée le jour où elle était sincèrement recherchée par le cabinet de Madrid. Jamais, en effet, Mazarin, quoi qu'en aient dit ses ennemis, ne s'était proposé de prolonger indéfiniment une guerre qui avait déjà rapporté tout ce que la France en pouvait raisonnablement attendre. La reine-mère, maintenant que son fils était en âge de donner des héritiers à la couronne, souhaitait passionnément l'alliance de l'Espagne et le mariage de Louis XIV avec l'infante sa nièce, fille de Philippe IV.

C'était pour obliger les ministres espagnols à triompher de leurs dernières irrésolutions que la reine et son ministre avaient fait semblant de vouloir incliner le choix du roi vers une autre de ses cousines, la princesse Marguerite de Savoie. Un rendez-vous avait été pris à Lyon pour ménager à Louis XIV l'occasion de connaître cette future épouse. Mais la cour s'était mise lentement en marche, s'arrêtant presque partout sur son chemin, comme pour mieux laisser au roi d'Espagne le temps de réfléchir et de se décider. Cette ruse avait parfaitement réussi. Le soir même du jour où Louis XIV sortait de Lyon au-devant de la jeune princesse, pour laquelle il avait tout d'abord témoigné un assez vif empressement fort remarqué des courtisans,

DE LA LORRAINE A LA FRANCE. 17

un étranger entrait sans vouloir se nommer par une autre porte de la ville et demandait à parler à Mazarin : c'était Pimentelli[1]. — « Ou vous êtes chassé, Pimentelli, » s'écria le ministre français, en reconnaissant son visiteur, « ou vous venez nous offrir l'infante et la paix[2]. » Pimentelli avait en effet pouvoir d'ajuster ces deux points. Quelques jours suffirent à l'heureux cardinal pour congédier la princesse de Savoie et pour ramener le roi à Paris; mais il lui en fallut un peu davantage pour se mettre complétement d'accord avec l'envoyé secret du roi d'Espagne.

Il ne s'agissait pas moins en effet que de régler les conséquences d'une lutte aussi longue qu'opiniâtre entre les deux puissantes nations dont l'infatigable rivalité avait remué l'Europe entière. Certes la situation n'était point pareille entre les deux négociateurs. Mazarin stipulait pour un jeune monarque vainqueur des partis qui avaient troublé sa minorité, maître de plus de provinces que ne lui en avaient légué ses an-

---

[1]. En retournant de son ambassade de Suède à Madrid, en 1656, don Antonio Pimentelli, déjà connu du monde politique par la passion qu'il avait inspirée à la reine Christine, était passé incognito à Paris; il avait causé confidentiellement avec Mazarin de la convenance d'une alliance entre le jeune roi de France et l'infante d'Espagne. Le cardinal lui avait fait le plus gracieux accueil; et Pimentelli avait pû dès lors apporter à sa cour l'assurance qu'il n'entrait pas dans la politique du ministre français de pousser à outrance la guerre contre l'Espagne. Ces raisons avaient principalement décidé le choix de l'agent espagnol. (Voir le Père Hugo, *Vie Manuscrite de Charles IV*. *Mémoires de Mme de Molteville*.)

[2]. *Mémoires de l'abbé de Choisy.*

cêtres, traitant chez lui pour savoir celles qu'il lui conviendrait de garder ou de rendre. Louis XIV, à peine monté sur le trône, était en réalité déjà plus puissant que ne l'avait jamais été son grand-père Henri IV. Pimentelli représentait dans une cour étrangère un roi vieux et valétudinaire qui n'avait hérité ni des talents ni de la puissance de ses prédécesseurs. Entre l'Espagne de Philippe II et celle de Philippe IV, quelle différence ! Philippe II possédait les Pays-Bas tout entiers et dominait dans la plus grande partie de l'Italie ; aux couronnes de Naples et de Sicile, il joignait celle de Portugal, et régnait sans partage dans les deux Indes. Philippe IV avait été plusieurs fois attaqué et battu par les Hollandais, ses anciens sujets. Privé du sceptre du Portugal, il ne tenait plus que d'une main débile celui de Naples et de Sicile. Les Français lui avaient enlevé ses plus fortes places du Roussillon et de l'Artois. Une partie de ses colonies d'Asie étaient tombées au pouvoir des révoltés des Provinces-Unies ; il avait été abandonné par son proche parent et son allié l'empereur d'Allemagne, qui avait dû céder lui-même le premier à l'ascendant de la France, leur commune ennemie. L'Angleterre, après lui avoir, sans déclaration de guerre, enlevé la Jamaïque, venait de se liguer ouvertement avec Mazarin pour lui ravir les places maritimes de la Flandre. Il avait successivement perdu ses plus habiles généraux ; il n'était plus entouré que d'une noblesse amollie, dégoûtée des emplois militaires, puérilement absorbée dans de vaines rivalités de cour, et qui achevait de consumer dans de vulgaires débauches ce qui lui restait encore de richesses et d'ardeur [1].

Ajoutons que l'opinion publique européenne était défavorable au cabinet de Madrid. On trouvait ridicule cet orgueil intraitable qui avait été l'une de ses forces au temps de la prospérité, et qui survivait à sa puissance. L'égoïsme, la dureté et les perfidies de la politique espagnole étaient devenues généralement odieuses au dehors. Les cours étrangères en voulaient à cette couronne d'avoir inconsidérément prolongé une guerre qui avait été sans profit pour elles et fâcheuse pour tout le monde [2].

---

[1]. « La paresse et l'ignorance des gens de qualité va presque de pair en Espagne, et sont inconcevables... La pauvreté est grande parmi eux, mais ils ne peuvent se rassasier de femmes... Ils restent tous jusqu'à quatre heures du matin chez les courtisanes publiques... La dépense qu'ils y font est excessive... La plupart des grands se ruinent avec les comédiennes.... Le mépris que ces messieurs font des gens qui vont à la guerre, ou qui y ont été, n'est quasi pas imaginable. — J'ai vu don Francisco de Menesses qui avait si valeureusement défendu Valenciennes contre M. de Turenne, n'être pas connu à Madrid pendant que nous y étions, et ne pouvoir saluer le roi ni l'Amirante de Castille ; et ce fut le maréchal de Grammont qui le présenta à l'Amirante chez lui, lequel n'avait jamais entendu parler de Francisco de Menesses ni de la levée du siège de Valenciennes, ce qui ne laisse pas d'avoir sa singularité... »

Extrait des Mémoires du maréchal de Grammont, rédigés par son fils (le duc de Grammont, auparavant comte de Louvigny) pendant l'ambassade de son père en Espagne, en 1659.

[2]. Charles V de Lorraine dans son testament politique dont nous au-

Quand la situation des puissances contractantes est à ce point inégale, les clauses du traité qu'elles préparent se peuvent pour ainsi dire prévoir à l'avance. Mazarin a été beaucoup loué de son vivant pour l'habileté avec laquelle il avait su arracher à l'Espagne tant et de si grandes concessions. Son mérite fut autre et beaucoup plus grand. La postérité l'admirera surtout pour avoir, par seize années de fermes négociations et de campagnes heureusement conçues, réduit l'Espagne à proposer elle-même à la France, par la bouche de son négociateur, de si considérables avantages. Il serait injuste cependant de ne pas reconnaître que le plus sérieux des motifs qui avaient rendu le cabinet de Madrid si contraire à la paix avait alors disparu. Aussi longtemps que l'infante d'Espagne, épouse actuellement destinée à Louis XIV, avait été la seule héritière des États de son père, don Louis de Haro n'avait pas voulu entendre parler de son mariage avec le souverain de la France. Il savait le peuple espagnol résolu à appuyer sa résistance, prêt à souscrire aux plus rudes sacrifices plutôt que d'humilier sa fierté jusqu'à se laisser absorber dans la souveraineté d'une nation rivale. Mais la reine d'Espagne venait d'accoucher d'un

---

rons occasion de parler plus tard s'exprime en termes très-sévères sur la politique que pratiquait l'Espagne à cette époque; il la signale aux princes souverains d'Autriche, comme ayant causé la décadence et la ruine de cette branche aînée de leur maison.

prince; elle était grosse en ce moment pour la seconde fois. Les mêmes craintes n'arrêtant plus Philippe IV et son ministre, ils s'étaient décidés à offrir l'infante pour femme au roi de France. Rien ne convenait tant à Mazarin et à la reine. L'art consistait à ne pas payer cet avantage trop cher; Mazarin y réussit parfaitement.

Les préliminaires de la paix furent arrêtés au commencement du printemps de 1659, entre le ministre de Louis XIV et l'envoyé du roi d'Espagne. Il fut convenu que la France garderait Perpignan et le Roussillon, précédemment réunis au royaume par Richelieu, un certain nombre des places qu'elle avait plus récemment conquises tant dans l'Artois que dans la Flandre, et la partie de l'Alsace déjà concédée par le traité de Munster. Le duché de Bar lui fut alloué en toute propriété.

Il avait aussi fallu s'occuper du sort à faire aux princes alliés que les deux cours avaient compromis dans leur querelle. Le prince de Condé rentrait en France et dans ses biens, à l'exception de Chantilly, mais sans aucune charge de cour, et privé de tous ses anciens gouvernements. Quant au duc Charles, il devait être mis en liberté. Il recouvrait son duché de Lorraine, et perdait celui de Bar. Il était tenu de céder, à travers ses États ainsi diminués, un passage d'une demi-lieue de large, afin de permettre aux troupes françaises de se rendre de Champagne en Alsace. — Nancy, sa capitale, lui était restituée ; mais les fortifications devaient être d'abord rasées jusqu'au sol. — Ces conditions admises, une suspension d'armes avait été signée le 8 mai 1559 ; et les ministres des deux pays, don Louis de Haro et Mazarin convinrent de se rencontrer sur la frontière des Pyrénées, afin de régler entre eux les clauses du traité définitif. Tous deux se mirent en route vers la fin de juillet, et les conférences s'ouvrirent officiellement le 13 août. Nous n'en raconterons pas tous les détails. Nous retracerons seulement quelques incidents trop peu connus de cette longue négociation, qui rentrent forcément dans notre sujet.

A lire les mémoires du temps et les lettres de Mazarin, écrites à cette époque, il est évident pour quiconque sait pénétrer au fond des choses, qu'une question d'orgueil national préoccupa à peu près exclusivement les deux ministres. Tous deux affectèrent de se disputer opiniâtrément quelques lambeaux de territoire, dont au fond l'importance les touchait peut-être assez peu. Ce qui leur tenait bien plus au cœur, c'était de prendre ostensiblement l'un sur l'autre, devant l'Europe attentive, quelque avantage signalé. Qu'importait aux puissances étrangères d'apprendre si certaines places frontières de la Flandre resteraient définitivement au pouvoir des Espagnols ou des Français. Alors, comme depuis, comme toujours, ce qui regardait les personnages considérables du temps avait, plus que les simples affaires, le don d'exciter l'attention générale. Quel allait être le sort des alliés du cabinet de Madrid? Qu'obtiendrait Philippe IV pour Condé et pour le duc de Lorraine? Voilà ce qui préoccupait le public.

Don Louis de Haro avait trouvé qu'à Paris Pimentelli avait trop facilement abandonné les prétentions élevées par le prince de Condé. Taxé de faiblesse par ses compatriotes, gourmandé par les amis du prince français pour avoir mal défendu la cause de ce client de l'Espagne, excité surtout par Lenet, qui venait justement d'arriver de Flandre à Irun, afin de veiller de plus près aux intérêts de son maître, le ministre de Philippe IV se flattait d'arracher à Mazarin quelques nouvelles concessions. Le cardinal prétendait bien n'en accorder aucune qui pût préjudicier, si peu que ce fût, à la grandeur du royaume ou seulement à la gloire de son souverain. Dès l'ouverture des conférences, il parut clairement que tout l'effort des négociations allait porter sur ce point délicat[1]. Plu-

---

[1]. « Don Louis employa la plus grande partie de cette conférence à me faire des prières, et il se servit de tous les moyens imaginables pour m'obliger à consentir que le roy d'Espagne donnât à Monsieur le prince une récompense proportionnée aux grandes pertes qu'il faisoit pour l'avoir servi. Leurs Majestés croiront aisément que tout ce que don Louis sut dire, et la chaleur avec laquelle il accompagnoit ses instances ne m'ébranla pas trop..... Je lui fis connoître assez librement que j'étois venu persuadé que nous n'emploierions pas trois heures de temps à convenir de tous les points qui avoient été ajustés jusqu'ici; cependant je voyois que nous en avions perdu quinze en trois conférences; et

sieurs fois Mazarin menaça de tout rompre plutôt que
de rendre à Condé les gouvernements et les charges
que don Louis de Haro réclamait pour lui avec tant
d'insistance[1]. Un jour, animé plus que de coutume,
et, dans la chaleur de ses sollicitations, laissant voir
au cardinal le fond même de son âme, le ministre espagnol s'emporta jusqu'à dire : « que son maître
n'auroit plus jamais d'alliés si, à la vue de tout le
monde, après les promesses qu'il avoit faites à M. le
Prince, il l'abandonnoit et le laissoit dépouiller de

---

quand il me parleroit cent fois sur le point de Monsieur le Prince, je ne lui pourrois jamais répondre que les mêmes choses. » (Lettre 14, Mazarin à M. Le Tellier, — de Saint-Jean-de-Luz, 21 août 1659.)

1. ..... « Élevant un peu la voix je lui dis donc (à don Louis de Haro); quand même Sa Majesté me permettroit de faire un plus long séjour sur cette frontière, et que nous aurions cent conférences ensemble, vous n'obtiendriez rien davantage de moi, parce que Sa Majesté ne consentiroit jamais que le roi d'Espagne donnât à Monsieur le Prince une récompense qui servît à la postérité de monument de sa rébellion, et d'un pernicieux exemple aux personnes de son rang de s'engager au service d'Espagne contre le roi et leur patrie pour gagner de semblables récompenses..... Je lui déclarai qu'encore que j'avouasse qu'il me seroit très-sensible de n'avoir pas réussi à une affaire si fort désirée de tout le monde, et dont l'exécution lui est si nécessaire, je m'en retournerois comme j'étois venu avec cette consolation qu'il n'y auroit personne qui pust avec la moindre apparence de raison m'imputer la faute de la rupture d'une paix pour la conclusion de laquelle j'avois si heureusement travaillé à Paris; que je croyois que le roi pouvoit attendre de la bonté divine dans la continuation de la guerre les mêmes avantages, et même plus grands que ceux qu'elle lui avoit donnés après le retour de M. de Lyonne, de Madrid, où la seule considération de Monsieur le Prince l'avoit empêché de conclure la paix.

« Je ne saurois vous dire combien don Louis fila doux après une déclaration si hardie. (Lettre 15, Mazarin à M. Le Tellier, — de Saint-Jean-de-Luz, 23 août 1659.)

tout ce qui le pouvoit rendre et l'avoit rendu autrefois considérable en France. » — « Des alliés ! » s'était écrié à son tour Mazarin, « nous n'avons garde de donner ce nom à des sujets qui se révoltent contre leur roi, et qui se mettent sous la protection d'un autre maître. Cette qualité n'appartient qu'aux princes souverains, qui ont la liberté de s'allier et de faire tout ce que bon leur semble. Nous avons grand intérêt, et c'est grande justice, que nous fassions tous nos efforts, afin que ces sortes d'alliés soient traités de façon qu'il ne soit pas facile à la couronne d'Espagne d'en avoir à l'avenir[1]. » Ces vives paroles résumaient bien les difficultés du débat. Mais il fallait en sortir. Ce fut Mazarin qui indiqua un expédient auquel il avait songé, même avant son départ de Paris, qui était tout à l'avantage de la France, et que le ministre espagnol s'empressa d'accepter avec une évidente satisfaction. Mazarin avait trop de sagacité pour ne pas sentir qu'une fois rentré en grâce, le chef de la maison de Condé, si fameux par sa naissance et par sa gloire militaire, ne pouvait manquer d'occuper dans le royaume la place la plus considérable. Des dignités et des charges accordées ou refusées à un tel personnage n'étaient point pour grandir ou pour diminuer beaucoup sa réelle importance.

---

1. Lettre 14, Mazarin à M. Le Tellier, — de Saint-Jean-de-Luz, 26 août 1659.

L'essentiel était d'obliger la cour de Madrid à faire seule les frais de cette grandeur inévitable. Le moyen suggéré par le cardinal atteignait complétement ce but. Il fut, en effet, convenu, après bien des pourparlers, que les Espagnols céderaient à Condé quelques-unes des villes frontières qu'ils avaient possédées du temps de la Fronde. Ce prince les devait remettre au roi, qui, en échange, lui rendrait, non pas son ancien gouvernement de Guyenne, trop voisin de l'Espagne, mais celui de la Bourgogne, province à peu près dépourvue de places fortes.

Nous nous sommes un peu arrêté sur les arrangements pris à l'égard du prince de Condé, parce qu'ils allaient grandement influer sur le sort qui attendait le duc de Lorraine. Pas plus que Condé, Charles IV n'avait de droit à la bienveillance de Mazarin, et moins que Condé il pouvait compter sur l'appui du ministre espagnol. Il n'était pas placé, comme son rival, à la tête des armées de Philippe IV. Il était au contraire retenu prisonnier par ce souverain. Comment le traitement réservé à ces deux princes ne se serait-il pas ressenti des différences de leur position. A peine les conférences sont-elles ouvertes, on voit, en effet, Mazarin disposer en maître des États de Charles IV. — « Pour ce qui est de la Lorraine, » écrit-il à M. de Lyonne, son second dans les négociations de l'île des Faisans, « il faut déclarer nettement qu'il n'y a rien à changer à ce qui a été arrêté là-dessus à Paris, et que le point de passage pour aller en Alsace est indispensable.[1] » Don Louis de Haro n'éleva à ce sujet aucune objection ; et c'est à peine s'il est question du duc de Lorraine pendant les sept premières conférences. Mazarin est le premier à introduire son nom dans le débat, à propos d'un agent de ce prince, le sieur de La Chaussée, qui venait d'arriver à Bayonne, chargé de lettres de son souverain pour les deux négociateurs. Le cardinal fit, à cette occasion, observer au ministre espagnol : « qu'il lui avoit toujours parlé du duc comme d'une personne jouissant d'une pleine liberté ; mais que le gentilhomme lorrain, récemment arrivé d'Espagne, étoit loin d'en être persuadé ; il disoit que M. le duc de Lorraine croyoit être plus prisonnier qu'il n'avoit jamais été ; en ce qu'on l'avoit obligé de donner sa parole par écrit de ne bouger de Tolède et des environs ; qu'il ne pouvoit pas seulement approcher de Madrid de six lieues ; et qu'ainsi il étoit plus gêné que quand il avoit des gardes, parce qu'alors il se flattoit toujours de quelque espérance de se pouvoir sauver, à quoi il ne pouvoit plus songer à présent[2]. »

Mazarin, sans s'intéresser beaucoup à la liberté du

---

[1]. Lettre 19, le cardinal Mazarin à M. de Lyonne, — de Saint-Jean-de-Luz, 26 août 1659.

[2]. Lettre 36, le cardinal Mazarin à M. Le Tellier, — de Saint-Jean-de-Luz, 4 septembre 1659.

captif, éprouvait quelque malin plaisir à mettre don Louis de Haro dans l'embarras. — C'était un bon moyen d'avoir raison des hésitations prolongées du ministre espagnol que de réclamer l'élargissement immédiat de Charles IV ; le cardinal jouait son jeu en réduisant son adversaire à une position telle, que s'il tardait trop à conclure, il courait risque de voir intervenir dans le débat un tiers fort incommode pour lui. La cour d'Espagne ne l'ignorait pas. Elle avait fait tout ce qui dépendait d'elle pour sauver cet ennui à son négociateur. Mais au moment où toutes choses étaient si avancées, que déjà M. le maréchal de Grammont se tenait tout prêt à partir pour aller demander officiellement à Madrid la main de l'Infante, il était difficile à Philippe IV de garder encore son prisonnier sous les verrous de Tolède. Le départ du maréchal de Grammont pour la cour d'Espagne fut le signal de la liberté du duc de Lorraine.

Tous les mémoires du temps sont pleins de détails sur l'ambassade du duc de Grammont. Vers les premiers jours d'octobre, le maréchal avait rapidement franchi la frontière et traversé les deux Castilles. Il n'avait pas amené d'équipages avec lui, mais il était suivi des plus nobles et des plus élégants seigneurs de la cour de France. Arrivée sous les murs de la capitale de l'Espagne, cette brillante troupe avait revêtu ses plus riches habits ; et, toute couverte de flots de rubans, qui étaient la mode du temps, montée sur des chevaux frais et fringants, précédée de courriers habillés de soie rose et de galons d'argent, elle avait, au bruit de mille fanfares, fait son entrée au petit galop depuis la porte de Madrid jusqu'au palais du roi. Le maréchal ayant estimé, nous dit son fils en ses Mémoires, que cette façon d'entrée et cette allure empressée convenait « à l'envoyé d'un roi jeune, galant et amoureux [1]. »

Pendant que la population de Madrid, charmée par tant de bonne grâce, applaudissait l'ambassadeur d'un roi naguère son ennemi, tandis que par forme de gracieux accueil, les dames espagnoles, penchées sur leurs balcons, agitaient leurs mouchoirs et jetaient leurs bouquets devant cette vaillante jeunesse française, que leurs maris et leurs frères n'avaient encore rencontrés que sur les champs de bataille, l'ancien allié de Philippe IV, Charles de Lorraine, suivi pour toute escorte de quelques pauvres domestiques, vêtu presque aussi misérablement qu'eux, et les traits fatigués par sa longue détention, s'acheminait à travers des rues désertes vers un assez médiocre logis, à peine préparé pour le recevoir. Il demanda à être présenté dès le lendemain au roi; mais le lendemain était fixé pour la réception de l'ambassadeur de France. Le surlen-

---

[1]. *Mémoires du maréchal de Grammont,* collection Petitot, t. LVII, page 47.

demain était la fête de Sainte-Thérèse, et le grand chambellan le pria d'avoir patience, parce qu'il fallait que le roi fît ses dévotions; on le remit à trois jours de là. Charles insista ; car il craignait qu'on ne lui fît plus tard un grief de n'avoir pas été saluer Philippe IV, et que don Louis de Haro ne se servant de ce prétexte pour dire qu'il avait quitté l'Espagne en mécontent, n'abandonnât ouvertement ses intérêts. Il objecta qu'il ne lui fallait pas plus d'une demi-heure pour faire sa révérence au roi et prendre congé. Alors, le baron d'Auchy fut chargé de lui dire que la vérité était : « que le conseil ne trouvoit pas à propos qu'il vît le roi, et qu'il feroit bien de s'en aller[1]. » Le duc ne se le fit pas dire deux fois.

Pressé par les instances de M. de Guise, qui lui avait dépêché les marquis d'Haraucourt et de Bassompierre, il ne songea plus qu'à hâter son voyage. Une crainte l'avait surtout préoccupé pendant son séjour à Tolède, c'était qu'on ne l'eût à peu près oublié depuis le temps de sa longue captivité. « Je suis si vieux et si pelé[2], » écrivait-il plaisamment à l'un de ses agents, « que personne ne me reconnoîtra; et l'on me fera le signe de la croix comme à une âme

---

1. *Histoire manuscrite du père Vincent*, bibliothèque de M. Noël, à Nancy. *Histoire de la paix conclue sur la frontière de France et d'Espagne entre les deux couronnes.* Cologne, chez Pierre de la Place, 1664.

2. Lettre de Son Altesse de Lorraine adressée à M. de Saint-Martin, 3 octobre 1658. Archives des affaires étrangères.

de l'autre monde. » Il prit plaisir à se rappeler à ses anciennes connaissances par un trait de singulière munificence. La cour d'Espagne, en le relâchant, lui avait remis 12,000 ducats, auxquels il n'avait pas touché. Comme son intendant lui demandait ce qu'il en fallait faire. « Cet argent vient du roi d'Espagne, » répondit Charles IV, « et il n'est pas juste que nous l'emportions. » Dressant alors l'état d'une splendide maison de cinquante gentilshommes espagnols, tous de la première qualité, il leur fit distribuer cette somme à titre d'appointements, afin qu'ils l'accompagnassent jusqu'à la frontière de France[1].

C'est en cet équipage que le duc de Lorraine arriva au lieu des conférences, trop tard au gré de son impatience, mais trop tôt encore pour le goût du ministre espagnol, maintenant très-pressé d'en finir.

« Il ne falloit plus douter, » dit en riant Mazarin à don Louis, « que la comédie ne s'achevât bientôt, puisque tous les acteurs paroissoient sur le théâtre, et qu'il n'avoit tenu à rien que M. le Prince ne s'y trouvât aussi..... au reste don Louis ne devoit pas craindre qu'il lui débauchât ce nouvel hôte».....
ajoutant par manière de raillerie « que Dieu châtioit Son Excellence des longueurs qu'elle avoit apportées

---

[1]. Guillemin, *Histoire manuscrite de Charles IV*, le père Hugo. *Journal des entrevues des deux ministres de France et d'Espagne dans l'isle des Faisans, pour le traité de la paix générale.*

à cette négociation, et que cent fois il lui avoit dit qu'il seroit bien embarrassé si M. de Lorraine arrivoit avant que le traité ne fût signé [1]. » Mazarin ne se trompait point; car si la discussion des intérêts du prince de Condé avait tant de fois failli rompre le cours des conférences, il était réservé au prince de Lorraine de les entraver une dernière fois, quand elles paraissaient toucher enfin à leur terme.

Don Louis avait envoyé ses carrosses au devant de Charles IV jusqu'à Tolosa. Il avait ordonné au gouverneur de la province, le baron de Watteville, de lui faire préparer un logement à Irun et de le recevoir partout avec les honneurs dus à un prince souverain [2]. Dès qu'il sut le duc de Lorraine arrivé à Irun, il alla lui rendre visite. Il commença son compliment par témoigner ses regrets de ce que le roi son maître avait été obligé de le faire arrêter et de le détenir si longtemps. Il lui raconta ensuite comment ses intérêts avaient déjà été réglés par le traité, lui détaillant tout ce qui avait été arrêté à son égard. Le duc Charles s'en montra extrêmement surpris. Il s'écria que « le cardinal Mazarin et don Louis de Haro avoient singulièrement outre-passé leurs pouvoirs, et qu'il ne dépendoit d'eux en aucune façon de régler

---

1. Lettre 94, le cardinal à M. Le Tellier, — Saint-Jean-de-Luz, 24 octobre 1659. — Lettre 108, le cardinal Mazarin à M. Le Tellier, — Saint-Jean-de-Luz, 6 novembre 1659.
2. *Vie manuscrite de Charles IV*, par Guillemin.

les intérêts d'un prince souverain sans sa participation. Il n'avoit donné commission à qui que ce fût de traiter en son nom, et il étoit bien résolu à ne s'arrêter pas à des conditions qui lui étoient si injurieuses[1]. » Don Louis chercha à s'excuser en alléguant « que le traité étoit avantageux à son altesse, puisqu'on lui restituoit ses États, à un petit duché près, qui encore ne lui appartenoit que pour la moitié, puisque l'autre relevoit de la couronne de France, qui prétendoit l'avoir légalement saisi pour défaut de foi et hommage. » Charles IV, choqué d'un pareil langage, commençait à faire sentir au ministre espagnol la faiblesse de son raisonnement, lorsque celui-ci voyant que le duc poussait les choses un peu fortement, n'entendant pas sans chagrin les reproches que Charles lui adressait sur son ingratitude, et n'en pouvant soutenir plus longtemps la dureté, prit congé de lui sous prétexte qu'il lui fallait retourner à la conférence[2].

Mais don Louis n'en fut pas quitte à si bon marché ; dès le lendemain au matin le duc de Lorraine alla lui rendre sa visite. Entrant tout d'abord en matière, il se plaignit encore plus vivement que la veille « de ce qu'on l'avoit compris au traité sans son

---

[1]. *Vie manuscrite de Charles IV*, par Guillemin. — *Histoire de la paix de* 1659.

[2]. *Vie manuscrite de Charles IV*, par Guillemin.

consentement, et pour lui faire des conditions insupportables ; que mal à propos on feignoit de croire que le duché de Bar étoit un rien, et qu'en vérité un plénipotentiaire qui se mêloit de régler les intérêts d'un souverain, sans lui en rien communiquer, n'avoit pas dû ignorer que ce duché étoit la moitié de ses États, et qu'il en étoit souverain aussi bien que du reste de la Lorraine..... Il étoit bien malheureux, » continua-t-il en s'animant de plus en plus, « d'avoir à justifier ses droits devant des gens que l'honneur auroit dû obliger à perdre plutôt du leur pour les lui augmenter, devant des ingrats qui avoient perdu la mémoire des services qu'il leur avoit rendus pendant quarante ans d'une étroite alliance. Depuis la bataille de Prague, où il avoit si heureusement combattu pour la maison d'Autriche, il n'avoit pas levé moins de deux cent soixante régiments à son service. C'étoit par attachement pour elle qu'il les avoit tous risqués et tous perdus. Et ce qui le désespéroit le plus étoit d'entendre ceux pour qui il avoit couru tant de hasards, bravé tant de périls, avouer qu'on avoit eu le droit de lui retrancher une bonne partie des États qu'il avoit compromis dans leur cause. Mais tout cela ne se pouvoit faire sans son consentement, et jamais il n'adhéreroit au traité. S'il ne pouvoit à lui seul recouvrer ses États, il sauroit du moins conserver son honneur aussi longtemps qu'il porteroit une épée à son côté¹. » Puis laissant don Louis de Haro un peu interdit par tant de véhémence, il le quitta pour traverser la Bidassoa et se rendit à Saint-Jean-de-Luz.

Le duc de Guise, qui avait été au devant de Charles IV jusque sur les terres d'Espagne, lui avait fait espérer, de la part du ministre français, un traitement plus favorable. Mazarin lui fit, à la vérité, une réception toute royale et envoya sa compagnie des gardes pour le recevoir à la frontière ; il lui prêta ses carrosses et fit tirer le canon à son arrivée ; il fut lui-même à sa rencontre jusqu'à une demi-lieue de Saint-Jean-de-Luz². Ce prince lui parut, à première vue, tel que la reine le lui avait plusieurs fois dépeint. Il remarqua qu'il avait grande vivacité et débitait agréablement tout ce qu'il disait. « Mais dans l'état où sont présentement les affaires du duc, par le peu de soin que les Espagnols en ont pris, il sembloit, » écrivait Mazarin à Le Tellier, « qu'il auroit pu se passer de plusieurs galanteries. Il est vrai qu'il falloit, » ajoutait-il, « donner cela à son naturel ; si ce n'est qu'il ait voulu montrer par là sa force d'esprit, étant enjoué dans l'adversité même³. »

Charles IV renouvela à Mazarin les protestations qu'il lui avait déjà fait parvenir par l'entremise du

---

1. Guillemin, *Vie manuscrite de Charles IV*.
2. Lettre 98, Mazarin à M. Le Tellier, — Saint-Jean-de-Luz, 28 octobre 1659.
3. Lettre 98, Mazarin à M. Le Tellier, — Saint-Jean-de-Luz, 28 octobre 1659.

duc de Guise. Il l'assura « qu'il vouloit employer désormais tous les moments de sa vie à servir le roi de France en la manière que Sa Majesté prescriroit, désirant que ceux qui lui succéderoient ne songeassent jamais à autre chose qu'à conserver l'honneur de sa bienveillance, d'où dépendoit le bien, l'avantage et le repos des ducs de Lorraine. Il espéroit par ce moyen, et confiant dans les favorables offices du cardinal, que Sa Majesté auroit la bonté de vouloir bien adoucir la rigueur des conditions que lui imposoit le traité projeté... Il sentoit bien, » continua-t-il, du même ton de soumission, « qu'il n'avoit pas bonne grâce à prétendre que le roi fît plus pour lui que le roi catholique n'avoit fait. Mais aussi la générosité de Sa Majesté en éclateroit à un point qu'elle en recevroit de chacun les derniers applaudissements et lui donneroit lieu d'acquérir, à l'avenir, les cœurs de tous les princes qui, à l'envi l'un de l'autre, tâcheroient de le servir et d'être de son parti, et sous sa royale protection, au grand préjudice des Espagnols et à leur confusion. Il s'assuroit que Sa Majesté n'auroit point de regret de lui avoir fait sentir des marques de sa générosité en cette rencontre, puisqu'il ne seroit pas seulement son serviteur, mais aussi son esclave, et qu'il n'auroit jamais d'autre volonté que celle du roi[1]..... Toute cette

---

[1]. Lettre 98, Mazarin à M. Le Tellier, — Saint-Jean-de-Luz, 28 octobre 1659.

harangue, » mandait Mazarin à sa cour, « avoir été accompagnée de tant de cajoleries pour lui-même qu'il n'auroit jamais fini s'il falloit en rendre compte[1]. »

Le cardinal répondit aussi civilement que possible aux protestations du duc de Lorraine. Il lui fit observer que l'état présent des choses ne lui permettait pas de le servir, quelque bonne volonté qu'il en pût avoir, et qu'ainsi la guérison ou l'adoucissement de ses maux ne pouvait lui venir que de don Louis. Il expliqua en même temps au duc qu'il serait blâmé de tout le monde et particulièrement des Français s'il rendait la condition de Son Altesse meilleure que les Espagnols n'avaient prétendu la faire par les articles auxquels ils avaient consenti. « Le roi, » poursuivit Mazarin, « n'avoit pas tant d'intérêt à retenir un peu plus ou moins de pays dans la Lorraine qu'à prendre un avantage très-considérable sur le roi d'Espagne, faisant éclater à la vue d'un chacun la différence avec laquelle les alliés du roi et ceux du roi catholique étoient traités dans cette paix. Il avouoit n'avoir rien oublié afin que cela parût non-seulement en sa personne mais aussi en celle des autres alliés, croyant ne pouvoir rendre un service plus considérable au roi et à l'État que d'en user de la sorte ; étant marri d'ailleurs que ce fût en partie

---

[1]. Lettre 96, Mazarin à M. Le Tellier, — Saint-Jean-de-Luz, 28 octobre 1059.

aux dépens du duc[1]. » Mais l'entretien ne s'arrêta pas là. Charles IV ayant témoigné « être surtout piqué au dernier point de l'empressement avec lequel don Louis avoit procuré satisfaction à M. le Prince jusqu'à donner des places pour l'obtenir, » le cardinal se hâta d'ajouter « que tout ce qu'il pourroit faire seroit de supplier Sa Majesté de se relâcher de quelques-uns des avantages qui lui étoient acquis sur la Lorraine par le traité de paix, en cas que les Espagnols en voulussent user, à l'égard du duc de Lorraine, comme ils avoient fait pour M. le Prince[2]. » Les deux interlocuteurs se séparèrent assez satisfaits de cette entrevue ; M. de Lorraine espérant tirer bon parti de l'ouverture du ministre de France, et le cardinal « parce qu'il estimoit très-avantageux pour son maistre, » écrivait-il à M. Le Tellier, « de tirer du roi d'Espagne la récompense de ce dont on se relâcheroit à l'égard du sieur duc ; étant aisé de voir que l'affoiblissement du roi d'Espagne est mille fois plus avantageux que celui dudit duc, qui ne peut jamais être en état de contester avec le roi, particulièrement s'agissant d'un pays ouvert et sans places, confinant avec la France, comme le duché de Bar[3]. » « Je ne sçay pas, » ajoutait Mazarin en écrivant à sa cour, « ce qui arrivera

---

1. Lettre 98, de Mazarin à M. Le Tellier, — Saint-Jean-de-Luz, 28 octobre 1659.
2. *Ibidem.*
3. *Ibidem.*

de tout ceci, mais je sçay bien que rien n'est capable d'empêcher que le roi n'ait son compte, et que le seigneur don Louis aura de rudes assauts à soutenir, et ce matin même M. de Lorraine est résolu de lui en livrer un bien fort, l'allant voir à l'improviste, afin qu'il ne puisse pas s'excuser de lui donner audience[1]. »

A la conférence suivante, Mazarin trouva à don Louis « un visage tout triste et refrogné; » et il ne tarda point à s'apercevoir que son chagrin venait moins de la nouvelle apportée de la maladie du petit Infant d'Espagne « que de la violente attaque qu'il avoit reçue le matin de la part du duc de Lorraine. » Le ministre espagnol reprocha même au cardinal « qu'il n'avoit pas eu de charité pour lui, ayant dit à M. de Lorraine que don Louis avoit donné des places pour M. le Prince, lui ayant ainsi indiqué un chemin pour le persécuter[2]. » Entrant ensuite en matière, don Louis dit à Mazarin « qu'il feroit effort pour contenter M. de Lorraine, pourvu que cela dépendît de donner quelque petite terre. » — A quoi le cardinal repartit « qu'il n'étoit pas pour solliciter les intérêts de M. de Lorraine; que le roi étoit satisfait de ce qui avoit été stipulé à son égard, et que tout ce qu'on pourroit faire de plus favorable pour lui, seroit d'adoucir la

---

1. Lettre 98, Mazarin à M. Le Tellier,—Saint-Jean-de-Luz, 28 octobre 1659.
2. *Ibidem.*

condition de la duché de Bar, qui devoit demeurer à la France, à proportion des terres du roi catholique, que don Louis consentiroit à remettre en compensation[1]. » Le cardinal s'étendit alors quelque peu sur le sujet de M. de Lorraine ; et tandis qu'il venait d'écrire tout récemment à Paris « qu'il souhaitoit avec passion obtenir du roi catholique un dédommagement pour le duché de Bar, comme étant une chose mille fois plus avantageuse au roi que la rétention dudit Barrois, » par une de ces ruses fréquentes en diplomatie et qui plaisaient particulièrement à son génie italien, il affecta de répéter qu'il souhatait fort peu et qu'il redoutait plutôt l'échange en question. On le voit même, dans ses lettres, s'étendre avec une certaine complaisance sur la savante adresse qu'il avait déployée dans cette rencontre. « Je tâchai, » écrit-il à M. Le Tellier, « de servir M. de Lorraine d'une façon assez délicate auprès de don Louis pour le disposer à en user envers lui comme il avoit fait envers M. le Prince..... J'affectai donc de parler toujours au désavantage du duc, disant qu'il étoit trop heureux que le roi eût consenti à lui rendre la meilleure partie de la Lorraine, après l'opiniâtreté avec laquelle il avoit servi si longtemps la maison d'Autriche sans avoir jamais voulu quitter ce parti, quelques offres que je lui aie faites de la part du roi, en diverses ren-

---

1. Lettre 98, le cardinal Mazarin à M. Le Tellier, — Saint-Jean-de-Luz, 28 octobre 1659.

contres, jusques à lui avoir proposé une fois que Sa
Majesté lui rendroit tous ses États, lui donneroit des
forces pour attaquer Clermont et Stenay, qui lui de-
meureroient, et de lui donner, en outre, Moyenvic,
qui étoit sans contredit à Sa Majesté ; qu'il falloit
bien être plus Espagnol que Lorrain pour avoir refusé des offres si avantageuses et si glorieuses pour
lui, puisqu'outre son rétablissement, le roi l'auroit
regardé toujours comme un prince à qui il auroit eu
obligation pour l'avoir servi dans un temps où la
guerre civile affligeoit la France de mille révolutions ;
et qu'enfin j'avois plus d'intérêt que Son Excellence
qu'elle ne prît la résolution de donner quelque chose
audit sieur duc, par le moyen de laquelle il pût me
tourmenter pour lui procurer le relâchement de la
duché de Bar ; et qu'ainsi, pour abréger toutes
choses, je souhaitois qu'on ôtât toute espérance au
dit duc, de rien obtenir pour ce regard-là ; car, d'un
côté, je savois que Sa Majesté catholique ne lui pouvoit rien donner d'équivalent aux avantages que le
roi tire de la rétention du duché de Bar, sur quoi je
m'étendis fort, exagérant, par des raisons spécieuses,
la qualité et l'importance de l'acquisition de ce pays-
là. Et comme j'ai assez persuadé don Louis de la
réputation qu'il a gagnée en obligeant le roi de rétablir M. le Prince dans le gouvernement de Bourgogne, et donner la charge de grand-maître à son
fils, je lui dis que la principale raison que j'avois de

désirer qu'il ne se laissât pas aller à donner rien au duc de Lorraine, c'étoit que, ne me restant aucune consolation de l'honneur que Son Excellence avoit remporté, en faisant traiter si favorablement M. le Prince, celui que je pouvois tirer vis-à-vis du public du mauvais traitement que recevroit le duc de Lorraine, prince souverain et allié de la couronne d'Espagne seroit entièrement perdu pour moi, s'il en usoit vis-à-vis M. de Lorraine comme il avoit fait pour M. le Prince. Et obligeant par ce moyen le roi à rendre la duché de Bar, il relevoit encore de ce degré la réputation du roi catholique et la sienne propre, et feroit voir à tout le monde que l'Espagne ne trouvoit rien de difficile quand il étoit question de soutenir ses alliés. — Je puis dire avec vérité » ajoute Mazarin, « que ce discours fit plus d'impression sur don Louis que ce qu'avoit dit M. de Lorraine. Ce n'est pas cependant que je croie pour cela qu'il se porte à lui accorder les choses que le duc demande [1]. »

Don Louis de Haro n'y songeait nullement. Il n'avait pas été dupe un instant des artificieuses insinuations du cardinal ; mais les menaces du duc de Lorraine, qui se transporta de nouveau chez lui la veille même du jour proposé pour la signature,

---

[1]. Lettre 108, Mazarin à M. Le Tellier. — Saint-Jean-de-Luz, 6 novembre 1659.

ne laissèrent pas de lui causer quelque impression. Dans cette conversation, plus vive encore que les précédentes, Charles protesta avec mille serments : « qu'il aimoit mieux être tout à fait abandonné du roi d'Espagne que de le voir consentir à lui faire perdre ainsi la moitié de la Lorraine. Il ne trouvoit pas à redire que la France ait voulu lui imposer ces dures conditions, mais il lui étoit insupportable que l'Espagne y eût donné les mains sans avoir eu aucun pouvoir de lui ; il se seroit trouvé plus satisfait si le roi catholique ne se fût en aucune façon mêlé de ses affaires, vu qu'il ne doutoit pas qu'il n'eût reçu un meilleur traitement de la générosité du roi de France [1]. » — ..... Le duc ne s'était pas contenté de faire éclater de vive voix son emportement en présence de don Louis de Haro et de tous ceux qui l'approchaient ; il avait écrit des billets en termes également forts et pressants, déclarant « qu'il n'y avoit parti qu'il ne prît plutôt que d'accepter la paix aux conditions qui lui étoient faites ; qu'il aimoit mieux perdre toute la Lorraine que de donner son consentement à en céder la meilleure partie ; qu'il se mettroit plutôt sur une barque pour s'en aller où la fortune le voudroit mener, laissant au duc son frère, ou au prince son neveu une renonciation générale de

---

1. Lettre 108, Mazarin à M. Le Tellier, — Saint-Jean-de-Luz, 6 novembre 1659.

tous ses droits, avec ordre de s'accommoder avec le roi de France ; car, pour lui, il vivroit partout ; et peut-être ne se passeroit-il pas beaucoup de temps qu'on eût regret en Espagne de l'avoir maltraité [1]... »

Ces fières paroles étaient appuyées d'une conduite qui ne les démentait point. Pendant quelques instants, le ministre d'Espagne eut toutes raisons de craindre que le désespoir de ce prince trop méprisé ne le portât à se jeter avec ses troupes au service du Portugal. Rien ne pouvait être plus fâcheux pour don Louis de Haro. Récemment repoussé dans l'expédition qu'il avait dirigée lui-même contre la place d'Elvas, il n'aspirait maintenant à conclure la paix avec la France, qu'afin de porter toutes les forces de son pays contre le Portugal. Les conférences journalières de M. de Guise avec l'ambassadeur portugais avaient augmenté ses inquiétudes ; sa mauvaise humeur était si grande contre le prince lorrain, que le cardinal s'était cru obligé d'en prévenir Charles IV. « Il n'étoit pas de la prudence, étant encore aux mains des Espagnols, d'en user comme il faisoit ; car don Louis, » lui écrivait Mazarin, « auroit bien plus de raison de le faire arrêter présentement que lorsqu'il en envoya les ordres en Flandre. — Mais rien n'étoit capable d'empêcher M. de Lorraine de

---

[1]. Lettre 108, Mazarin à M. Le Tellier. — Saint-Jean-de-Luz, 9 novembre 1659.

faire paroître ce qu'il avoit dans l'âme avec le dernier emportement[1]. »

C'était pour calmer cet emportement, et pour donner au duc une apparente satisfaction que don Louis de Haro fit demander au cardinal d'avoir encore, avant de terminer, une dernière conférence sur les affaires de Lorraine. « Il sembloit que rien ne pouvoit plus empêcher la signature », écrivait Mazarin à Le Tellier ; on avoit envoyé des relais, et M. de Créqui se tenoit prêt pour en aller porter la nouvelle à Leurs Majestés en toute diligence ; mais les exclamations et les plaintes que M. de Lorraine a faites avec grand bruit ont obligé ledit don Louis de me demander une conférence hier matin[2]. » Cette conférence, qui fut la vingt-troisième et l'avant-dernière, se tint le 5 novembre 1659. Don Louis de Haro l'ouvrit en faisant un long récit des persécutions que le duc de Lorraine lui faisait subir, ne lui laissant pas un quart d'heure de repos ; il demanda ensuite à Mazarin s'il n'y aurait pas moyen de satisfaire en quelque façon ce prince, lequel prétendait qu'on ne parlât pas de lui dans le traité. Le cardinal, après avoir quelque peu plaisanté son interlocuteur sur sa fâcheuse situation, repartit : « qu'il ne falloit pas que Son Excellence s'adressât à lui ni examinât avec lui

---

1. Lettre 108, le cardinal Mazarin à M. Le Tellier,—Saint-Jean-de-Luz, 26 novembre 1659.
2. *Ibidem*.

les moyens de donner quelque satisfaction à M. de Lorraine, parce que, de son côté, elle trouveroit toutes portes fermées sur ce sujet, étant à elle de pratiquer les expédients qui pourroient contenter ledit sieur duc, qui étoit allié du roi son maître, et qui l'avoit si longtemps servi, et non pas à lui, Mazarin, qui le devoit considérer comme un prince qui avoit toujours employé sa personne et ses armes contre la France. Que pour ce qui étoit de ne pas parler du duc de Lorraine dans le traité, il n'y pouvoit consentir en aucune manière ; car il en falloit parler pour dire que, n'acceptant pas la paix aux conditions précédemment convenues, le roi d'Espagne ne lui donneroit aucune assistance directement ni indirectement, et le roi rentreroit dans tous les droits qu'il prétend avoir pour posséder entièrement la Lorraine [1]. »

La matière fut fort débattue de part et d'autre. Mais le cardinal « ayant toujours tenu ferme à ne vouloir rien relâcher sur ce sujet », don Louis de Haro n'insista pas davantage et mit fin à la conversation, en priant Mazarin de lui laisser encore toute l'après-midi pour voir s'il ne pourrait pas réduire l'esprit du duc, assurant que, quoi qu'il pût arriver, le traité serait signé le lendemain. Mazarin en tomba d'accord ; « lui faisant toutefois observer que s'il en-

---

1. Lettre 108, le cardinal Mazarin à M. Le Tellier, — Saint-Jean-de-Luz, 6 novembre 1659.

troit une fois en négociation pour apporter quelque changement à ce qui avoit été résolu à l'égard des intérêts de M. de Lorraine, il falloit se résoudre à passer l'hiver sur la frontière, sans se pouvoir même assurer que ce temps fût suffisant pour vuider tous les incidens que le duc feroit naître à tous momens[1]»..... Ce qu'il prit soin de bien imprimer à don Louis, afin que si le roi avoit plus tard la bonté d'adoucir lesdites conditions, ainsi qu'il en avoit été parlé à Paris, ledit duc de Lorraine reconnût bien de le devoir entièrement de la pure bonté et générosité de Sa Majesté, sans aucune relation aux offices des Espagnols ni au traité de paix[2]. »

Le lendemain, don Louis de Haro annonça au cardinal « que le duc de Lorraine s'étoit désisté des poursuites qu'il avoit faites jusqu'à la veille au soir, avec la plus extrême chaleur, pour n'être pas compris au traité[1]. » Mazarin attribua cette détermination au conseil que, dans une longue entrevue, il avait la veille donné à Charles IV, « lui persuadant de quitter tous les emportements qu'il faisoit éclater contre don Louis, afin de s'assurer le payement des sommes considérables qui lui étoient dues par le cabinet de Madrid, et la jouissance de ce qu'il avoit

1. Lettre 108, Mazarin à M. Le Tellier,—Saint-Jean-de-Luz, 6 novembre 1659.

2. Lettre 108, le cardinal Mazarin à M. Le Tellier,—Saint-Jean-de-Luz, 7 novembre 1659.

acquis en Flandre, valant plus de 600,000 écus de rente [1]. » Tous les obstacles étant enfin levés, les deux ministres signèrent publiquement le traité, non sans se faire l'un à l'autre de grandes civilités. Le jour suivant, 8 novembre 1659, l'évêque de Bayonne chantait dans l'église de cette ville, et l'évêque de Pampelune dans celle de Fontarabie, un *Te Deum* en l'honneur de la paix rétablie entre la France et l'Espagne.

Quelle différence entre ce traité de paix et ceux jadis conclus entre les deux mêmes cours. Combien cette paix était, plus que ses devancières, profitable et glorieuse à la France. Que les choses étaient changées depuis le siècle passé, alors que les successeurs de Charles-Quint, patronant fièrement en France les cadets de Lorraine, prétendaient faire tomber aux mains de ces dévoués serviteurs de leur politique, le sceptre affaibli des Valois. Cette fois, non-seulement le monarque espagnol n'avait pu protéger efficacement le chef de cette maison, mais il avait été forcé de consentir lui-même à sa ruine, laissant aux yeux de l'Europe étonnée dépouiller de la moitié de ses États un prince dont tout le crime était d'avoir embrassé sa cause.

Le duc de Lorraine ne fut pas d'ailleurs le seul souverain dépossédé qui, pendant les conférences de

---

[1]. Lettre 108, le cardinal Mazarin à M. Letellier, — Saint-Jean-de-Luz, 7 novembre 1659.

Saint-Jean-de-Luz, donnât sa misérable condition en spectacle à la pitié des contemporains. Charles II. d'Angleterre, traversant en cachette la France, comme s'il eût craint que le gouvernement ne le livrât aux meurtriers de son père, s'était, à l'improviste, présenté aux environs de Saint-Jean-de-Luz. Le ministre de l'Espagne consentit seul à lui donner audience ; il plaida même sa cause devant le ministre de Louis XIV. — Mais lord Lockart était, lui aussi, à Bayonne. Beaucoup plus préoccupé de la crainte de blesser l'agent officiel de l'Angleterre, qu'embarrassé d'éconduire un souverain fugitif et sans crédit, Mazarin refusa de recevoir Charles II. — La dureté du traitement qu'ils rencontraient tous deux mit quelque sympathie entre ces deux princes infortunés. Lorsque la cour de Madrid songea un instant à faire, pour la seconde fois, arrêter le duc de Lorraine, on raconte que Charles II déclara à don Louis qu'il irait se mettre en prison avec lui. Quand Mazarin repoussa si rudement les avances du roi d'Angleterre, Charles IV s'empressa d'aller à son tour lui offrir sa bourse et son épée. La conduite du cardinal ne fut, en cette rencontre, ni généreuse, ni même perspicace. Peu de temps après la clôture des conférences de Saint-Jean-de-Luz, Charles, retourné en Flandre, recevait les offres des envoyés secrets de Monk ; quelques mois après, il était rétabli sur le trône de ses ancêtres. Quant au duc de Lorraine, il se rendit, vers les derniers jours de décembre, à Blois, où Gaston, son beau-frère, tenait une sorte de petite cour. Il y fut reçu avec toute sorte de joie par la duchesse d'Orléans sa sœur; il s'y rencontra avec le duc François son frère, avec le jeune prince Charles son neveu, et quelques seigneurs lorrains accourus pour le saluer.

CHAPITRE XXVI

Entrevue de Charles IV et du duc François. — Ils se réconcilient par l'entremise de la duchesse d'Orléans. — Cet accord ne dure pas. — Retour de Charles IV à Paris. — Il se rencontre avec les princes de la maison de Lorraine et la duchesse de Chevreuse.— Cette dame instruit Mazarin des bonnes dispositions du duc de Lorraine. — Charles IV évite de voir Condé à Paris. — Il se rend auprès du roi, à Avignon.— Effet qu'il produit à la cour. — Il traite avec M. de Lyonne. — Ces pourparlers n'aboutissent point. — Charles revient de nouveau attendre le roi à Paris. — Marie Mancini et le prince Charles de Lorraine. — Mlle Mancini avait autrefois aimé Louis XIV. — Dans quelles circonstances. — Sa beauté; son esprit; ses manières. — Elle captive entièrement le roi. — Louis XIV veut l'épouser. — Résistance de Mazarin. — Cette résistance était sincère, mais elle n'était point désintéressée. — Marie Mancini opposée aux intérêts du cardinal. — Sa séparation d'avec le roi. — Elle cesse de l'aimer quand elle le sait décidé à épouser l'Infante.— Elle donne son cœur au prince Charles. Leur liaison devient publique. — Charles IV la traverse, se met sur les rangs. — Réponse dédaigneuse du cardinal aux offres de Charles IV. — Il refuse également le prince Charles. — Il marie sa nièce au connétable Colonna. — Désespoir de Mlle Mancini en quittant la cour. — Puissance immense de Mazarin. — Il tombe malade.— Ses derniers moments.— Comparaison entre Mazarin et Richelieu.

C'était la duchesse d'Orléans qui avait ménagé cette entrevue de Charles IV et du duc François. Elle aimait presque également les deux frères. Elle avait pensé qu'elle pourrait mieux que toute autre écarter les ombrages qui subsistaient entre eux. La tâche n'en était pas aisée. Charles IV était très-jaloux de son autorité. Non-seulement il n'avait pas vu sans quelque méfiance la conduite de son frère après son arrestation à Bruxelles et pendant sa captivité à Tolède, mais il croyait savoir qu'après la mort de la duchesse Nicole, François avait songé à faire valoir les droits de son fils à la couronne ducale. En effet, si, comme l'avaient toujours prétendu beaucoup d'anciens auteurs, et comme la cour de France le soutenait encore, la loi salique ne réglait pas la succession de Lorraine, si la fille aînée d'Henri II avait seule hérité légitimement de ses États, si Charles IV n'avait exercé le pouvoir souverain qu'au titre de Nicole son épouse, le prince Charles devait à son tour succéder de plein droit à sa tante, du chef de sa mère Claude, sœur cadette de Nicole. Une pareille prétention, même momentanément produite, blessait profondément Charles IV. Elle lui était d'autant plus insupportable, qu'au fond de son cœur il nourrissait, sans l'avouer, un dessein tout opposé, méditant de faire passer la totalité de ses États au fils qu'il avait eu de Mme de Cantecroix.

Marguerite n'eut point de peine à persuader au duc François d'aborder son frère aîné avec tous les témoignages d'une entière soumission ; mais il lui en coûta davantage pour adoucir l'esprit irritable de Charles IV. Afin d'y mieux réussir, elle s'était appliquée à plaider de préférence auprès de lui la cause du jeune prince son neveu. Avant même que le duc de Lorraine n'eût quitté sa prison de Tolède, elle lui avait écrit pour réclamer sa tendresse pour quelqu'un qui la méritait si bien. — « Il est presque aussi grand que son père, » lui disait-elle, « et il a beaucoup de votre ressemblance quand vous étiez beau ; il joint à toutes les grâces du corps bien de l'esprit et du jugement, et une grande adresse pour tous les exercices. Vous l'aimerez passionnément dès que vous le verrez[1]. » Les préventions de Charles IV cédèrent d'abord devant les prévenances empressées de son neveu. Il vanta son air et sa bonne grâce, et le loua hautement devant toute la famille. La réconciliation parut alors complète entre les deux frères. « Ils s'embrassèrent ; leurs démonstrations toutes pleines d'amitié furent même mêlées de larmes de joie et de tristesse au ressouvenir de tant de malheurs passés[2]. » La duchesse d'Orléans profita de ce premier moment d'attendrissement pour produire deux personnages contre lesquels le duc avait témoigné beaucoup de mauvaise humeur. L'un d'eux était le gouverneur même du prince Charles, le marquis de Beauvau, si souvent cité dans cette histoire : « Je ne pouvois concevoir de quoi j'étois coupable », nous dit-il assez fièrement dans ses mémoires, « sinon du service que je rendois au duc François et au prince de Lorraine, de sorte que je ne m'en inquiétois pas beaucoup[3]. » L'autre était le comte de Ligneville,

---

1. Lettre de Marguerite, duchesse d'Orléans, au duc de Lorraine, 23 septembre 1659, citées dans les *Mémoires du père Hugo*.
2. *Mémoires du marquis de Beauvau*, p. 175.
3. *Idem*.

maréchal de camp. Charles IV lui en voulait de n'avoir pas strictement déféré à ses ordres, lorsque, au moment de son arrestation, il lui avait, par un billet daté de la citadelle d'Anvers, ordonné de soulever son armée entière contre les Espagnols. Cependant, il fit à tous deux un assez bon accueil. Pendant qu'il rendait ainsi ses bonnes grâces à ceux qui, parmi ses sujets, avaient eu les premiers l'honneur de le saluer, le duc recevait un long mémoire destiné à repousser les reproches de froideur et de désobéissance qu'à peine sorti de prison il avait adressés aux conseillers de sa Cour souveraine. Les justifications de ces fidèles magistrats, qui n'avaient point cessé de siéger en Allemagne depuis l'occupation de la Lorraine, calmèrent presque complétement les soupçons de ce maître si difficile à contenter. Toute division semblait donc apaisée pour ce qui regardait le passé, lorsque la discorde se mit de nouveau entre les deux frères, à propos d'une misérable question d'argent. — Charles, avant de quitter Blois, prétendit exiger la restitution de sa cassette de pierreries et de tout l'argent que François avait touché sur ses domaines, pendant le temps qu'il avait eu la conduite des troupes lorraines. François représenta que cet argent avait été employé à sa dépense comme chef de l'armée et au paiement des soldats. Néanmoins il était prêt à prendre tous ces frais à son compte, si Son Altesse lui faisait remettre ce qui lui était dû

« pour la dot de la feue duchesse Claude et les diverses successions échues tant à lui qu'à sa femme, depuis la mort de leurs parents. » A quoi le duc répliqua à son « tour que c'était à ses États de payer ses dettes, et non pas à lui ; et que n'ayant rien touché de ses domaines depuis trente ans de guerre, c'était une prétention frivole que de lui réclamer des rentes depuis ce temps-là[1]. » Il fallut que la duchesse intervînt de nouveau pour mettre un terme à cette altercation. Elle gagna sur l'esprit de Charles IV qu'il n'insisterait point sur l'argent s'il rentrait en possession de sa cassette; François promit de la lui remettre dès qu'il serait arrivé à Paris, où il l'avait laissée. — Cet arrangement ne satisfit d'ailleurs complétement aucun des deux frères, et depuis ils demeurèrent toujours plus ou moins brouillés [2]. »

Mais des soins plus importants réclamaient l'attention du duc de Lorraine, qui avait hâte de se retrouver à Paris. La cour n'y résidait pas alors, car elle avait décidé de passer l'hiver dans le midi de la France, en attendant le retour de la belle saison, pour aller sur la frontière recevoir l'infante d'Espagne, promise à Louis XIV. En arrivant dans la capitale, Charles alla loger chez le duc de Guise, qui l'hébergea généreusement dans le magnifique hôtel que ses ancêtres, les anciens chefs de la

---

1. *Mémoires du marquis de Beauvau*, p. 176.
2. *Ibidem.*

Ligue, avaient eu le soin de faire bâtir au centre des quartiers les plus populeux[1]. Tous les princes lorrains s'empressèrent d'y venir saluer le chef de la famille. Il fut visité par M. d'Elbeuf et par le prince de Lillebonne son fils. Il parut goûter surtout l'esprit de Mlle de Guise. Cette dame lui servait de société habituelle, ainsi que son autre cousine Mme de Chevreuse, qui ne tarda guère à reprendre sur lui son ascendant accoutumé[2]. C'était volontiers l'habitude des princes lorrains, quelles que fussent d'ailleurs leurs divisions particulières, de se concerter sur les sujets qui pouvaient toucher à l'intérêt commun de leur maison. Ils furent d'accord pour conseiller à Charles IV de rechercher avant tout la bienveillance du cardinal, l'avertissant de mettre moins sa confiance dans la valeur de son droit que

---

[1]. C'est l'hôtel qui est devenu plus tard l'hôtel de Soubise, où sont aujourd'hui placées les archives générales de France.

[2]. « En retournant de Saint-Maur, j'ai rencontré le duc François et M. son fils. Mme de Chevreuse a été visitée dans cette rencontre de toute la maison de Guise et d'Elbeuf, qui n'est guère leur coutume.... Elle est dans l'opinion que M. de Lorraine ne veut point de bruit, et désire sur toutes choses l'amitié de Votre Excellence et son alliance. Mlle de Guise, en laquelle ce prince a grande croyance, et assurément plus qu'à M. son frère, m'a dit la mesme chose, estant persuadée que c'est le bien de sa maison.... Mlle de Guise m'a aussi témoigné que M. de Lorraine auroit bien voulu visiter Mlles vos nièces, ou du moins les voir en quelques rencontres. — Sur quoi j'ay répondu que je ne prenois pas cognoissance de ces choses-là.... Je crois cependant qu'il sera bon que j'en dise un mot aujourd'hui ou demain à Mme de Venelle. » (M. Le Tellier au cardinal Mazarin.—Paris, 27 février 1660.) — Archives des affaires étrangères, collection France.

dans le secours de ce tout-puissant protecteur. Il n'était plus de saison de contester avec lui, ni de vouloir rien gagner par la menace ou par la ruse. Il n'y avait maintenant d'autres voies de succès que la douceur et les déférences. Charles IV aurait eu grand tort de négliger de si sages avis, au moment où le premier prince du sang de France ne craignait pas de donner lui-même l'exemple d'une complète soumission. En effet, pendant que Charles IV se transportait de Blois à Paris, le prince de Condé y rentrait à petit bruit. A peine les Parisiens avaient-ils remarqué son arrivée, tant elle avait été modeste. Cette fois, l'ancien héros de la Fronde ne se présentait plus à eux en vainqueur et en maître, couvert du sang et des dépouilles des armées royales; il revenait, en très-mince équipage, de la ville d'Aix, où il avait été comme le dernier de ses sujets offrir à Louis XIV les plus humbles protestations d'obéissance et solliciter l'amitié du triomphant cardinal. Charles et Condé ne s'étaient point encore rencontrés depuis le temps où tous deux avaient paru en rivaux dans le camp des Espagnols. Lorsque le duc de Lorraine était sorti de prison, Condé, toujours soupçonné par ce prince d'avoir eu grande part à son arrestation, n'avait pas manqué de lui faire parvenir à Tolède de fort chaleureux compliments, et celui-ci n'avait pas eu moins de hâte d'adresser à Bruxelles une réponse des plus courtoises[1]. Mais un peu de froid subsistait pourtant toujours entre eux ; et, soit par prudence, afin de ne pas éveiller les méfiances de Mazarin, soit par un reste de rancune, ils affectèrent de ne se point visiter pendant leur séjour à Paris[2].

Cependant la ligne de conduite adoptée par le grand, le fier, mais aussi l'habile prince de Condé, devait nécessairement influer sur le parti que Charles IV avait à prendre. « Frappé de l'éclat de la jeunesse de Louis XIV, de son air de souverain et de maître, le vainqueur de Lenz et de Rocroy avoit enfin compris, » dit Mme de Motteville, « qu'il étoit temps de s'humilier[3]. » Ce n'était pas au petit souverain de la Lorraine à moitié dépossédé de ses États qu'il pou-

---

[1]. Lettre de Louis de Bourbon, prince de Condé, au duc de Lorraine. Bruxelles, 8 aoust 1659.— Lettre du duc de Lorraine au prince de Condé, 26 aoust. — Voir aux pièces justificatives ces deux lettres, qui font partie des papiers du père Donat, à la bibliothèque de Nancy.

[2]. « M. de Lorraine s'en va sans voir M. le Prince. » — Le Tellier au cardinal Mazarin. Paris, 10 mars 1660.

[3]. « Le prince de Condé revint donc glorieusement se jeter aux pieds du roi qui, à ce qu'on m'a dit depuis, le reçut avec beaucoup de douceur et de gravité. — M. le Prince le trouva si grand en toutes choses, que, dès les premiers moments qu'il put l'approcher, il comprit, à ce qu'il parut, qu'il étoit temps de s'humilier. L'éclat de la jeunesse du roi, et ce génie de souverain et de maître que Dieu lui avoit donné, qui commençoit à se faire voir par tout ce qui paroissoit extérieurement de lui, persuada au prince de Condé que tout ce qui restoit du règne passé alloit être anéanti ; et devenant sage et modéré par ses propres expériences, il fit voir par ses sentiments et sa conduite, qu'il avoit pris un autre esprit et de nouvelles résolutions. » (*Mémoires de Mme de Motteville*, édition Riaux, liv. III, p. 153.)

vait appartenir de montrer plus d'orgueil. Charles IV. résolut donc de tâcher de gagner à force de soumission et de respect, non-seulement la bienveillance du jeune roi, mais aussi les bonnes grâces de son ministre, et cette fois encore comme par le passé, Mme de Chevreuse lui servit auprès de Mazarin d'intermédiaire et de garant. Rentrée longtemps avant Condé dans le parti royal, dégoûtée maintenant comme lui de l'esprit de faction qui avait amusé sa jeunesse et agité son âge mûr, cette dame paraissait uniquement appliquée à démentir alors les soupçons persistants qu'au moment même de la signature de la paix des Pyrénées, le méfiant cardinal avait témoignés contre elle à don Louis de Haro. De Paris, où elle était demeurée, elle envoyait à la cour les plus exactes informations sur les dispositions actuelles de ses amis d'autrefois, les anciens acteurs de la Fronde, et en particulier sur les desseins de Charles IV. « Madame de Chevreuse me charge de faire savoir à Votre Excellence, » écrivait Le Tellier, le correspondant officiel du cardinal, « que depuis son arrivée en cette ville, elle a toujours entretenu l'esprit de M. le duc de Lorraine dans les sentiments de s'attacher entièrement à Votre Éminence et de lui demander sur toutes choses son amitié, sans laquelle ce prince est persuadé que quand le roy lui rendroit tout son pays, il ne pourroit pas être satisfait ni content, et que la lui accordant, il se tiendroit assuré que

Votre Éminence auroit la bonté de procurer que ce prince pût demeurer avec honneur et réputation en son pays, et par conséquent d'être plus en état de servir Votre Éminence, ce qu'il prétend vouloir faire toute sa vie..... Enfin, Mme de Chevreuse m'a fait promettre d'écrire à Votre Éminence qu'elle croyoit qu'il seroit aussi sage à l'avenir qu'il avoit été fou par le passé. — Je me suis défendu de vous écrire en ces termes, mais elle m'a recommandé de le faire précisément ainsi, parce que Votre Éminence connoîtra mieux par là ses intentions ; ajoutant qu'elle sera bien aise que ledit duc, par la reconnoissance des obligations qu'elle lui a du passé, rencontre sa satisfaction, mais toujours dans les intérêts de Votre Éminence[1]. »

Mme de Chevreuse ne se borna pas à faire parvenir à Avignon ces vagues assurances du dévouement du duc de Lorraine pour le cardinal. L'usage était général, à cette époque, de ne parler jamais à Mazarin des affaires de l'État sans y joindre en même temps celles de sa propre famille ; Mme de Chevreuse se garda bien d'y manquer. — Le Tellier reçut donc la mission d'ajouter de sa part : « que le duc avoit grande envie et même impatience de l'alliance de M. son neveu avec Mlle de Mancini, mais luy et Mme de Chevreuse ayant appris par l'abbé de Montaigu que

---

[1]. Lettre de Le Tellier au cardinal Mazarin, 10 mars 1660 ; Archives des aff. étrangères, collection France.

Son Éminence ne vouloit pas, (et ce avec grande prudence) mêler ses intérêts avec ceux de l'État, il n'avoit garde d'en parler lui-même au cardinal..... Néanmoins si Son Éminence jugeoit plus à propos que ce fût mon dit sieur duc de Lorraine qui épousât sa nièce, M{mc} de Chevreuse croyoit que cela se pourroit faire..... L'advis de Mme de Chevreuse est aussi que Son Éminence pourra faire dire par la reine à ce prince ce qu'elle désirera, lui ayant persuadé d'avoir confiance en Sa Majesté. Et pour témoigner à Son Éminence que ce prince veut être tout à fait attaché à ses intérêts, c'est qu'étant un de ces jours chez Mme de Chevreuse, où étoit aussi en tiers Mlle de Guise, il proposa qu'il avoit aussi sa fille que l'on appelle la princesse Anne, laquelle il aime tendrement, et que si l'on jugeoit qu'il pût faire la proposition de la marier avec M. de Mancini, il en seroit aise, et que pour sa dot, on pourroit faire état en la mariant de deux millions cinq cent mille livres [1]. »

Telles étaient les dispositions avec lesquelles le duc de Lorraine se rendit vers le mois de mars à Avignon afin d'avoir l'honneur d'y saluer le jeune roi, et la reine mère. Non-seulement il venait à la cour de France apporter l'assurance d'une fidélité désormais inaltérable, mais il avait eu soin, comme nous venons de le voir, d'avertir sous main le tout-puissant

---

[1]. Lettre de Le Tellier au cardinal Mazarin, 10 mars 1660; Archives des aff. étrangères.

ministre de la passion extrême qu'il avait de lier ses intérêts avec les siens par les nœuds d'une double alliance. L'annonce de tant de bonne volonté lui assurait une gracieuse réception. Charles fut en effet accueilli avec bonté par Anne d'Autriche, et avec douceur et gravité par Louis XIV. Toute la cour, un peu désœuvrée en ce moment, se pressa autour du prince lorrain, curieuse de voir si le progrès de l'âge et les ennuis de sa prison avaient changé quelque chose à son humeur. Les hommes remarquèrent avec étonnement qu'il n'avait rien perdu de ses allures fières, dégagées et railleuses. Les dames le trouvèrent bien un peu vieilli, mais elles étaient surtout frappées de ce qu'il était plus libéral, plus complaisant et plus enjoué que les galants de profession[1]. On le vit fréquenter assidûment le cercle de la reine, avec laquelle il reprit son ancienne familiarité. Assis le plus souvent sur un simple tabouret, il tenait le dé de la conversation, divertissant son auditoire par le récit de sa captivité et par les bons contes qu'il faisait sur les dames espagnoles, particulièrement sur les religieuses, « qui avoient, » disait-il, « infiniment d'esprit en ces pays-là[2]. Il n'y avoit dans tout l'entourage du roi qu'une voix sur

---

[1]. Guillemin, *Histoire manuscrite de Charles IV.*

[2]. La médaille, ou expression de la vie de Charles IV, duc de Lorraine, par un de ses principaux officiers, à son fils. — Manuscrit du président Canon, à la bibliothèque de Nancy. — *Histoire manuscrite du père Vencent.* Bibliothèque de M. Noël, à Nancy.

son chapitre, et les moins bien intentionnés ne pouvoient s'empêcher de le plaindre et de lui souhaiter une meilleure fortune[1]. »

Mais quand Charles IV voulut parler de ses affaires avec Mazarin son succès fut moins grand. Sous prétexte qu'il était occupé des préparatifs du siége de la place d'Orange, le cardinal le renvoya à M. de Lyonne. Celui-ci écouta très-froidement les doléances du prince lorrain et souleva mille objections contre toutes ses réclamations[2]. — « De quoi vous plaignez-vous, » s'écria durement un jour le fondé de pouvoirs de Mazarin, « n'êtes-vous pas mieux présentement que dans votre prison de Tolède? » — « Un prisonnier ne peut tout à fait se plaindre, » répliqua Charles IV, « si sa prison n'est pas malsaine et si ses gardes ont pour lui quelques civilités. Mais un prince ne peut jamais être bien quand il est dépouillé de la meilleure partie de ses États; lorsque les fortifications de sa capitale sont démolies et qu'il n'y est plus le maître[3]. » Il était difficile qu'une négociation poursuivie, avec des vues si différentes aboutît à quelque résultat. Le moment approchait d'ailleurs où la cour de France devait se rendre sur la frontière pour les cérémonies du prochain mariage de Louis XIV. Le cardinal congédia Charles IV avec

1. *Vie manuscrite de Charles IV*, par le père Hugo.
2. *Mémoires du marquis de Beauvau.* Guillemin, le père Hugo, dom Calmet.
3. *Vie manuscrite*, du père Hugo.

d'assez bonnes paroles; il s'engagea à régler ce qui le concernait lors du retour du roi, et lui donna pour cela rendez-vous à Paris vers le milieu de l'été. En revenant dans la capitale du royaume, momentanément privée de la présence de son souverain et de l'éclat accoutumé de la cour, Charles IV retrouva une société moins brillante peut-être que celle qu'il venait de quitter, mais animée toutefois, où figuraient au premier rang, parmi les plus remarquées, deux personnes que nous avons déjà eu occasion de nommer dans ce récit, nous voulons dire son neveu, le prince Charles de Lorraine, et la nièce du cardinal, mademoiselle Mancini.

Marie Mancini était la troisième fille de la sœur cadette de Mazarin. Elle avait été amenée en France longtemps après ses sœurs aînées, en 1653, avec sa cousine Louise Martinozzi, mariée depuis au prince souverain de Modène, et deux sœurs plus jeunes qu'elle, qui furent plus tard la duchesse de Mazarin et la duchesse de Bouillon. Marie, quand elle parut pour la première fois à la cour fut trouvée la moins jolie de ses trois compagnes. « Ses yeux étoient grands et noirs, mais, n'ayant point encore de feu, paroissoient rudes; sa bouche étoit grande et plate, et hormis les dents qu'elle avoit belles on la pouvoit dire toute laide alors[1]. » Tel est le portrait qu'une femme

---

1. *Mémoires de Mme de Motteville*, collection Petitot, t. XXXIX, p. 400.

véridique et bienveillante nous trace de la beauté qui allait avoir l'honneur d'émouvoir la première et si fortement le cœur de Louis XIV. — Marie Mancini ne mérita pas d'ailleurs longtemps ce jugement peu favorable, porté sur elle, à sa sortie du couvent, par Mme de Motteville. Le séjour à la cour, l'ajustement et le désir de plaire transformèrent bien vite la jeune Italienne. A peine fut-elle admise dans le cercle de la reine mère et du roi qu'elle parut se développer et s'embellir à vue d'œil. Son teint qui avait semblé d'abord un peu jaune, revêtit cette blancheur mate particulière aux femmes du Midi. Ses dents étaient toujours restées belles, mais l'âge avait arrondi sa bouche ; ses yeux n'avaient plus rien de rude, ils avaient même pris ce feu qui leur manquait, et c'était la passion qui le leur avait donné : une passion contenue, innocente, sincère autant que vive, et qui éclata tout à coup dans des circonstances assez touchantes. Marie Mancini aimait le roi, à son insu peut-être, en tout cas, sans que le roi le sût, ou s'en souciât, sans que la reine, le cardinal, et personne, dans le cercle de la cour, s'en fût seulement douté. La maladie de Louis XIV, survenue pendant la campagne de Flandre, en 1658, trahit le secret de Mlle de Mancini [1]. Les médecins désespérant de sauver cette

---

1. « Cet attachement avoit commencé pendant le voyage de Calais.... Pendant une dangereuse maladie que le roi avoit eu à Calais, elle (Mademoiselle de Mancini) avoit témoigné une affection si violente de

précieuse existence, l'avaient livrée aux soins d'un empirique. Déjà les habiles se tournaient du côté de Monsieur, frère du roi; Mazarin, prenant d'avance ses précautions, faisait cacher ses richesses dans les fossés de Vincennes; et les courtisans, dit une relation du temps, attendant à chaque minute l'heure du nouveau règne, mais craignant de la devancer, venaient à la porte de la chambre écouter si le roi respirait encore. Seule, tandis que les gens de l'art avaient presque abandonné son royal amant, Marie Mancini s'était laissée aller aux accès du plus violent désespoir. Cependant Louis XIV s'était miraculeusement rétabli, grâce à sa robuste constitution. Il sut gré à Marie de son affection désintéressée. Il s'attacha d'abord à elle par la reconnaissance; puis il l'aima ensuite pour sa beauté et surtout pour son esprit, car elle en avait infiniment, au dire de M{ʷᵉ} de La Fayette[1]. Cet esprit n'avait rien de timide, il était au contraire libre, hardi, et plutôt emporté[2]. Ce fut elle qui se chargea d'amuser le roi pendant sa convalescence, et elle y réussit parfaitement. « On remarqua, » dit M{ˡˡᵉ} de Montpensier »

---

son mal, et l'avoit si peu cachée que lorsqu'il commença à se mieux porter tout le monde lui parla de la douleur de Mademoiselle de Mancini; peut-être dans la suite lui en parla-t-elle elle-même.... » *Histoire de Madame Henriette d'Angleterre*, par M{ᵐᵉ} la comtesse de La Fayette, édition Techener 1853, page 27.

1. *Mémoires de Madame de La Fayette*, page 21.
2. *Ibidem*.

« que le roi étoit de bien meilleure humeur depuis qu'il étoit amoureux de M{iie} Mancini. » Elle lui apprit d'abord l'italien, la langue de son pays ; elle lui fit lire et goûter ses poëtes favoris ; elle lui mit aux mains les romans français du temps, tous remplis de nobles passions et des mille délicatesses de l'amour. Quelquefois, de sa voix amoureuse et vibrante, elle déclamait au chevet du lit du malade les plus belles scènes des tragédies de Corneille, si fertiles en héroïques sentiments[1]. Chose singulière, Louis XIV, qui depuis ne montra plus le même goût pour les divertissements du bel esprit, se laissa facilement charmer par ces plaisirs tout littéraires ; et sa nouvelle maîtresse lui ayant conseillé les romans, « il en avoit toujours une quantité », assure Mlle de Montpensier, « avec des recueils de vers et de comédies[2]. » Mais ce n'était pas seulement dans ces lectures que Marie Mancini faisait retentir habituellement aux oreilles du roi les mots d'honneur et de gloire. Sitôt qu'elle eut acquis à la cour la position d'amie avérée du jeune souverain, la nièce de Mazarin afficha de se soucier beaucoup moins des intérêts de son oncle que de la réputation de son amant. Le roi avait jusqu'alors montré assez d'éloignement pour les affaires ; il n'assistait que rarement et avec ennui au conseil ; Marie Mancini lui reprocha sa

1. Voir *Les Nièces de Mazarin*, par M. Amédée Renée, page 255.
2. *Mémoires de Mademoiselle*, tome XLII, page 44.

paresse et son insouciance. Elle éveilla dans son âme, encore assez peu formée, le goût de briller par lui-même, et cette soif de commander que depuis il poussa si loin. Dans le cours du voyage qui suivit la maladie du roi, et pendant son séjour à Dijon et à Lyon, les courtisans remarquèrent qu'il secouait de plus en plus, au moins dans les actes de sa vie intime, l'empire de sa mère et du cardinal : c'était toujours par les conseils et au profit de Mlle Mancini. Il avait cessé de souper avec la reine afin de pouvoir demeurer quatre ou cinq heures à causer avec Marie.[1]. A Lyon, il avait pris l'habitude de la reconduire chez elle le soir jusque de l'autre côté de la place Bellecour. « Au commencement il suivoit le carrosse », dit Mademoiselle, « puis servoit de cocher ; à la fin, il se mettoit dedans [2]. » Pendant l'entrevue qui se fit alors du monarque français avec la princesse Marguerite, il avait suffi d'un mot de Marie Mancini pour dégoûter le roi de ce mariage. « N'êtes-vous pas honteux », lui avait-elle dit, « qu'on vous veuille donner une si laide femme [3]. » Et depuis lors le roi n'avait plus voulu regarder Marguerite.

Si Marie Mancini n'eût jamais visé qu'à faire manquer le mariage de Louis XIV avec la princesse

---

1. *Mémoires de Mademoiselle*, tome XLII, page 44.
2. *Mémoires de Mademoiselle de Montpensier*, tome X, livre XI, page 384.
3. *Ibidem.*

de Savoie, il est probable que la reine et le cardinal
ne lui en eussent pas beaucoup voulu, car ni l'un ni
l'autre ne l'avaient sincèrement souhaité. Mais une
fois assurée de son empire, et se voyant ouvertement
préférée par le roi, elle osa aspirer aux plus hautes
destinées. Soupçonnée d'avoir rendu les plus mauvais services à la reine dans l'esprit du roi, jusqu'à
lui répéter tout ce que la médisance avait inventé
contre elle pendant la régence[1], elle ne ménagea
pas davantage son oncle le cardinal; non-seulement
elle ne lui rendait nul compte de ses conversations
avec le roi, mais elle se moquait de lui depuis le
matin jusqu'au soir[2]. Rien enfin ne lui coûta pour
traverser autant qu'il dépendait d'elle cette union
avec l'infante d'Espagne, que la reine mère et le
cardinal recherchaient avec un égal empressement.
Ce fut alors que Mazarin, jaloux de conduire à bonne
fin la grande œuvre pacifique qu'il avait ébauchée à
Paris avec Pimentelli, entreprit d'entrer tout de bon
en lutte avec la passion inconsidérée de sa nièce, et
avec l'entraînement irréfléchi du roi. Telle avait été

1. « Elle ne rendit pas moins de mauvais services à la reine dans
l'esprit du roi, soit en lui décriant sa conduite pendant la régence ou
en lui apprenant tout ce que la médisance avoit inventé contre elle. »
Histoire de Madame Henriette d'Angleterre, par Mme de La Fayette,
page 23.

2. « Le cardinal savoit qu'elle étoit assez folle pour se moquer de lui
depuis le matin jusqu'au soir. » *Mémoires de l'abbé de Choisy*, collection Petitot, tome LXIII, page 197.

son inquiétude qu'il n'avait pas cru pouvoir s'éloigner avec sûreté de la cour pour se rendre à Bayonne avant d'avoir séparé les deux amants. — « Plusieurs fois, » dit Mademoiselle, le roi s'étoit mis à genoux devant la reine et devant le cardinal, les suppliant de lui permettre d'épouser Mlle Mancini [1]. » Tout le monde a retenu les mots que la jeune fille éplorée jeta au roi en la quittant : « Vous êtes roi, sire, vous m'aimez et je pars ! »

On connaît moins, quoiqu'elles aient été imprimées depuis longtemps, les lettres où Mazarin combat la passion de Louis XIV et lui rappelle ses devoirs de souverain avec une sorte d'éloquence naturelle, ferme et hardie. Mais cette résistance au caprice de l'amoureux monarque était-elle, de la part du cardinal, aussi désintéressée que sincère[3]? cela est douteux. La nièce de Mazarin n'avait rien moins à cœur que les intérêts de son oncle. Son premier effort eût été pour le perdre, si elle eût réussi à épouser Louis XIV. Mazarin ne l'ignorait point; il avait les yeux parfaitement ouverts sur les desseins de Marie Mancini. « Est-il possible, » écrivait-il au roi, « que vous soyez persuadé que je soye si pénétrant et si habile dans les grandes affaires et que je ne voye goutte dans celles de ma famille, et que je puisse douter des intentions de cette personne à

---

1. *Mémoires de Madame de Montpensier.*

DE LA LORRAINE A LA FRANCE. 71

mon égard, voyant qu'elle n'oublie rien pour faire
le contraire de ce que je veux, qu'elle met en ridicule tous les conseils que je luy donne..! Et plût à
Dieu que je la crusse capable de vous répondre sur
les affaires dont vous prenez le soin de lui donner
part, car volontiers je la prierois de me délivrer de
cette peine; mais en l'âge où je suis, accablé de tant
et de si importantes occupations que j'ay pour votre
service, il m'est insupportable de me voir inquiéter
par une personne que par toutes sortes de raisons,
je devrois mettre en pièces pour me soulager[1]. »
Cette véhémente colère de Mazarin avait plus d'un
motif; c'était bien, comme le dit sa lettre, autant
pour se soulager lui-même que pour sauver l'État,
qu'il songeait à mettre en pièces cette dangereuse
personne. En cette occasion, ainsi qu'en beaucoup
d'autres, le bonheur de Mazarin, faut-il dire son
mérite? fut d'avoir si habilement confondu les convenances de sa situation particulière avec l'intérêt
public, que la postérité a hésité, comme les contemporains eux-mêmes, à juger certaines actions de sa
vie[2].

---

1. Le cardinal Mazarin au roi, — Saint-Jean-de-Luz, 28 août 1659. Cette lettre est la vingt-troisième du *Recueil des lettres de Mazarin*, Amsterdam, Henri Westein 1693. Elle a été reproduite avec quelques légères variantes dans le *Bulletin de la Société de l'Histoire de France*, tome XVII, 1834, 2me partie, page 176.

2. « C'a été depuis un grand problème entre les politiques de savoir si le cardinal agissoit de bonne foi, et s'il ne s'opposoit pas au torren

Quoi qu'il en soit, le cardinal n'eut pas besoin d'en venir à de si fâcheuses extrémités. Marie Mancini avait le cœur fier. Quand elle sut le mariage du roi arrêté avec l'infante, elle crut sa gloire intéressée à oublier celui qui lui était devenu infidèle. L'idée ne lui vint pas, comme depuis à tant d'autres, qu'il y avait peut-être encore pour elle un rôle à la cour. Elle avait voulu être la femme légitime de Louis XIV, elle dédaigna de s'offrir pour sa maîtresse. Elle cessa donc de répondre aux lettres du roi et rompit tout commerce secret avec lui. Le cardinal se montra enchanté d'une conduite aussi sage, à laquelle il ne s'était guère attendu. « J'ai la plus grande joie du monde d'avoir une telle nièce, » écrit-il à Mᵐᵉ de Venelle, « voyant que d'elle-même elle a pris une si généreuse résolution... Je vous prie de lui

pour augmenter sa violence. J'ay vu le vieux maréchal de Villeroy et feu M. le Premier agiter fortement la question, non pas ensemble, (je l'aurois bien souhaité) mais chacun dans son cabinet. Ils apportoient une infinité de raisons pour et contre, et d'ordinaire ils concluoient en faveur de la sincerité du cardinal, nón qu'ils ne le crussent assez ambitieux pour avoir souhaité de voir sa nièce reine de France, mais ils le connoissoient fort timide, et incapable d'aller tête baissée contre la reine-mère qui seroit devenue son ennemie sans retour, et cela sur la parole fort périlleuse d'un homme de vingt ans qui aimoit pour la première fois, au lieu qu'en refusant l'élévation de sa nièce qu'il n'avoit pas sujet d'aimer fort tendrement, (il savoit qu'elle étoit assez folle pour se moquer de lui depuis le matin jusqu'au soir) et en faisant le héros par le mépris d'une couronne, il le devenoit en effet, faisoit la paix, assuroit son pouvoir et persuadoit le roi d'une manière bien sensible de son attachement inviolable à la gloire de sa personne et au bien de son État. » *Mémoires de l'abbé de Choisy*, collection Petitot, tome LXIII, page 196.

témoigner de ma part que je l'aime de tout mon cœur, que je m'en vais songer sérieusement à la marier et à la rendre heureuse... Puisqu'elle se plaît à la morale, » ajoute le cardinal, « il faut que vous lui disiez de ma part qu'elle doit lire les livres qui en ont bien parlé, particulièrement Sénèque, dans lequel elle trouvera de quoi se consoler[1]... »

Il paraît que la lecture de Sénèque ne suffit pas tout d'abord à mettre la paix dans le cœur de Marie Mancini. « Elle étoit outrée de rage et de désespoir, » dit Mme de La Fayette. « Elle trouva qu'elle avoit perdu en même temps un amant fort aimable et la plus belle couronne de l'univers. Un esprit plus modéré que le sien auroit eu de la peine à ne pas s'emporter dans une semblable occasion ; aussi s'étoit-elle abandonnée à la rage et à la colère[2]. » Souvent, afin de se donner des forces contre les retours involontaires de sa passion, Marie Mancini priait sa plus jeune sœur de lui dire le plus de mal qu'elle pourrait du roi[3]. Mais ce remède non plus ne valait pas. Rien ne suffisant à chasser entièrement de son cœur le souvenir de son ancien amant, elle prit un moyen

---

[1]. Lettre manuscrite de Mazarin à Mme de Venelle. (Bibliothèque du Louvre.)

[2]. *Histoire de Madame Henriette d'Angleterre*, par Mme la comtesse de La Fayette, page 26.

[3]. *Mémoires de Madame la duchesse de Mazarin*, par M. l'abbé de Saint-Réal. — *Œuvres de Saint-Evremond*, édition in-18 de 1753, tome VIII, page 11.

plus efficace : elle en aima un autre. Ce fut le prince Charles de Lorraine [1].

Charles de Lorraine, fils du duc François et neveu de Charles IV, avait alors dix-sept ans. Ce jeune prince, qui devait être plus tard Charles V de Lorraine, le vainqueur des Turcs et le libérateur de Vienne, était beau, disent les récits du temps, noble en toutes ses manières, d'un esprit précoce, et, quoique doué d'un cœur fort sensible à l'égard des dames, déjà plus grave et réfléchi qu'il n'appartenait à son âge. Marie Mancini pouvait se croire autorisée à placer sur lui ses nouvelles affections, car elle ne pouvait ignorer que le duc de Lorraine, à peine sorti de sa prison de Tolède, s'était empressé de demander au cardinal la main de sa nièce pour l'héritier de la couronne de Lorraine, et que Mazarin avait paru agréer cette proposition [2]. C'était proba-

---

1. « Le roi seroit peut-être revenu à Mlle de Mancini s'il n'eût connu qu'entre tous les partis qui se présentoient alors pour l'épouser, elle souhaitoit ardemment le duc Charles, neveu du duc de Lorraine et, s'il n'avoit été persuadé que ce prince avoit su toucher son cœur....
« Le public ignoroit le secret dépit qu'avoit eu le roi du penchant qu'elle avoit témoigné pour le mariage du neveu du duc de Lorraine....»
Histoire d'Henriette d'Angleterre, par Mme de La Fayette, page 27.

2. « Il commença par me dire (le sieur de la Chaussée, agent du duc de Lorraine) que son maître vouloit estre le meilleur ami et le plus affectionné serviteur que j'eusse au monde; qu'il ne souhaitoit rien plus que mon alliance; que son intention n'étoit pas de se marier ni de retourner dans la Lorraine si on ne le vouloit pas, mais bien de tout remettre au prince Charles son neveu; qu'il résoudroit tout cela avec Madame, avec son frère, et les autres princes de sa maison.... » (Let-

blement là le mariage auquel son oncle lui disait songer déjà pour elle. La reine mère passait elle-même pour le souhaiter infiniment, inquiète qu'elle était de voir son fils reprendre à son retour à Paris les chaînes de sa première maîtresse. Les circonstances étaient donc des plus favorables aux projets de M{^{lle}} Mancini, et elle ne laissa pas que d'aider un peu aux circonstances. Elle employa dans cette vue un certain abbé Bouji, personnage fort adroit, et M{^{me}} de Choisy qui, si nous en croyons M{^{lle}} de Montpensier, s'employait volontiers à marier les gens[1]. Même, comme elle avait l'esprit hardi, elle donna parfois des rendez-vous au jeune prince lorrain, tantôt au jardin des Tuileries, tantôt dans des églises, à la façon des dames italiennes car « sa gouvernante, » M{^{me}} de Venelle, ne lui permettait pas de le voir chez elle, et bien souvent ils n'osaient se parler de peur qu'on ne soupçonnât leur inclination mutuelle. De son côté, le prince Charles se laissait enflammer d'une passion ardente et assez ordinaire aux jeunes gens, « lorsqu'ils rencontrent une fille qui leur fait beau jeu[2]. » Tout allait donc pour le mieux, mais leur impatience gâta tout. Voyant comme les choses

---

tre 36, le cardinal Mazarin à M. Le Tellier, — de Saint-Jean-de-Luz, 4 septembre 1659.)

1. Jeanne-Olympe Hurault de l'Hôpital, mère de l'abbé de Choisy, auteur des Mémoires.

2. *Mémoires du marquis de Beauvau*, page 179.

marchaient vite vers un dénoûment qui ne lui plaisait guère, Charles IV voulut se mettre aussi de la partie.

Était-ce jalousie contre le prince Charles, amour pour la belle. Mancini ou galanterie naturelle? toujours est-il qu'on vit alors le duc de Lorraine se mettre à son tour sur les rangs. La nièce de Mazarin ne parut plus en public, au Louvre, à la comédie, dans les promenades, sans avoir toujours à ses côtés l'oncle et le neveu. Moins assuré de plaire que son jeune rival, Charles IV tâcha de mettre Mme de Venelle dans ses intérêts, ce à quoi il ne réussit point[1]. Il prit aussi la précaution d'écrire au cardinal pour avoir au moins cette grande autorité de son côté. Nous n'avons pas la lettre du duc de Lorraine, mais nous avons été assez heureux pour découvrir la réponse de Mazarin. Trouvant la demande de Charles IV un peu singulière, et précédemment averti par Mme de Chevreuse de l'intention qu'avait manifestée ce prince d'épouser Mme de Cantecroix, s'il en obtenait la dispense[2], le cardinal repoussa sa demande

---

[1]. « Pour mieux engager Mme de Venelle, sa gouvernante, à lui être favorable, le duc de Lorraine lui jeta une pierrerie dans son sein qu'elle avoit refusée d'accepter de sa main. Sur quoy il arriva que cette dame pensant la lui avoir rejetté dans la genouillère de sa botte, elle tomba par terre, et fut trouvée par un laquais qui en profita, le duc ni Mme de Venelle ne l'ayant voulu reprendre. » *Mémoires du marquis de Beauvau*, page 182.

[2]. « Madame de Chevreuse m'a dit d'écrire à Votre Éminence qu'il lui paroit que le prince n'est pas encore détaché d'épouser Mme de

en des termes assez moqueurs, nobles et sévères.
« J'ai été un peu surpris, » écrit-il, « de voir le commencement de la lettre que j'ai reçue de la part de Votre Altesse, n'ayant pas remarqué jusqu'ici que ma nièce eût des qualités si belles et si charmantes qu'elles pussent gagner si vite le cœur d'un prince comme vous, et de plus obliger Votre Altesse à lui déclarer ses affections sans avoir, au préalable, pris la peine de m'en écrire. Mais ayant vu dans la suite la proposition de m'employer auprès du roi pour vous faire remettre le duché de Bar, il m'a été facile de démêler le véritable charme qui portoit Votre Altesse à cette recherche, et je vous avoue que j'ai été en quelque façon mortifié qu'on m'eût cru capable de songer de procurer seulement le moindre avantage à mes nièces aux dépens du roi et de l'État, au bien duquel je suis prêt de sacrifier tout ce qui me regarde et ma propre personne. — Il me semble d'avoir assez fait connoître mes intentions sur les affaires de cette nature en d'autres occasions qui se sont présentées, et que je ne puis avoir d'autre but dans toutes les actions de ma vie que de relever de plus en plus la gloire du roi et la grandeur de cette couronne, et ne faire jamais rien qui puisse tant soit peu préjudicier au service de Sa

---

Cantecroix, s'il peut obtenir la dispense, le refus de laquelle on lui a pourtant mandé de Rome. » Le Tellier au cardinal Mazarin, 10 mars 1660. Archives des affaires étrangères.

Majesté. Je crois donc que Votre Altesse n'aura pas désagréable que je continue à tenir cette conduite, et pour cet effet elle trouvera bon de ne pas me presser davantage[1]. »

Cette lettre de Mazarin, qui repoussait si fièrement les offres du duc de Lorraine, était datée de Lusignan, où la cour s'était un instant arrêtée pendant sa marche de retour vers Paris. — Elle n'excluait en rien les prétentions du prince Charles. Marie Mancini et son jeune amant purent un instant se flatter que rien ne s'opposerait à leur union. Mais lorsque la cour fut définitivement établie à Paris, août 1660, il apparut clairement que le cardinal désapprouvait les assiduités du neveu aussi bien que celles de l'oncle. « Il leur fit dire qu'il les remercioit tous deux, mais qu'il avoit pris d'autres mesures, de sorte que le prince Charles n'avoit plus d'entrée chez Mlle de Mancini[2]. » Bientôt on apprit qu'elle était destinée à un grand seigneur romain, le connétable Colonna. Quelle raison avait porté le cardinal à préférer cet établissement étranger ? Était-ce mauvais vouloir contre une nièce trop portée à disposer d'elle-même ? était-ce attention délicate pour la nouvelle reine, qui redoutait la présence à la cour de France

---

1. Lettre du cardinal Mazarin au duc de Lorraine. Lusignan, 4 juillet. 1660. — Archives des affaires étrangères; collection Lorraine.
2. *Mémoires de Mlle de Montpensier*, collection Petitot, tome XLII, p. 533.

de cette ancienne rivale? N'était-ce pas plutôt complaisance envers le roi, secrètement dépité qu'une maîtresse abandonnée par lui eût osé donner son cœur à un autre? Les courtisans du temps discutèrent ces diverses opinions, sans se fixer à aucune [1]. Mais l'arrêt était sans appel. Il fallut céder, car nul ne s'avisait de résister aux volontés de Mazarin. Tous les contemporains s'accordent à louer la ferme attitude gardée par la jeune fille dont il avait ainsi deux fois sacrifié les penchants. Sa fierté soutint son courage. Elle renferma sa douleur pour faire à la cour de tranquilles adieux. Mais à peine partie de Paris elle ne put contenir plus longtemps son désespoir. « Ses larmes ne tarirent plus. On eût dit une condamnée que l'on conduisoit à la mort [2]. »

La nièce de Mazarin et les princes de la maison de Lorraine n'étaient pas les seuls qui dussent alors fléchir sous l'autorité impérieuse du tout-puissant cardinal. Jamais son empire n'avait été à la fois mieux établi et moins contesté. Il disposait en maître absolu, non pas seulement de la destinée de tous les membres de sa famille, mais aussi des plus grandes

---

1. Voir les *Mémoires de Choisy*, Mlle de Montpensier, Mme de La Fayette : *Histoire de Mme Henriette d'Angleterre*.

2. *Les Nièces de Mazarin*, par M. Amédée Renée, p. 386. Marie Mancini ne quitta point Paris aussitôt après la conclusion de son mariage avec le connétable Colonna, mais seulement après la mort de son oncle, le 13 avril 1661. — Le roi ne voulut rien changer aux arrangements arrêtés par le cardinal pour sa nièce. — Ce fut là surtout ce qui désespéra Mlle Mancini.

comme des moindres affaires du royaume. Parfois la reine-mère se plaignait, doucement et en cachette, à quelques-unes de ses intimes confidentes de l'ingratitude qu'elle rencontrait maintenant chez cet ancien serviteur, elle n'en continuait pas moins à subir son influence[1]. Le roi paraissait savoir gré maintenant à son ministre de s'être naguère opposé à son extravagante passion. Heureux de l'affection passionnée que lui témoignait sa nouvelle épouse, il semblait ne vouloir se réserver de la royauté que les honneurs et les plaisirs ; il abandonnait volontiers au cardinal, avec les ennuis de la responsabilité, tous les attributs et même toutes les apparences extérieures du pouvoir. Lorsque la cour était, en grande pompe, rentrée dans la capitale (août 1660) la population parisienne, toujours avide de fêtes, toujours charmée par le succès, toujours extrême dans ses sentiments, avait prodigué les plus vifs applaudissements au ministre qu'elle avait tant de fois poursuivi de ses fureurs. Pendant le passage du cortége à travers les faubourgs, depuis la barrière du Trône jusqu'au Louvre, les mêmes cris enthousiastes avaient salué le jeune et brillant monarque, monté sur un cheval superbe, qu'il faisait, avec hardiesse et bonne grâce, caracoler devant la nouvelle reine, et l'habile négociateur de Saint-Jean-de-Luz, déjà malade,

[1]. Voir les *Mémoires de M*me *de Motteville*, tome X, page 230 et suivantes.

presque alité dans son carrosse, mais que la foule s'obstinait à suivre, le bénissant mille fois à haute voix de la glorieuse paix qu'il avait donnée à la France. Afin de rendre le triomphe de Mazarin plus complet, le parlement avait obtenu du roi, par grâce extraordinaire, la permission d'envoyer une députation, où figuraient Molé et le neveu de Broussel, saluer cet ancien adversaire tant de fois flétri par ses arrêts. « Rien ne se pouvoit ajouter au bonheur du cardinal que la durée. Mais ce fut ce qui lui manqua[1]. »

On a souvent comparé Mazarin et Richelieu. Tous deux exercèrent en France pendant dix-huit années consécutives une autorité immense et sans contrôle. Tous deux poursuivirent un même dessein, la consolidation de l'autorité royale et l'agrandissement du territoire national aux dépens de la maison d'Autriche; tous deux l'accomplirent, et tous deux moururent en pleine possession du pouvoir. Cependant, si le but fut pareil, le génie presque égal, et le succès semblable, quelles différences dans leurs actes, dans leur conduite et dans leurs caractères? Combien ce contraste ne devient-il pas frappant lorsque approcha la fin de leur carrière. Il semble qu'en cette suprême épreuve, la mort se fût complue à marquer profondément les traits distinctifs de ces

---

[1]. M*me* de La Fayette, *Histoire de M*me* Henriette d'Angleterre*.

deux hommes. Richelieu était entré dans les conseils de son souverain avec l'assentiment général. Arrivé à la puissance par la force de l'opinion, il s'en était servi pour dominer Louis XIII et terrifier la cour. Le vide, qu'à force d'exils et de supplices, il avait fait autour de la personne royale, le rendit peu à peu moins populaire et plus odieux aux courtisans. Mais ses châtiments étant tombés, le plus souvent, sur de véritables coupables, et ses vengeances s'étant toujours appuyées sur la raison d'État, ses ennemis mêmes, tout en le maudissant, l'avaient toujours respecté. Il fut de plus en plus détesté, jamais méprisé. Sa famille, ses serviteurs le pleurèrent sincèrement, car s'il était ministre cruel, il était bon parent et maître facile. Chose étrange, ni l'apparence d'un remords, ni l'ombre d'une inquiétude ne le troublèrent à ses derniers moments. Les richesses qu'il avait amassées, dans un intérêt de pouvoir, n'embarrassèrent pas davantage sa conscience. Il légua son palais et ses trésors à Louis XIII, non pas à titre de restitution comme ferait un serviteur infidèle à un maître longtemps abusé, mais en gentilhomme de bonne maison qui ne se croit pas indigne d'offrir un riche présent à son souverain. L'âme de Richelieu était grande ; elle jeta tout autour de son lit de mort de rayonnants éclats.

Mazarin n'avait nulle élévation dans le caractère, et sa fin fut bien différente. La voix publique ne l'a-

vait point appelé au poste de premier ministre; il y
avait été placé par le choix d'une femme à laquelle il
avait su plaire. Il ne songea pas un jour de sa vie à
se faire redouter; il s'appliqua de préférence à contenter les courtisans, et à gagner jusqu'à ses adversaires. Ses avances toutefois ne réussirent qu'à moitié,
parce qu'elles étaient sans bonne foi et sans vraie
bienveillance. Il excita mille jalousies; il fut en butte
à beaucoup de colères; et cependant, au temps même
de sa plus grande faveur, il n'inspira point d'aversion
profonde. Jamais il ne fut fortement haï, et jamais
non plus il ne fut sérieusement estimé. Les succès
continus qui portèrent si haut la fortune de l'homme
public, diminuèrent plutôt qu'ils ne grandirent la
considération de l'homme privé. Le triomphe dé-
veloppa tous ses fâcheux penchants. Il les avait
dissimulés pendant la lutte et tant que dura l'adversité, il les produisit avec effronterie aussitôt après
sa victoire. Ce même ministre, dont les habitudes avaient été simples et les façons d'agir
presque désintéressées dans le temps où les factions
lui reprochaient bruyamment d'accaparer les ressources de l'État, profita du silence des pamphlé-
taires et de l'affaissement de l'esprit public pour lâcher la bride à son insatiable cupidité. Il avait été,
à ses débuts, modeste et affable avec chacun; il
se fit, sur la fin de sa vie, fier et hautain pour tout
le monde. A peine se contenait-il devant la reine

mère, autrefois si courtisée par lui, à laquelle il devait tout, et qui maintenant en était réduite à redouter ses fâcheux emportements [1]. Il était devenu impérieux avec sa famille, dur envers ses plus affidés serviteurs, et la maladie ne fit que rendre son humeur plus acariâtre [2]. Il ne montra jamais aucune réelle affection pour ses nièces, qui n'en témoignaient pas davantage pour lui. Cependant, quand il fallut partager entre elles son héritage, il se sentit comme embarrassé d'avoir à distribuer publiquement de si immenses richesses, toutes acquises au détriment de l'État. Ses scrupules augmentèrent à mesure que la mort approchait. « Un bon théatin, son confesseur, lui dit net, » raconte l'abbé de Choisy, « qu'il seroit damné s'il ne restituoit le bien qu'il avoit mal acquis. — Hélas ! dit le cardinal, je n'ai rien que des bienfaits du roi. — Mais, reprit le théatin, il faut bien distinguer ce que le roi vous a donné de ce que vous vous êtes donné vous-même. — Ah ! si cela est, dit le cardinal, il faut tout restituer [3]. » Colbert vint au secours de ses perplexités en lui suggérant un ingénieux expédient. Il lui conseilla de faire une donation testamentaire de tous ses biens en faveur du roi, qui, sans doute, ne manquerait pas de les lui rendre, « vu sa générosité. » Cela se passa effectivement ainsi.

1. *Mémoires de M*me *de Motteville, Mémoires de l'abbé de Choisy*, etc.
2. *Mémoires de l'abbé de Choisy, Mémoires de Montglat.*
3. *Mémoires de l'abbé de Choisy*, collection Petitot, t. LXIII, p. 198.

Louis XIV acceptant son rôle dans cette comédie, retint la donation, puis il la rendit, au bout de quelques jours, qui parurent, assure-t-on, bien longs au cardinal[1]. »

Un autre scrupule l'avait pris presque en même temps, mais celui-là regardait les affaires de l'État et les intérêts des princes lorrains, que, depuis la paix des Pyrénées, il avait éconduits de plus d'une façon. Peut-être, en repassant dans sa mémoire les faits de sa vie passée, le cardinal se souvint-il qu'il avait été, pour la première fois, envoyé par le pape à Paris, afin d'y soutenir les droits de la maison de Lorraine, et qu'il n'avait rien eu de plus pressé alors que de les sacrifier à son ambition personnelle. L'abandon de la cause de ses clients aux exigences de Richelieu, avait été le premier échelon de sa prodigieuse fortune. Quoi qu'il en soit, le traité qu'il montra tout d'un coup tant de hâte à signer avec le duc de Lorraine, après l'avoir si longtemps ajourné, parut avoir tous les caractères d'une réparation. Les clauses arrêtées à Saint-Jean-de-Luz furent maintenues, quant à la démolition des fortifications de Nancy et au passage réservé aux troupes françaises à travers la Lorraine, mais le duché de Bar fut intégralement restitué à son souverain, moyennant d'insignifiantes cessions de territoire. Le cardinal Maza-

---

1. *Mémoires de l'abbé de Choisy.*

rin signa le traité avec Charles IV le dernier février 1661. La donation de ses biens au roi portait la date du 3 mars. Ces deux derniers actes de sa vie publique ayant, à ce qu'il paraît, calmé les troubles de sa conscience, il s'éteignit doucement, le 9 mars. Ses dernières pensées furent celles d'un philosophe et d'un chrétien [1]. S'il n'avait l'âme fière et haute, il avait du moins l'esprit ferme. Il fit, suivant l'expression de Mme de Motteville, « bonne mine à la mort [2]. »

La reine mère n'eut point l'air de regretter beaucoup son ancien serviteur [3]. Le roi seul parut affligé de cette perte. Il en pleura [3]. On l'entendit dire à M. de Grammont : « Ah! monsieur le maréchal, nous avons perdu un bon ami [4]. » Il fit hautement l'éloge de Mazarin devant son entourage. Cependant, on se demandait à la cour, le soir même de la mort du cardinal, quel allait être son successeur. Le lendemain, Louis XIV réunit les membres du conseil. « Messieurs, » leur dit-il, « je vous ai fait assembler pour vous dire que jusqu'à présent j'ai bien voulu laisser gouverner mes affaires par M. le cardinal, mais dorénavant j'entends les gouverner moi-même.

---

1. *Mémoires de l'abbé de Choisy*, collection Petitot, p. 201.
2. *Mémoires de Mme de Motteville*, t. IV, p. 240.
3. Mme de Motteville, l'abbé de Choisy, Montglat, etc., etc.
4. *Mémoires de l'abbé de Choisy*, collection Petitot, tome LXIII, p. 220.

Vous m'aiderez de vos conseils quand je vous les demanderai[1]. »

C'étaient là de nobles paroles. Les assistants les entendirent avec une surprise mêlée d'un peu d'incrédulité. Elles étaient tout le programme du nouveau règne.

1. *Mémoires de Mme de Motteville*, t. IV, p. 248.

CHAPITRE XXVII

Louis XIV prend la résolution de gouverner lui-même. — Il est aidé dans ce dessein par les circonstances du dedans et du dehors. — Perspective d'une longue paix. — Elle contribue à diminuer l'importance des hommes de guerre. — Tous les yeux sont tournés vers le roi. — Il attire les nobles du royaume à sa cour. — Ses façons despotiques avec eux, et avec les princes lorrains établis à Paris. — Prestation de foi et hommage par Charles IV pour le Barrois. — Alliances proposées pour le prince Charles. — On veut lui faire épouser mademoiselle de Montpensier. — Il lui préfère sa sœur cadette. — Affection réciproque de Charles et de Marguerite d'Orléans. — Marguerite est promise par Louis XIV au prince de Toscane. — Séparation des deux amants. — Désespoir de Marguerite. — Le prince Charles rend des soins à mademoiselle de Montpensier. — Mademoiselle de Montpensier jalouse de sa sœur. — Elle incline à épouser le prince Charles. — Louis XIV fait démolir les fortifications de Nancy, et Mademoiselle ne veut plus entendre parler de ce mariage.

Quand Mazarin expira (9 mars 1661), Louis XIV avait vingt-deux ans accomplis[1]. La mort de son ministre ne le surprenait point à l'improviste[2]. Depuis plusieurs années, il avait attendu, avec un mélange singulier de patience et d'ardeur, l'occasion de gouverner enfin lui-même. Il s'était, en secret et sans confident, préparé à l'exercice du pouvoir royal[3]. Sa

1. Louis XIV est né à Saint-Germain le 5 septembre 1638.
2. « ... La paix générale, mon mariage, la mort de M. le cardinal Mazarin m'obligèrent à ne pas différer davantage ce que je souhaitois et que je craignois tout ensemble depuis si longtemps. » *Mémoires historiques et instructions de Louis XIV pour le Dauphin son fils*, édition de 1806, tome I, page 9.
3. « ... Préférant dans mon cœur à toutes choses, et à la vie même une haute réputation, si je pouvois l'acquérir; mais comprenant en

fierté naturelle, l'amour de la gloire et les derniers avis du cardinal lui avaient inspiré la volonté de diriger ses propres conseils. Il en était capable par la force précoce de son caractère, par la rectitude naturelle de son esprit, par son goût inné de l'ordre et par son heureuse aptitude au travail. Les circonstances du moment secondaient, comme à l'envi, son dessein. Tout était paisible au dedans comme au dehors de son royaume. Depuis la mort de Henri IV, c'est-à-dire pendant un demi-siècle entier, la France avait été gouvernée par des ministres qui n'avaient eu de droits sur elle que par délégation. Elle était un peu lasse de cette fiction, qui mettait d'un côté toutes les apparences, et de l'autre toute la réalité du pouvoir. Dégoûtée des querelles de partis, elle ne redoutait pas moins le joug des favoris, quelque capables qu'ils fussent. Elle aspirait à être enfin directement conduite par son chef ostensible. Rien ne pouvait tant lui plaire que de voir alors réunis sur un même front l'éclat du commandement suprême

même temps que mes premières démarches, ou en jetteroient les fondemens, ou m'en feroient perdre pour jamais jusqu'à l'espérance, je me trouvois de cette sorte pressé et presque également retardé dans mon dessein par un seul et même désir de gloire; je ne laissois pas cependant de m'exercer et de m'éprouver en secret et sans confident, raisonnant seul et en moi-même sur tous les événemens qui se présentoient; plein d'espérances et de joie quand je découvrois quelquefois que mes premières pensées étoient les mêmes où s'arrêtoient à la fin les gens habiles et consommés, et persuadé au fond que je n'avois point été mis sur le trône avec une aussi grande passion de bien faire sans en devoir trouver les moyens. » *Ibid.* page 8.

et toute la splendeur de la majesté royale. A l'exception des secrétaires d'État et de quelques grands personnages soupçonnés d'aspirer à l'héritage du cardinal, la nation entière était complice de l'ambition de son jeune monarque.

Ce n'était pas, d'ailleurs, en France seulement, mais dans toute l'Europe, que prévalaient alors le besoin de la tranquillité et le goût du repos. La fin des troubles civils en Angleterre et la restauration des Stuarts avaient suivi d'assez près la conclusion du traité des Pyrénées. Les conventions signées presque simultanément à Copenhague et dans le monastère d'Oliva, en réglant les rapports du Danemark et de la Suède, en apaisant les troubles de la Pologne, avaient mis fin aux guerres acharnées qui désolaient depuis tant d'années le nord du continent. Toute cause actuelle de discorde avait à peu près disparu entre les grandes puissances européennes; et l'on n'entrevoyait même pas d'événements qui pussent leur remettre prochainement les armes à la main. Cette paix n'était pas seulement universelle, elle paraissait établie pour un assez long avenir; car il n'y avait point de pays, sans en excepter la France, qui n'eût à ce moment beaucoup à faire pour réparer ses forces, ou tout au moins pour rétablir ses finances.

Ces perspectives d'une ère toute pacifique favorisaient singulièrement Louis XIV, en diminuant l'importance des grands capitaines qui entouraient son trône et qu'avaient formés les guerres précédentes. Quelle n'eût pas été à la cour la situation de Condé, celle de Turenne et du comte d'Harcourt, si quelque danger extérieur venant à menacer dans ces premiers instants la sécurité du pays, leurs vaillantes épées eussent apparu à toute la France comme les soutiens nécessaires du nouveau règne? Leur ancienne renommée, rajeunie par l'éclat de quelques récents exploits, eût suffi peut-être, sinon à éclipser, du moins à balancer, dans l'estime publique, la réputation naissante du jeune souverain. Mais il fut loin d'en être ainsi. Les temps qui suivirent le mariage de Louis XIV s'écoulèrent paisiblement. De 1660 à 1667, à peine Condé, Turenne et le comte d'Harcourt eurent-ils, de loin en loin, l'occasion de montrer encore dans les camps leurs visages jadis si connus et si aimés du soldat. D'année en année, leurs visites y devinrent plus rares. Bientôt ils cessèrent d'y paraître; on ne les vit plus se produire qu'à la cour. Là, ils sont rapidement confondus dans la foule des courtisans, et, pendant quelques instants, on les y perd presque de vue. Louis XIV n'est pas seul, d'ailleurs, à les rejeter forcément dans l'ombre. D'autres personnages envahissent en même temps la scène, leur succèdent dans les premiers rôles, et parviennent à les faire à peu près entièrement oublier. Ouvrez les mémoires qui retracent le mouvement et les occupations de la cour à cette époque, vous les verrez s'étendre avec complaisance sur tout ce qui concerne la personne du roi ; ils racontent avec soin les mouvements que se donnent les ambitieux qui aspirent secrètement à recueillir l'héritage de Mazarin : ils s'occupent surtout et de préférence des belles dames qui se disputent ardemment le cœur du souverain. Mais en vain chercherait-on, parmi les relations si nombreuses et d'ailleurs si piquantes que les contemporains nous ont laissées sur les premiers débuts du règne de Louis XIV, les noms des grands hommes de guerre qui avaient conduit les dernières campagnes d'Italie, de Flandres ou de Catalogne. Si Condé obtient d'eux un souvenir, c'est à cause de la beauté des fêtes que, dans sa magnifique retraite de Chantilly, il offre respectueusement à son maître. Si Turenne intervient plus souvent dans leurs récits, c'est parce que Sa Majesté l'employait volontiers à négocier les mariages des princes et des princesses du sang royal. Le comte d'Harcourt, ce cadet de Lorraine, si entreprenant, et le plus souvent si mal soumis pendant la Fronde, vient-il à mourir, il reçoit de leur bouche, en passant, cet unique éloge, « d'avoir, jusqu'à la fin de sa vie, témoigné d'une déférence infinie envers Sa Majesté. » L'aventureux héros de l'échauffourée de Naples, le duc de Guise, après tant de bizarres et périlleuses entreprises, devient grand chambellan de

Louis XIV. On voit le petit-fils du Balafré, le descendant de cette race de princes qui avaient disputé le trône aux Bourbons, faire sa dernière apparition sur la scène de l'histoire, en costume de baladin, défilant devant le roi, à la tête d'une bande de courtisans habillés en sauvages américains[1].

Si telle était, sous le règne nouveau, la condition abaissée des plus anciens et des plus illustres capitaines, celle de leurs jeunes lieutenants ne pouvait être que moindre encore. Ce n'est pas que les seigneurs de la présente génération fussent eux-mêmes dépourvus de gloire militaire. Aux rudes siéges de Montmédy, de Mardyck et de Gravelines, à la chaude journée des Dunes, ils avaient, sous Turenne et La Ferté, déployé cette brillante valeur qui n'a jamais fait défaut à la noblesse française. La plupart de ces gentilshommes qui figuraient maintenant dans les ballets mythologiques où le roi aimait tant à paraître, qui paradaient avec lui dans de somptueux tournois, s'étaient naguère produits dans de plus sérieuses rencontres. Le public n'ignorait pas leurs noms. Il avait pu les lire, glorieusement cités par la gazette, dans les récits des batailles livrées

---

[1]. Au carrousel donné le 5 juin 1662, devant le pavillon des Tuileries, sur l'emplacement appelé depuis cette époque *place du Carrousel*, lorsque le prince de Condé et le duc de Guise parurent en même temps en lice à la tête de leurs bandes, la foule s'écria, dit une relation du temps : « Voici le héros de la fabl et celui de l'histoire. »

par nos armées, avant de les rencontrer sur la liste des acteurs enrôlés dans la troupe royale.

Que ce changement était fâcheux toutefois pour les nobles du royaume! et que ne perdaient-ils pas, lorsque retirés des camps et quittant leurs domaines, ils venaient se presser sur ce théâtre de la cour où les appelait l'adroite politique du souverain! Là ils n'avaient ni devoirs sérieux à remplir, ni services honorables à rendre, point de nobles récompenses à mériter, rien à attendre, que de vaines et dangereuses faveurs. Ce n'était pas en accourant de leurs provinces à Paris, que les fils des grandes familles de France pouvaient alors s'initier aux affaires, car le roi avait résolu de les en tenir constamment éloignés. Ils n'avaient pas même la chance, en fréquentant les cercles du Louvre, en suivant assidûment les grands et les petits levers, de s'assurer la familiarité du monarque, dernier et puéril privilége que réclament encore, après avoir perdu tous les autres, les aristocraties dépouillées de leur naturelle importance. La seule pensée d'un mélange quelconque avec les plus grands de ses sujets était insupportable à Louis XIV. Rien ne répugnait tant à sa fierté que d'accepter, même pour un instant, et avec qui que ce fût, cette égalité de commerce que les faciles Valois avaient sans peine concédé aux compagnons de leurs plaisirs, qu'avec une franchise soldatesque, son grand-père Henri IV avait encouragé parmi ses camarades de guerre, dont, malgré ses ombrages, Louis XIII lui-même avait voulu goûter la douceur près d'un petit nombre de favoris. Rompant le premier avec les traditions de ses prédécesseurs, Louis XIV était résolu à garder soigneusement tous ses avantages et à n'entrer en partage avec personne. S'il prit goût à convoquer autour de lui ce qu'il y avait alors de plus grand, de plus noble, de plus élégant parmi les gentilshommes de France, c'est qu'en grandeur, en noblesse, en élégance, il se sentait le premier de son royaume. Et, hâtons-nous de le dire, cette idée qu'il avait prise de lui-même, sa famille, sa cour, le public, l'avaient complétement adoptée. Étrange singularité ! remarque presque embarrassante à consigner dans l'histoire, s'il ne s'agissait de la nation la plus facilement engouée qui soit au monde, et de la partie de cette nation la plus élevée, la plus brillante, mais aussi la plus légère ! les séductions de la mode aidèrent grandement au succès de la politique de Louis XIV. Cette cause futile en elle-même, insignifiante partout ailleurs, toute-puissante en France, contribua plus qu'une autre peut-être à établir, dès le début, cet empire incontesté d'un seul sur tous. Elle soumit au joug de Louis XIV, non-seulement les actes de la vie extérieure de ses principaux sujets, mais leurs volontés mêmes, leur esprit, leurs sentiments et jusqu'à leur imagination. Aux yeux des courtisans, ravis de ses nobles façons et de sa bonne grâce, ce maître de vingt ans, qui prenait lui-même en main les rênes de son gouvernement, n'apparaissait pas seulement comme l'heureux héritier de la vieille dynastie nationale, comme le plus considérable des souverains de l'Europe, celui des princes de sa race qui montait sur le trône avec la plus grande somme d'autorité déjà fermement établie, avec toutes les séduisantes promesses d'une prospérité croissante et d'une gloire incomparable, il était paré pour eux d'un non moins éblouissant prestige : c'était l'homme le plus à la mode de ses États. Et parmi les seigneurs de haut parage qui fréquentaient sa cour, tel eût peut-être mis son orgueil à résister à un plus sérieux ascendant, qui cédait avec docilité, que dis-je, avec joie, au plus frivole, au plus irréfléchi, et par cela même au plus invincible des entraînements.

Assuré de la soumission des grands de son royaume, devenu l'idole chaque jour plus encensée de ceux qu'il avait, par faveur spéciale, admis à l'honneur de servir sa personne dans des charges purement domestiques, Louis XIV tenait assujettie à ses pieds la masse entière de la nation. Nulle institution d'une forme un peu précise, aucune tradition habituellement suivie n'avait, en effet, depuis la ruine du régime féodal, limité en principe, ou réglé en droit, dans la monarchie française, l'autorité du souverain. A la pratique seulement, cette autorité avait été presque toujours contenue ou tout au moins contrecarrée, tantôt, de loin en loin, par la réunion des États du royaume, tantôt, à leur défaut, par l'intervention d'une grave magistrature, qui prétendait avoir mission de connaître des affaires de finances, et dont l'opinion publique approuvait volontiers les arrêts, enfin, par les brusques allures d'une noblesse très-indépendante, sensible au dernier point à l'honneur militaire, et dont il fallait ménager les fières susceptibilités. Mais, les États dont la convocation n'était point obligatoire, ayant peu à peu cessé d'être assemblés par le prince, ses volontés n'avaient plus rencontré d'entraves que dans les habitudes légales de quelques juges sans pouvoirs positifs, et dans le caractère et les mœurs de quelques gentilshommes aussi dépourvus de sérieuses prérogatives que de véritables instincts politiques. C'était là un contre-poids fort léger, et rien n'était, en réalité, plus éphémère qu'un pareil contrôle. Le jour où, découragés par l'issue misérable de la Fronde, les magistrats du parlement de Paris renonçaient à se porter les tuteurs de l'État, le jour où, fascinés par le brillant monarque qui portait sa couronne avec tant de superbe aisance, les nobles du royaume se disputaient l'honneur de porter les livrées de la nouvelle cour, le roi de France n'apercevait plus désormais devant lui qu'une voie sans obstacles et des fronts également prosternés et soumis.

Comment, à défaut du parlement et des grands du pays, le tiers-état eût-il alors songé à s'opposer à l'ascendant toujours croissant du pouvoir royal? Lasse elle-même des dernières luttes, sévère maintenant jusqu'à l'ingratitude pour les hommes de robe, auxquels elle reprochait d'avoir fait plus de bruit que de besogne, justement courroucée contre les nobles qui venaient de se montrer tout à la fois si ardents pour leurs intérêts personnels et si froids pour la chose publique, la bourgeoisie en était venue à se considérer comme hors de cause. Elle gardait même plutôt une sorte de prédilection pour la grandeur personnelle du souverain qui était si fort placé au-dessus d'elle, dans lequel elle entrevoyait moins un maître redoutable qu'un utile protecteur, et, au besoin, un auxiliaire contre l'oppression des classes privilégiées. Enfin parmi les petits marchands, chez les artisans et dans tout le gros de la nation, la jeunesse et la beauté remarquable de Louis XIV, son luxe d'apparat, son train magnifique et ses glorieuses façons avaient produit l'effet accoutumé. La popularité, qu'il dédaignait, courait elle-même au-devant de lui. Ainsi, le succès du nouveau roi fut tout d'abord excessif. Au sein de toutes les classes de la société française l'enthousiasme était immense et l'applaudissement universel.

Louis XIV profita de cet enivrement pour grouper plus facilement autour de lui, dans une position subalterne et précaire, tous les principaux de sa noblesse. Il déploya un art infini et mille attentions calculées pour les fixer à sa cour par le goût des plaisirs, par la soif des distinctions, par la poursuite haletante de ses moindres faveurs, ne leur donnant en retour de tant de fatigants hommages et d'incommodes assiduités, ni fonctions importantes à remplir, ni emplois publics à exercer, sinon, au dehors, de ruineuses missions, dans ses armées, des commandements à courtes échéances et toujours révocables, ou, de préférence, auprès de sa personne, des charges oiseuses qui les retenaient, par la vanité, dans la dépendance. Ce manége ne fut pas d'ailleurs le jeu passager d'une puérile fantaisie, mais la constante application d'un véritable système de gouvernement, système accepté avec le plus inconcevable aveuglement par la noblesse, qui, s'offrant elle-même au joug, prit plaisir à le river d ses propres mains sur sa tête, système hautement avoué et complaisamment préconisé par son auteur dans les royales instructions qu'il a léguées lui-même à son fils, transmis ainsi de générations en générations à tous ses successeurs, comme une sainte tradition de famille, et depuis la fin des troubles inoffensifs de la Fronde jusqu'au commencement des sombres orages de la révolution française, assidûment pratiqué par tous les chefs de la maison de Bourbon. Qu'ils étaient mal inspirés les gentilshommes qui se hâtèrent de faire alors litière de leurs anciennes coutumes pour adopter les mœurs nouvelles! que leur conduite était folle de quitter leurs châteaux où ils étaient la plupart puissants et respectés, d'abandonner leurs provinces, où ils pouvaient être utiles et influents, pour accourir avec une rare fureur d'asservissement se précipiter aux pieds du triomphant monarque, peuplant les immenses galeries de Versailles, où ils étalaient un luxe extravagant, encombrant plus tard les étroits réduits de Marly, d'où le grand roi, devenu vieux, et fatigué de leurs empressements, les écartait tant qu'il pouvait ; et après tant d'humiliantes obsessions, et le plus souvent d'amers déboires, lorsqu'ils n'avaient pu ni obtenir un coup d'œil du maître, ni arracher une faveur aux ministres du jour, ni s'attirer un sourire de la maîtresse régnante, plutôt que de regagner leurs provinces, s'obstinant à demeurer à grands frais dans la capitale, où la plupart achevaient de se ruiner, ignorés, rebutés, comme perdus dans leur propre insignifiance, réduits à lutter avec les honteux embarras d'une situation sans dignité vis-à-vis de la couronne, et sans action sur le pays! Mais aussi qu'il était imprudent le monarque qui visait par orgueil à s'isoler de ses plus considérables sujets, et prenait un détestable plaisir à les tenir à longue distance de lui, dans la complète ignorance des affaires et dans l'absolue sujétion à sa volonté? Que sa vue était courte, quand il recommandait aux princes de sa race de maintenir soigneusement cette fière séparation? Que ses avis étaient funestes lorsqu'il leur représentait comme la pire de toutes les hontes à subir, l'obligation de se dessaisir d'une parcelle de leur pouvoir[1]!

Envisagées à ce point de vue, les premières années d'un siècle vers lequel se reporte toujours avec attrait l'imagination charmée de la postérité, mériteraient, nous le croyons, d'être jugées avec quelque sévérité, car elles ont été pour la France le point de départ d'une situation politique complétement vicieuse. L'entraînement auquel les seigneurs contemporains de Louis XIV cédèrent avec tant d'étourderie, qui, à cette époque, gagna le public tout entier, que le jeune monarque exploita avec tant de persévérance, et dont, après coup, la plupart de nos historiens se sont eux-mêmes assez faiblement défendus, n'a en définitive profité ni à la royauté, ni à la noblesse, ni au public. A cette période brillante, mais, à notre avis, trop célébrée et souvent mal comprise de notre histoire, remontent beaucoup de ces malentendus qui sont restés comme une cause de division fatale entre les différentes classes de la

---

[1]. *Mémoires historiques et instructions de Louis XIV pour le Dauphin son fils.*

société française. Que de fautes alors commises, qui depuis n'ont pas été réparées! que de fâcheuses habitudes contractées dont l'empire dure encore! et qu'il en a coûté cher depuis à la royauté pour reconnaître qu'il n'y a pas de force dans l'isolement, à la noblesse pour apprendre que les aristocraties se maintiennent par la liberté, et se perdent dans la servitude!

Mais s'il n'entre pas dans notre sujet d'aborder ces questions, si nous devons renoncer à raconter sur quel pied s'établirent, après la mort de Mazarin, les relations de Louis XIV, soit avec les princes de son sang, soit avec les grands de son royaume, et de quelle façon impérieuse il se porta leur maître en toutes choses, réglant d'autorité la manière dont ils devaient vivre non pas seulement avec lui-même, mais entre eux, décidant souverainement de leur hiérarchie et de leurs titres, intervenant, quand bon lui semblait, pour arranger ou pour rompre leurs alliances de famille, gouvernant leurs plus petites affaires privées, se mêlant parfois de régler jusqu'à de misérables questions d'intérieur et de ménage, il ne dépend pas de nous de passer également sous silence l'attitude non moins hautaine qu'il prit à la même époque avec d'autres personnages qui n'étaient point nés sous sa domination : nous voulons parler des princes de la maison régnante de Lorraine.

Au moment de l'avénement de Louis XIV, le duc

de Lorraine résidait encore à Paris, où il venait de conclure le récent traité de Vincennes qui lui rendait ses États et reconnaissait l'intégrité de ses droits de souverain. Charles, son neveu et l'héritier de son duché, jouissait passagèrement, comme lui, de l'hospitalité de la cour de France. Quelle que fût l'infériorité de leur puissance, et quoique, par la condition misérable de leur pays, réduits à sa merci, ces princes n'en étaient pas moins, suivant les règles du droit des gens, sinon les égaux de Louis XIV, du moins entièrement indépendants de son pouvoir et placés complétement en dehors de sa juridiction. Racontons cependant comment il en usa avec eux.

La première occasion qui mit Charles IV en présence du roi, fut la prestation officielle de la foi et hommage qui lui étaient dus pour les terres du Barrois. Le duc de Lorraine, qui jadis, sous Louis XIII, avait soulevé mille difficultés à propos des détails de cette cérémonie, jugea sensément qu'il n'était pas de saison de contester cette fois sur quoi que ce fût. A la première sommation qu'il en reçut, il se hâta de se rendre au Louvre (23 mars 1661). Conduit dans la chambre de Sa Majesté, il trouva rangés sur son passage les hallebardiers de sa garde suisse et ses mousquetaires qui bordaient toutes les avenues du palais. Le roi était assis dans un fauteuil ; il était entouré des princes du sang. Les ducs et pairs du royaume, les maréchaux et les grands officiers de la couronne, avaient été invités à se trouver à ce spectacle afin d'en rehausser l'éclat. Le maître des cérémonies ayant introduit le prince lorrain, lui notifia de se mettre dans la posture d'un vassal qui allait rendre hommage à son souverain. Alors, en l'absence du grand chambellan, M. de Guise, qui ne s'était pas soucié de faire, à l'égard de son cousin, les fonctions ordinaires de sa charge, le premier gentilhomme de la chambre demanda au duc son chapeau, son épée et ses gants. Charles les lui ayant remis fut ainsi mené aux pieds du roi. Pendant qu'il y demeurait agenouillé, et Sa Majesté lui tenant sa main entre les siennes, le chancelier Séguier lut à haute voix la formule de l'hommage. Elle était conçue en ces termes : « Monsieur, vous rendez au roi la foi et hommage que vous lui devez, comme à votre souverain, à cause de votre duché de Bar... Vous jurez et promettez en outre à Sa Majesté de lui rendre la fidélité, service et obéissance que vous êtes tenu de lui rendre à cause de vos terres, et de le servir de votre personne et biens envers tous et contre tous sans nul excepter, en toutes les guerres et divisions que lui ou ses successeurs rois pourroient ci-après avoir contre les ennemis de sa couronne pour quelque cause que ce soit, ainsi que vous y êtes obligé pour raison de vos terres, et ne permettrez qu'en icelles il soit fait aucune chose au préjudice de Sa

Majesté et de son État. Ainsi le jurez et le promettez[1]. »

Les biographes du duc de Lorraine assurent que leur prince fut révolté de la nouveauté de ce formulaire, dont la teneur ne lui avait pas été communiquée. Peut-être le chancelier Séguier, qui, en 1641, juste vingt ans auparavant, avait déjà prêté son ministère en semblable occurrence, se rappelait-il en effet les efforts moitié plaisants, moitié sérieux, que Charles IV avait alors tentés pour atténuer la portée du premier hommage rendu à Louis XIII, et prenait-il plaisir à appesantir le joug sur la tête du prince lorrain, afin de se venger des moqueries que jadis il en avait essuyées devant le roi et devant toute la cour. Toujours est-il que Charles IV n'interrompit cette fois par aucune saillie la gravité de la cérémonie. Et, soit que le temps eût modifié son humeur, soit que l'adversité eût ployé sa fierté, soit que la précoce gravité du jeune monarque français lui parût cette fois trop imposante, il n'osa, dans ce moment ni plus tard, hasarder la moindre réclamation. Il prononça, à contre-cœur sans doute, mais dans la posture prescrite et d'une voix soumise, le serment exigé.

Cette formalité accomplie, le duc et les princes de sa maison n'en continuèrent pas moins à résider à

---

1. Archives générales de France : Procès-verbaux du parlement de Paris; archives des affaires étrangères.

Paris, et le prince Charles attira de nouveau sur lui les regards de la cour. Depuis que mademoiselle Mancini avait été accordée au connétable Colonna, depuis surtout son départ pour l'Italie, on cherchait à deviner de quel côté inclinerait le choix de l'héritier de la couronne de Lorraine, et l'on croyait assez généralement qu'il épouserait l'une des filles de Gaston d'Orléans. L'aînée était mademoiselle de Montpensier, ou la grande Mademoiselle, comme on l'appelait alors. Elle avait trente-quatre ans, c'est-à-dire à peu près le double de l'âge du prince Charles. C'était une riche héritière, car elle avait recueilli l'entière succession de sa mère la duchesse de Montpensier, et ses revenus montaient à plus de cinq cent mille écus, somme énorme pour le temps. Une si belle fortune eût merveilleusement rétabli les affaires de la maison de Lorraine. Le duc François souhaitait donc passionnément cette union. Mais son fils était loin de témoigner un pareil empressement. Il était moins ébloui des richesses de Mademoiselle qu'effrayé de son âge. Il avait d'ailleurs placé ses affections ailleurs, sur une autre de ses cousines, fille du second mariage de Gaston avec Marguerite de Lorraine.

Marguerite-Louise d'Orléans avait alors seize ans; elle avait été élevée à Blois avec son cousin. Elle était belle; elle avait le cœur haut et l'esprit entreprenant comme Marie Mancini; comme elle aussi elle s'était fortement attachée au prince Charles[1]. Son cousin l'avait un peu négligée du temps qu'il faisait sa cour à la nièce du cardinal Mazarin ; puis il lui était revenu aussitôt après le départ de cette demoiselle pour l'Italie[2]. Leur tendresse était maintenant réciproque et presque publique[3]. « Ils étoient tous les jours à se parler et à se promener ensemble[4]. » Lorsque le duc de Lorraine allait au Luxembourg visiter sa sœur, la duchesse d'Orléans, ou Mlle de Montpensier, son neveu avait grand soin de l'accompagner, mais c'était surtout pour avoir occasion d'aller trouver ses plus jeunes cousines. « Elles aimoient à danser et à sauter, » raconte Mlle de Montpensier, « et les soirs, quand il n'y avoit pas de bal ou de comédie au Louvre, elles se servoient des violons de leur sœur aînée. Le prince Charles étoit fort assidu à ce diver-

1. « C'étoit une princesse à peu près de son âge (Mlle d'Orléans), belle, d'un esprit hardi, qui répondoit à son affection, et par conséquent bien plus capable d'inspirer une forte passion dans le cœur d'un jeune homme qu'une fille déjà d'âge, comme Mlle de Montpensier sa sœur » *Mémoires de Beauvau*, page 188. — *Histoire manuscrite de Charles IV* par Guillemin. — *Vie manuscrite de Charles IV* par l'abbé Hugo.

2. « Son cousin Charles de Lorraine lui avoit fait la cour (à Mlle d'Orléans) pendant quelque temps, qu'il avoit discontinuée depuis l'arrivée de Mlle Mancini à Paris. » *Mémoires de Mlle de Montpensier*. — Collection Petitot, t. XLII, p. 522.

3. « Il ne falloit pas beaucoup de mystère ni d'artifice pour fomenter une étroite amitié entre ces deux personnes qui se connoissoient déjà depuis quelques années pour avoir été élevées ensemble à Blois, et qui avoient des agréments réciproques l'une pour l'autre. » *Mémoires de Beauvau*, page 188.

4. *Mémoires de Mlle de Montpensier*. — Petitot, t. XLIII, p. 44.

tissement[1]. Il accompagnoit aussi sa cousine lorsqu'elle alloit avec les meutes du roi courir aux environs de Paris le lièvre ou le chevreuil... « Souvent ils rentroient assez tard et quelquefois à la nuit, la princesse avec ses coiffes et ses jupes toutes déchirées, n'ayant à sa suite qu'une gouvernante fort sotte et qui ne bougeoit du carrosse, et suivoit les grands chemins, » rapporte toujours Mlle de Montpensier, « tandis que Mlle d'Orléans, montée à cheval, suivoit la chasse[2]. »

Plusieurs obstacles traversaient toutefois la liaison de ces jeunes gens ; elle était même souvent troublée par des orages intérieurs. Tous les membres de la famille, le duc Charles excepté, blâmaient ouvertement cette affection du prince lorrain pour la plus jeune et la plus jolie de ses cousines, lui représentant qu'il ferait bien mieux de rechercher la riche alliance de Mlle de Montpensier. Le marquis de Beauvau, son gouverneur, ne cessait de lui représenter que, s'il continuait ainsi, il ruinerait infailliblement ses affaires; « qu'il servoit en cette circon-

---

1. *Mémoires de Mlle de Montpensier*, t. XLII, p. 531.
2. *Ibid.*, t. XLIII, p. 7.

« Elle avoit cru (Mlle d'Orléans) épouser le prince Charles de Lorraine qui lui avoit fait l'amour pendant tout l'hiver. On jouoit tous les jours au Luxembourg à de petits jeux, à colin-maillard, cache-cache mitoulas; point de cartes, ce n'étoit pas la mode; on rioit cent fois davantage. Il y avoit des violons; mais ordinairement on les faisoit taire pour danser aux chansons. L'affaire avoit été fort loin; mais la vieille Mademoiselle avoit tant parlé et chuchotté qu'elle avoit tout rompu. » *Mémoires de l'abbé de Choisy.*

stance de jouet à son oncle ; que toute la Lorraine le considérant comme la seule ressource de ses espérances, elle perdroit l'affection qu'elle avait pour lui si l'on venoit à apprendre que pour une fantaisie d'amourette dont le succès étoit impossible, il eût renoncé au rétablissement de sa maison et au repos d'un pauvre peuple qui gémissoit depuis tant d'années sous la rigueur de tant de calamités [1]. » A toutes ces observations Charles ne répondait rien autre chose, sinon « qu'il ne croyoit pas être obligé de servir de victime au public pour être malheureux toute sa vie [2]. » Mlle d'Orléans avait aussi ses chagrins, car il y avait en ce moment à la cour de France un abbé de Bonzi, archevêque de Béziers, chargé par le grand-duc de Toscane de la demander pour son fils, et Louis XIV avait hautement agréé cette alliance comme utile à sa politique. La déclaration publique de la volonté royale désola Marguerite. Tantôt elle suppliait avec larmes sa mère, la duchesse d'Orléans, de ne point souffrir qu'on l'éloignât d'elle et de la vouloir bien marier dans sa propre famille ; tantôt elle allait se jeter aux pieds de Charles IV, lui protestant qu'elle lui serait une nièce bien autrement dévouée et complaisante que

---

1. *Mémoires du marquis de Beauvau*, page 189.
2. *Ibidem.*

Mlle de Montpensier[1]; tantôt, persuadée que le prince Charles la négligeait pour sa sœur aînée, elle se livrait aux emportements d'une jalouse colère, jusqu'à venir dans la chambre de son amant lui demander : « S'il auroit bien la lâcheté de l'abandonner et de lui préférer une fortune[2]. » Un jour, plus agitée que jamais, elle alla s'informer elle-même à Mlle de Montpensier si bien réellement elle songeait à épouser ce « misérable, et lui en dit tous les maux imaginables. » Mlle de Montpensier ne comprenant rien, assure-t-elle, à tant d'aversion, ne lui avait rien répondu[3]. Enfin la malheureuse princesse en vint à se figurer qu'elle était abandonnée par les siens et trahie par son amant. Dans l'accès de son ressentiment, elle courut prier la reine-mère d'annoncer au roi qu'elle était prête à accepter le fils du grand-duc de Toscane. En vain, revenue plus calme, voulut-elle démentir plus tard un consentement arraché par le seul désespoir; Louis XIV, peu soucieux de voir l'héritier de la couronne de Lorraine allié à une princesse du sang de France, avait eu hâte de s'engager avec l'ambassadeur de Toscane. Il ne voulut jamais entendre parler de retirer sa parole. La duchesse d'Orléans intercéda pour sa fille, mais elle ne put rien obtenir. « Louis XIV ne mesuroit pas

---

1. *Mémoires de Mlle de Montpensier*, collection Petitot, t. LII, p. 15.
2. *Ibidem.*
3. *Ibidem.*

ses desseins aux passions de ces jeunes amants, »
dit M. de Beauvau. « Loin de se laisser persuader,
il envoya M. Le Tellier dire à la duchesse d'Orléans
qu'il falloit se résoudre à signer le contrat sans plus
de remise, et que sa fille fût partie pour la Toscane
dans quatre jours, sinon qu'elle épouseroit un
cloître. » — « Après ces tonnantes paroles, » ajoute
le même auteur, « on demeura sans réplique et sans
remontrances, considérant que le roi vouloit la chose
absolument et par maxime d'État[1]. » Quoique la séparation fût imminente et sans grande chance de se
retrouver jamais, le prince avait peine à renoncer à
ses espérances. Quand vint le moment du départ
de la future princesse de Toscane pour Florence,
Charles l'accompagna à cheval jusqu'à Saint-Victor.
Il se déroba même d'auprès de son père pour aller
jusqu'à Saint-Fargeau, château de Mlle de Montpensier, où elle hébergea sa sœur pendant quelques
jours. « Mlle d'Orléans avoit pris congé du roi, de
la reine et de tous les siens sans verser une larme,
mais elle ne se montra point gaie dans le chemin[2]. » A Montargis, où les deux sœurs couchè-
rent ensemble, suivant un ancien usage du temps,
l'aînée faillit être étranglée par sa cadette, qui,
s'étant endormie la première, « lui sauta à la
gorge, en rêvant, et l'auroit tuée à coup sûr, si

---

1. *Mémoires du marquis de Beauveau*, page 190.
2. *Mémoires de Mlle de Montpensier*, t. LII, p. 11.

par bonheur elle n'eût été réveillée[1]. » Le lendemain, pour secouer un peu son chagrin, Mlle d'Orléans fit à cheval les quatorze lieues qui séparent Montargis de Saint-Fargeau. « Arrivée au château, elle le trouva si beau, les bois si étendus, les eaux si fraîches, les promenades si variées, qu'elle supplia M. l'archevêque de Béziers qu'elle pût séjourner quelques jours de plus dans une résidence si charmante près d'une sœur qu'elle ne reverroit plus de sa vie. Sa demande lui fut accordée. Alors la joie parut lui revenir[2]. » Mlle de Montpensier ne pouvait s'expliquer cette humeur changeante et ces expressions d'une tendresse inaccoutumée. Elle en soupçonna la cause le dimanche suivant, lorsque, prête à se rendre à la messe, on vint lui dire : « Voilà M. le prince de Lorraine ! » Mlle d'Orléans ne dit rien. Charles était visiblement embarrassé ; Mlle de Montpensier, encore plus troublée que lui, ne savait quel accueil faire à son nouvel hôte.

Au sortir de la messe, pendant que le prince lorrain, qui avait couru toute la nuit à cheval pour rejoindre sa maîtresse, prenait un peu de repos, les lettres de Paris arrivèrent. Parmi tous les amis que Mlle de Montpensier avait laissés à la cour, c'était un empressement général à lui mander « qu'elle allait être témoin de la séparation des deux amants, et

---

[1]. *Mémoires de Mlle de Montpensier*, t. XLIII, p. 14.
[2]. *Ibidem*.

qu'elle fît attention si sa sœur seroit bien attendrie[1]. »
La fille aînée de Gaston, « qui ne savoit que confusément, » nous dit-elle, « ce qui s'étoit passé, et qui apprenoit pour la première fois tout le bruit qu'avoit fait cette passion[2], » crut sa gloire intéressée à convaincre tout le monde, et particulièrement sa jeune sœur, de sa parfaite indifférence pour le prince lorrain. Elle prit donc grand soin de lui répéter sous toutes les formes, et avec plus de hauteur que de vérité, « qu'elle n'avoit écouté les propositions de M. de Lorraine que pour sortir plus promptement d'affaire avec sa belle-mère; que si elle avoit reçu la confidence de son affection pour son cousin, elle se seroit bien volontiers employée en sa faveur, et tout se seroit arrangé avec la plus grande facilité du côté de la cour, parce que, sans doute, sa sœur auroit pris ce prince en l'état où il étoit, tandis que pour elle il n'en eût pas été de même!... Il lui auroit fallu des bastions!... Lorsque les ducs de Lorraine avoient épousé des Filles de France, Nancy en avoit de très-beaux, maintenant il n'y en avoit plus, parce qu'on les faisoit abattre... Ce qui pouvoit être bon pour vous, ma sœur, » ajouta dédaigneusement Mlle de Montpensier « ne pouvoit pas l'être pour moi, et j'aurois été ravie de contribuer à votre établissement! » A ces compliments assez sin-

---

1. *Mémoires de Mlle de Montpensier*, t. XLIII, p. 14.
2. *Ibidem.*

guliers, la princesse de Toscane repartit, avec un mélange d'embarras visible et de secret orgueil, « qu'effectivement le prince Charles avoit de l'amitié pour elle, et si elle avoit été un grand parti, bien certainement il l'auroit épousée[1]. » Mlle de Montpensier ne voulut pas pousser la conversation plus loin, « par la peine qu'elle avoit, » nous assure-t-elle, « de voir sa sœur toute décontenancée. » Quoi qu'il en soit, le prince Charles dut retourner le lendemain à Paris, et Mlle d'Orléans, pressée par l'envoyé de Toscane, reprit la route de Florence. On se sépara dans l'église de Cosne, après la messe. « La princesse partit la première, » raconte encore Mlle de Montpensier, « en poussant des cris épouvantables ; elle fit pitié à tout le monde, et cela dura de cette manière toute la nuit suivante[2]. »

Le départ de la princesse de Toscane remettait né-

---

1. *Mémoires de Mlle de Montpensier*, t. XLIII, p. 15. « Mlle d'Orléans, rendue en Toscane, fit par la suite un assez fâcheux ménage avec le fils aîné du grand-duc. Après avoir étonné la petite cour de Florence par ses façons un peu étranges, elle obtint de son mari, vers 1669, de revenir en France. Elle y fut très-froidement accueillie par Louis XIV, et mourut fort âgée dans le siècle suivant. Saint-Simon raconte que, lors du mariage de Mlle de Valois, fille du régent, avec le prince héréditaire de Modène, cette jeune princesse, avant de quitter la France, alla prendre congé de sa tante, la grande-duchesse de Toscane, alors retirée au couvent de Picpus. « Allez, mon enfant, lui dit la grande-duchesse en l'embrassant, et souvenez-vous bien de faire comme j'ai fait : ayez un enfant ou deux, et faites si bien que vous reveniez en France ; il n'y a de bon parti que celui-là….. » La duchesse de Modène ne faillit point à faire honneur aux conseils de sa tante. (V. Saint-Simon, l. XVIII, p. 130.)

2. *Ibidem.*

cessairement sur le tapis le mariage de l'héritier du duché de Lorraine avec la fille aînée de Gaston. Le Duc François, père du prince Charles, le marquis de Beauvau, son gouverneur, insistèrent avec force auprès de lui pour qu'il fît taire ses répugnances et offrît des soins plus assidus à Mlle de Montpensier. Mais le prince se montra rebelle à leurs leçons; il se débattit contre eux tant qu'il put, afin de rester fidèle à sa maîtresse absente. Les difficultés n'étaient pas moins grandes du côté de Mlle de Montpensier. Ce n'est pas que la personne du prince Lorrain lui fût désagréable, ou seulement indifférente, mais la fierté de cette princesse était plus grande encore que son amour. Il lui répugnait de venir en second après sa sœur cadette; elle avait sur le cœur l'abandon manifeste où Charles l'avait laissée pendant le temps qu'il s'était flatté d'obtenir Marguerite d'Orléans. Un jour elle se plaignit avec larmes à M. de Beauvau que, malgré ses feints empressements, son élève continuât à visiter Mme de Choisy, dont elle lui avait interdit le commerce. Une autre fois elle s'ouvrit à M. le comte de Furstemberg du sujet de ses mécontentements contre le prince lorrain. « Celui de tous ses procédés qui l'avoit le plus outrée étoit une action dont elle ne se vouloit pas plaindre, » disait-elle, « ni en faire éclat de peur d'être obligée de s'en trop ressentir. »

La vérité était que, par une vanité de jeunesse,

Marguerite d'Orléans s'était vantée que le prince de Lorraine lui avait sacrifié un portrait de Mademoiselle ; une fille qui avait jadis servi dans la maison de cette princesse, voulant se rendre agréable à Charles, lui avait fait ce cadeau avec ou sans l'aveu de sa maîtresse. Le portrait était enfermé dans une boîte d'or ; il avait été fait par un fort bon peintre, lorsque Mlle de Montpensier n'avait que seize ans et passait pour l'une des plus agréables personnes de son temps. Suivant le rapport que de méchantes langues avaient fait à la princesse, Charles n'avait rien eu de plus pressé que de porter ce portrait à Marguerite, l'assurant qu'alors même que Mlle de Montpensier serait encore aussi belle que d'après le portrait elle paraissait l'avoir jadis été, il ne laisserait pas de lui en faire le même sacrifice. « Il avoit joint à cette action plusieurs autres railleries dont un amour passionné a accoutumé de se servir en semblables rencontres. Et enfin, après s'être bien joués ensemble de ce malheureux portrait, et fait diverses remarques sur la différence qu'il y avoit alors de l'original à la copie, ils l'avoient jeté d'un commun accord dans le feu[1]. » Tel était le crime irrémissible dont Charles avait à se disculper. Ce fut M. de Beauvau qui s'en chargea. Il témoigna d'abord à Mlle de Montpensier « qu'il ne pouvoit s'em-

---

1. *Mémoires du marquis de Beauvau*, p. 193.

pêcher d'avoir une secrète joie de sa colère, lui paroissant que c'étoit la marque la plus assurée qu'elle pouvoit donner que son cœur conservoit encore quelque bon sentiment pour le prince[1]. » Mais il fallait retrouver le portrait. Charles, interrogé par son gouverneur, convenait du gros de l'histoire, mais il niait avoir jeté au feu le fatal bijou. Par bonheur il était tombé aux mains d'une demoiselle Fitz-Roy, dont la mère était Lorraine. Bientôt M. le marquis de Beauvau l'eut en mains et, le faisant parvenir à Mademoiselle, il l'assura, par l'entremise du comte de Furstemberg, « que, bien loin de s'en être jamais défait, Charles l'avoit toujours précieusement gardé et même porté sur lui. » Mademoiselle l'ayant longtemps considéré, voulut d'abord contester que ce fût l'ancien portrait, disant que c'était une copie qu'on avait fait faire afin de la satisfaire. Mais le comte de Furstemberg lui ayant représenté « qu'outre qu'il auroit été impossible de faire une peinture si semblable en si peu de temps, il auroit fallu avoir l'original de ce portrait, pour en pouvoir tirer une copie, n'y ayant point de peintre qui eût pu conserver dans son idée les traits du visage qu'elle avoit à seize ans, elle fut enfin contrainte de se rendre à des raisons si convaincantes[2]. »

[1]. *Mémoires du marquis de Beauvau*, p. 200. — *Vie de Charles V, duc de Lorraine et de Bar, et généralissime des troupes impériales*, Amsterdam, 1691; liv. 1ᵉʳ, p. 57.
2. *Ibidem*.

Cette grande affaire du portrait ainsi arrangée, Mademoisellle rendit ses bonnes grâces au prince lorrain, et, par le moyen de M. d'Entragues et du comte de Furstemberg, elle entra en pourparlers avec le duc de Lorraine sur la cession qu'il annonçait vouloir faire de ses États en faveur d'une si grande et si profitable alliance[1]. De son côté, le prince Charles avait pris sur lui de rendre à Mlle de Montpensier des attentions plus marquées. Il avait même écrit (1er juillet 1661) à M. de Lyonne pour solliciter son appui et l'agrément du roi dans une rencontre « d'où dépendoit, » disait-il « son établissement et sa fortune[2]. » Tout paraissait donc aller

---

1. Mlle de Montpensier s'applique à donner à penser dans ses Mémoires qu'elle n'a jamais sérieusement songé à épouser Charles de Lorraine. Elle en parle même avec assez de dédain. Sur ce point, comme en plusieurs autres occasions, quand il s'agit des nombreux mariages qui furent mis en avant pour elle, et dont elle affecte toujours de ne s'être guère souciée, l'orgueilleuse fille de Gaston, sans mentir positivement à l'histoire, ne dit presque jamais toute la vérité. Les mémoires du marquis de Beauvau, qui nous parle longuement de ses entretiens avec Mademoiselle, qui nous raconte ses agitations, son trouble et ses colères quand elle se voit sacrifiée à sa sœur, ou trop ouvertement négligée par le jeune prince lorrain, ne sont pas les seuls témoignages qui démentent cette prétendue indifférence de la princesse pour l'alliance avec l'héritier du duché de Lorraine. Des papiers que nous avons trouvés aux archives des affaires étrangères constatent qu'elle avait chargé deux personnes de sa confidence, MM. d'Entragues et de Furstemberg, d'en débattre les conditions financières avec les agents du duc de Lorraine; ces négociations durèrent même assez longtemps. (Voir aux pièces justificatives.)

2. « Après quelques petits délaiemens de Mademoiselle pour l'affaire que vous sçavez, les chôses sont réduites présentement au point que sy le roy avoit la bonté de luy faire cognoître qu'il croit qu'elle peut passer outre, et qu'elle rencontrera avec son advantage l'agrément de

DE LA LORRAINE A LA FRANCE.

au mieux; mais ce fut précisément de la part du duc de Lorraine et du monarque français que provinrent les difficultés.

Si divisés que fussent d'ordinaire les intérêts de Louis XIV et de Charles IV, tous deux se rencontraient cette fois pour redouter presque également la réalisation d'une alliance qui aurait étroitement uni les maisons de France et de Lorraine. Les motifs de Charles IV étaient égoïstes et tout personnels. Nous avons dit quelle était sa jalousie à l'égard de son neveu. Il avait eu grande peine à le reconnaître pour l'héritier légitime de ses États; il lui préférait ouvertement le fils qu'il avait eu de madame de Cantecroix, et qu'il produisait maintenant dans le monde sous le nom de prince de Vaudemont. S'il avait effectivement offert de se démettre de sa couronne en faveur du prince Charles, pour le cas de son mariage avec Mlle de Montpensier, c'était dans le temps où cette princesse était brouillée avec son neveu, celui-ci dégoûté d'elle, et si fort embarqué avec la sœur cadette qu'on pouvait croire alors cette alliance à tout jamais impossible[1].

Sa Majesté, il y a apparence que Mademoiselle le feroit, ou le roy ne m'accordant pas cette grâce, son altesse Monsieur, mon oncle, s'en retournera triomphant, et publiera qu'il n'a pas tenu à luy qu'il ne m'ait fait justice et que je ne fusse parvenu au bonheur de ce mariage... » Le prince Charles de Lorraine à M. de Lyonne, 1er juillet 1661, archives des affaires étrangères.

1. Articles et conditions sur lesquelles Son Altesse veut et entend céder ses États à M. le prince Charles son neveu, en faveur du mariage

Maintenant que les choses tournaient autrement, Charles IV était au désespoir d'être obligé de faire honneur à sa parole. Et cependant il comprenait qu'il ne serait pas prudent de se jouer de la propre cousine du roi de France, qui pouvait au besoin trouver, dans ce puissant monarque, le plus redoutable vengeur. Afin d'échapper à ce cruel embarras, Charles eut recours au même expédient qui déjà lui avait servi à faire manquer le mariage de son neveu avec mademoiselle Mancini. S'autorisant de quelques paroles courtoises qu'avait dites Mademoiselle sur la répugnace qu'elle éprouvait à le dépouiller de ses États, il déclara qu'il y avait moyen de tout arranger, et tout à coup il se mit lui-même ouvertement sur les rangs. Mlle de Montpensier avait grande peine à démêler si cette proposition du duc était sérieuse, ou si elle était une simple défaite afin de rompre les desseins de son neveu.

Ce n'était là encore que la moindre des complications. Louis XIV avait de solides raisons d'État pour se très-peu soucier du mariage de mademoiselle de Montpensier, soit avec l'oncle, soit avec le neveu. Il avait autant qu'aucun de ses prédécesseurs la ferme volonté de remettre un jour la main sur la Lorraine, qu'à grand regret il venait de restituer, un peu

proposé avec Mademoiselle; 10 avril 1661, archives des affaires étrangères à Paris. — Réponse de Mademoiselle aux conditions proposées par le duc Charles. Arch. des affaires étrangères.

amoindrie, à son légitime possesseur. Marier une princesse du sang de France au souverain actuel du duché, ou même à son successeur immédiat, c'était gêner, pendant la paix, sa liberté d'action ; c'était s'interdire d'employer s'il le fallait, en cas de guerre, les voies de la violence pour obtenir une acquisition si profitable, et dans le moment même si convoitée.

Louis XIV n'avait garde de renoncer à aucune de ces chances. La fierté bien connue, le goût d'indépendance et les allures factieuses de Mademoiselle pendant la Fronde lui avaient aliéné l'esprit du roi. Il ne la voulait point si près de lui[1]. Il pen-

---

1. Le roi pensait probablement dès cette époque, quoiqu'il ne s'en ouvrît que plus tard, à marier Mlle de Montpensier au jeune roi de Portugal. Ce prince, à peu près paralysé de la moitié du corps, était perdu de réputation dans toutes les cours de l'Europe par ses violences, poussées jusqu'à la plus cruelle barbarie, et par ses mœurs, qui l'avaient réduit au dernier état de la dégradation. Tel était l'époux que Louis XIV destinait à sa cousine. Plutôt que d'aller servir en victime, aux extrémités de l'Europe, la politique anti-espagnole du roi de France, Mademoiselle préféra s'exposer à tout l'éclat d'une disgrâce. Chargé par le roi de combattre une si naturelle répugnance soutenue d'une si généreuse résolution, M. de Turenne fit entendre à Mademoiselle un langage qui ne laisse pas que de surprendre et d'autant plus qu'il sort de la bouche d'un illustre personnage qui avait plus que tout autre alors un renom d'honnêteté et même d'indépendance. Nous le rapporterons textuellement, car il nous paraît peindre au vif de quelle façon despotique Louis XIV, qui n'avait encore que vingt-quatre ans, entendait déjà disposer, dans les occasions les plus délicates, de la volonté et du sort des membres de sa propre famille. « Tout ce que vous venez de me dire est bien imaginé, disait Turenne, mais vous avez oublié d'y ajouter que lorsque l'on est Mademoiselle, avec toutes les qualités et le bien que vous avez dit, on n'en est pas moins sujette du roi. Il peut vouloir ce qu'il veut ; quand on ne le veut pas, il gronde ; il donne mille déboires à la cour. Il passe souvent plus avant.

sait; avec grande apparence de raison, que mariée
à un duc de Lorraine, elle lui conseillerait volontiers
la résistance, mais non pas la soumission; souveraine à Nancy, la glorieuse fille de Gaston aurait été,
par son caractère, un obstacle plutôt qu'un aide aux
desseins de la politique française. Ce fut justement
ce caractère altier de Mademoiselle que le roi mit
en jeu pour faire avorter une combinaison qui lui
déplaisait à tant de titres.

Par l'article 2 du traité conclu le dernier jour de
février 1661, il avait été convenu, d'une façon générale, « que le roi de France démoliroit, si bon lui
sembloit, toutes les fortifications des deux villes de
Nancy, sans qu'elles pussent jamais être refaites,
et qu'il auroit la faculté d'en retirer toute l'artillerie,
les boulets, les poudres, armes, vivres et munitions
de guerre de toute espèce. » Cependant la démolition
n'ayant pas été poussée d'abord avec vigueur,
Charles IV était maintes fois intervenu auprès du

Il chasse les gens lorsque la fantaisie lui en prend; il les ôte d'une
maison pour les envoyer dans une autre. S'ils se plaisent trop dans celle
où ils demeurent, souvent il les fait promener, et d'autres fois il les
met en prison dans leur propre maison. Il les envoie dans un couvent;
et après toutes ces épreuves, il n'en faut pas moins obéir, et l'on fait
par force ce qu'on n'a pas voulu faire de bonne grâce. Lorsque vous
aurez fait réflexion à ce que je viens de vous dire, je vous demande ce
que vous aurez à me répondre. » N'ayant pas jugé à propos de céder à
ces étranges menaces, dont M. de Turenne s'était fait le complaisant
organe, Mlle de Montpensier fut effectivement exilée pour assez longtemps dans sa résidence de Saint-Fargeau. (Voir les *Mémoires de
Mlle de Montpensier*, t. XLIII, p. 31 et suiv.)

roi de France, tantôt pour contester l'interprétation donnée aux termes de cet article, tantôt pour se recommander à la générosité de Louis XIV, auquel il prodiguait, à cette occasion, les assurances d'un inviolable attachement[1]. Quoiqu'il n'eût point reçu de réponse, rassuré toutefois par la lenteur apportée dans l'œuvre de destruction, le duc de Lorraine ne désespérait point d'échapper avec le temps à l'accomplissement d'un si rude sacrifice. Ses sujets se flattaient d'un meilleur avenir, tant qu'ils voyaient debout encore, et à peine endommagées, ces belles fortifications, l'honneur de leur capitale, qui avaient été jadis et qui pouvaient redevenir un dernier rempart pour leur indépendance. Tout à coup, les travaux délaissés furent repris avec activité; la mine fut attachée aux bastions dont l'épaisseur et la solidité bravaient l'effort des soldats français. En vertu d'une clause secrète qui n'avait pas été, par égard pour Charles IV, insérée au traité, le duc fut invité à réunir autour de Nancy 400,000 mesures de blé, destinées à la nourriture, non-seulement des troupes françaises, mais des ouvriers lorrains qui allaient être employés à raser au niveau du sol les ouvrages extérieurs, les portes fortifiées, et jusqu'aux simples murs qui entouraient la capitale de la Lorraine. Les

1. Lettre du duc de Lorraine à M. de Lyonne, 11 juin 1661. — 17 juin 1661. Mémoire présenté au roy par M. de Lorraine. — Juin 1661. Archives des affaires étrangères.

chroniques du temps racontent avec détail la tristesse
des habitants de Nancy, lorsqu'ils virent commencer
sérieusement la funeste entreprise, et des bras lorrains obligés d'accomplir, par ordre du souverain
lui-même, l'œuvre de destruction exigée par l'étranger [1]. Combien leur désolation eût été plus grande
encore s'ils avaient connu le but que, par cette cruelle
prescription, Louis XIV se proposait d'atteindre.
La démolition si brusquement ordonnée et si promptement réalisée des fortifications de Nancy ne mettait pas seulement de plus en plus la Lorraine à
la merci de la France; elle empêchait un rapprochement entre les maisons régnantes des deux pays,
car elle avait pour effet de dégoûter à tout jamais
Mlle de Montpensier de l'idée de régner sur un
petit État désormais si exposé. Cette princesse, plus
fière encore que tendre, qui souvent avait entretenu
le marquis de Beauvau « des moyens qu'on pourroit
prendre pour le rétablissement de la Lorraine si son
mariage se faisoit, changea aussitôt de dispositions [2]. » Lasse de tant de variations et du peu d'assurance qu'il y avait à prendre aux paroles qu'on
lui avait données, et voyant la démolition de Nancy

---

1. Article particulier du traité avec M. de Lorraine du dernier mars.
Arch. des affaires étrangères. — *Vie manuscrite de Charles IV*, par
l'abbé Hugo. — *Histoire manuscrite de Lorraine,* par le père Vincent.
— *L'abbé Lyonnois,* histoire de Nancy. — *Mémoires de Beauvau.* —
Dom Calmet, etc.

2. *Mémoires du marquis de Beauveau,* p. 197.

commencée et irrévocable, elle rompit tout commerce avec le prince et ne voulut plus entendre parler de cette affaire [1].

Ainsi, trois alliances avaient été successivement mises sur le tapis, qui auraient étroitement rattaché aux intérêts de la couronne de France ceux de l'héritier présomptif de la Lorraine, et trois fois Louis XIV était intervenu pour les rompre. Il avait, par jalousie réelle ou affectée, décidé Mazarin à refuser au prince Charles Mlle Mancini, qu'il n'aimait plus. En se hâtant de donner parole au prince de Toscane, il avait opposé un obstacle absolu au penchant qu'éprouvaient l'un pour l'autre Marguerite d'Orléans et son cousin; et c'était encore lui qui par la brusque démolition des bastions de Nancy venait de faire subitement changer les favorables dispositions de Mlle de Montpensier. Le neveu de Charles IV avait parfaitement ressenti toutes ces mortifications; mais plus prudent que son oncle, il les avait supportées en silence; car il espérait à force de soumissions et de respects triompher de tant de mauvais vouloir. C'était compter sans l'ambition du nouveau monarque français pressé de mettre la main sur la Lorraine. Cette ambition allait toutefois manquer son

---

1. *Ibidem*, p. 100. « Je fus très-aise de partir pour Forges, afin de n'entendre plus parler des Lorrains dont j'avois été si étourdie que le seul nom m'en faisoit une très-grande peine. » *Mémoires de Mlle de Montpensier*, t. XLIII, p. 18. — *Vie de Charles V, duc de Lorraine*, liv. I, p. 59.

but. Il nous reste à raconter comment, pour l'avoir trop tôt dévoilé, Louis XIV s'aliéna en pure perte un jeune prince qui, modestement retiré à sa cour, ne recherchait alors que sa protection, et comment de gaîté de cœur, par un excès d'injustice et de hauteur, il donna lui-même à ses ennemis un de leurs chefs les plus habiles, à l'Empire son plus heureux défenseur, le héros destiné à chasser les Turcs de Vienne et les Français de Mayence et de Bonn, celui qui devait être un jour le sage, l'habile et le victorieux Charles V de Lorraine.

CHAPITRE XXVIII

Le prince Charles est protégé par la reine-mère. — Elle arrange son mariage avec mademoiselle de Nemours. — Louis XIV donne son consentement. — M. de Lyonne signe pour lui au contrat. — Difficultés soulevées par le duc de Lorraine. — Le roi presse et menace le duc de Lorraine. — Intervention de M. de Lyonne dans cette affaire. — Sa situation, son crédit. — Il persuade au roi de profiter de la répugnance du duc de Lorraine à ce mariage, pour se faire céder immédiatement la Lorraine. — Perplexités du duc de Lorraine. — Sa mauvaise volonté pour son neveu. — Il cède ses États au roi, à condition que les princes lorrains soient reconnus aptes à succéder à la couronne de France. — Surprise et indignation du duc François et de son fils. — Étonnement général à la cour. — Le prince de Lorraine a recours à la générosité du roi. — Réponse de Louis XIV. — Le prince de Lorraine se dérobe de la cour après y avoir dansé dans un ballet. — Sa lettre à Louis XIV. — Protestation du duc François. — Réclamations des princes de la famille royale de France, et des ducs et pairs. — Résistance du Parlement de Paris pour enregistrer le traité. — Lit de justice. — Le traité est enregistré, sauf ce qui regarde les princes lorrains. — Protestation énergique de Charles IV. — Il veut épouser Marianne Pajot. — Louis XIV envoie Le Tellier menacer Marianne Pajot du couvent, si elle ne fait pas changer par Charles IV les dispositions de son contrat de mariage qui reconnaissent les droits du prince Charles à la succession de Lorraine. — Refus de Marianne Pajot. — Elle est arrêtée et mise au couvent de la Ville-l'Évêque. — Colère et menaces inutiles de Charles IV. — Sa considération diminue sensiblement à la cour de France. — Il quitte Paris pour retourner dans ses États.

Quoiqu'en butte à la défaveur de Louis XIV, le prince Charles n'était pas cependant sans appui. La reine-mère le protégeait. De plus en plus retirée à l'écart, depuis la mort de Mazarin, Anne d'Autriche n'avait pas perdu toute influence sur son fils. Par prudence et par goût elle s'abstenait de se mêler ouvertement aux affaires politiques; mais en ce qui concernait l'intérieur de la famille royale et le petit cercle intime de la cour, son crédit n'avait pas, dans ces commencements, reçu encore d'atteinte sérieuse[1]. Le roi mettait d'autant plus de soin à écouter ses avis aux occasions de médiocre importance, qu'en tout le reste il était moins disposé à les suivre. Il se plaisait même à racheter quelquefois par des actes de facile condescendance le chagrin que causaient à l'âme dévote de sa mère l'abandon trop évident où déjà il laissait sa nouvelle épouse, et les galanteries fort peu secrètes dont il entourait alors quelques-unes des dames de sa cour. La reine-mère s'aida de tous ces avantages afin de pousser les intérêts du prince lorrain. Elle lui destinait Marie de Savoie-Nemours, fille de Charles-Amédée de Savoie duc de Nemours et d'Élisabeth de Vendôme, l'une de ses anciennes amies[2]. Mlle de Nemours était jeune et bien faite, sage et belle ; la reine-mère gagna facilement sur Charles de Lorraine qu'il porterait de ce côté les hommages et les soins que, pour obéir à son père, il continuait à rendre de loin en loin à Mlle de Montpensier. Mais il fut plus difficile de persuader le duc François ; celui-ci ne désespérant pas encore de ramener à de plus favorables sentiments la riche héritière dont l'alliance eût si bien rétabli les affaires de Lorraine, refusa tout d'abord

---

1. *Mémoires de Mme de Motteville.*

2. La mère de Madame de Nemours était Lorraine. Elle était sœur elle-même du duc de Beaufort.

son consentement[1]. Anne d'Autriche s'en servit pour obtenir aussitôt celui du duc de Lorraine. Telles étaient, en effet, les dispositions bien connues de Charles IV, qu'opposé à toutes les alliances qui s'offraient pour son neveu avec quelque chance de succès, il était tout de feu pour celles dont il ne redoutait point la réussite. Ce fut dans une visite au château de Dampierre, propriété de Mme de Chevreuse, et probablement par l'entremise de cette ancienne amie de Charles IV, que la reine s'ouvrit pour la première fois à lui de ses projets pour le prince de Lorraine. Confiant dans la répugnance de son frère, et charmé d'être à peu de frais agréable à la mère de Louis XIV, le duc de Lorraine, avant de partir pour une course dans ses États, laissa au duc de Guise l'autorisation écrite de signer en son nom le contrat de mariage du prince Charles avec Mlle de Nemours[2]. Il ne mettait qu'une condition à son consentement : c'était que Mme la duchesse de Nemours établirait par preuves satisfaisantes qu'elle était en

---

1. *Mémoires du marquis de Beauvau.* — *Vie de Charles V.* — *Vie manuscrite de Charles IV* par l'abbé Hugo.

2. *Vie manuscrite de Charles IV* par Guillemin. — Relation manuscrite en italien du mariage de Mademoiselle de Nemours avec le prince Charles de Lorraine. (Archives des affaires étrangères). — Comme la cour de Rome fut plus tard consultée sur la validité de ce mariage, on peut présumer que cette relation, d'ailleurs fort exacte et détaillée, fut alors adressée au pape par l'un de ses agents à Paris, et peut-être par le nonce lui-même.

état de constituer à sa fille une dot de deux millions de francs [1].

Restait à se procurer l'approbation royale, sans laquelle rien n'était encore possible. Pendant le séjour que la cour fit à Fontainebleau, au printemps de 1661, la reine-mère fit part au roi du projet qu'elle avait formé pour l'établissement de la fille de la duchesse de Nemours. Elle plaida chaleureusement auprès de lui, avec la cause de cette demoiselle, celle du prince de Lorraine, dont la bonne mine, la sagesse et les malheurs avaient touché son cœur. L'alliance projetée ne parut point déplaire à Louis XIV. Elle ne relevait pas beaucoup la condition du prince Charles ; elle ne créait point de nouveaux et insurmontables obstacles aux anciens projets de la France sur la Lorraine. Heureux, comme nous l'avons dit, de complaire à sa mère, en ce moment même fort affectée du goût passager, mais très-imprudemment affiché, qu'il témoignait pour sa belle-sœur Henriette d'Angleterre [2], Louis XIV parut prendre fort à cœur l'union de Charles et de Mlle de Nemours. Au sortir de ce premier entretien, il envoya un exempt de ses gardes au duc François pour le presser de venir conférer au plus tôt de cette affaire avec lui. Le duc s'en étant excusé sur une prétendue indispo-

---

1. *Mémoires de Beauvau.* — *Vie manuscrite de Charles IV* par l'abbé Hugo, etc.
2. Voir Mme de Motteville, Mme de La Fayette, etc., etc.

sition, le roi redoubla ses messages et fit tant que François dut enfin se rendre à Fontainebleau[1]. Arrivé à la cour, le père du prince Charles ne fut pas peu surpris d'entendre le roi lui reprocher d'être le seul désormais qui voulût s'opposer au bonheur de son fils, dans un moment où il n'y avait plus rien à tenter du côté de Mlle de Montpensier. Son étonnement redoubla quand, pour vaincre ses répugnances, Louis XIV vint à lui déclarer « qu'il sauroit si bien engager Charles IV à assurer la succession de ses États au prince Charles, qu'elle lui seroit à tout jamais assurée, son dessein étant, pour prendre toutes sortes de sûretés, d'en faire passer une déclaration authentique dans le contrat de mariage, et d'une manière si obligatoire que le duc de Lorraine ne la pourroit jamais révoquer, parce qu'il s'en rendroit lui-même le garant[2]. »

Ces paroles du roi ébranlèrent le duc François. Mais ce qui acheva de le résoudre fut une lettre arrivée de Lorraine, par laquelle Charles IV mandait d'Épinal que si le duc son frère ne se décidait pas à marier son fils avec Mlle de Nemours, avant même que le roi ne partît pour la Bretagne, ce qui allait avoir lieu dans quelques jours, il allait ré-

---

[1]. *Mémoires de Beauvau.* — *Vie Manuscrite de Charles IV* par le père Hugo.
[2]. *Vie de Charles V.* — *Vie manuscrite de Charles IV* par le père Hugo; *Mémoires de Beauvau,* Dom Calmet, etc.

voquer le plein pouvoir remis au duc de Guise. Une plus longue résistance était impossible, et François céda. Les choses ainsi arrangées, le contrat fut signé, par M. de Lyonne, au nom du roi, par M. de Guise, au nom du duc de Lorraine, par le duc François, pour son fils, et par l'évêque de Laon[1], pour Mme et pour Mlle de Nemours[2]. La reine avait hâte toutefois de voir bientôt terminer ce mariage, qui n'était encore qu'ébauché. Appréhendant les tergiversations ordinaires de Charles IV, elle porta le roi à lui dépêcher sur-le-champ un courrier porteur d'une lettre écrite tout entière de sa main. Sa Majesté le pressait soit d'envoyer sa ratification, soit de venir en personne mettre la dernière main à cette affaire. Le duc de Guise écrivit de son côté en Lorraine pour raconter tout ce qui s'était passé. Les réponses du duc de Lorraine ne furent rien moins que rassurantes. Après avoir affiché un vif empressement, Charles IV ne craignait pas de se plaindre maintenant du duc de Guise, qui avait eu le tort, disait-il, « de trop hâter cette affaire, sans avoir pris la peine de l'avertir et de lui demander au moins de nouveaux ordres. » Il annonçait d'ailleurs son prochain retour à Paris; mais, peu pressé de

---

1. L'évêque actuel de Laon, devenu plus tard cardinal d'Estrées; il était parent de Madame de Nemours.
2. *Vie de Charles V*. — Relation manuscrite en italien du mariage du prince Charles avec Mademoiselle de Nemours. Archives des affaires étrangères.

tenir sa promesse, il ne s'y trouva pas encore lorsque la roi revint de Bretagne, vers le milieu de septembre 1661. Il fallut écrire de nouvelles lettres à Charles IV, et M. de Béthune fut envoyé en Lorraine chargé des instructions les plus pressantes. Enfin le duc de Lorraine arriva, mais bientôt il fut évident qu'il s'était mis en route avec la seule pensée de traverser ce mariage et de le rompre s'il était possible [1]. La première difficulté qu'il souleva fut au sujet des deux millions promis par Mme de Nemours. Il prétendait que les biens énumérés au contrat étaient loin de valoir cette somme. Le roi consentit à nommer des commissaires pour juger ce différend. MM. de Lyonne et de Béthune, le chancelier Séguier, les conseillers d'État d'Aligre et d'Ormesson, après avoir examiné tous les papiers et consulté les gens d'affaires, donnèrent tort à Charles IV. Mais comme ils étaient tous suspects au duc, il ne voulut pas s'en tenir à leur rapport.

« Cependant, à force de fréquenter Mlle de Nemours, le prince de Lorraine en étoit devenu amoureux [2]. » Désespéré de voir toutes ces longueurs et

---

1. Relation faite par un Lorrain de la conduite du duc Charles de Lorraine sur les divers mariages proposés au sujet du prince Charles, son neveu, depuis le traité fait entre les deux couronnes. (Imprimée à la suite de l'*Histoire de la paix de* 1659. — A Cologne, chez Pierre de La place, 1664.) — Cette même relation avec quelques variantes de médiocre importance se retrouve dans les papiers de Lorraine, Archives des affaires étrangères.

2. *Mémoires du marquis de Beauvau.*

les variations continuelles du duc dans tout ce qui regardait ses intérêts, il s'adressa au roi lui-même pour le conjurer de le vouloir bien prendre sous sa protection, et, en interposant son autorité, de terminer enfin une affaire si avancée[1]. Le roi s'y prêta volontiers. Le maréchal d'Estrées et M. de Lyonne furent par lui chargés d'insister fortement auprès du duc de Lorraine afin de vaincre sa dureté. Pendant quelque temps Charles IV les amusa par de belles paroles, n'accordant ni ne rompant rien, et leur donnant toujours à croire qu'il était fort bien intentionné pour son neveu. Un jour, comme ces deux messieurs le pressaient un peu trop, il leur fit sentir que ce n'était pas le moyen de gagner son cœur, ni une belle voie d'entrer en son alliance que de le menacer incessamment du roi et de lui vouloir faire violence; « il étoit plus juste de le laisser un peu respirer, et monsieur son neveu agiroit plus sagement en employant à son égard les respects et la soumission[2] » Le maréchal fut si bien persuadé qu'il supplia le roi de se relâcher un peu de sa poursuite et d'accorder au duc quelque répit[3]. Lassé de tant de remises, Louis XIV consentit à lui accorder trois jours, que, sur les instances du maréchal d'Estrées, il voulut bien prolonger encore d'une semaine. Mais en même

1. *Mémoires du marquis de Beauvau.*
2. *Ibidem.*
3. *Ibidem.*

temps M. de Lyonne reçut l'ordre de déclarer positivement au duc, de la part de Sa Majesté, « que passé ce délai elle n'écouteroit plus aucune de ses raisons ; elle entendoit ne pas être jouée plus longtemps dans une affaire où elle ne s'étoit employée que par amitié pour la maison de Lorraine. Elle étoit liée par la parole donnée au prince Charles et à Mme de Nemours. Ainsi d'une façon ou d'une autre, avec ou sans consentement, le duc devoit tenir pour certain que le mariage auroit lieu infailliblement [1]. »

Les hésitations du duc de Lorraine avaient duré près d'une année, et l'on était arrivé aux derniers jours de janvier 1662, lorsque le roi lui adressa tout à coup cette dernière sommation. Personne ne douta, apprenant la fière manifestation d'une volonté toujours si ponctuellement obéie, que le mariage du prince Charles ne fût tout près de se conclure; il n'en était rien cependant. Louis XIV avait en peu de jours changé de vues. Le langage tenu à Charles IV n'avait point pour but de vaincre sa résistance au mariage de son neveu il était destiné à servir un tout autre dessein, dont le seul confident ou plutôt l'instigateur était la personne même qui venait d'être le plus avant mêlée aux négociations du mariage du prince Charles avec Mlle de Ne-

---

[1]. *Mémoires du marquis de Beauvau*. — *Vie de Charles V*. — *Vie manuscrite de Charles IV*, père Hugo. — Relation manuscrite en italien. Archives des affaires étrangères. — Dom Calmet.

mours. Afin de bien faire comprendre le rôle joué en cette occasion par M. de Lyonne, il nous faut entrer un peu plus avant dans le détail des affaires intérieures de la France, et dire quelle était au juste, à cette époque, la situation de ce personnage considérable.

Louis XIV régnait depuis un an seulement. Si ferme qu'eût été le ton de la déclaration par laquelle il avait annoncé la volonté de gouverner lui-même, elle avait rencontré beaucoup d'incrédules. Sa mère en avait ri[1]. Le public était persuadé qu'il s'en fatiguerait bientôt[2]; il cherchait seulement à deviner qui serait un jour premier ministre. Quatre noms fixaient principalement alors son attention : c'étaient ceux de Le Tellier et de Fouquet, de Lyonne et de Colbert[3]. Le Tellier était déjà vieux ; quoique éprouvé courtisan, il ne plaisait pas au roi ; il s'en était aperçu et s'appliquait de préférence à préparer la fortune de Louvois, son fils[4]. Fouquet venait de ruiner la sienne par ses imprudences. Le voyage de Bretagne, qui avait un moment suspendu les pourparlers relatifs au mariage du prince de Lorraine,

---

1. *Mémoires de l'abbé de Choisy.*
2. *Mémoires de Louis XIV.*
3. « Il y avait alors trois hommes sur le théâtre des affaires : Fouquet, Le Tellier, de Lyonne, et j'y ajouterai Colbert, qui fit bientôt après la principale figure. » (*Mémoires de l'abbé de Choisy*, vol. LXIII, p. 210.)
4. *Mémoires de l'abbé de Choisy.* — Mme de La Fayette. — Saint-Simon.

n'avait été entrepris que pour arrêter plus sûrement le malheureux surintendant des finances. Restaient donc Colbert et de Lyonne. Quoique la chute de Fouquet, préparée par ses soins et consommée à son profit, eût singulièrement élevé le crédit de Colbert, les courtisans avaient quelque peine à voir un futur successeur du cardinal dans cet ancien intendant de sa maison, qu'il n'avait guère employé qu'au maniement de ses affaires domestiques; et la réputation de Colbert, si grande depuis parmi la postérité, n'égalait pas à beaucoup près, dans l'opinion des contemporains, celle de M. de Lyonne[1].

Hugues de Lyonne était né à Grenoble en 1611, de parents gentilshommes. Entré de bonne heure dans les affaires, sous les auspices de son oncle Servien, il y avait tout d'abord fait preuve d'une merveilleuse capacité[2]. Mazarin l'avait connu en Italie, où il s'était fait, jeune encore, une réputation de finesse qui l'avait rendu redoutable aux Italiens eux-

---

1. « Hugues de Lyonne avoit un génie extraordinaire. » (*Mémoires de l'abbé de Choisy*, page 214.)... « Lyonne avoit le même témoignage du cardinal par qui il avoit été formé... Je savois que pas un de mes sujets n'avoit été plus souvent employé aux négociations étrangères, ni avec plus de succès. Il connoissoit les diverses cours de l'Europe, parloit et écrivoit facilement plusieurs langues, avoit des belles-lettres, l'esprit aisé, souple et adroit, propre à cette sorte de traités avec les étrangers... (*Mémoires historiques et instructions de Louis XIV pour le Dauphin son fils.* — Édition Grouvelle, p. 32.)

2. *Abrégé de la vie de M. de Lyonne*, par M. de Saint-Évremont.— Édition de 1753, tome IX, page 96.

mêmes[1]. Appelé à la tête des conseils d'Anne d'Autriche, le cardinal n'avait rien eu de plus pressé que d'appeler M. de Lyonne auprès de lui, et depuis cet instant il ne cessa jamais de l'employer dans les négociations les plus importantes. En 1646, M. de Lyonne fut nommé secrétaire des commandements de la reine. Dès lors il eut non-seulement part à tous les secrets de la politique extérieure; mais, dans les circonstances difficiles de sa régence, la reine, qui goûtait sa discrétion, eut souvent recours à lui, tantôt pour rédiger ses manifestes contre les gens du parlement, et tantôt pour traiter secrètement avec eux[2], car la parole de M. de Lyonne était aussi dé-

1. « Habile négociateur, que la réputation d'une trop grande finesse avoit rendu presque inutile dans le commerce des Italiens, qui se défioient d'eux-mêmes quand ils avoient à traiter avec lui. » (*Mémoires de l'abbé de Choisy*, tome LXIII, page 214.) — « Il prononça dans le sénat de Venise un discours fort vigoureux, qui fit dire à toute l'Italie que la sagesse consommée de ce sénat avoit cédé aux persuasions d'un jeune homme. » (Saint-Évremont, tome IX, page 98.)

2. « La reine le fit secrétaire de ses commandemens, et, comme elle étoit régente, il devint par ce moyen dépositaire de son secret et de celui de toute la cour. » (Saint-Évremont.)

« Parmi les papiers d'État, relatifs à la Fronde, qui sont conservés aux archives des affaires étrangères, beaucoup sont de la main de M. de Lyonne. Non-seulement il rédigea à cette époque la plupart des manifestes qui parurent au nom de la reine, et, qu'en sa qualité d'étranger, Mazarin n'aurait pu mettre sous une forme et dans un style convenables, mais il écrivit les minutes d'un certain nombre de discours et de réponses à adresser au parlement, que sans doute Anne d'Autriche ou Mazarin lui avaient commandés et dont ils n'ont pas toujours eu occasion de faire usage. Ce qui est surtout remarquable dans ces compositions de M. de Lyonne, c'est leur grand sens, leur allure parfaitement naturelle; elles sont si bien adaptées à

liée que sa plume était habile. Son esprit vif et ferme était plein de grâce comme sa personne ; et il avait au plus haut degré l'art de persuader et de plaire. Sa situation grandit surtout pendant les retraites momentanées que le cardinal Mazarin dut aller faire hors du royaume. Il devint alors le principal et le plus écouté des conseillers de la reine. Et soit qu'il eût effectivement visé à remplacer le ministre absent dans les affections de la reine, soit plutôt que, très-sérieusement inquiet de l'ascendant croissant du secrétaire des commandements, l'adroit cardinal, pour mieux convaincre Anne d'Autriche de sa passion, ait jugé à propos de jouer les transports d'une jalousie furieuse, il est certain que M. de Lyonne devint, pendant toute la durée de son absence, le point de mire des ombrages de Mazarin[1]. Mais, feinte ou

la position comme au caractère des personnes à qui elles sont destinées, qu'on diroit qu'elles ont été dictées. Louis XIV s'est plus tard beaucoup servi lui-même, dans sa correspondance personnelle, de cette heureuse aptitude de son ministre, et M. de Lyonne reproduisit à s'y méprendre les façons d'écrire et le ton du grand roi. Il y a telles lettres que les contemporains, et après eux les historiens modernes, ont attribuées au monarque lui-même, tant elles portent son cachet, qui se retrouvent aux Archives des affaires étrangères, entièrement écrites de la main de M. de Lyonne. C'est lui qui a fondé la grande école diplomatique française du XVIIe siècle. Il lui a en même temps donné ce style facile à la fois et superbe qui plaisait tant à Louis XIV, et que MM de Pomponne, Croissy et de Torcy ont depuis cherché à imiter sans y avoir jamais complétement réussi.

1. Voir les lettres du cardinal Mazarin à la reine, à la princesse palatine, etc., publiées par M. Ravenel. — Notamment deux lettres de Mazarin à M. de Lyonne, pages 64 et 80, et une lettre à la reine, où se trouve le passage suivant : « Si vous voyiez l'état dans lequel je suis

réelle, cette colère ne dura pas après son retour. Vers le mois de juin 1656, le cardinal envoya M. de Lyonne traiter à Madrid, avec un plein pouvoir écrit tout entier de la main du roi[1]. Selon quelques bons auteurs, le succès du négociateur fut si grand qu'il aurait pu conclure dès lors la paix entre la France et l'Espagne, s'il n'avait par prudence préféré en laisser l'honneur au cardinal. Nommé ministre d'État en 1659, M. de Lyonne fut le second de Mazarin dans la négociation du traité des Pyrénées, et en rédigea tous les articles. Depuis lors il fit à peu près patemment la charge de secrétaire d'État pour les affaires étrangères, au grand déplaisir du titulaire, le vieux M. de Brienne. Le cardinal ne pouvait se passer de lui[2]. A sa mort, en indiquant au roi le conseiller d'État Colbert comme l'homme le plus capable de mettre

---

je vous ferois pitié; et il y a des petites choses qui me tourmentent au dernier point. Par exemple je sais que vous avez dit plus d'une fois au correspondant (de Lyonne) pourquoi il ne prenoit pas les chambres de 26 (Mazarin), lui témoignant tendresse de ce qu'il se mouilloit en passant la cour. Cela m'a fait perdre le sommeil deux nuits de suite, et des choses semblables me feroient mourir... (Page 165.)

1. « Je donne pouvoir au sieur de Lyonne, conseiller en mon conseil d'État, d'ajuster, conclure et signer les articles du traité de paix entre moi et mon frère et oncle le roi d'Espagne, et promets en foi et parole de roi d'approuver, ratifier et exécuter tout ce que ledit sieur de Lyonne aura accordé en mon nom, en vertu du présent pouvoir. Compiègne, 1er juin 1656. Signé : Louis. » Saint-Évremont, *Vie de M. de Lyonne.*

2. « Quoiqu'il n'eût point de charges, il faisoit depuis plusieurs années celle de secrétaire d'État des affaires étrangères. Le cardinal se plaignoit toujours de lui, en disoit des choses désagréables, et ne pouvoit s'en passer. » (*Mémoires de l'abbé de Choisy.*)

l'économie dans les finances, il lui désigna en même temps M. de Lyonne comme celui de ses ministres qui possédait le plus à fond toute la politique extérieure du royaume. Louis XIV en était si persuadé qu'il le continua dans ses fonctions, ordonnant à M. de Brienne de signer sur-le-champ, et sans y rien changer, toutes les dépêches que M. de Lyonne lui apporterait[1].

M. de Lyonne n'oublia rien pour mériter et accroître sa faveur. Pendant que Colbert, son rival, faisait sa cour en dénonçant les malversations et les ambitieuses visées du surintendant, et donnait à Louis XIV les moyens de se reconnaître aisément dans le détail compliqué des finances de l'État, M. de Lyonne s'attachait à ménager au jeune monarque, dans les affaires du dehors, quelques-unes de ces jouissances d'orgueil dont son âme était déjà si avide. En poussant avec vigueur la réparation d'une insulte que des soldats corses avaient faite à Rome à M. de Créqui, en soutenant vivement une querelle de préséance survenue à Londres entre les ambassadeurs de France et d'Espagne, il avait obligé la cour de

---

[1]. *Mémoires de Brienne, de Mme de Motteville*, etc. « Le roi dit dans le conseil qu'il vouloit absolument que Lyonne continuât à faire les affaires étrangères, et qu'il falloit bien que M. de Brienne obéisse à l'ordinaire. » (*Mémoires de l'abbé de Choisy.*) — « Le comte de Brienne qui avoit le département des affaires étoit vieux, présumant beaucoup de soi, et ne pensant d'ordinaire ni selon mon sens, ni selon la raison. » (*Mémoires historiques et instructions de Louis XIV pour le Dauphin son fils*, page 35.)

Madrid et le Saint-Siége à désavouer hautement leurs agents. Grâces à lui, Louis XIV avait eu le plaisir d'entendre, en plein Louvre, un ambassadeur du roi d'Espagne, son beau-père, déclarer, en présence de vingt-sept représentants des puissances de l'Europe, que son maître ne disputerait jamais le pas à la couronne de France; et le cardinal Chigi, neveu du pape, implorer son pardon avec toutes sortes de témoignages de soumission et de respect. Ces actes de déférence solennellement obtenus de la part de deux grandes puissances « avaient tellement frappé les esprits, » dit un contemporain, « que plusieurs victoires n'auroient pas acquis tant de gloire au roi de France [1]. »

Cependant lorsqu'il vit, au retour du voyage de Bretagne, la fortune de Colbert grandir ainsi de plus en plus par la ruine défininitive de Fouquet, M. de Lyonne, pour ne pas rester en arrière de son compétiteur, songea à joindre aux satisfactions d'amour-propre qu'il avait déjà procurées à son maître un plus éclatant et plus solide triomphe. Ce fut alors qu'il l'entretint pour la première fois de la possibilité de réunir actuellement la Lorraine à la France. M. de Lyonne n'avait pas traité longtemps avec Charles IV sans reconnaître combien était vive sa jalousie contre son neveu et contre son héritier le prince Charles de Lorraine. Il savait que, logé alors

---

[1]. Saint-Évremont, *Vie de M. de Lyonne*, tome IX, page 105.

au palais du duc de Guise, presque gouverné par ce prince et par sa sœur Mlle de Guise, le chef de la maison de Lorraine avait très à cœur les intérêts de la branche cadette, fixée depuis longues années à la cour de France. Le rêve des princes lorrains avait toujours été d'être reconnus pour descendants de Charlemagne, et comme tels capables de succéder à la maison de Bourbon. M. de Lyonne bâtit là-dessus tout son plan.

Il vanta au roi le lustre que jetterait sur les débuts de son règne la réunion obtenue sans coup férir d'une portion de territoire depuis si longtemps désirée par ses prédécesseurs, mais qu'ils n'avaient pu acquérir ni par la paix ni par la guerre. Il lui représenta que si on menaçait fortement le duc de Lorraine, en lui offrant en même temps pour les membres de sa famille la situation de princes du sang, pour lui-même des avantages viagers considérables, et pour son fils le comte de Vaudemont quelque magnifique établissement, peut-être ne serait-il pas impossible d'arriver présentement à cette avantageuse cession.

— Si le roi voulait lui donner carte blanche il se faisait fort de la lui arrrcher. — Louis XIV hésita. Il voulut consulter sa mère et le chancelier Séguier. Anne d'Autriche se récria. Le chancelier soutint « que ce projet étoit une vision ; il ne se voyoit rien de semblable chez les nations les moins policées ; d'ailleurs Charles IV n'avoit pas plus le droit de trafiquer de sa couronne que le roi de la sienne[1]. » Mais l'occasion était belle, et la tentation trop forte. Louis XIV n'écouta aucune de ces raisons. M. de Lyonne fut autorisé à mettre en jeu, pour réussir, toute l'adresse dont il était capable [2].

A partir de ce moment, Louis XIV cessa, sans qu'il y parût, d'agir de bonne foi dans les négociations du mariage du prince de Lorraine et de Mlle de Nemours. Ses instances redoublées et ses hautaines menaces eurent beaucoup moins pour objet de persuader Charles IV que de l'irriter de plus en plus et de le jeter, par désespoir, dans quelque violent parti. M. de Lyonne employa tour à tour, dans ses entretiens secrets avec le duc de Lorraine, l'intimidation, la flatterie, et les plus perfides insinuations. Tantôt il faisait redouter à son interlocuteur les conséquences du courroux royal; tantôt il lui vantait les douceurs

---

1. *Vie manuscrite de Charles IV*, par le père Hugo.

2. « Le duc de Lorraine, irrité et jaloux de la liaison que ce jeune Prince (Charles de Lorraine) tâchoit de prendre avec moi, laissa échapper dans son dépit quelques paroles qui pouvoient être expliquées suivant mon dessein et qu'on me rapporta. Je travaillai sur l'heure même à en profiter, de peur que son chagrin passé il ne changeât de pensée : ce qui lui étoit ordinaire en des choses bien moins importantes. Lyonne, que je chargeai de la négociation, me rendoit compte de temps à autre de ce qui s'y passoit. » (*Mémoires historiques et instructions de Louis XIV pour le Dauphin son fils*, année 1662, page 165.) - Louis XIV rend un compte détaillé, dans ces mémoires, des circonstances et des motifs qui le portèrent à signer le traité du 6 février 1662. Il oublie seulement de convenir qu'il avait quelques jours avant signé le contrat de mariage du prince Charles avec Mlle de Nemours, et qu'il lui avait garanti la succession des États de Lorraine.

de la condition privée. Il lui disait qu'à son âge, après tant de glorieux travaux et de si pénibles épreuves, il avait acquis le droit de mener une vie libre et toute conforme à son humeur[1]. Si nous en croyons les biographes de Charles IV, le ministre de Louis XIV ne se fit pas scrupule de lui donner à entendre que tous les princes de la maison régnante de Lorraine étaient loin de tenir autant que lui au patrimoine de leur commune famille; le duc François son frère et le prince Charles son neveu, étaient, assurait-il, tout disposés à renoncer à leurs droits actuels à la couronne ducale de Lorraine pour en acquérir un jour sur la couronne royale de France[2]. Quoi qu'il en soit, il est à peu près reconnu par tous les historiens que ce fut le duc lui-même qui offrit le premier ses États au roi de France. L'art de M. de Lyonne consista surtout à mettre l'esprit de Charles IV dans un tel état d'incertitude et de dépit, que des incidents sans valeur précipitèrent tout à coup sa résolution.

Un jour, le prince Charles désespéré de voir toutes ses espérances s'en aller en fumée, s'était rendu à

---

1. *Vie manuscrite de Charles IV* par le père Hugo. — *Idem*, par Guillemin.

2. Copie d'une lettre écrite par un gentilhomme françois à l'un de ses amis, sur l'estat présent des affaires de Lorraine. 10 février 1662. Archives des affaires étrangères. — Récit succinct de ce qui s'est passé jusqu'icy en l'affaire du traité que le roy a fait avec M. de Lorraine, 2 mars 1662. (Tout entier de l'écriture de M. de Lyonne.)

l'hôtel de Lorraine afin d'y plaider lui-même sa cause. Apprenant que son oncle était parti la veille pour Villemareuil, maison de plaisance du prince de Lillebonne, à quatorze lieues de Paris, sur la route de Nancy, il s'imagina que pour se dérober à ses prières le duc avait pris le parti de retourner dans ses États. Là-dessus, il monta à cheval, et suivi seulement de quatre gentilshommes, se mit à galoper en toute hâte jusqu'à Meaux. Dans cette ville, le jeune prince apprit que son oncle n'y avait point passé et qu'il s'était seulement rendu, près de Paris, au village de Montreuil, dont le nom assez pareil à celui de Villemareuil avait causé sa méprise. Cette course innocente fut représentée au duc de Lorraine comme un attentat que son neveu avait projeté contre sa personne. On lui dit qu'apprenant son départ pour la Lorraine, Charles s'était mis à la tête d'un groupe d'affidés qui, l'épée à la main, avaient juré de le ramener mort ou vif, et de l'obliger par violence à consentir au mariage avec Mlle de Nemours. Persuadé de la vérité de ce rapport, ou feignant d'y croire, Charles IV prit aussitôt jour pour conclure avec M. de Lyonne [1].

Cependant les fréquents entretiens de M. de Lyonne avec le duc de Lorraine, et les semi-indiscrétions de M. de Guise, de sa sœur et de tous leurs parents

---

1. *Mémoires du marquis de Beauvau*, page 204.

lorrains, avaient donné l'éveil au duc François et à son fils. Leur inquiétude fut bientôt confirmée par un avis secret qu'ils reçurent du comte de Fustemberg, ami particulier de M. de Lyonne[1]. Le seul conseil que M. le marquis de Beauvau put donner à son élève, fut d'aller trouver le duc de grand matin, avant qu'il eût mis la dernière main au traité, et de ne rien ménager pour le lui faire rompre à force de soumissions et de remontrances.

Arrivé en toute hâte à l'hôtel de Lorraine, le prince Charles apprit que M. de Lyonne l'y avait précédé. Il était déjà, malgré l'heure matinale, en conférence avec le duc, qui n'avait pas encore quitté le lit. La circonstance était pressante; Charles hésita un peu. Persuadé cependant que c'était gagner beaucoup que de retarder un pareil mal de quelques heures, il résolut d'entrer sans avertir, afin de surprendre ensemble son oncle et M. de Lyonne, et de les empêcher de conclure, tout au moins, pendant qu'il serait présent. Faisant même semblant de ne rien savoir de sa négociation, le jeune prince s'adressa d'abord à M. de Lyonne. Il lui dit « qu'il étoit aise de trouver cette occasion de lui parler devant son oncle, puisqu'étant maintenant d'accord avec lui de toutes les conditions qu'il avoit désiré pour la conclusion de son mariage avec Mlle de Ne-

---

1. *Mémoires du marquis de Beauvau*, page 208.

mours, il ne voyoit plus rien qui pût le retarder. Il espéroit même de l'amitié si souvent promise de M. de Lyonne, qu'il continueroit de lui rendre de bons offices auprès de Sa Majesté afin de faire conclure cette affaire au plus tôt[1]. » Le duc parut un peu surpris de la hardiesse de son neveu, et ne dit mot. Pour M. de Lyonne, qui, à cette entrée inattendue, avait à peine eu le temps de serrer dans sa poche un papier qu'il tenait à la main, il ne se troubla nullement. Sortant de la chambre le sourire à la bouche, il répondit au prince « qu'il ne manqueroit pas de transmettre sa prière à Sa Majesté, et de le servir auprès d'elle autant qu'il lui seroit possible[2]. »

A peine le ministre de Louis XIV eut-il fermé la porte que le prince Charles, se jetant aux pieds de son oncle, le conjura avec larmes « de ne point signer un si désastreux traité, et de se dérober de Paris, afin de se pouvoir tirer des mains du roi de France avec plus de sûreté. Il lui offrit de le suivre, et de se mettre entièrement en son pouvoir, et même de se constituer prisonnier en tel lieu qu'il lui plairoit, s'il lui restoit quelqu'ombrage de sa personne[3]. » Charles IV parut touché de ce discours; il semblait qu'il eût le cœur serré. Cependant il ne voulut ni convenir

---

1. *Mémoires du marquis de Beauvau,* page 209.
2. *Ibidem.*
3. *Ibidem.*

que le traité fût conclu, ni prendre l'engagement de ne le point signer, et encore moins de se retirer hors de France. Aux supplications redoublées de son neveu, il se contenta de répondre « qu'il ne vouloit pas hasarder une seconde fois sa liberté, ni éprouver si les François savoient aussi bien garder un prince que les Espagnols [1]. » Aussi bien, il était trop tard. Le papier emporté par M. de Lyonne contenait la cession formelle du duché de Lorraine.

Le lendemain, 6 février 1661, Charles IV se rendit secrètement à l'abbaye de Montmartre. Ce fut là qu'en présence du duc de Guise et de l'abbesse sa sœur, il signa le traité qui donnait la Lorraine à la France [2]. Les principaux articles portaient : « que le duc déclarant n'avoir point d'enfants légitimes, faisoit le roi de France héritier de ses duchés de Lorraine et de Bar ; que Sa Majesté, en reconnoissance de cette donation, agrégeroit à sa couronne tous les princes de la maison de Lorraine, et qu'ils seroient dorénavant considérés en France comme princes du sang..., en sorte que lesdits princes, selon leur droit d'aînesse, seroient capables d'y succéder, en cas que la ligne de Bourbon vînt à manquer.... Le duc de son côté, pour assurance de sa foi et de la parole qu'il donnoit

---

1. *Mémoires du marquis de Beauvau,* page 209.
2. Récit succinct de ce qui s'est passé jusqu'icy en l'affaire du traité que le roy a fait avec M. le duc de Lorraine. De la main de M. de Lyonne. Archives des affaires étrangères.

à Sa Majesté, lui mettroit incessamment la place de Marsal entre les mains. » Une clause particulière, qui regardait le prince de Vaudemont, quoiqu'il ne fût pas nommé, permettait au duc de disposer de 100,000 écus de rente en faveur de qui bon lui semblerait, et lui permettait de lever, une fois pour toujours, un million de francs sur la Lorraine[1].

Louis XIV était à la foire Saint-Germain, occupé à jouer avec les dames, lorsque le duc de Guise vint, sur le soir, lui apporter le traité signé de la main du duc de Lorraine. La joie du roi fut si grande qu'il ne put la cacher. « Il n'y a rien dans toute la foire, » dit-il à ceux qui l'entouraient, « qui vaille les deux bijoux que je viens de gagner. » Bientôt on sut que le roi avait entendu parler des duchés de Bar et de Lorraine, cédés par Charles IV à la France. La surprise de chacun était extrême. Peu de temps après, quittant le jeu et les dames, Louis XIV s'entretint en particulier avec le prince de Condé. « Je viens de faire, » dit-il au Prince, « un coup de grand bonheur et de grande importance, qui va faire bien du bruit et de l'éclat dans le monde. Je ne vous en ai pas parlé plus tôt, ni à personne, parce qu'en effet je n'y croyois pas moi-même, ni ne l'osois quasi espérer jusqu'à ce qu'il ait été fait, et je ne voulois pas me faire moquer de moy s'il eût manqué, comme

---

[1]. *Mémoires de Beauvau.* — *Histoire de la paix de* 1659. — Archives des affaires étrangères, etc.

il y a eu jusqu'au bout sujet de le craindre, parce que j'avois affaire à un esprit qui change d'avis dix fois en un jour; mais je viens de le lier à ne s'en pouvoir dédire. J'ai acquis les duchés de Bar et de Lorraine et les ai réunis pour jamais à ma couronne. Que croyez-vous que je lui aye donné pour un si grand Estat et qui est si fort à ma convenance, et me rend maître jusqu'au Rhin? De quelle province de France en souveraineté croyez-vous que j'ai fait contenter M. de Lorraine pour cet échange? Je ne lui ai pas donné un pouce de terre en tout mon royaume! J'ai trouvé moyen de le satisfaire d'une chimère d'honneur pour les princes de sa maison, à laquelle nous n'avons, tous ceux de notre famille, aucun intérêt, et dont le cas même, fort vraisemblablement, n'adviendra pas, s'il plaît à Dieu. J'ay seulement déclaré les princes de Lorraine habiles et capables de succéder à la couronne de France après notre famille. Quand nous serons tous morts, il arrivera ce qu'il pourra. Cependant, Dieu merci, nous nous portons aussi bien qu'eux!...[1] » Il se présenta toutefois plus d'obstacles au traité que le roi n'en avait d'abord imaginé. Est-il besoin d'ajouter que les premiers provinrent de la famille ducale elle-même

1. Cette conversation du roi n'est point, on le pense bien, inventée à plaisir. Elle est textuellement reproduite d'après un document écrit de la propre main de M. de Lyonne avec ce titre : Ce que le roi a dit à M. le Prince en lui donnant la nouvelle du traité de Lorraine. 2 mars 1662. — Archives des affaires-étrangères.

et de l'héritier légitime du duché de Lorraine?

On peut se figurer la consternation du duc François et de son fils. Le jour de la fatale signature, tous deux dînaient au palais du Luxembourg, chez Mme la duchesse d'Orléans, avec le duc de Lorraine; Charles IV arriva le dernier et se montra fort embarrassé. Il ne voulut pas avouer que tout fût désormais consommé, mais les assistants n'en doutèrent plus quand ils l'entendirent se jeter sur les récriminations et reprocher à son frère et à son neveu que, par leurs procédés envers lui, ils l'avaient poussé dans une telle extrémité qu'il ne s'en pouvait tirer qu'en accordant au roi ce qu'il lui avait promis. On se sépara de part et d'autre avec beaucoup d'aigreur [1]. Dans la conférence qui suivit, où Mme de Nemours laissa éclater un violent désespoir qu'elle était incapable de contenir, il fut convenu que le duc François et son fils protesteraient hautement contre l'atteinte portée à leur droit, et qu'ils donneraient à cette protestation le plus grand retentissement possible. Si le roi n'en tenait compte, le jeune prince devait s'évader du royaume, laissant à son père la procuration nécessaire pour épouser en son nom Mlle de Nemours [2].

Avant d'en venir là, et se voyant sans ressources

---

[1]. *Mémoires du marquis de Beauvau*, page 210.
[2]. *Mémoires du marquis de Beauvau.—Vie manuscrite de Charles IV* par le père Hugo. — *Vie de Charles V.*

du côté de son oncle, Charles de Lorraine résolut de tenter la générosité de Louis XIV et de faire un suprême et direct appel à sa compassion. Des circonstances particulières lui en fournissaient en ce moment l'occasion naturelle. Dans cette cour, où les sérieuses affaires étaient journellement mêlées aux plus frivoles amusements, on étudiait alors avec application un ballet mythologique dans lequel le roi, amoureux de Mlle de La Vallière, se ménageait le plaisir de paraître, aux yeux de sa maîtresse, habillé de ses plus magnifiques habits, sous la figure d'Hercule amoureux[1]. Le prince de Lorraine fai-

---

1. « Aujourd'hui, durant que la muse
    A griffoner cecy s'amuse
    On prépare en moult arroy
    L'admirable ballet du roy
    Dont les raretés sans pareilles
    Passent pour autant de merveilles. »
    (*Muse historique de Loret.* — Ballet du 4 février 1662.)

    « Le sept du mois mardi passé
    Le ballet du roy fut dansé
    Mêlé d'un poëme tragique
    Chanté tout du long en musique.
    . . . .
    Dans ce beau poëme ou ballet
    Lequel poëme s'intitule
    En français *les amours d'Hercule*
    Et dans la naturalité
    Se nomme *Ercole amante,*
    L'auteur de ce fameux ouvrage
    Fit un excellent personnage
    Ayant en cour, à ce qu'on dit,
    Représentation et crédit. »
        (*Muse historique de Loret.* — 11 février 1662.)

sait aussi son rôle dans ce divertissement. A l'une des dernières répétitions, s'approchant de Louis XIV, il lui représenta doucement : « Combien sa parole royale étoit engagée non-seulement à la conclusion de son mariage avec Mlle de Nemours, mais, en outre, à le maintenir dans les droits de la succession de Lorraine. Il ne s'étoit attiré, dit-il, la haine du duc son oncle que pour s'être jeté entre les bras de Sa Majesté; il ne pouvoit donc s'imaginer qu'elle voulût profiter de son malheur et se prévaloir de l'aversion de son oncle contre lui pour s'emparer de son nom et de sa maison[1] ». Cette respectueuse remontrance d'un prince si injustement dépouillé parut mécontenter grandement le roi. Sa figure prit soudain l'aspect sévère qui, malgré son jeune âge, le rendait déjà si imposant; et, d'un ton grave, opposant pour la première fois à la réclamation du prince lorrain cette théorie sur la foi due aux traités, qu'il a plus tard développée dans les instructions au dauphin, il se contenta de lui répondre « que les affaires des rois ne se gouvernoient pas comme celles des particuliers, la raison d'État devant leur servir de loi et prévaloir sur toutes autres considérations. Néanmoins, s'il se résignoit entièrement entre ses mains, et s'il prenoit une véritable confiance dans son affection, il lui promettoit d'a-

---

1. *Mémoires du marquis de Beauvau.*

voir un soin particulier de ses intérêts. Enfin, en l'etat où étoient les choses, le meilleur conseil que le prince pouvoit prendre étoit de cultiver sa bienveillance[1]. »

Charles de Lorraine pensa qu'en cette occasion il avait un autre devoir à remplir que celui de mériter la douteuse faveur du roi. Il dissimula son ressentiment jusqu'à la nuit du ballet. Soigneux d'y paraître, il joua son personnage avec beaucoup d'adresse et sa gaîté accoutumée. Mais, à peine l'entrée dont il faisait partie fut-elle finie, qu'il se déroba de l'assemblée et passa dans la rue où son carrosse l'attendait. Là, il changea précipitamment d'habit; puis remettant masque et costume à l'un de ses serviteurs pour les porter au duc de Saint-Aignan, premier gentilhomme de la chambre, il monta sur des chevaux préparés à l'avance, et sortit la nuit même de Paris. Peu de jours après il était rendu à Besançon. La lettre que de cette ville il adressa au roi de France ouvre la série de ces protestations publiques de la faiblesse contre la force qui, pendant le cours du règne si long et si violent de Louis XIV, retentirent si souvent et si inutilement en Europe. Elle est un modèle de fermeté contenue et de fière modération.

« Sire, » disait Charles de Lorraine, « après le tort imprévu que M. mon oncle m'a fait sans luy en avoir

1. *Mémoires du marquis de Beauvau.*

jamais donné le sujet, j'ay cru ne devoir demeurer plus longtemps en un lieu où je pense que cette action luy a acquis assez de crédit pour m'ôter la liberté de m'en plaindre à Vostre Majesté, et me réduire à une dissimulation également honteuse et préjudiciable à mes intérêts, au lieu du juste ressentiment que j'en dois avoir. C'est pourquoy, désirant d'éviter les inconvénients ou d'un silence trop lâche ou d'une plainte nécessaire, et considérant d'ailleurs, par le peu d'égard que Votre Majesté a eu à mes très-humbles remontrances, que mes prières toutes seules ne luy seroient qu'importunes, je me suis résolu de chercher celles des princes mes parens et amis, pour implorer conjoinctement de Vostre Majesté la justice que j'en espère ; que si l'on veut donner une mauvaise interprétation à ma retraite pour n'avoir pas été assez publique, je supplie très-humblement Vostre Majesté de croire que si j'en ay usé de la sorte ce n'a pas été pour appréhender aucune violence, mais bien les tendres et fortes oppositions de mes amis, ausquels j'aurois été contraint de résister avec dureté, ou de succomber avec foiblesse. Cependant, Sire, j'ose me promettre de vostre bonté que faisant réflexion sur les conséquences de ce traité prétendu tant en sa matière qu'en sa forme, sur la nature des duchés de Lorraine et de Bar, sur l'injuste traitement que mon oncle m'a fait, sur la protection que Vostre Majesté m'a promise, sur la confiance que j'ay eu, sur le procédé de ses ministres, sur le jugement qu'en fera toute la chrestienté, et tout ce qui a irrité mon oncle contre moy; elle ne voudra pas se prévaloir des soumissions que je lui ay rendues pour m'oster un bien qui m'est deu par la confession de toute la terre, advoüé par la reconnoissance du feu roy, de glorieuse mémoire, et par les actes de vostre parlement de Paris..... »

Cette lettre du prince Charles servit de signal à toutes les autres réclamations. Le premier instant d'étourdissement passé, il semblait que chacun fût d'accord pour signaler l'étrangeté de la convention secrètement passée à l'abbaye de Montmartre [1]. Le duc François adressa une longue et forte remontrance à Sa Majesté [2]. Les princes de la maison royale de France s'émurent en même temps; ils ne pouvaient supporter de se voir brusquement adjoints tant d'étrangers auxquels, par leur naissance et par leur qualité, ils se tenaient pour très-supérieurs. Messieurs de Vendôme, de Longueville, et de Ver-

---

1. Lettre adressée par un gentilhomme français à un de ses amys sur l'estat présent des affaires de Lorraine. 10 février 1662. Archives des affaires étrangères. — On raconte qu'apprenant le traité de Marsal, le cardinal de Retz se serait écrié : « Voilà la chose la plus étonnante qui ce soit passé en Europe depuis mille ans, mais elle ne pourra pas durer. » — Vie manuscrite de Charles IV. — D. Calmet.

2. Raisonnement du comte de Fustemberg sur le traité de Montmartre. Mars 1662. — (Archives des affaires étrangères.) — Remontrances de M. le duc François au roy très-chrétien. Pièces à la suite de l'*Histoire du traité de paix* de 1659.

neuil, petits-fils d'Henri IV par leurs mères, se plaignirent non moins vivement à Louis XIV de ce qu'il les privait ainsi d'un rang qui leur avait toujours appartenu. Les ducs et les pairs protestèrent contre cette introduction d'une nouvelle règle de succession pour la couronne de France. Les ministres n'osaient se prononcer contre l'œuvre du roi et de leur collègue M. de Lyonne. Pendant huit jours, Le Tellier fit semblant d'être malade pour n'avoir point à approuver cette affaire [1]; Brienne attendit prudemment que le roi lui en parlât le premier, ce que Sa Majesté ne fit point [2]; le chancelier Séguier, d'ordinaire si circonspect, osa répéter dans son particulier les arguments qu'il avait produits contre le projet lorsqu'il lui avait été communiqué. Le bruit courait qu'il en haussait les épaules, disant « qu'il n'avoit nulle valeur, et que le roi ne pouvoit faire de princes du sang qu'avec la reine [3]. » De vieux seigneurs de l'ancienne cour, qui n'avaient pas encore perdu toute liberté de langage, se permirent de critiquer, non pas seulement la forme du traité, mais la pensée même qui l'avait inspiré. Le maréchal de Grammont, s'autorisant de son âge et de ses longs

---

1. Dom Calmet, livre xxxix, page 517.

2. *Mémoires de Brienne.* — Collection Petitot, tome XXXVI, page 272.

3. *Vie manuscrite de Charles IV* par le père Hugo. — *Idem*, par Guillemin. — *Mémoires du marquis de Beauvau.* — Dom Calmet.

services, parla plus fortement qu'aucun d'eux. « Votre Majesté », dit-il au roi, « veut donc aller contre la politique de ses prédécesseurs, qui ont fait tous leurs efforts, employé tous les moyens, et les plus sanglants, pour abattre l'ambition des princes lorrains assez osés pour avoir ambitionné le trône de France ! le roi devroit faire attention que les subtilités de ses ministres n'égaleront jamais les ruses d'un duc de Lorraine ! Charles IV, » ajoutait M. de Grammont, « n'abandonnait aujourd'hui le bien de ses ancêtres que par l'espérance de voir ses petits-neveux, héritiers des sentiments de toute la race, s'en dédommager par l'usurpation du royaume entier ; mais le parlement auroit trop de pénétration et de zèle pour vérifier ce qui tendoit, sinon à l'anéantissement, du moins à la confusion de la monarchie française[1]. »

Ces paroles du maréchal rendaient parfaitement l'opinion de la noblesse et celle de la magistrature du royaume. La rumeur était aussi grande en effet à la cour que dans le parlement ; et les murmures publics semblaient autorisés par la reine-mère elle-même. « On eût dit, à entendre le déchaînement universel, que c'en étoit fait du salut de la France si la maison de Lorraine demeuroit agrégée à celle de Bourbon[2]. » Cette opposition si prononcée étonna le roi, mais elle ne l'ébranla pas. L'auteur du traité, M. de Lyonne,

1. *Vie manuscrite de Charles IV* par le père Hugo.
2. *Ibidem*.

soutenait assidûment près de lui l'excellence de son œuvre[1]. Et d'ailleurs, engagé comme il l'était, Louis XIV n'était point d'humeur à reculer. Cependant il était, en si grave occurrence, difficile de se passer entièrement du Parlement. M. de Lyonne, avec sa souplesse d'esprit ordinaire, parvint à lever encore cet embarras. Il obtint que le Parlement enregistrerait le traité moyennant cette restriction « que le bénéfice pour les princes de la maison de Lorraine, de pouvoir succéder à la couronne de France, ne s'ouvriroit que lorsque le dernier d'entr'eux auroit individuellement adhéré à la clause de la réunion de la Lorraine à la France. » Or, le duc François protestait en ce moment même contre le traité devant la cour des pairs, et l'héritier légitime du duché de Lorraine venait de se dérober de Paris afin de ne pas être contraint d'y donner son adhésion. Survint un dernier obstacle. Apprenant cette nouvelle et étrange prétention de lui enlever sa souveraineté, sans lui accorder aucune des conditions pour lesquelles il l'avait cédée, Charles protesta de toutes ses forces. En même temps qu'il s'adressait directement au roi pour se plaindre du traitement qu'on lui réservait[2], il écrivait une lettre officielle au chancelier

---

[1]. Récit succinct (par M. de Lyonne) de ce qui s'est passé jusqu'ici en l'affaire du traité que le roi a fait avec M. le duc de Lorraine.

[2]. Lettre du duc Charles au roi, du 25 février 1662. Présentée au roi par M. de Lillebonne. — Archives des affaires étrangères.

Séguier par laquelle il déclarait nul le traité qu'il avait signé, « s'il n'était mis dans la vérification qu'il serait exécuté en tous ses points [1]. »

On comprend difficilement ce qu'en bonne justice il était possible de répondre au duc de Lorraine. C'est pourquoi Louis XIV résolut de se tirer de tant d'embarras par un coup d'autorité et d'éclat. Jugeant que pour couper court à toutes ces oppositions il fallait qu'il intervînt lui-même de sa personne, il convoqua un lit de justice. Le 27 février, au matin, la population parisienne vit avec quelque étonnement les rues qui conduisaient du Louvre à la grande chambre du Parlement se couvrir, comme au temps de la Fronde, de soldats armés. Quelques heures après, le roi, à cheval, dans un costume tout militaire, entouré de sa noblesse et suivi d'un cortége d'environ 4,000 fantassins, s'achemina vers le Palais de Justice. Les ducs et pairs y étaient rassemblés. Le chancelier avait été prévenu la veille. Sans doute la vue du roi irrité, et cet appareil guerrier bruyamment introduit dans le sanctuaire des lois, déconcertèrent un peu les opposants. Le duc François, qui avait projeté d'intervenir dans cette solen-

---

[1] « Puisque Sa Majesté n'a point voulu m'entendre ny voir la requeste que je lui ay voulu présenter, je m'adresse à vous pour vous faire savoir que je déclare nul le traité qui a esté fait, si on ne met dans la vérification qu'il sera executé en tous ses points. » Lettre du duc Charles de Lorraine au chancelier. (Imprimée à la suite de l'*Histoire de la paix de 1659.* »

nité, fut brusquement repoussé par les soldats et ne parut point dans la salle du Palais. La harangue de M. Séguier se trouva être remplie, non-seulement d'éloges pour le roi, mais d'admiration pour le traité [1]. Parmi les présidents et les conseillers qui trois semaines durant avaient résisté à l'homologation de la volonté royale [2], personne ne prit la parole. Les princes du sang n'ouvrirent point la bouche. Les ducs et pairs se turent. Le maréchal duc de Grammont ne jugea pas à propos de renouveler ses objections. Quand Louis XIV retourna au Louvre, les acclamations éclatèrent sur son passage plus bruyantes qu'à son départ. Mais tandis que les corps constitués de l'État se courbaient ainsi sous la main du maître, par crainte de lui déplaire, tandis que trop peu soucieuse de la justice et du droit la foule applaudissait, charmée comme toujours par le spectacle du triomphe de la force, les esprits réfléchis jugeaient avec raison que rien de sérieux ne sortirait de cette violation de toute équité; et sans

---

1. Harangue de M. le chancelier Séguier sur le traité de Lorraine. (Archives des affaires étrangères.)

2. Dom Calmet, livre xxxix, page 524. Nous avons compulsé aux archives générales de France les procès-verbaux du parlement. Et nous devons dire que dans les délibérations du conseil secret, tenu de novembre 1661 à septembre 1662, nous n'avons pas trouvé trace de cette opposition du Parlement, constatée cependant dans la plupart des mémoires du temps. Il est probable que les magistrats, effrayés eux-mêmes de cette velléité de résistance au pouvoir royal, ne se seront pas souciés d'en consigner les preuves sur leur registre officiel.

se laisser prendre aux apparences, ils pensaient déjà tout bas du traité ce que Turenne, consulté par Louis XIV, osa plus tard lui répondre hautement, à savoir, « qu'il n'était pas soutenable[1]. »

Au reste, la curiosité publique n'en avait pas fini avec les bizarres incidents que lui ménageaient, dans les affaires de Lorraine, la folie de Charles IV et les violences de Louis XIV. A peine le traité du 6 février 1662 avait-il été enregistré au parlement de Paris, que le bruit se répandit que le duc de Lorraine allait se marier. A cette nouvelle, personne ne douta que, devenu libre par la mort de la duchesse Nicole, le duc ne se proposât de faire enfin reconnaître d'une façon régulière et irrévocable l'union autrefois contractée avec la mère du prince de Vaudemont, ce fils qu'il aimait tant. Mme de Cantecroix, toujours entourée d'un train presque royal, le souhaitait passionnément et l'espérait un peu. La famille de Lorraine en tombait d'accord. Mais Charles avait fait un autre choix. Il épousait Mlle Marianne Pajot, fille de

[1] Résolutions importantes à prendre par le roi, avec les réponses du maréchal de Turenne (fin de 1668) : « ... Savoir si on doit laisser l'affaire du traité fait en 1662 avec le duc de Lorraine en l'estat qu'elle est à présent, le roy n'ayant pas le dessein d'accomplir la condition des prérogatives de princes du sang pour les princes de Lorraine, ou si l'on doit entrer là-dessus en quelque négociation d'accommodement avec le prince Charles, à quoi il pourroit y avoir présentement quelque ouverture. » — Réponse : « On juge à propos de négocier avec le prince, et de changer la situation de l'affaire de Lorraine, dont on ne croit pas le traité soutenable. » (*Mémoires historiques de Louis XIV.*— Édition Grouvelle, tome II, page 447.)

l'apothicaire de Mlle de Montpensier. Grande fut tout d'abord la surprise, et plus grande encore lorsque les bans publiés, le contrat signé, et le jour pris pour le mariage, on apprit que le roi venait de faire conduire la future duchesse de Lorraine au couvent de la Ville-l'Évêque, où elle était gardée par trente gardes et un enseigne [1].

Charles IV avait entrevu plus d'une fois Marianne Pajot, au palais du Luxembourg, pendant les visites qu'il rendait fréquemment à Mlle de Montpensier, dont la mère de Marianne était première femme de chambre. Il avait été frappé de la beauté de cette demoiselle et charmé par l'agrément de sa conversation. Comme il n'avait nulle fierté, et qu'il avait gardé, sous le régime nouveau, la facilité des mœurs du temps de la Fronde, on le voyait tous les jours se promener au Cours avec elle. Quelquefois il prenait rendez-vous dans la boutique d'un oncle de Mlle Pajot, « où il mangeoit le plus souvent dans des plats d'étain et de faïence [2]. » Ces libres façons d'agir,

---

[1] « Récit de ce qui se passa dans le moment que M. le duc de Lorraine alloit épouser Mlle Marianne. » (*Recueil de différentes choses,* par le marquis de Lassay.) — Le marquis de Lassay, auteur de ce recueil, épousa lui-même par amour Marianne Pajot, dont la naissance était très-inférieure à la sienne, mais pour laquelle il témoigna pendant toute sa vie la plus tendre et la plus respectueuse affection.

[2] « M. de Lorraine étoit à Paris sans équipage; il alloit à son ordinaire un jour coucher d'un côté, et le lendemain d'un autre... Il étoit amoureux de la fille de mon apothicaire, dont la mère étoit ma première femme de chambre... M. de Lorraine en fut si entêté qu'il alloit tous les jours se promener avec elle. Il prenoit son rendez-vous ordinaire

qui scandalisaient fort Mlle de Montpensier, n'avaient pas attiré l'attention de la cour. Elle s'intéressait trop avidement aux brillantes amours du grand roi pour se soucier beaucoup des obscures galanteries d'un duc de Lorraine, devenu vieux, et qui avait cessé d'être à la mode. L'idée n'était venue à personne qu'une liaison de ce genre pût jamais aboutir au mariage; mais le duc de Lorraine s'était bientôt aperçu que Marianne Pajot n'était pas « une coquette aisée [1] ». Cette fille, « que ses grâces et son esprit avoient mis dans le monde d'un air bien différent de celui de sa naissance, » était fière autant que sage. Charles l'estima assez pour la vouloir faire duchesse de Lorraine. « Elle regarda un honneur si surprenant avec modestie, mais elle n'en fut point éblouie au point de s'en croire indigne [2]. »

Ces choses se passaient à l'insu du duc François et du prince son fils, dans le temps où le duc négociait avec M. de Lyonne la cession de la Lorraine à la France. La fantaisie de vivre en simple particulier avec une compagne de son choix avait probablement beaucoup aidé au succès des obsessions du ministre de Louis XIV, et déterminé en grande partie l'abandon que Charles IV avait consenti à faire de sa souverai-

---

chez l'apothicaire de ma belle-mère, où il mangeoit presque toujours dans des plats d'étain et de fayence. » (*Mémoires de Mlle de Montpensier*, tome XLII, page 531.)

[1]. *Recueil de différentes choses*, par le marquis de Lassay.
[2]. *Ibidem.*

neté. Mais plus tard, lorsque le roi, manquant ouvertement aux clauses les plus formelles du traité, obligea le Parlement à enregistrer les seules prescriptions qui fussent fâcheuses à la maison de Lorraine, Charles, plein de dépit et momentanément réconcilié avec son frère, s'ouvrit à lui de ses desseins sur Marianne Pajot. François ne pensa point que le moment fût opportun pour combattre la passion de Charles IV ; il préféra s'en servir, de façon à lui faire annuler, par acte authentique et solennel, l'imprudent traité qui avait aliéné les droits de l'héritier légitime de la Lorraine.

Les deux frères ainsi tombés d'accord, le contrat de mariage fut rédigé de façon à donner à chacun d'eux la satisfaction qu'il cherchait. Charles y consignait fort au long l'expression de sa vive tendresse pour Mlle Pajot. « Il avoit eu le dessein, disait-il, d'achever ses jours dans un genre de vie entièrement retiré et dans la tranquillité du célibat, auquel il étoit porté, tant par inclination que par la considération du bien public. Néanmoins, par un effet imprévu de la Providence divine qui se réserve de gouverner les cœurs des princes, il s'étoit vu appelé à la condition d'un second mariage afin de satisfaire aux mouvements d'une vocation, de qui dépendoit le repos de sa conscience.... C'est pourquoi il avoit jugé que le moyen le plus convenable pour conclure ces deux choses étoit de faire choix

d'une épouse en laquelle la pudeur et la chasteté
tinssent lieu de ces éminentes et fastueuses qualités,
qui sont plutôt les objets de l'ambition des hommes
que d'un amour chaste et véritablement conjugal....
Considérant donc les belles et considérables qualités
qui se rencontrent dans Mlle Marianne Pajot, accompagnées d'une vertu rare, d'une piété solide, et
d'une modération d'esprit non commune, et jugeant
qu'elles pourront plus efficacement contribuer au
bonheur de sa vie, dans l'état de mariage, que celles
qui dépendent purement de la fortune ; après avoir
connu le mérite et la grande honnêteté de ladite
demoiselle, il avoit résolu de la demander à ses père
et mère..... » Après avoir ainsi satisfait à sa passion,
Charles déclarait ensuite, pour être agréable au duc
François, « que le cas arrivant qu'il plût à Dieu de
bénir ledit mariage par la naissance de quelques
enfants qui en sont la fin et les fruits les plus légitimes, ils ne pourroient prétendre à la succession
des duchés de Bar et de Lorraine..., ayant par choix
et considération purement volontaire nommé et déclaré, nommant et déclarant par les présentes, le
prince Charles, son neveu, pour son successeur
immédiat et incommutable en sesdits États et duchés
de Lorraine et de Bar, terres et seigneuries y annexées et dépendantes [1]. »

1. Contrat de mariage du duc de Lorraine avec la demoiselle Ma-

Malheureusement pour le duc François, pour son fils et pour les deux amants, l'affaire avait été conduite sans grand mystère. La duchesse d'Orléans, sœur de Charles IV, prévenue à temps, fit les derniers efforts pour rompre un mariage si inégal, et n'ayant rien obtenu, dénonça son frère à la cour par l'entremise de M. Le Tellier. Peu importait à la cour de France la mésalliance de Charles IV, mais l'occasion était heureuse pour mettre la dernière main au traité de Lorraine ; le roi résolut d'en profiter. Et de même que le duc François s'était servi de la passion de Charles IV pour lui faire reconnaître tardivement les droits de l'héritier légitime de la Lorraine, de même Louis XIV songea à s'en prévaloir pour lui en arracher une seconde fois l'abandon. M. Le Tellier fut chargé par le roi de cette négociation. Il devait l'entamer non pas directement avec le duc lui-même, mais avec sa fiancée. En outre, comme les choses pressaient, comme la violence était le recours ordinaire de la politique de Louis XIV, M. Le Tellier eut ordre, en allant trouver sur-le-champ Marianne Pajot, d'emmener avec lui trente gardes de Sa Majesté et un officier qui suivirent son carrosse. Si nous en croyons le marquis de Lassay, M. Le Tel-

rianne Pajot. — Ce contrat de mariage est tout entier relaté dans les *Mémoires du marquis de Beauvau*, — dans dom Calmet. — Nous en avons également trouvé une copie aux archives des affaires étrangères.

lier arriva tout juste à temps, car il trouva toute la famille à table avec M. de Lorraine, chez l'oncle de Mlle Pajot, faisant le festin de noces en attendant minuit, qui était l'heure fixée pour le mariage[1].

En entrant, M. Le Tellier demanda à entretenir particulièrement la mariée. Retiré dans la pièce voisine avec Marianne, il lui parla en homme qui avait fort à cœur de réussir dans sa mission. « Il lui dit qu'il ne tenoit qu'à elle d'être reconnue le lendemain duchesse de Lorraine par le roi ; qu'elle n'avoit qu'à faire signer à M. de Lorraine un papier qu'il avoit apporté avec lui et qu'il lui montra, et qu'elle seroit reçue au Louvre avec les honneurs dus à son rang ; mais si elle refusoit de faire ce que Sa Majesté souhaitoit, il y avoit à la porte un de ses carrosses, trente gardes du corps et un enseigne qui avoit ordre de la mener au couvent de la Ville-l'Évêque, ce que Madame demandoit avec beaucoup d'empressement[2]. » L'alternative était pressante, et il y avait lieu de balancer. Marianne n'hésita pas un moment. Elle répondit à M. Le Tellier « qu'elle aimoit beaucoup mieux demeurer Marianne que d'être duchesse de Lorraine aux conditions qu'on lui proposoit ; si elle avoit quelque pouvoir sur l'esprit de M. de Lorraine, elle ne s'en serviroit jamais pour lui faire faire une chose si contraire à son hon-

---

1. *Recueil de différentes choses*, par M. le marquis de Lassay, p. 10.
2. *Ibidem*.

neur et à ses intérêts; elle se reprochoit déjà assez le mariage que l'amitié qu'il avoit pour elle lui faisoit faire. » M. Le Tellier, touché d'un procédé si noble, lui dit qu'on lui donnerait, si elle voulait, vingt-quatre heures pour y songer. Elle répliqua que son parti était pris et qu'elle n'avait que faire d'y penser davantage. Puis elle rentra dans la chambre où était la compagnie pour prendre congé de M. de Lorraine, qui, ayant appris de quoi il était question, se mit dans des transports de colère incroyables. Après l'avoir calmé autant qu'elle put, Mlle Pajot donna la main à M. Le Tellier, laissant la chambre toute remplie de pleurs, et monta dans le carrosse du roi sans verser une seule larme[1]. Charles IV ne montra pas la même résignation; il parla de sauter les murs de l'abbaye de la Ville-l'Évêque pour enlever sa maîtresse. Le roi, qui venait tout récemment de forcer la clôture du couvent de Chaillot, pour y reprendre Mlle de La Vallière, jugea prudent de laisser sa compagnie des gardes veiller

1. *Recueil de différentes choses*, par le marquis de Lassay, page 11. Le marquis de Lassay raconte que depuis cette aventure, « où il avoit appris à le connoître, M. Le Tellier demeura toujours fort des amis de Marianne dont il ne parloit qu'avec admiration. » Il ajoute qu ebien des années après, s'étant trouvée en un commerce assez familier avec le roi, il lui demanda un jour si elle lui avait pardonné de l'avoir empêchée d'être duchesse de Lorraine. Elle lui répondit « qu'ayant contribué depuis à lui faire épouser un homme de condition (le marquis de Lassay) qu'elle aimoit et dont elle croyoit être aimée, elle lui avoit aisément pardonné d'avoir rompu son mariage avec un souverain qui l'auroit rendue moins heureuse qu'elle n'étoit. »

pendant quelque temps à la sûreté de Marianne Pajot[1].

Nous ne saurions dire quelle défaveur cette dernière équipée jeta sur le duc de Lorraine, parmi tout le beau monde de la cour. On avait compati à la douleur que lui avait causée l'enregistrement du traité de Montmartre; on s'amusa beaucoup de sa déconvenue dans l'intrigue romanesque qu'il avait liée avec la fille d'un apothicaire. Personne ne songea à s'étonner de la façon dont Louis XIV, si facile pour lui-même, se mêlait de contrôler les amours d'un souverain étranger. Toutes les approbations furent pour le roi de France, et toutes les moqueries pour le duc de Lorraine. L'intérêt que ce prince avait un instant inspiré tomba complétement à Paris. Il parut s'en soucier assez peu et ne demeura en reste de railleries avec personne. Au prince de Condé, qui lui demandait un jour ce qui avait pu le porter à signer le traité de Montmartre, Charles répondit : « C'est l'envie de paraître plus habile homme que vous. En toute votre vie vous n'avez fait qu'un prince du sang, moi, d'un trait de plume, j'en ai fait plus de vingt[2]. » Le roi lui ayant dit que s'il

---

[1]. « M. de Lorraine fit le désespéré lorsque le roi fit arrêter et mettre Marianne dans un couvent; il vouloit sauter les murailles, et comme le roi fut averti qu'il avoit employé quelqu'un à ce dessein, il envoya un détachement du régiment des gardes et quelques gardes du corps pour la garder. » (*Mémoires de M*lle *de Montpensier*, tome XLIII, page 68.)

[2]. *Vie manuscrite de Charles IV*, par Guillemin. — Dom Calmet.

avait épousé Marianne Pajot il lui aurait fallu ajouter une seringue à ses armes, « J'y aurois mis trois fleurs de lys au bout, » répliqua le duc de Lorraine, « et cela eût parfaitement ressemblé au sceptre de Votre Majesté[1]. »

Mais s'il en coûta peu à Charles IV pour repousser les brocards de Louis XIV et de Condé, s'il se montra facilement indifférent à l'opinion des Français sur son compte, il n'apprit pas sans trouble l'effet produit sur ses sujets par le fatal traité de Montmartre. La première nouvelle arrivée à Nancy de la cession de la Lorraine à la France n'avait d'abord rencontré que des incrédules. Quand il fut impossible d'en douter, lorsque les clauses en furent connues, la consternation devint extrême et l'exaspération contre le duc de Lorraine monta à son comble. La princesse de Cantecroix s'indigna contre le mari infidèle qui traitait publiquement de concubine la femme qu'il avait, pendant vingt-cinq ans, associée à son trône; ses enfants se plaignirent d'être à la face du monde déclarés par leur père bâtards et adultérins; la noblesse réclama le droit qu'elle avait eu de tout temps d'être consultée dans les affaires d'État; la nation frémit tout entière à l'idée de passer sous une domination étrangère dont elle avait, pendant trente années de

---

1. *Vie manuscrite de Charles IV*, par le père Hugo.

guerres, éprouvé la rigueur. Dans le déchaînement général, il se trouva un paysan assez insolent, raconte le marquis de Beauvau, pour détacher le portrait du duc, qu'il aperçut dans la maison d'un officier de son village, et s'écrier, en le tournant contre la muraille : « que, puisqu'il avait renoncé son peuple qui avait souffert le martyre pour lui, il fallait aussi le renoncer lui-même[1]. »

Cette action rapportée à Charles IV ne le fâcha point. Les propos injurieux qu'en Lorraine on ne cessait de débiter sur son compte lui causèrent beaucoup moins de colère que de chagrin. Il témoigna qu'on avait raison contre lui. « Sa plus grande douleur, » disait-il, « étoit de voir l'affection de ses peuples, qu'il avoit toujours reconnue si ardente, tournée en une si grande aversion[2]. » Il se souvint alors que depuis sa rentrée en possession de son duché, après le traité des Pyrénées, c'était à peine s'il avait de loin en loin mis le pied en Lorraine. Il songea qu'habituellement retenu par le goût des plaisirs dans une capitale étrangère, où il s'était passé toutes ses fantaisies, il n'avait encore repris de rapports avec les agents de son autorité que pour les gourmander et les punir, avec les nobles du pays que pour violer leurs priviléges, avec les habitants des villes et des campagnes

---

1. *Mémoires du marquis de Beauvau*, p. 212.
2. *Ibidem.*

que pour en exiger de l'argent. Dégoûté maintenant, par ses récentes disgrâces, du séjour de Paris, mécontent du roi et de la cour de France, et sans doute assez mal satisfait de lui-même, il résolut enfin (mai 1662), de venir fixer sa résidence dans ses anciens États.

CHAPITRE XXIX.

État de la Lorraine au moment du retour de Charles IV. — Phases diverses de l'occupation française. — Les dispositions des populations lorraines envers les Français modifiées peu à peu. — Esprit de l'armée. — Dispositions de la noblesse, des classes moyennes et du peuple. — Charles IV veut gouverner en maître absolu. — Résistance des seigneurs de l'ancienne chevalerie. — Ils réclament leurs priviléges. — Charles IV exile quelques-uns d'entre eux. — Ils persistent dans leur opposition. — Ils sont peu soutenus par l'opinion, et pourquoi. — La signature du traité de Montmartre par Charles IV, rend leur cause plus populaire. — Charles IV écoute leurs observations et leur permet de s'assembler. — Louis XIV fait promettre aux chevaliers la conservation de leurs franchises, s'ils embrassent sa cause. — Les chevaliers restent fidèles à Charles IV. — Leurs diverses assemblées. — Ils envoient des députés à la Diète de Ratisbonne. — Conduite ambiguë de Charles IV. — Il n'est de bonne foi avec personne. — Il promet à Louis XIV d'exécuter son traité, et se met secrètement sous la protection de l'Empereur. — L'Empereur ne peut le protéger à cause de l'invasion des Turcs dans ses États. — Expédition de Louis XIV pour prendre Marsal. — Charles IV remet cette ville au roi de France. — Traité de paix de Marsal.

Charles IV n'avait pas attendu jusqu'en 1663 pour venir montrer à ses sujets leur prince enfin délivré de la captivité des Espagnols. Les négociations entamées avec Mazarin, après la paix des Pyrénées, l'avaient fait demeurer pendant plus d'une année à Paris; mais, à peine rentré, par le traité de Vincennes, en possession de ses États, il avait eu hâte de s'y produire une première fois, au printemps de 1661. Depuis, sans avoir voulu mettre jamais les pieds dans sa capitale, où sa fierté eût trop souffert de rencontrer une garnison française nuit et jour occupée à détruire les fortifications de Nancy, il avait, à de longs intervalles, visité pour quelques instants, les principales villes de la Lorraine. Malheureusement, loin de remédier à rien, les courtes apparitions du duc et ses premiers actes d'autorité n'avaient fait qu'ajouter à la confusion générale. Parmi les difficultés contre lesquelles Charles IV allait avoir à lutter, maintenant qu'il voulait derechef prendre en main le gouvernement des affaires intérieures de son duché, si quelques-unes pouvaient être à bon droit considérées comme un legs fatal du passé, d'autres, au contraire, en trop grand nombre, encore, n'étaient imputables qu'au prince lui-même. Elles ne résultaient pas seulement de la déconsidération où il était tombé en Lorraine à la suite du malencontreux traité de Montmartre et de son extravagant projet de mariage, elles provenaient aussi de sa récente conduite à l'égard de son propre peuple. Hâtons-nous, pour expliquer cette fâcheuse situation du duc de Lorraine, de rappeler en quel état sa souveraineté lui avait été restituée, et racontons brièvement par quelles mesures irréfléchies il avait jugé à propos d'inaugurer sa reprise de possession.

L'occupation de la Lorraine par les armées françaises avait commencé par la prise de Nancy en septembre 1633. Les premiers moments en avaient été de beaucoup les plus affreux. De 1633 à 1646, aussi longtemps que Charles IV avait pu garder un pied dans les montagnes des Vosges, tantôt fomentant la résistance de ses sujets par ses secrètes intelligences, et tantôt, dans ses brusques retours, entraînant les populations des villes et des campagnes à de terribles représailles contre leurs oppresseurs, la Lorraine avait été traitée par le gouvernement français à la fois comme un pays conquis et comme une province révoltée. Tandis qu'ils tiraient de ces contrées désolées, sous forme de butin de guerre, tout l'argent qu'elles pouvaient fournir, tandis qu'ils laissaient leurs soldats y vivre à discrétion comme en terre ennemie, les commandants militaires s'étaient arrogé le droit de sévir cruellement contre quiconque ne supportait pas assez patiemment la domination française. La désaffection envers le gouvernement du roi était taxée d'infidélité, et les actes de défense personnelle punis comme des crimes de haute trahison. Un gentilhomme lorrain avait-il eu l'imprudence de quitter son château? les moindres agents de Richelieu, en l'accusant, à tort ou à raison, d'avoir été rejoindre les drapeaux de Charles IV, n'avaient jamais manqué de demander et le plus souvent d'obtenir à leur profit la confiscation de ses biens[1]. Un village s'était-il, faute d'armes, laissé enlever ses grains par quelques maraudeurs? il avait été mis à feu et à sang pour sa connivence évidente avec

---

[1]. Voir la correspondance des agents français en Lorraine de 1635 à 1643, aux archives des affaires étrangères.

les partisans de Charles IV. Un autre s'était-il armé pour repousser les coureurs de tous les partis? il n'en avait pas moins été saccagé sous prétexte qu'il préparait la révolte[1]. Rien n'avait, dans ces commencements, égalé les injustices et les cruautés de l'armée française, sinon les déprédations des Allemands, lorsqu'à la suite de quelque succès momentané, ils avaient à leur tour pénétré pour un instant dans les États de leur allié, le duc de Lorraine. Nous avons décrit ailleurs les scènes de dévastations et de meurtres qui avaient en quelques campagnes rendu presque désert ce petit coin de terre naguère si florissant et devenu tout à coup, pour son malheur, le théâtre d'une lutte furieuse entre des puissances à qui son sort n'importait guère. Peut-être nos lecteurs n'ont-ils pas entièrement oublié le sort de Saint-Nicolas, de cette petite ville commerçante et inoffensive, située à trois lieues de Nancy, qui, sans provocation ni combat, et par le seul appât que ses richesses avaient offert à la rapacité du soldat, fut quatre fois en vingt-quatre heures successivement pillée par les Français et par les Allemands, par les Croates et par les Suédois.

Mais ces horreurs, fruits sanglants d'une guerre de nationalité, avaient graduellement diminué lorsque la Lorraine avait été, pour son propre compte, mise

[1] Voir la correspondance des agents français en Lorraine de 1635 à 1643, aux archives des affaires étrangères.

hors de lutte. Les défaites répétées de Charles IV, les succès croissants de la France contre l'Empire ayant reporté de l'autre côté du Rhin tout l'effort des Français et des Impériaux, la Lorraine avait pu respirer un peu. Si elle était restée, pour les corps dirigés vers la frontière de l'Est, un lieu de passage continuel ; si elle avait dû chaque année leur fournir à ses dépens des quartiers d'hiver ruineux et des approvisionnements rarement payés, ces lourdes charges avaient du moins cessé d'être imposées l'épée à la main, par d'insolents soldats. Un système d'oppression régulière et d'exploitation méthodique remplaça peu à peu les exactions locales et les brutalités individuelles. Le joug plus fortement établi pesa chaque jour d'une façon moins inégale et par conséquent aussi moins douloureuse sur chaque ville, sur chaque commune rurale, sur chaque individu. Chose singulière, les événements les plus contraires à la fortune de leur prince étaient précisément ceux qui devaient adoucir quelque peu la condition de ses anciens sujets. La paix conclue à Munster avec l'Empire, en enlevant à Charles IV ses dernières chances, procura un premier soulagement à la Lorraine. Mazarin était trop bon politique pour traiter sans ménagement une province qu'il espérait rendre bientôt française. A partir de la signature du traité de Westphalie, les procédés des agents de l'occupation avaient donc cessé d'être aussi complétement tyranniques et violents. Une ère nouvelle s'ouvrit plus fatale peut-être à l'indépendance de la Lorraine, mais à coup sûr moins préjudiciable aux intérêts de ses habitants.

L'organisation d'une justice régulière était alors l'un des principaux besoins du pays, depuis longtemps en proie à plusieurs juridictions, non-seulement différentes, mais ennemies les unes des autres. Pendant la durée de la guerre dont la Lorraine avait été le théâtre, les gentilshommes qui tenaient le parti de Charles IV avaient rétabli dans les lieux de leur domination les droits de leur ancienne magistrature féodale. De son côté la cour suprême, jadis instituée par le duc de Lorraine, lorsqu'il avait aboli le tribunal des Assises, n'avait point cessé, alors même qu'elle avait dû se refugier en pays étranger, de rendre, au nom du prince légitime, des arrêts que celui-ci affectait de considérer comme obligatoires pour ses anciens sujets, et dont ses troupes, sitôt qu'elles étaient maîtresses quelque part en Lorraine, ne manquaient pas de venger cruellement le mépris. Enfin le conseil souverain établi par Richelieu après la prise de Nancy, et plus tard le parlement de Metz, au sein duquel il avait été absorbé, avaient journellement décrété, au nom du roi de France, une foule d'édits auxquels les troupes françaises, presque toujours présentes et toujours redoutées, avaient ordre de prêter soigneusement main-forte[1]. C'est à tout ce désordre qu'avait mis fin l'établissement par toute l'étendue de la Lorraine d'un certain nombre de bailliages royaux. L'autorité de ces juridictions nouvelles avait été d'autant plus vite reconnue et d'autant mieux obéie que le parlement de Metz n'avait guère tardé à entrer en lutte ouverte avec le commandant de la province, le maréchal de La Ferté[2]. Le droit d'occuper les siéges inférieurs de ces modestes tribunaux fut même accordé à quelques légistes lorrains, qui tinrent à très-grand honneur d'être ainsi associés au corps fameux et respecté de la magistrature française. Peu à peu les fonctionnaires civils, dont quelques-uns appartenaient au pays lui-même, avaient été appelés à exercer une portion du pouvoir graduellement enlevé aux militaires. Par eux, les doléances des populations avaient pu parvenir jusqu'à Paris, et les ministres du roi de France les avaient parfois prises en considération. Le maréchal de La Ferté, qui était un homme de guerre très-expérimenté, n'était pas d'ailleurs pour son temps un administrateur malhabile. Il avait débuté par la

1. La *Vie manuscrite de Charles IV*, par le père Hugo. — D. Calmet. — *Dissertation manuscrite* sur les juridictions anciennement établies en la ville de Saint-Mihiel, par feu M. Marchand, avocat à Saint-Mihiel. — Cette Dissertation est en la possession de M. Salmon, conseiller à la Cour impériale de Metz, qui a bien voulu la communiquer à l'auteur.
2. Voir l'*Histoire du parlement de Metz*, par M. E. Michel, conseiller à la Cour royale de Metz. Lechenes. Paris, 1845.

rudesse ; mais, résidant habituellement dans son gouvernement, il s'était pris à la longue de compassion pour les misères dont le spectacle frappait ses yeux. Il était intéressé, mais rigide ; il ne souffrait point chez les subalternes les exactions qu'il se permettait à lui-même. Sa ferme attitude et sa prudente conduite maintinrent, pendant les troubles de la Fronde, la Lorraine dans un état relativement tranquille et presque tolérable. Les gens du parlement de Metz ne songèrent pas à prendre parti pour leurs collègues de Paris. Il n'y eut point à cette époque de velléités d'insurrection populaire à Nancy ni dans aucune des principales villes du duché. Tandis que le pouvoir royal avait grande peine à soumettre la Guyenne et à pacifier la Normandie, ces vieux fleurons de la couronne de France, il ne paraît pas qu'il ait eu occasion de redouter la révolte au sein d'une contrée si récemment acquise. Charles IV lui-même avait paru compter si peu sur la possibilité de soulever en ce moment la Lorraine, qu'au printemps de 1652, pendant sa marche offensive sur Paris, et plus tard, lors de sa retraite en Flandre avec Condé ; il n'avait point songé à faire appel au dévouement désormais impuissant de ses peuples.

Depuis 1648, ce dévouement n'avait plus, en effet, trouvé à s'employer activement que dans les rangs de la petite mais fidèle armée que le duc de

Lorraine n'avait jamais cessé de conduire partout à sa suite. C'était là que s'étaient rendus tous les plus déterminés partisans de l'indépendance nationale. Quel n'avait pas été le désespoir de ces braves gens, lorsqu'en 1654 ils avaient vu leur maître traîtreusement arrêté par ses alliés les Espagnols? Que d'embarras pour discerner et suivre, en ce moment, la vraie ligne du devoir! Quelles n'avaient pas été leurs angoisses quand il leur avait fallu choisir entre les sollicitations opposées de la femme et du frère de Charles IV! Quelles craintes de se méprendre sur la volonté du souverain captif qui ne leur arrivait plus que par voie détournée, en des termes confus et, à dessein même, contradictoires. Plus d'un loyal Lorrain demeuré dans son pays partagea alors les cruelles hésitations des lieutenants de Charles IV, et pendant quelques mois ne sut, entre la France et l'Espagne, quel parti prendre et pour quelle cause former des vœux. Mais à peine le duc François et les chefs de l'armée nationale furent-ils passés de Flandres en Artois et entrés au service de Louis XIV, qu'aux yeux des habitants des deux duchés l'occupation française changea complétement d'aspect.

De 1654 à 1659, les sentiments de la population lorraine à l'égard des Français se transformèrent de la même façon que l'esprit des troupes de Charles IV. Jusqu'alors, les officiers et les soldats du duc de Lorraine avaient traité les Français en ennemis détestés. Réunis maintenant dans un même camp avec les nôtres, marchant d'un commun effort avec eux contre les Espagnols dont leur maître avait tant à se plaindre, ils s'étaient vite pris d'autant de haine pour leurs anciens alliés que de goût pour leurs nouveaux frères d'armes. La facilité française les charmait autant que la morgue espagnole les avait naguère blessés. Dans les rangs inférieurs c'était, de soldat à soldat, un continuel assaut de bravoure, de bonne humeur et de franche camaraderie. Dans les grades élevés, parmi les officiers, c'était une rivalité de bon goût à qui mériterait le mieux les éloges d'un chef comme M. de Turenne. Tous se louaient d'avoir enfin pour témoins et pour juges de leurs hauts faits des émules qui ne devenaient jamais des envieux. Grâce à la familiarité d'une vie toute militaire, la noblesse des deux camps, déjà rapprochée par la langue et par les mœurs, par tant de goûts et par tant de semblables habitudes, s'était liée étroitement. Les plus élégants des seigneurs lorrains, à qui leur fortune permettait d'aller passer leurs hivers à Paris, étaient revenus chaque année plus enchantés de la société raffinée et brillante à laquelle ils s'étaient un instant mêlés et qui leur avait fait un si courtois accueil. Les ambitieux avaient promptement compris qu'il y avait grand profit à servir une nation si peu exclusive, où le mérite, même étranger, parvenait facilement à tout.

Telle avait été en peu d'années l'action puissante de ces causes de rapprochement qu'en 1659, au moment de la signature du traité des Pyrénées, si l'on excepté les chefs principaux de l'armée lorraine, restés par tradition de famille et par honneur militaire invariablement attachés à la dynastie légitime, l'ancienne armée des compagnons de Charles IV était devenue pour ainsi dire presque aussi française que lorraine.

Un changement analogue s'était en même temps opéré dans les sentiments de la population des deux duchés. Du jour où la France avait paru prendre en main la cause de Charles IV contre les Espagnols, les habitants des villes et des campagnes, acceptant les autorités françaises comme les délégués naturels de leur prince, s'étaient rangés non pas seulement avec docilité mais presque avec joie sous leur tutelle. Affranchis de leurs précédents scrupules, et las de se tenir à l'écart, presque tous les titulaires des anciens offices s'étaient mis à solliciter à l'envi les uns des autres, dans la présente administration française, les mêmes places qui leur avaient été jusqu'alors vainement offertes. Devenus les instruments des ministres français, qui de Paris gouvernaient la Lorraine sous le nom du duc François et de la duchesse Nicole, ils avaient senti avec satisfaction leur importance s'augmenter aux yeux des populations par ces rapports journaliers avec un gouvernement qui savait communiquer à ses agents tant de puissance et d'autorité. Seuls, et retirés dans leurs manoirs féodaux, que pour plus de sûreté Richelieu avait jadis fait en partie démanteler, quelques gentilshommes du pays n'avaient envisagé qu'avec méfiance la nouvelle attitude du cabinet français, gardant à leur souverain captif une méritoire mais inutile fidélité.

Ainsi la Lorraine, violemment conquise par Louis XIII, rudement opprimée sous le ministère de Richelieu, plus ménagée par Mazarin, avait été, si l'on ne tient compte de la petite paix de 1641, possédée en fait par la France pendant environ trente années. Depuis l'arrestation de Charles IV par les Espagnols, elle avait été administrée de Paris avec un droit apparent et une douceur incontestable. La prudence la plus vulgaire commandait au duc de Lorraine d'avoir en grande considération ce qui s'était passé pendant une si longue occupation, et de traiter avec toutes sortes d'égards ses anciens sujets. Jamais leur attachement pour la dynastie nationale n'avait été douteuse, cependant les plus âgés, après l'avoir défendu tant qu'ils avaient pu, avaient dû, de guerre lasse, se soumettre à la domination étrangère, et les plus jeunes connaissaient à peine le souverain qui leur était tout à coup rendu. Une foule d'intérêts nouveaux avaient surgi pendant cette absence prolongée, et méritaient d'être respectés par Charles IV. La justice et le bon sens voulaient qu'à son retour il se montrât reconnaissant pour les services jadis rendus par de vieux et zélés serviteurs, et qu'il apparût, en même temps, aux yeux de tous comme un maître facile et indulgent. La politique lui conseillait de présenter sa réintégration dans ses États comme le point de départ d'une ère de légalité et d'indépendance. Il avait tout à gagner à raviver chez ses anciens sujets l'amour pour leurs coutumes particulières, à remettre en honneur et à pratiquer sincèrement les institutions nationales qui, pendant les règnes de ses prédécesseurs, sous Charles III et sous Henri II, avaient jadis fait de la Lorraine, au milieu des agitations de l'Europe entière, une contrée si libre et en même temps si réglée. A défaut de la générosité, la prudence lui prescrivait de rendre à son duché une forme de gouvernement qui le distinguât plus que jamais du grand pays avec lequel il venait d'être pendant longtemps confondu. Mais des vues si hautes et si désintéressées, rares en tout temps et chez tous les souverains, n'étaient pas en vogue après la Fronde, ni à l'usage du duc de Lorraine. Frappé surtout de la facilité avec laquelle Louis XIV, après avoir brisé toutes les résistances, disposait alors de l'obéissance et du dévouement des Français, Charles IV s'était follement persuadé qu'il n'avait rien de mieux à faire que de suivre un pareil exemple.

A la surprise générale, les premières sévérités du

duc tombèrent d'abord sur des personnes qui pouvaient à bon droit être comptées, nous ne dirons pas seulement parmi ses plus dévoués serviteurs, mais parmi ses plus dociles créatures. Jadis institués pour remplacer le tribunal des Assises, les membres de la cour souveraine de Nancy avaient partout suivi assidument Charles IV lorsqu'il avait été expulsé de ses États. Ils avaient validé son mariage avec Béatrix de Cantecroix, poussant la complaisance jusqu'à condamner à mort un pauvre misérable qui avait eu le tort de traiter trop légèrement cette union de leur maître; puis ils s'étaient, sur un ordre venu de Tolède, rangés de nouveau sous l'obéissance de la duchesse Nicole, proclamée régente à Paris. Il n'était pas un acte de la vie publique ou privée de leur souverain, libre ou captif, qui n'eût rencontré leur facile assentiment, et reçu, quand il l'avait exigé, la consécration de leurs arrêts. Un zèle si ardent qui, pendant la durée de l'occupation française, avait été puni par l'entière confiscation de leurs biens, ne suffit pas à procurer à ces magistrats les bonnes grâces du duc de Lorraine. Entre son départ de Saint-Jean-de-Luz et son arrivée à Paris, sur des rapports mal fondés, il n'avait pas hésité à se plaindre publiquement des conseillers de sa cour. Il avait même ordonné la mise aux arrêts de leur président, le sieur de Gondrecourt, pour crime avéré, disait-il, contre sa personne et contre l'État. Mais bientôt il avait dû reconnaître hautement l'injustice de ses soupçons. Ce n'était pas d'ailleurs la seule équité qui l'avait porté à proclamer l'innocence du sieur de Gondrecourt, et à rendre sa confiance aux membres de sa cour souveraine. Il y était contraint par son intérêt, car il avait maintenant besoin d'opposer leur bonne volonté aux justes griefs d'une autre portion de ses sujets.

Ces nouveaux mécontents étaient tous les premiers gentilshommes de sa noblesse. Là, plus que partout ailleurs, Charles IV avait trouvé de loyaux et infatigables partisans. Rien n'avait, pendant les temps d'épreuves, rebuté leur ardeur. Ils s'étaient pressés en masse dans le camp de leur maître aussi longtemps qu'il avait pu garder un pouce de terrain en Lorraine; ils avaient livré avec lui les plus terribles combats pour repousser l'invasion étrangère. Plus tard, lorsque le duc avait dû se mettre au service de l'Empire, puis de l'Espagne, les uns s'étaient jetés dans ses régiments, les autres laissés à eux-mêmes avaient prolongé contre les Français, devenus maîtres de tout le pays, une guerre acharnée de surprises et d'embuscades qui leur avait valu la ruine de leurs châteaux, la confiscation de leurs biens, l'emprisonnement et l'exil. Mais ni la misère, ni l'emprisonnement, ni l'exil, n'avaient eu raison de leur dévouement. Ils avaient été les premiers à prendre les armes; ils furent les derniers à les déposer et les derniers à reconnaître la domination française.

Quelques-uns n'avaient remis les pieds en Lorraine qu'à la suite de leur souverain. C'étaient, pour la plupart, les mêmes seigneurs qui, à la petite paix de 1641, avaient modérément mais fermement réclamé le rétablissement des assises et la convocation des États, les mêmes aussi qui, au premier bruit de la rupture imminente avec la France, avaient alors abandonné cette poursuite, et s'étaient de nouveau rangés autour de leur prince menacé par Richelieu. Maintenant que Charles rentrait dans l'héritage de ses ancêtres, demeurés aussi dévoués et aussi indépendants que par le passé, ils avaient résolu de revendiquer les droits qu'ils tenaient eux-mêmes de leurs pères et qu'ils prétendaient leur être acquis, avant qu'il y eût jamais eu de duc de Lorraine. Et comme l'usage voulait, qu'à son avénement, chaque duc en jurât le maintien sur les Évangiles, entre les mains de la noblesse, le moment leur parut opportun pour exiger de Charles IV le renouvellement d'un pareil serment [1].

Une assemblée de la noblesse fut donc convoquée à Liverdun, petite ville du temporel de l'évêque de Toul, située sur les bords de la Moselle, à trois lieues

---

1. « Ils tiennent que leurs priviléges leur étoient acquis avant même qu'il y eût jamais eu de duc de Lorraine. Ils ajoutent que ce sont eux qui les ont créés sous la condition de les y maintenir; et ils observent même toujours cette ancienne coutume à l'avénement de chaque nouveau duc de le faire jurer entre les mains de la noblesse et sur les Évangiles, qu'il n'y contreviendra pas. » *Mémoires du marquis de Beauvau,* livre IV, page 185.

de Nancy. Quelles résolutions furent prises dans cette réunion ? Quels furent les chefs du mouvement ? De quels moyens d'action disposaient-ils ? c'est ce qu'il est assez difficile de démêler aujourd'hui ; car les historiens des ducs de Lorraine, comme les écrivains français qui ont plus tard raconté les mêmes événements, s'entendent parfaitement pour ne parler qu'à peine de ces tentatives d'indépendance. Tous jettent, à l'envi les uns des autres, un voile épais sur les derniers et importuns tressaillements de la liberté lorraine expirante. Nous savons seulement que plus hardis cette fois qu'en 1644, lorsqu'ils avaient pris la précaution de signer tous leurs noms en rond, au bas de leur requête, afin de ne désigner particulièrement aucun d'entre eux à la malveillance du duc [1], les gentilshommes réunis à Liverdun choisirent un certain nombre de syndics et de promoteurs spécialement chargés d'agir dans l'intérêt du corps entier [2]. Quelques seigneurs du pays tinrent à honneur d'accepter à leurs risques et périls un si glorieux mandat. A peine en étaient-ils investis que Charles IV, abandonnant à la hâte Paris et les plaisirs de la cour de France, était arrivé à Bar (mars 1661), afin de réprimer brusquement par sa présence un mouvement qu'il jugeait dangereux pour son autorité. Ayant installé deux chambres de parlement, l'une à Saint=

1. Voir le second volume, page 138.
2. Dom Calmet, tome VI, page 502.

Mihiel et l'autre à Saint-Nicolas, il leur donna pour mission d'instruire aussitôt le procès des gentilshommes assemblés à Liverdun. M. de Cléron-Saffres, l'un des principaux promoteurs, fut condamné à sortir de Lorraine avec sa famille, dans un délai de huit jours, et à vendre avant trois mois tous les biens qu'il y possédait, sous peine de confiscation [1]. M. de Ludre et quelques-uns des plus suspects reçurent des gardes, ou des gens de guerre dans leur maison pour y vivre à discrétion, « et y manger leurs poules », dit le marquis de Beauvau [2]. D'autres appréhendant

---

1. Dom Calmet, tome VI, page 502; marquis de Beauvau, page 186; *Vie manuscrite de Charles V*, par le père Hugo.

2. *Mémoires du marquis de Beauvau*, page 186. — Les maisons de Ludre et de Cleron Saffres subsistent toujours, et possèdent encore des biens en Lorraine.

La maison de Ludre passe pour descendre d'une branche cadette de la famille des premiers ducs souverains de Bourgogne, par Ferry de Frolois ou Frollois, ou Frolers de Ludre (suivant les temps). Cette famille s'est établie en Lorraine dans le XIIIe siècle, et y a rempli, jusqu'au moment de la réunion à la France, les plus considérables emplois. — On raconte qu'en 1757, le procureur général de la cour des comptes de Lorraine, chargé d'enregistrer les preuves généalogiques d'un comte de Ludre, premier gentilhomme de la chambre de François Ier, et l'un des témoins de son mariage avec l'impératrice Marie-Thérèse d'Autriche, s'effraya tant *des droits* qui pouvaient en résulter sur les possessions du roi de France, qu'en concluant à la validation desdites preuves, il jugea prudent de faire insérer dans l'arrêt d'enregistrement: *sauf les droits du roi et d'autrui*. — Voir sur cette maison: la Translation de la substitution du marquisat de Bayon, en faveur de la famille de Ludre, — les Histoires particulières de Bourgogne et de Lorraine, — Nobiliaire des hérauts d'armes, — Supplément de la Biographie universelle.

La maison de Cleron Saffres est originaire de Franche-Comté. Une de ses branches s'est établie au XIIIe siècle en Lorraine. La dernière

un pareil traitement, ou craignant d'être bannis de la Lorraine s'absentèrent « en attendant que l'orage fût passé [1]. »

Il était singulier de voir le duc de Lorraine récompenser ainsi les anciens services des premiers gentilshommes de son pays, exilant les uns, livrant les autres à la merci de ses soldats, et se conduisant envers tous, comme avait fait Richelieu aux temps les plus fâcheux de l'invasion française. Mais ces rigueurs n'abattirent en rien le courage de gens qui avaient confiance dans la justice de leur cause. Ils s'assemblèrent de nouveau, et, de nouveau, il se trouva des gentilshommes prêts à affronter les colères de Charles IV. M. de Tornielle, comte de Brionne, se rendit à Bar, chargé par ses compagnons de présenter au duc une requête dont les termes ne témoignaient ni crainte ni soumission [2]. Les chevaliers des Assises représentaient hardiment « que leurs

---

héritière de la famille d'Haussonville (éteinte) ayant apporté la baronnie de ce nom à un M. de Cleron Saffres, cette baronnie fut érigée plus tard en comté, en faveur de M. de Cleron Saffres d'Haussonville, grand maître de l'artillerie de Lorraine — Voir les histoires particulières de Bourgogne et de Lorraine, — les Statuts de l'ordre de Saint-Georges en Franche-Comté, — et la Généalogie de cette famille dans Chifflet. *Genus illustre santi Bernardi assertum.*

1. *Mémoires du marquis de Beauvau.*
2. La maison des Tornielle, comtes de Brionne, originaire du Milanais (Tornielli) est éteinte. Son nom et ses biens sont passés dans la famille de Lambertye, également ancienne et considérable, mais originaire de Périgord, par suite du testament du dernier comte de Tornielle, en faveur de son neveu Camille Lambertye; mai 1737. Voir Ancienne chevalerie de Lorraine, par Cayon. Nancy, 1850.

droits étoient plus anciens que la souveraineté en Lorraine; leurs ayeux les avoient conservés en se donnant des princes; ils les avoient transmis à leurs successeurs; Son Altesse n'étoit montée sur le trône qu'après avoir promis et juré de maintenir les priviléges de la noblesse; à cette condition seule la noblesse lui avoit, à son tour, prêté serment de fidélité, et ces engagements étoient réciproques[1]. » Charles se montra surpris et blessé d'entendre en face de si hautaines déclarations. Il s'emporta violemment contre les signataires de la requête; et, refusant d'y répondre, il envoya le soir même Mitry, enseigne de ses gardes, au comte de Brionne, comme au chef de la bande pour lui ordonner, et à tous ceux qui l'avaient accompagné, de sortir immédiatement de la ville. Ce commandement arriva aux députés de la noblesse pendant qu'ils étaient ensemble à dîner. Ils obéirent sur-le-champ. La nouvelle de leur départ s'étant vite répandue, les gentilshommes qui demeuraient à Bar, et tous ceux qui étaient venus saluer le duc à son arrivée, voulurent partager le sort des disgraciés. Ils quittèrent la ville en même temps qu'eux. Charles demeura ainsi sans noblesse et sans autre suite que celle de ses domestiques ordinaires[2]. Mais sa volonté de gouverner avec une autorité

---

1. *Mémoires du marquis de Beauvau.* — Dom Calmet, t. VI, p. 503.
2. *Mémoires du marquis de Beauvau.* — *Vie manuscrite de Charles IV*, par le père Hugo. — D. Calmet.

absolue était inébranlable. Malgré l'ennui de cette désertion, il ne voulut pas souffrir qu'on lui proposât de convoquer les États, sans lesquels les souverains, ses prédécesseurs, n'avaient jamais autrefois établi aucun règlement ni levé aucun denier. « De sorte que c'étoit un crime dans son esprit, » ajoute le marquis de Beauvau, « d'oser lui parler de faire revivre les anciennes coutumes du pays, et d'en représenter la nécessité, de quelques soumissions que ces remontrances fussent accompagnées[1]. »

Le temps choisi par Charles IV pour se brouiller avec la noblesse de ses États était précisément celui pendant lequel, donnant cours à son mauvais vouloir contre son neveu il faisait, à la cour de France, tous les efforts que nous avons racontés, afin de traverser sous main, à quelque prix que ce fût, les projets de mariage formés pour Charles de Lorraine. Il en était résulté un naturel rapprochement entre les gentilshommes qui luttaient pour la conservation de leurs priviléges, et le jeune prince lorrain, ses amis, ses partisans, et tous ceux, en si grand nombre, qui ne consentaient pas à voir, après la mort du duc, la couronne de Lorraine échoir à d'autres qu'au légitime successeur. Ainsi, tandis que les membres de la cour souveraine, dont quelques-uns étaient restés en intimes rapports avec Mme de Cantecroix, pas-

---

1. *Mémoires du marquis de Beauvau*, page 187.

saient, à tort ou à raison, pour n'être pas contraires aux secrets desseins de Charles IV en faveur de son fils naturel, le prince de Vaudemont, tout le parti des chevaliers des Assises était exclusivement favorable au prince Charles.

Au moment où se débattaient les conditions du mariage de ce prince avec Mlle de Nemours, on avait donc vu les comtes de Mauléon et de Raigecourt[1] arriver à Paris pour défendre en même temps, auprès de Charles IV, les intérêts de leur ordre et les droits de l'héritier présomptif de la Lorraine. Mais le duc n'avait pas voulu les écouter, ni leur permettre de le saluer en qualité de députés d'un corps qu'il disait ne reconnaître point en Lorraine. Ces gentilshommes s'étaient alors adressés au prince Charles; et lui avaient fait des offres de services dont celui-ci n'osa pas se prévaloir, craignant de compromettre encore davantage la paix de sa maison[2].

De quel côté inclinait alors la masse de la nation lorraine. Cela est assez difficile à deviner. Prenait-elle intérêt aux réclamations des grands seigneurs lorrains? Rien ne le prouve. Son indifférence n'était que trop naturelle si, comme on peut le conjecturer,

---

1. La maison de Raigecourt subsiste toujours, et quelques-uns de ses membres habitent encore Nancy. — Elle est originaire de Metz, très-ancienne, et n'a pas cessé d'occuper en Lorraine, jusqu'au moment de la réunion, les situations les plus importantes. — Voir l'*Histoire de la maison de Raigecourt*. Nancy, chez la veuve Ledru, 1777.

2. *Mémoires du marquis de Beauvau*, page 196.

d'après le peu d'informations qui nous sont parvenues sur cet épisode de l'histoire de Lorraine, la noblesse eut le tort d'insister beaucoup plus sur le rétablissement du tribunal des Assises que sur la convocation des États. Quoiqu'elle n'eût laissé aucun fâcheux souvenir, la juridiction féodale des chevaliers des Assises, telle qu'elle avait autrefois subsisté, n'était plus, en 1663, qu'une institution surannée, contraire aux tendances de l'époque, condamnée par les progrès de la société comme par ceux de la raison publique. La résurrection n'en pouvait que déplaire et blesser. Mais, faut-il en convenir, quand même la noblesse lorraine eût été, dans ce moment, assez généreuse pour confondre, de bonne grâce, ses intérêts particuliers dans ceux des autres classes de la nation, quand même elle eût eu l'habileté de réclamer, pour tout le monde comme pour elle-même, le rétablissement des franchises des trois ordres et le complet retour aux vieilles coutumes locales, il est douteux qu'elle eût réussi à échauffer beaucoup l'esprit public. L'habitude entre pour quelque chose dans l'amour de la liberté. Les populations qui ont pendant longtemps cessé de se gouverner elles-mêmes perdent malheureusement, avec la pratique de l'indépendance, la faculté d'en goûter encore les mâles et fières jouissances. Si l'occasion se présente de rentrer en possession de leurs droits, elles ne s'en soucient point ou ne sont plus capables d'un effort suffisant. Tant de maux avaient d'ailleurs accablé les Lorrains, qu'ils éprouvaient un immense besoin de repos. La lassitude les avait gagnés, et, comme les Français de leur temps, quoique par des causes différentes, ils étaient, en général, disposés à s'en remettre de leur sort à la seule volonté de leur souverain.

Charles n'avait donc pas tout à fait tort de compter, dans sa lutte contre les prétentions des seigneurs, sinon sur le concours empressé, au moins sur l'assentiment tacite, et, en tous cas, sur l'indifférence de la plus grande partie du peuple lorrain. Mais s'il lui était loisible de ne pas rétablir le tribunal des Assises et de faire bon marché des priviléges de la noblesse, s'il pouvait même, sans trop grande imprudence, refuser de convoquer les États et confisquer ainsi, au profit de son pouvoir, les franchises de ses sujets, c'était à la condition de respecter, de maintenir et au besoin de défendre, comme il avait fait jusqu'alors, leur nationalité. Pour régner en maître absolu sur la Lorraine, il eût suffi à Charles IV d'en vouloir demeurer le souverain indépendant; car le pays tenait plus alors à sa nationalité récemment reconquise qu'à ses vieilles franchises depuis longtemps tombées en désuétude. En signant le traité de Montmartre, par haine contre ses proches, en trafiquant pour une misérable somme d'argent des droits de sa couronne, Charles IV s'était aliéné le cœur des Lorrains, qui lui avaient pardonné tant de fautes, mais ressentaient profondément un si honteux abandon. Le parti des chevaliers gagna dans l'opinion publique tout ce que le duc venait de perdre. On leur sut gré d'avoir tenu tête à un maître si inconsidéré, et leur cause devint tout à coup aussi forte et aussi populaire qu'elle était naguère faible et délaissée.

Le prince Charles avait conscience de cette influence nouvellement acquise au parti des chevaliers lorsqu'à peine échappé de Paris, il se hâta de leur écrire pour remettre entièrement, ses intérêts entre leurs mains. Rappelant le rang élevé qu'ils avaient toujours tenu en Lorraine, les preuves signalées qu'ils avaient données de leur fidélité et de leur valeur pendant les dernières guerres, il les somma d'agir avec la même générosité dans une si malheureuse occasion ; et, les invitant à envoyer quelqu'un de leur compagnie pour faire leurs remontrances à Sa Majesté très-chrétienne et à Son Altesse, « il les assura, foi et parole de Prince, qu'en s'y comportant de la bonne sorte et de la façon qui convenoit à des personnes de leur condition, ils recevroient de sa part toutes les satisfactions qu'ils en pourroient souhaiter, et des marques éternelles de sa reconnoissance pour le plus grand et le plus important service qu'ils pussent jamais rendre à l'État [1]. »

1. Lettre de M. le prince Charles de Lorraine à MM. de l'ancienne chevalerie de Lorraine. (Voir aux pièces justificatives.)

L'influence des chevaliers des Assises sur l'esprit des populations lorraines devint à cette époque si évidente que Louis XIV s'fforça lui-même de les gagner à sa cause. Ce monarque, qui tenait sa noblesse dans une si absolue sujétion, ne craignit pas de faire des avances aux seigneurs de la Lorraine. Le marquis de Pradel, lieutenant général, gouverneur du roi à Nancy et commandant de la garnison des gardes-françaises, leur offrit, de la part de Sa Majesté, de s'assembler en corps à Pont-à-Mousson, ou, s'ils aimaient mieux, dans la capitale de la Lorraine, « afin d'y tenir leur justice et leurs Assises comme par le passé, à la condition que pour reconnoître sa protection ils leveroient le masque, et se déclareroient pour le service du roi de France[1]. » Colbert, intendant d'Alsace, passant à Nancy, « régala plusieurs gentilshommes du pays, et but, tête nue, à la santé du nouveau duc de Lorraine, entendant sous ce nom Louis XIV, et ensuite au corps de l'ancienne chevalerie lorraine, assurant ses convives de la conservation de tous leurs priviléges[2]. »

Les plus emportés parmi la noblesse étaient d'avis d'accepter les offres du roi de France ; mais le plus grand nombre s'y opposa et fit prévaloir une plus sage résolution. Le duc François fut prié de faire

---

1. *Mémoires du marquis de Beauvau.*
2. *Ibidem.* — D. Calmet, tome VI, page 504. — Lettre du président Labbé au père Donat, du 29 février 1663, citée par le père Hugo.

part à Charles IV « du déplaisir que donnoit aux gentilshommes de son duché le traité qu'il avoit passé avec le roi de France; nonobstant le mépris que le duc fesoit de leur fidélité, ils protestoient qu'ils ne laisseroient pas de conserver toujours une inviolable affection pour son service et pour celui de l'État. S'il lui plaisoit de leur permettre de s'assembler pour lui faire une députation là-dessus, ils tâcheroient de lui prouver combien, en la conjoncture présente, leurs sentiments étoient pleins d'amour et de sincérité pour sa personne et pour sa maison [1]. » Il était difficile de refuser une si juste requête si modestement présentée. Charles répondit qu'il n'avait pas entendu abolir les priviléges de la noblesse, mais seulement réformer quelques abus qui s'y étaient glissés [2]; et les gentilshommes des Assises reçurent permission de s'assembler à Jarville, petit village proche de Nancy. Un instant, il est vrai, la cour souveraine, qui parut agir en cela de concert avec le Duc, voulut rompre ces réunions. Cependant elles se succédèrent assez rapidement et sans trop d'obstacles de la part de Charles IV, tantôt dans un lieu, tantôt dans un autre. De Pont-à-Mousson, où ils se rendirent en sortant de Jarville, les chevaliers députèrent au duc de Lorraine, pour conférer sur les réformes à introduire dans les Assises, trois des prin-

---

1. *Mémoires du marquis de Beauvau*, page 230.
2. Dom Calmet, tome VI, page 509.

cipaux de la noblesse, MM. de Ludre, de Vianges et des Armoises, « qui étoient bien instruits de leurs affaires[1] » ; mais on ne reussit pas à s'entendre. Pendant la tenue de la diète de Ratisbonne, les chevaliers réunis une seconde fois à Pont-à-Mousson, le 7 février 1663, commirent avec leurs anciens députés MM. de Raigecourt, de Bouzey, de Gournay, Custine et Seraucourt, pour agir auprès du Duc et poursuivre, au nom de la noblesse, la restitution de ses droits et le rétablissement des Assises. Charles, qui était revenu dans ses États afin surtout d'apaiser le mécontentement des chevaliers [2], les reçut avec bonté à Mirecourt où il avait fixé sa résidence. Afin de leur donner un commencement de satisfaction, il nomma Prudhomme, Labbé et Mainbourg, ses conseillers d'État, pour entrer en conférences avec eux. Les chevaliers furent convoqués de nouveau au bourg de Saint-Nicolas, le 18 de mars 1663. M. Simon d'Igny, comte de Fontenoy, portant la parole au nom de ses collègues, soutint les prétentions de la noblesse en présentant les titres originaux dont les plus anciens remontaient à René Ier, en 1431, et les derniers avaient été ratifiés et signés de la main même de Charles IV, le 20 mai 1626[3]. Le marquis de Custine produisit les actes de juridic-

---

1. Dom Calmet, tome VI, page 506.
2. *Ibidem*.
3. Voir le premier volume de cette histoire, page 189.

tion officielle, dressés par les chevaliers dans tous les temps, et des copies authentiques de ces documents furent délivrées aux commissaires du duc de Lorraine. A la sortie des conférences, la plupart des gentilshommes allèrent eux-mêmes à Mirecourt saluer le Duc et faire valoir les réclamations de leur corps.

Charles IV ne les rebuta point, car il se proposait, en complaisant à ces messieurs, de provoquer de leur part quelque manifestation nationale qui pût aider aux efforts qu'il tentait alors du côté de l'Allemagne pour intéresser à sa cause les électeurs de l'Empire. Plusieurs fois déjà, depuis la signature du traité de Montmartre, Charles IV et son frère avaient écrit à quelques-uns des membres de la diète de Ratisbonne, afin de les persuader d'intervenir dans une affaire qui était de si grande conséquence pour l'Allemagne [1]. Les gentilshommes réunis à Saint-Nicolas se laissèrent facilement persuader d'envoyer eux-mêmes quelques députés en Allemagne. M. le comte de Ligneville, maréchal de camp, Le Moleur, chancelier de Lorraine, Raulin et Celly, conseillers d'État, quatre abbés, autant de gentilshommes et de

---

[1]. Lettre du duc François à M. l'électeur de Mayence, 29 mars 1662; — Lettre du duc Charles à M. l'électeur de Mayence, 1ᵉʳ octobre 1662; — Lettre du duc François à M. l'électeur de Mayence, 3 nov. 1662 (Archives des affaires étrangères). — Lettre du duc Charles à l'un des ecclésiastiques de l'Empire (*Vie manuscrite de Charles IV*, par Guillemin).

personnes du tiers-état, furent chargés de se rendre à la diète (3 mai 1663), pour agir, tant au nom du duc qu'au nom des trois ordres de l'État [1].

Fort de la généreuse assistance qu'il avait trouvée dans sa noblesse, confiant dans le secours qu'il espérait de ses voisins les princes d'Allemagne, mais irrité surtout par les récentes rigueurs de Louis XIV, qui venait de faire saisir à son profit les revenus de la Lorraine, Charles avait précédemment adressé au roi un long mémoire, qui sous forme d'apologie et de plainte, contenait de vifs et amers reproches. Les dernières lignes en étaient assez touchantes. « Il est

---

[1]. Dom Calmet, tome VI, page 534, ne nomme que M. de Ligneville parmi les chevaliers; mais d'après une dépêche adressée par M. de Lyonne à M. de Bernbourg, ministre de la France à Ratisbonne (11 août 1663), cette députation aurait été composée, outre le chancelier du duc, et son secrétaire d'État, de quatre abbés, d'autant de gentilshommes, et de personnes du tiers-état. Nous croyons que M. de Lyonne était, comme à son ordinaire, bien informé. Dom Calmet, et les biographes de Charles IV, qui ont raconté plus tard ces mêmes événements, ne font mention ni des quatre gentilshommes, ni des abbés ni des personnes du tiers-état, parce qu'au moment où parurent leurs ouvrages, sous le règne du duc Léopold, c'était un mot d'ordre généralement donné, et fort ponctuellement obéi, de ne parler qu'aussi peu que possible de tout ce qui regardait les anciennes institutions et les vieilles franchises du duché. Ce silence systématique cause de grands embarras à l'historien qui voudrait rendre un compte exact du mouvement d'opinion qui agita vivement les Lorrains lorsque Charles s'efforça de supprimer les derniers vestiges de leurs libertés locales. — Nous avons mis un soin extrême à réunir les traits épars qui, empruntés aux pièces du temps, pouvaient nous mettre le plus sûrement sur la trace de la vérité; mais comme en pareille matière le pis serait de rien avancer qui ne fût fondé sur des preuves solides, nos lecteurs voudront bien avoir la bonté de nous excuser si cette portion de notre récit est malheureusement un peu vague et trop incomplète.

impossible, » disait en terminant Charles IV, « qu'un si grand et si puissant roi veuille pousser à bout, et, à la vue de la chrétienneté, dépouiller un prince de l'héritage que ses devanciers lui ont laissé. Votre Majesté ne souffrira pas sans doute qu'on puisse dire, dans son histoire, que sa jeunesse victorieuse ait voulu ajouter à ses triomphes la ruine et l'atterrement d'un vieillard usé par les travaux de la guerre, et par les ennuis d'une longue captivité..... Elle se contentera de cette satisfaction que je lui fais, et qui est toute celle que je puis lui faire, pour me laisser finir en repos, ou en l'honneur de son service, le peu de jours qui me restent à vivre, et à ma maison le peu de bien de nos ancêtres [1]. »

Nous avons regret à dire qu'au moment où il adressait à l'opinion publique un appel qui n'était pas sans force et sans dignité, Charles n'était de bonne foi ni avec Louis XIV ni avec son propre peuple. Il continuait à tenir une conduite des plus ambiguës. Il était plus que jamais en proie à cette inconcevable versatilité qui avait déjà perdu sa jeunesse, qui avait été si fatale à son âge mûr, et dont sa vieillesse ne se pouvait corriger. A peine est-il possible de comprendre quelque chose à ses véritables desseins, tant sont contradictoires les documents

---

[1]. Lettre de Charles IV au roi de France, citée par Dom Calmet comme extraite des manuscrits de M. Paulin. — Dom Calmet, tome VI, page 53.

qui concernent cette époque de sa vie. A la fin de
1662, au moment où il ralliait autour de lui les seigneurs de l'ancienne chevalerie, en leur promettant
de défendre intrépidement avec eux la nationalité
lorraine menacée par le roi de France, nous le
voyons profiter de la présence en Lorraine de M. de
Beauvilliers, l'un des seigneurs de la cour de
Louis XIV, pour faire assurer Sa Majesté qu'il est
toujours ferme dans l'intention d'exécuter le traité
de Vincennes; « et la preuve, » disait-il, « qu'il étoit
bien résolu de remettre Marsal aux mains du roi,
c'est qu'il en avoit donné le commandement à
M. d'Haraucourt, dont il avoit à se plaindre, n'ayant
voulu lui confier qu'une place dont il alloit être
obligé de sortir au premier jour.[1] » Cependant,
Louis XIV insistant de plus en plus pour que cette
place lui soit immédiatement livrée, Charles se débat
tant qu'il peut pour résister à cette impérieuse exigence. Il entre en négociation avec son neveu le
prince Charles, qui s'est réfugié à Vienne. Nous
trouvons aux archives secrètes de Cour et d'État à
Vienne, une pièce qui est une espèce de pacte de
famille conclu, sous les auspices de l'Empereur, entre
l'héritier légitime de la couronne de Lorraine, et le fils
naturel de Charles IV. Par un acte authentique, en
date du 24 juillet 1663 et daté de Mirecourt, le duc se

1. Lettre adressée de Lorraine, par M. de Beauvilliers à M. de
Lyonne. — Archives des affaires étrangères.

met avec toute sa maison sous la protection de l'Empereur. Il déclare en même temps : « reconnoître le prince Charles, son neveu, pour l'unique héritier de ses États, à la condition toutefois que venant faute du prince Charles, son neveu, le prince de Vaudemont, son fils, lui succède, et réciproquement, remettant le tout entre les mains de Sa Majesté Impériale pour en ordonner comme il lui plaira, protestant de lui obéir avec les dernières ponctualités et respect [1] ».

La protection de l'Empereur ne pouvait être à cette époque d'un grand secours à Charles IV. Les Turcs venaient d'envahir la Transylvanie et une partie de la Hongrie. Le chef de la maison de Hapsbourg avait fort à faire pour défendre contre eux ses États héréditaires. Louis XIV qui, avec une habileté diplomatique fort peu gênée par ses sentiments de fils aîné de l'Église, avait poussé contre l'Allemagne ces redoutables ennemis du nom chrétien, pensa que le moment était venu de contraindre à force ouverte Charles IV à lui remettre enfin la place forte de Marsal, la seule qui restât à ce Prince dans toute la Lorraine. Il était pour le moment disposé à n'insister pas trop sur la complète exécution du traité de Montmartre, qui avait été une occasion de scan-

---

[1]. Disposition de feu Son Altesse sérénissime Charles, ou plutôt compromis entre les mains de l'Empereur pour ledit acte. (Archives secrètes de Cour et d'État, à Vienne.) Voir aux Pièces justificatives.

dale pour toute l'Europe. Il savait parfaitement que Nancy démoli, et Marsal occupé, maintenant que Bitche et La Mothe étaient détruits, les ducs de Lorraine n'avaient plus une seule position où tenir contre l'invasion étrangère, et que l'occupation de leur pays serait désormais pour les armées françaises, l'affaire d'une simple marche en avant. Cela suffisait à la politique actuelle de Louis XIV. M. de Pradel, gouverneur de Nancy, le comte de Guiche, récemment envoyé en Lorraine dans un semi-exil, par suite de la jalousie de Monsieur, et M. de la Ferté, qui déjà avait si souvent et si bien fait la guerre dans le pays, reçurent ordre de tout préparer pour cette expédition.

Une dépêche de M. de Lyonne au ministre de France à la diète de Ratisbonne servit à la fois d'explication et de programme à la campagne militaire que Louis XIV allait pour la première fois conduire en personne. « Vous serez surpris d'apprendre que le roi part pour aller en Lorraine, mandait M. de Lyonne, mais il y avoit longtemps que tout autre prince, qui auroit eu moins de bonté que le jeune monarque de France pour le duc de Lorraine, n'auroit pas toléré l'indignité des amusements par lesquels on avoit tant différé de lui remettre Marsal. Il alloit donc se faire livrer cette place ou la prendre de vive force..... Un autre motif de cette expédition du roi étoit de pouvoir dégager ses troupes de

Lorraine afin de s'en servir, s'il en étoit besoin, contre le pape, qui étoit plus que jamais opiniâtre à ne le point satisfaire. Enfin Sa Majesté craignoit que la députation des États de Lorraine qui avoit été envoyée à Ratisbonne ne réussît à engager l'Empire contre la France, ce qui étoit fort à redouter au cas que l'empereur s'accommodât avec le Turc, comme il y avoit toute apparence, vu que l'on savoit que la cour de Vienne offroit tous les jours la carte blanche à ces ennemis du nom chrétien..... Peut-être », ajoutait M. de Lyonne, « les ennemis de Sa Majesté déclameront-ils contre cette résolution, insinuant même artificieusement qu'il l'a prise dans une conjoncture où l'Empereur se trouve embarrassé par l'approche des armes ottomanes. Sa Majesté avouoit que cette considération lui avoit même fait quelque peine; mais », continuait M. de Lyonne, « il sera facile au ministre près la diète de détruire ces calomnies et faire valoir cette patience de 18 mois que le roi avoit eue pour terminer cette affaire..... Que, si on disoit que Sa Majesté la pouvoit terminer sans aller de sa personne sur les lieux, et si l'on vouloit gloser sur cette circonstance, comme si elle avoit dessein de donner de l'ombrage à l'Empereur et le rendre moins capable de résister aux invasions dont il étoit menacé, la suite feroit voir qu'il étoit loin d'une semblable pensée. Mais, en outre, Sa Majesté étoit d'une humeur à ne pas laisser faire par d'autres ce qu'elle pouvoit faire par elle-même, et, de son règne, il ne se verra guère qu'ayant à faire agir ses armées, il en laisse la gloire à ses lieutenants ; non qu'elle soit fort grande en cette occasion, mais il est bon de s'instruire par les petites choses à être capable des grandes [1]. »

Louis XIV partit en effet de Paris le 25 août ; il coucha le même soir à Châlons et fut bientôt rendu à Metz. Presque toute la noblesse de France l'accompagnait [2]. Pendant la route, il expédia le marquis de Gesvres au duc de Lorraine. Le marquis était chargé de dire en peu de mots à Charles IV, que le roi vouloit Marsal ; qu'il pouvait là-dessus prendre son parti et voir s'il aimait mieux lui rendre cette place de gré ou de force ; « s'il vouloit prendre le parti de l'amitié, il pouvoit attendre de Sa Majesté toutes sortes de bons traitements ; mais s'il vouloit se défendre et soutenir un siége, il devoit s'attendre à souffrir toutes les rigueurs que la guerre a accoutumé de faire sentir à un ennemi, et, de plus, perdroit ses États pour toujours [3]. »

Personne ne s'attendait à voir le duc de Lorraine défendre Marsal. Quelque temps auparavant, sur le

---

1. Dépêche de M. de Lyonne à M. de Bernbourg sur le voyage de Lorraine, 11 août 1663. — Archives des affaires étrangères.
2. Dom Calmet, tome VI, page 542. « Le roi en partit (de Fontainebleau) pour prendre Marsal ; tout le monde le suivit. » *Histoire de M*^{me} *Henriette d'Angleterre*, par Mme de La Fayettte, page 121.
3. Dom Calmet, tome VI, page 542.

bruit qui avait couru que le roi de France allait assiéger cette place, le prince Charles, accouru de Vienne en huit jours, s'était jeté dans ses murs. Mais le duc son oncle n'avait rien eu de plus pressé que de l'en faire sortir, ce qu'on avait eu grande peine à obtenir de l'ardeur du jeune Prince. Aujourd'hui le marquis d'Haraucourt, gouverneur de Marsal, témoignait grande envie de la bien défendre, ayant écrit au duc « qu'il s'en pouvoit reposer sur lui ; que d'ordinaire les commandants de place se plaignoient que tout leur manquoit dès qu'ils seroient pressés ; que pour lui il assuroit qu'il avoit tout à souhait[1]. » Mais ce brave seigneur ne reçut pas de Charles IV les ordres de résistance qu'il en espérait. Le duc ne bougea point de Mirecourt. Il envoya vers le roi, à Metz, le prince de Lixin, grand maître de sa maison, et le sieur Labbé, l'un de ses maîtres des requêtes. Ces Messieurs avaient ordre de donner toute satisfaction au roi. Ils s'abouchèrent avec MM. le Tellier et de Lyonne. Par le traité signé à Metz le 1ᵉʳ septembre 1663, mais qui porte dans l'histoire le nom de traité de Marsal, le duc de Lorraine remit au pouvoir du roi la place de Marsal en l'état où elle se trouvait présentement. « Si le roi prenoit le parti de démolir les fortifications de Marsal, le duc devoit rentrer en possession de la ville, du

---

1. Dom Calmet, tome VI, page 542.

domaine et de la saliné. En retour, le duc étoit rétabli dans ses États, aux termes du traité signé à Vincennes le dernier février 1661, et le roi permettait au duc d'entourer Nancy d'une simple muraille, sans défenses, terre-plein, ni aucunes manières de fortifications. » Les commissaires de Charles IV ayant demandé qu'on insérât dans le traité un article par lequel Sa Majesté renoncerait aux clauses du traité de Montmartre, il leur fut répondu que les souverains ne pouvaient casser par acte public les traités auxquels ils avaient signé. « Il devoit suffire au duc que Sa Majesté voulût bien déroger au traité de Montmartre en revenant à celui de Vincennes. » Il fallut se contenter de cette assurance verbale. Elle fut le seul profit que Charles retira de la cession de Marsal[1].

Cependant, le traité signé, Charles IV quitta Mirecourt et vint saluer le roi à Metz. Sa Majesté l'accueillit avec bonté. Le duc se montra enjoué comme à son ordinaire. Il ne témoigna d'humeur qu'à l'égard du comte de Guiche. Il paraît que cet élégant seigneur, dont les affaires allaient alors assez mal, tant auprès du roi, qu'auprès de Madame, maintenant presque brouillée avec lui[2], avait, pendant son séjour en Lorraine, déployé, pour tromper son ennui, une prodigieuse activité. « Sire », dit Charles IV à Louis XIV,

---

1. Dom Calmet. — *Vie manuscrite de Charles IV*, par Guillemin.
2. Voir l'*Histoire de M*me* Henriette d'Angleterre*, par M*me* de La Fayette.

« voici un homme qui, en cinq ou six mois qu'il a passés dans mon pays, a fait plus d'édits que Charles-Quint n'en fit en toute sa vie, dans tous ses royaumes [1]. »

Cette visite reçue, et tout étant ainsi terminé, Louis XIV, impatient d'aller retrouver Mlle de la Vallière, partit de Metz le soir même, à minuit, courant la poste à la clarté des flambeaux. Le lendemain il était arrivé à Paris. Le duc de Lorraine, qui n'avait point les mêmes raisons de se presser, se mit plus doucement en route pour aller loger au couvent des jésuites de la ville de Pont-à-Mousson, où résidait alors son parlement.

1. *Vie manuscrite de Charles IV*, par le père Hugo.

CHAPITRE XXX

Joie des Lorrains après la conclusion du traité de Marsal. — Réception enthousiaste faite au duc Charles à son retour à Nancy. — Sa conduite à l'égard des gentilshommes de l'ancienne chevalerie. — Il abolit définitivement le tribunal des Assises. — Il traite avec honneur les fils des anciens chevaliers et leur donne des charges auprès de sa personne. — Succès de cette manœuvre. — Il refuse de laisser revenir le prince Charles en Lorraine. — Carrousels donnés aux dames de Mirecourt. — Passion de Charles IV pour Mlle de Ludre. — Il la veut épouser. — Opposition de Mme de Cantecroix. — Elle est obligée de retourner à Besançon. — Sa maladie. — Charles l'épouse *in extremis*. — Sa mort. — Nouveaux divertissements à Nancy. — Les bourgeoises de la ville admises à la cour. — Charles tombe amoureux de Mlle la Croisette. — Cette liaison dure deux ans. — Il s'éprend de la fille du comte d'Aspremont. — Dans quelles circonstances. — Il veut l'épouser. — Mlle de Ludre forme opposition au mariage. — Elle se désiste. — Mlle d'Aspremont reconnue duchesse de Lorraine. — Son entrée solennelle à Nancy.

Le traité de Marsal, à l'égal de tous ceux que Charles IV avait signés depuis 1633, amoindrissait considérablement la Lorraine, mais il avait l'avantage de mettre enfin, après trente ans, un terme à l'occupation française. Il fut donc accueilli par le pays comme un signal de délivrance. Charmées de recouvrer leur antique nationalité et d'être replacées sous la loi de leur prince légitime, les populations se pressèrent partout sur ses pas quand il revint de Metz; l'enthousiasme n'eût pas été plus vif au retour de la plus glorieuse et de la plus profitable campagne. Charles sentit tout l'avantage que, dans la lutte entamée avec l'ordre de la noblesse, il pouvait tirer de cet engouement irréfléchi des classes les plus nombreuses de ses sujets ; il résolut d'en profiter sur-le-champ. Pendant le court séjour qu'il fit à Pont-à-Mousson, on l'entendit se répandre en plaintes amères contre les gentilshommes de l'ancienne chevalerie de Lorraine. Il avait perdu la mémoire de ceux qui, en si grand nombre et avec tant de générosité, avaient naguère sacrifié leurs griefs pour servir avec lui, contre les prétentions de la France, la cause de l'indépendance nationale ; mais il n'oublia pas de montrer la plus vive colère contre le petit groupe de dissidents qui avaient recherché la protection de Louis XIV, en violant effrontément, disait-il, les serments de fidélité qu'ils lui avaient jurés. Les plus compromis parmi ces messieurs, craignant que le duc ne leur intentât un procès en trahison, durent s'absenter de ses États ; et quelques-uns prirent le parti de s'aller fixer à la cour de France ; les autres se retirèrent simplement dans leurs châteaux, attendant que son ressentiment fût calmé.

On vit dans le même temps se produire, avec un ensemble qui provenait évidemment des instigations du Prince, une foule de plaintes contre la juridiction du tribunal des Assises. Plusieurs d'entre elles émanaient de simples particuliers, mais la plupart avaient été rédigées par des avocats et des hommes de loi. Conçues toutes dans un même esprit, elles dénonçaient la partialité des gentilshommes qui présidaient aux Assises ; elles accusaient leurs procédés oppressifs et déploraient leur proverbiale ignorance. Spontanées ou concertées avec lui, mensongères ou véritables, ces accusations, portées par les gens du métier, qui n'avaient jamais vu qu'avec chagrin les seigneurs lorrains distribuer au public une justice expéditive et gratuite, suffirent à Charles IV pour abolir définitivement le tribunal des Assises. Il n'avait jamais eu d'autre but ; c'était la seule satisfaction qu'il entendait donner alors à l'opinion publique. Le moment n'était pas d'ailleurs opportun pour réclamer, et les intéressés furent réduits à garder le silence[1].

Cependant Charles IV ne s'était pas encore montré aux habitants de sa capitale, et la ville de Nancy lui préparait une magnifique réception. Il y fit son entrée le 5 septembre, non par aucune des portes de la ville, mais par une des brèches de la démolition[2]. Il était suivi de toute sa cour, des gentilshommes de l'ancienne chevalerie, de ses gens d'armes et d'une foule de peuple. Il traversa ainsi accompagné, tout armé et à cheval, la ville neuve, où l'on avait dressé cinq arcs de triomphe, où quatre fontaines jaillissantes versaient incessamment des flots de vin à tout venant. Il mit pied à terre à l'église de Saint-Georges, au bruit de l'artillerie qui

---

1. *Mémoires du marquis de Beauvau.* — D. Calmet.
2. *Ibidem.*

tirait de toutes parts, des cloches qui sonnaient à toutes volées, au milieu des cris frénétiques que poussait une nombreuse population, ivre de joie. Après avoir fait sa prière à Notre-Dame, où l'on chanta le *Te Deum*, il remonta à cheval, et toujours dans le même ordre, et toujours salué des mêmes acclamations, il alla descendre à l'hôtel de Salm[1]. L'allégresse était générale et à son comble.

L'accueil chaleureux de ses sujets parut toucher quelque peu le cœur du duc de Lorraine. Il témoigna aux gentilshommes de l'ancienne chevalerie qu'il leur savait gré de n'avoir pas insisté pour lui faire, lors de cette rentrée dans Nancy, renouveler le serment de fidélité à leurs anciens priviléges. Il se radoucit graduellement à l'égard de ceux contre

---

[1]. Voir : *Le triomphe de Son Altesse Charles IV, duc de Lorraine, etc., à son retour dans ses Estats.* — Nancy, par Dominique Poirel, Anthoine et Claude Charlot, ses associés, imprimeurs de Son Altesse..... 1664, in-folio.

Ce volume, fort rare, est l'une des curiosités de la bibliographie lorraine. Le texte est de Bardin; les dessins sont de Deruet et gravés par Sébastien Leclerc. Ce qui est assez singulier, c'est que les planches avaient été composées en 1641, après la paix de Saint-Germain, dite la petite paix, pour célébrer le retour de Charles IV dans ses États. Mais les fêtes n'eurent point lieu, et les planches ne purent être publiées à cause de la reprise de la guerre. En 1663, on reprit l'ancien programme des fêtes, qui avaient été ainsi ajournées de vingt-deux ans, et l'ouvrage que nous citons parut imprimé en 1664. On peut lire la description du triomphe de Charles IV dans le curieux ouvrage de M. Beaupré : *Recherches historiques et bibliographiques sur les commencements de l'imprimerie en Lorraine et sur ses progrès jusqu'à la fin du* XVIIe *siècle.* — Saint-Nicolas-de-Port, 1845.

lesquels il avait naguère manifesté tant de courroux[1];
il les fit même inviter à revenir en Lorraine et à sa
cour, les assurant qu'il ne conservait aucune animosité contre personne. Rien n'autorise à penser qu'il
ne fût pas de bonne foi, car par la suite il ne mal-
traita jamais aucun d'eux, soit en effet, comme le
suppose le marquis de Beauvau, « qu'il jugeât naturel
à chacun de défendre des droits acquis de temps
immémorial, et qu'ainsi la noblesse ne fût pas bien
coupable des remontrances qu'elle lui avoit adressées » soit plutôt qu'assuré de la docilité des populations de son duché, et tranquille du côté de la France,
il n'attachât qu'une médiocre importance aux tentatives d'indépendance de la noblesse. Ce qui donnerait
cependant à supposer qu'il n'avait pas dépouillé
tout ombrage, c'est que non content d'avoir, à petit
bruit, aboli le tribunal des Assises et privé ainsi les
gentilshommes lorrains de la possibilité de l'entretenir des intérêts de leur corps, il s'efforça de les
diviser entre eux par des faveurs et des largesses
adroitement distribuées. Il prit soin de ne mettre
auprès de sa personne et dans les charges considérables de l'État que des anciens chevaliers. Ses
avances les plus marquées s'adressèrent de préférence à ceux-là même qu'il avait jadis fait bannir et
qui avaient été les plus noircis dans son esprit. On

---

[1]. *Mémoires du marquis de Beauvau*, page 243.

remarqua qu'il favorisait les enfants de préférence à leurs pères, jugeant avec raison que les jeunes gens de la nouvelle génération, moins instruits des intérêts de leur ordre, et n'ayant jamais vu les libertés locales en plein exercice, se montreraient de plus facile composition. Ses calculs ne furent point trompés. Comme il n'est que trop ordinaire, ce système de captation individuelle ne réussit que trop bien, au profit momentané des passions égoïstes de Charles IV, et des convoitises intéressées des seigneurs qui s'y laissèrent surprendre, mais, ainsi que nous le verrons bientôt, au détriment définitif du souverain de la Lorraine, de la noblesse du pays et de la cause de l'indépendance nationale. Seul, le duc François ne put complétement regagner les bonnes grâces de son frère; le séjour en Lorraine lui devint même si difficile qu'il la quitta pour retourner en Allemagne. Quant au prince Charles, il demeura toujours en butte aux jalouses méfiances de son oncle. Les inquiétudes de Charles IV étaient si grandes à l'endroit de son légitime successeur qu'il ne voulut jamais souffrir sa présence dans ses États. Le prince lorrain s'y étant présenté après la signature du traité de Marsal, il reçut l'invitation d'en sortir aussitôt. Les gouverneurs des places lorraines avaient même l'ordre de l'arrêter s'il cherchait à y pénétrer. Pour colorer l'étrangeté d'un si rigoureux procédé, Charles IV prétendit que Louis XIV lui avait signifié qu'il ne trouvait pas bon que le prince Charles séjournât en Lorraine. Les contemporains ne crurent point à cette excuse ; ils étaient persuadés, qu'en cette occasion, le duc obéissait beaucoup moins aux conseils d'une prudence toute nouvelle chez lui qu'aux inspirations de sa haine invétérée.

Ainsi délivré de l'incommode opposition qu'il redoutait de la part de quelques-uns de ses plus considérables sujets, débarrassé de la présence de son frère et de son neveu, maintenant fixés à Vienne, Charles ne songea plus qu'à deux choses : « à ramasser beaucoup d'argent et à se bien divertir. » Il établit de nouveaux impôts jusqu'alors inconnus en Lorraine. Il obligea tous ceux qui tenaient quelques-uns de ses domaines en gage, à les lui restituer, sans vouloir toutefois en rembourser le prix. Il s'adonna avec passion au plaisir de la chasse à courre ; il voulut en même temps donner le branle à tous les amusements qui jadis avaient si fort occupé sa jeunesse. Les comédies, les bals, les carrousels se succédèrent rapidement à Nancy, et répandirent dans cette ville, naguère ruinée et presque déserte, une animation à laquelle elle n'était plus accoutumée. Déjà à Mirecourt, et pendant que Louis XIV faisait les préparatifs du siége de Marsal, on avait vu, avec quelque étonnement, le duc de Lorraine passer très-gaiement son temps avec les dames de cette petite ville. Il leur avait donné le spectacle d'un magnifique tournoi, où il n'avait pas manqué de paraître de sa personne, courant la bague, rompant des lances contre tout venant, sautant au plein galop d'un cheval sur un autre ; et malgré son âge, il avait fait preuve au milieu de ces fêtes d'autant de galanterie et d'adresse « que pas un de sa cour[1]. »

Est-il besoin d'ajouter que l'amour avait grande part à tous ces divertissements. A Mirecourt, comme jadis à Nancy devant la duchesse de Chevreuse, comme à Bruxelles devant la fille du bourgmestre, le duc de Lorraine avait eu surtout pour but de se montrer avec tous ses avantages aux yeux de la beauté qui captivait alors son cœur. A coup sûr, ce cœur ne pouvait rester longtemps inoccupé, car s'il faut tout dire, de peur qu'on n'accuse notre exactitude d'historien, la personne qui le remplissait alors entièrement n'avait pas immédiatement succédé à Marianne Pajot. Cette demoiselle n'était pas encore sortie du couvent de la Ville-l'Évêque, que Charles IV avait porté ailleurs ses capricieux hommages. Il les avait adressés à une demoiselle de Saint-Rémy, fille du premier maître d'hôtel de la duchesse d'Orléans. Mlle de Saint-Rémy n'avait pas voulu rester en arrière de Mlle Pajot ; elle avait réclamé une promesse de mariage, elle l'avait obtenue. Mais la duchesse d'Orléans était intervenue à temps. Ren-

---

1. *Mémoires du marquis de Beauveau,* page 248.

fermée à son tour dans un couvent de Paris, la fille du maître d'hôtel eut le même sort que la fille de l'apothicaire. Toutes deux étaient maintenant oubliées pour une nouvelle maîtresse qui, si nous en croyons tous les témoignages du temps, leur aurait été aussi supérieure par sa rare beauté, qu'elle l'était très-certainement par sa grande naissance.

Ce fut dans l'abbaye de Poussay, aux environs de Mirecourt, que Charles IV rencontra pour la première fois Isabelle, comtesse de Ludre. Les agréments de la jeune chanoinesse charmèrent tout d'abord le duc de Lorraine, comme ils devaient plus tard charmer tant de seigneurs de la cour de France, et Louis XIV lui-même [1]. L'abbesse de Poussay était alors une dame de Damas, parente de Mme de Ludre, et qui avait été elle-même très-belle, galante et fort versée dans le monde. Elle ne s'opposa point aux visites de Charles IV, assurée que la recherche du duc ne visait qu'au mariage. Il n'y avait autre obstacle à cette

---

[1]. Tous les mémoires du temps de Louis XIV sont d'accord pour célébrer la beauté de Mme de Ludre. « Il ne faut pas oublier la belle Ludre, » dit Saint-Simon, « demoiselle de Lorraine, fille d'honneur de Madame, qui fut aimée un moment à découvert. Mais cet amour passa avec la rapidité d'un éclair, et l'amour pour Mme de Montespan demeura le triomphant. » Saint-Simon, tome XIII, chap. VI, page 97; édition de 1829.

Mme de Sévigné parle souvent, dans ses Lettres, de la beauté de Mme de Ludre, qu'elle appelle souvent *matame te Lutre*, faisant allusion à une sorte de grasseyement naturel qui n'était pas, dit-on, sans agrément dans la bouche de cette dame. « Elle a été plongée dans la mer; la mer l'a vue toute nue, et sa fierté en est augmentée; j'en-

union que celle déjà précédemment contractée avec Mme de Cantecroix, un peu oubliée de tout le monde en ce moment, mais de personne autant et plus facilement que de son inconstant époux. A la première nouvelle qu'elle reçut des projets du duc, Béatrix, qui était alors à Besançon, accourut en toute hâte. Elle arriva jusqu'à Mattaincourt, village rapproché de Mirecourt, d'où elle écrivit à Charles IV. Sa lettre était pleine de tendres reproches et d'humbles supplications. Il n'est pas d'expressions touchantes qu'elle n'employât pour réveiller l'ancienne affection du Duc, pour remuer sa conscience, et pour l'obliger à déclarer leur mariage, ou à le renouveler de bonne foi, si les casuistes trouvaient que cela fût nécessaire, afin d'assurer l'état de leurs enfants. En même temps, elle envoya former opposition au mariage avec Mme de Ludre par-devant le vicaire général du diocèse de Toul [1].

« Ni l'amour passionné qu'il témoignait pour ses

---

tends la fierté de la mer, car pour la belle elle en est fort humiliée. » (Mme de Sévigné, lettre du 1er avril 1671, tome II, pag. 208, édit. de 1718.) — Voir dans la même édition, t. III, pag. 380-463; tome IV, pag. 6; tome VI, pag. 42-47-51, etc., etc.

« Il s'attacha à une jeune chanoinesse de Poussay, d'une parfaite beauté, dont on pourroit faire icy le portrait plus exactement qu'on a fait celui des autres personnages, puisque revenue hier seulement d'un voyage qu'elle avoit engagé de faire avec elle, on a encore l'idée toute remplie de la vivacité de son teint, de la beauté de ses cheveux, de la régularité de ses traits et du begayer de son parler charmant, parce qu'il est naturel. » — Guillemin. *Vie manuscrite de Charles IV.*

1. Dom Calmet, tome VI, pag. 538.

enfants, ni les larmes de Béatrix, ni les motifs de conscience n'ébranlèrent le duc de Lorraine. » Il était tellement occupé de ses récentes amours, qu'il n'écouta que sa passion [1]. Il fit venir le curé du village de Richarmenil, seigneurie de la famille de Ludre, et fiança la chanoinesse de Poussay, en présence de sa mère et de sa grand'mère. Béatrix reçut, quoique souffrante, l'ordre de retourner à Besançon. Cependant le prince de Vaudemont, son fils, et son gendre, le prince de Lillebonne, étant accourus au village de Mattaincourt, leurs plaintes furent si vives, ils firent tant de bruit et tant de menaces, « que la mère de la demoiselle de Ludre, dame pleine de probité et d'une grande délicatesse de conscience, retira sa fille de Poussay et la voulut garder près d'elle à Richarmenil. » Cet éloignement remit un peu l'esprit de Béatrix, mais il ne suffit pas à rétablir sa santé. Le coup qu'elle avait reçu lui devait être mortel. A peine était-elle arrivée à Besançon, qu'elle tomba de nouveau gravement malade, et bientôt l'on désespéra de sa vie.

Charles la sachant dans cet état, envoya les princes de Vaudemont et de Lillebonne la visiter, de crainte qu'elle ne les déshéritât. Il lui expédia même quelques-uns de ses médecins ; mais Béatrix réclamait de lui d'autres soins. Convaincue de sa mort pro-

---

[1]. Dom Calmet, tome IV, pag. 538.

chaine, « elle ne demandait, pour grâce dernière, que l'honneur de mourir au moins son épouse légitime. » Déjà le duc de Lorraine avait donné procuration à M. de Lillebonne pour renouveler le mariage, au cas qu'il en fût besoin, « à condition néanmoins qu'il n'y eût plus d'espérance que Béatrix en pût revenir[1]. » Alliot, médecin du duc qui avait fait exprès le voyage de Mirecourt, afin de s'assurer des progrès de la maladie, ayant assuré son maître, qu'à moins d'un miracle, Mme de Cantecroix ne pourrait vivre jusqu'à la Saint-Jean, Charles IV envoya (mai 1663) le seigneur de Risaucourt, maître des requêtes, pour l'épouser en son nom, sous le bon plaisir du pape. « Me voilà bien honorée à la fin de mes jours, s'écria Béatrix, d'être appelée Mme de Risaucourt. » La cérémonie du mariage à peine terminée, il fallut lui donner les derniers secours de la religion, car sa fin approchait. « Ah! quelle union, soupira la pauvre mourante, du sacrement de mariage et de l'extrême onction. » Peu de temps après, Béatrix expira, le 5 juin 1663[2].

La mort de Mme de Cantecroix rendait sa liberté à Charles IV. Quand on vit, après le traité de Marsal, en septembre 1663, les fêtes recommencer tous les jours à Nancy, comme naguère à Mirecourt, on ne douta pas d'abord qu'elles ne fussent encore secrète-

---

1. *Mémoires du marquis de Beauvau*, page 238. — Dom Calmet, tome VI, page 539.
2. *Ibidem.*

ment dédiées à la jeune chanoinesse de Poussay, et l'on se prépara à saluer dans Mme de Ludre une prochaine duchesse de Lorraine. Mais Charles IV n'était pas, avec l'âge, devenu moins inconstant ; il portait déjà les chaînes d'une autre maîtresse. Elle s'appelait la Croisette. Mlle la Croisette, nièce d'un sieur Dentrée, banquier à Nancy, n'appartenait point par sa naissance à la noblesse. Dans ces temps de rigide étiquette, elle n'eût point naturellement figuré dans les divertissements de la cour ; mais Charles ayant remarqué que les dames de qualité n'étaient pas en grand nombre, « la plupart n'osant pas paroître à ses bals pour n'être pas remises des misères que la guerre leur avoit causées, il y avait invité les petites demoiselles de la ville [1]. » Parmi elles, le duc de Lorraine remarqua Mlle la Croisette ; il la trouva digne de son affection, « et elle ne tarda guère à lui faire oublier toutes les autres beautés qu'il avoit possédées jusque-là [2]. » Mme de Ludre s'aperçut la première de ce changement, et, retirée dans son abbaye, elle ne vint plus que rarement à la cour, « comme pour considérer de temps en temps si ce nouveau feu duroit toujours, et s'il ne s'éteindroit pas bientôt [3]. » Quoique le duc ne laissât pas de lui donner encore quelques marques d'affection, elle comprit promptement

---

1. *Mémoires du marquis de Beauvau*, page 249.
2. *Ibidem*, page 248.
3. *Ibidem*, page 249.

qu'il fallait ajourner ses prétentions à la main du duc de Lorraine. Non-seulement Charles aimait la Croisette, mais il en était aimé. Cette demoiselle ne s'était pas mise à aussi haut prix que la noble chanoinesse de Poussay. Elle n'avait pas exigé le mariage comme avait fait Mlle Pajot, fille de l'apothicaire de Mlle de Montpensier, et Mlle de Saint-Remy, fille du maître d'hôtel de Mme la duchesse d'Orléans. En sa qualité de Lorraine et de simple bourgeoise, la nièce du banquier Dentrée n'osa pas, à ce qu'il paraît, se montrer cruelle envers le souverain qui l'honorait d'une si flatteuse préférence. Cette liaison dura assez longtemps. Mais il n'était pas réservé à Mlle la Croisette, plus qu'à aucune de ses devancières, de fixer le duc de Lorraine. Cet honneur était réservé à la fille du comte d'Aspremont.

Parmi les gentilshommes lorrains dont Charles IV avait pu avoir à se plaindre pendant l'occupation française, aucun n'avait poussé les choses si loin que M. d'Aspremont. Non content de revendiquer, comme relevant directement de l'Empire, le comté dont il portait le nom, et d'être entré en procès à ce sujet, d'abord avec la princesse de Phalsbourg, puis avec le duc de Lorraine, M. d'Aspremont avait profité des difficultés survenues entre Louis XIV et Charles IV, au sujet de Marsal, pour s'établir de vive force dans ses anciens domaines, où il y avait un château assez fort et quelques bonnes positions militaires. De là, aidé du roi de France qui soutenait ses prétentions, il avait fait une guerre en règle au duc de Lorraine et réussi à surprendre quelques petites places voisines. Mais ses succès n'avaient duré que jusqu'à la paix de Marsal. Par un article du traité, Louis XIV avait ordonné au Comte de restituer le château d'Aspremont et toutes les conquêtes qu'il avait faites, sauf à établir ses droits devant la justice; de sorte que, dépouillé de ses domaines, ruiné par les dépenses que sa levée de boucliers lui avait causées, chargé d'un procès dont il était probable qu'il ne verrait jamais la fin, le Comte et sa famille étaient tombés dans une situation désespérée lorsque les Français évacuèrent définitivement la Lorraine. Plusieurs fois les habitants de Nancy avaient vu avec étonnement et pitié la femme de ce seigneur, qui naguères bravait si orgueilleusement le souverain du pays, venir, sans suite et dans l'équipage le plus misérable, suivre sans grand espoir de succès, dans la capitale de la Lorraine, les intérêts de son procès. On avait remarqué, comme une singularité de Charles IV, qu'il avait fait bonne réception à Mme d'Aspremont, et lui avait même prêté un de ses carrosses afin qu'elle pût aller solliciter ses juges. Son crédit n'en était pas toutefois beaucoup plus grand dans la ville, « et, n'étoit l'assistance que lui prêtoient quelques-uns de ses parents, et les jupes que des marchands complaisants fournissoient à sa fille, Mme d'Aspremont n'auroit plus su de quel bois faire flèche[1]. »

Réduite à cette extrémité, la mère de Mme d'Aspremont s'était mise, en personne avisée, dans l'intimité d'une demoiselle nommée la Haye, fille de l'apothicaire du duc, qui était, suivant l'expression de M. de Beauvau, « l'agente ordinaire de ses amours[2]. » La demoiselle la Haye ne pouvait souffrir la Croisette et faisait en ce moment tous ses efforts pour en dégoûter le duc. Jugeant sans doute que le meilleur moyen serait de lui donner de l'amour pour une autre, elle lui vanta beaucoup Mlle d'Aspremont, qui n'avait pas encore treize ans accomplis. « Il n'y avoit pas d'adresse dont elle ne se servît pour enflammer le cœur de Charles IV, jusqu'à le porter à venir voir souvent cette jeune demoiselle dans sa propre maison, où elle ne tenoit qu'une petite chambre de louage[3]. » Le duc y faisait quelquefois apporter son souper, « afin de passer sa soirée à entretenir plus particulièrement et considérer avec plus de loisir celle qu'il commençait à aimer fortement ». Enfin il en vint à ce point de parler de mariage au père et à la mère.

Malheureusement pour Charles IV, il avait, trop peu de temps avant, pris, avec une autre fille de bonne maison, un tout pareil engagement: Mme de Ludre, qui avait, sans trop de peine, laissé Mlle la

---

1. *Mémoires de marquis de Beauvau*, page 274.
2. *Ibidem*, page 228.
3. *Ibidem*, page 275.

Croisette s'emparer des affections de Charles IV, n'entendait pas céder sans dispute à Mlle d'Aspremont ses droits antérieurs au partage de la couronne ducale de Lorraine. Grand fut le désappointement du Duc quand les curés de Nancy vinrent lui annoncer que la chanoinesse de Poussay avait formé opposition à son mariage; qu'elle présentait des billets signés de lui, et soutenait avec beaucoup de fermeté et de résolution qu'elle était fiancée avec son Altesse [1]. Il résolut d'avoir raison de cette hardiesse d'une de ses sujettes. Mme de Ludre fut arrêtée et mise sous bonne garde jusqu'à ce qu'elle se fût désistée de cette opposition. Elle ne s'en émut guère, et répéta toujours de grand sang-froid qu'elle avait été fiancée au Duc par le ministère du curé de Richardmenil, en présence de sa mère et de sa grand'mère. Alors le sieur Canon, procureur général de Lorraine, eut ordre de l'interroger avec beaucoup de sévérité et d'apparat, comme s'il s'agissait de lui faire un procès en règle. « Il la menaça de lui faire mettre la teste à ses pieds comme à une faussaire et à une criminelle de lèze-majesté. » Mme de Ludre se rendit enfin, « mais plutôt aux larmes et à la frayeur de sa mère qu'à la sienne propre, et fit tout ce que l'on voulut [2]. »

Cet obstacle levé, Charles IV ne rencontra plus

---

[1]. *Mémoires du marquis de Beauvau*, page 274.
[2]. *Ibidem*, page 274.

d'empêchement que dans ses propres irrésolutions.
Elles furent très-grandes. On raconte qu'agité de
mille pensées diverses, il s'était, le matin du jour
fixé pour la cérémonie, enfermé seul dans sa chambre
après avoir commandé à l'huissier de faire retirer
toutes les personnes qui se présenteraient, de quelque
qualité qu'elles pussent être. Arrivées à l'heure fixée
avec le Duc, Mme et Mlle d'Aspremont furent très-surprises de se voir rebutées par l'huissier, et soutinrent
que cet ordre ne les regardait pas. Le bruit que fit
Mlle d'Aspremont attira Charles IV. Il s'excusa près
d'elle avec quelque embarras. « Il était prêt, » disait-il, « à tenir sa promesse à l'heure même, mais il l'avertissait qu'il ne se trouverait point aisément de prêtre
pour faire le mariage, à cause de l'absence du curé
de Saint-Georges, dont il était le diocésain. »
Mme d'Aspremont avait pourvu à tout. Elle tenait là,
tout prêt à sa disposition, le vicaire du curé de Saint-Georges, qui offrit son ministère. Charles ne pouvait
s'en dédire. La bénédiction nuptiale fut donnée aux
époux le soir même (4 novembre 1665), dans la
chambre de Caillette, argentier du duc, et l'un de ses
témoins. Mlle d'Aspremont était, de son côté, assistée de son père, de sa mère et de madame l'abbesse de Poussay, appelée par Charles IV auprès de
la nouvelle duchesse, pour lui tenir compagnie, en
attendant qu'il pût lui composer un train de maison
plus digne de sa nouvelle position.

Cet étrange mariage d'un prince sexagénaire avec une jeune personne de treize ans, quoique déjà soupçonné des courtisans, demeura secret durant quelque temps. Charles IV voulut que sa femme allât, dès le lendemain de la cérémonie, habiter la Malgrange avec Mme l'abbesse de Poussay. Les soirs, il la faisait revenir au palais de Nancy, avec beaucoup de précautions et de mystère. Cependant, au bout de quinze jours, lassé de tant de gêne, ou cédant aux instances de la famille d'Aspremont, il leva le masque et déclara hautement son mariage. En Lorraine, où l'on n'en était plus à s'étonner d'aucune des actions du duc, il y eut moins de surprise que d'affliction. On s'inquiéta de l'incertitude qu'une telle union pouvait jeter dans la question de la succession au duché. L'acte annexé au contrat de mariage de Mlle d'Aspremont, par lequel Charles IV reconnaissait son neveu, le prince de Lorraine, pour son unique et légitime héritier, « quand même il lui naîtroit des enfants masles, » rassurait médiocrement les esprits. On blâmait Charles IV d'avoir, par un caprice de vieillard amoureux, compromis l'avenir déjà si incertain du pays. Cette tristesse et ces inquiétudes n'empêchèrent pas toutefois la population de faire assez bon accueil à la nouvelle duchesse. Quoiqu'un peu refroidis à l'égard de leur souverain, les Lorrains n'en demeuraient pas moins des sujets fidèles et soumis. Si leur dévouement avait reçu quelque atteinte, leur résignation était restée entière. Charles IV ayant souhaité que sa femme fût reçue, à son entrée à Nancy, avec le cérémonial accoutumé, mais sans trop grande pompe, on se conforma soigneusement à ce programme. Un carrosse à six chevaux, précédé de timbales et de trompettes, suivi d'un assez grand nombre de cavaliers, conduisit la nouvelle duchesse aux portes de la ville, dont le marquis de Gebervilliers lui remit les clefs. Le marquis de Mouy, premier prince du sang de Lorraine, l'attendit au pied de l'escalier du palais, avec quelques gentilshommes, pour lui faire compliment. Les échevins de Nancy lui firent ensuite leur harangue. La princesse de Lillebonne, avec ce qu'elle put ramasser de dames (car on n'avait averti personne), la vint recevoir dans l'antichambre de son appartement. Les membres de la noblesse s'étaient proposé de la venir saluer en corps, mais le Duc, toujours jaloux de voir ces messieurs s'assembler pour quelque motif que ce fût, ne le voulut point permettre. Le parlement, les ecclésiastiques et les bourgeois furent seuls admis à lui rendre ce devoir. Le soir, il y eut des fagots de brûlés dans les rues en façon de feux de joie, et l'on tira quelques coups de canon [1].

La jeune fille du comte d'Aspremont reçut ces

---

[1]. Dom Calmet, tome VI, page 565.

honneurs avec autant d'aisance que de modestie. On s'accorda généralement à la trouver jolie, simple et gracieuse[1].

[1]. La nouvelle duchesse fit preuve, au moment de son mariage, et pendant tout le cours de sa vie, d'une grande modération d'esprit On l'entendit souvent répeter : « qu'elle souhaitoit fort d'avoir une fille pour son amusement, mais qu'elle ne voudroit point avoir un fils, pour ne pas donner d'ombrage à M. le prince de Lorraine. » (Dom Calmet, tome VI, page 563.

CHAPITRE XXXI

Situation précaire de Charles IV. — Sa conduite imprudente. — Il lève des troupes pour secourir l'Électeur de Mayence. — Il entre en campagne contre l'Électeur palatin. — Louis XIV l'oblige à désarmer. — Il se fait donner les troupes lorraines pour les employer contre les Espagnols. — Il ne veut point les payer. — La campagne finie, il les garde, malgré le duc. — La paix faite, il veut obliger Charles IV à désarmer. — Résistance du duc. — Il entre dans la ligue contre la France. — Louis XIV, avant de commencer la guerre contre la Hollande, veut s'emparer de la Lorraine et de la personne de Charles IV. — Guet-apens pour le surprendre à Nancy. — Il échoue. — Politique de Louis XIV à l'égard du duc de Lorraine, expliquée dans la lettre de Louis XIV au maréchal de Créqui. — Le maréchal s'empare de la Lorraine. — Le duc se sauve en Allemagne. — Intervention de la Diète et de l'Empereur. — Ambassade du comte de Windisgratz à Paris. — Comment il est reçu par Louis XIV. — Négociations diverses du président Canon, agent du duc de Lorraine, avec MM. de Lyonne et de Pomponne. — Elles n'aboutissent point et pourquoi. — L'Empire et l'Espagne entrent en guerre contre la France. — Succès personnels de Charles IV dans les campagnes des années 1674-75. — Défaite du maréchal de Créqui à Consarbruck. — Mort de Charles IV.

Nous avons dû raconter, sans y mêler d'autres incidents, les intrigues galantes de Charles IV, à son retour dans ses États, et son mariage définitif avec Mlle d'Aspremont. Mais nos lecteurs, familiarisés maintenant avec le caractère du prince lorrain, auront facilement deviné qu'il n'avait pas consacré tous ses loisirs au seul contentement de ses fantaisies amoureuses. Elles ne l'avaient pas tellement absorbé, qu'il n'eût trouvé moyen de satisfaire en même temps, son ancien penchant pour la guerre, son goût naturel d'activité et son besoin invétéré d'intrigues. Tel Charles avait été aux jours inconsidérés de sa jeunesse, tel il était encore, après que l'âge et le malheur lui avaient infligé tant de sévères leçons. Plus que jamais réduit à la merci de son puissant voisin, le gouvernement français, il n'avait pas acquis la sagesse nécessaire pour accepter cette situation dépendante, ni la souplesse requise pour s'y soustraire. Louis XIV avait toujours sur la Lorraine les anciens desseins de Richelieu et de Mazarin. Richelieu avait su conquérir la Lorraine pendant qu'il avait l'Empire à la fois et l'Espagne sur les bras. Mazarin avait pu la conserver au plus fort des révoltes de la Fronde. Vainqueur de l'Empire et de l'Espagne, maître absolu dans son royaume, Louis XIV était pour le Duc à peine remonté sur son trône, un adversaire tout autrement redoutable. Si la lutte venait à s'engager, l'issue n'en pouvait être douteuse. Peut-être était-elle inévitable? Peut-être au milieu des agitations qui allaient remuer l'Europe entière, la prudence du politique le plus consommé n'eût-elle pas suffi à préserver un si petit État du fléau de l'occupation étrangère? Peut-être, quoi qu'il eût fait, et quelle que eût été sa soumission, Charles IV ne fût-il jamais parvenu à fléchir les colères intéressées du roi de France? Mais si, de toutes façons, il devait être forcément expulsé de ses États, s'il était en effet destiné à périr, loin des siens, en misérable proscrit, ce prince n'était pas toutefois obligé à concourir à sa ruine par ses propres fautes et à préparer lui-même ses disgrâces. Le triomphe de l'injustice est le lieu commun de l'histoire. C'est la tâche de l'écrivain qui rend compte des événements du siècle de Louis XIV d'avoir à reprendre trop souvent le continuel et attristant récit des abus de la force et des malheurs de la faiblesse. Son rôle devient plus pénible, lorsque, pour demeurer complétement vrai, il lui faut, comme dans les événements qui vont suivre, montrer le Prince le plus faible compromettant à plaisir son bon droit par les torts d'une folle conduite ou d'une foi douteuse. Une invincible indignation le saisit quand il est obligé de dénoncer le plus fort recourant, sans honte, aux odieuses perfidies et aux coupables violences. Son cœur s'émeut involontairement en traçant le désolant tableau d'un peuple innocent qui succombe tout entier sous le poids des fautes dont il n'est pas responsable.

Le temps, qui n'avait pas affaibli chez le duc de Lorraine l'entrain des plaisirs, n'avait pas non plus tempéré son humeur belliqueuse. Il avait gardé son amour pour la vie des camps et son goût pour les expéditions militaires. Il ne fut pas plus tôt rentré en possession de son autorité et délivré de la présence des troupes françaises dans ses États, qu'il se hâta de convoquer de toutes parts ses anciens compagnons d'armes. Il dissémina les soldats par petites bandes dans les campagnes de la Lorraine. Il autorisa les officiers subalternes à vivre à discrétion chez les bourgeois des villes. Les chefs furent invités à se grouper autour de lui. Les plus considérables obtinrent des charges dans sa maison. Il distribua aux autres des offices de prévôts et de receveurs des tailles[1]. Cependant l'oisiveté pesait à ces gens accoutumés à mener une vie toute guerrière. Charles lui-même ne se sentait pas en pleine jouissance de sa souveraineté, tant qu'il n'avait pas à sa disposition une armée active avec laquelle il fût libre de guerroyer à sa fantaisie, ou qu'il pût, moyennant finances, prêter à quelqu'un de ses voisins. Restait à trouver un prétexte pour équiper des régiments en pleine paix. Le duc de Lorraine n'avait pas alors d'ennemi à combattre; il rencontra fort à propos dans la personne de l'archevêque de Mayence, un allié à qui ses troupes étaient fort nécessaires.

L'archevêque Jean Schœnburn, électeur de Mayence, revendiquait alors sans succès la possession d'Erfurth. Cette ville, autrefois occupée par Gustave-Adolphe, pendant la guerre de Trente Ans, avait été, par le traité d'Osnabruck, rendue à l'électeur, mais les habitants refusaient de se ranger à son obéissance. Leur obstination avait provoqué la colère de l'empereur, qui les avait mis au ban de

---

[1]. *Histoire manuscrite de Charles IV*, par Guillemin.

l'Empire, sans pouvoir toutefois les réduire à la raison. L'électeur, ami de la France, s'était fait autoriser par elle à rechercher les secours de Charles IV[1]. Ainsi le duc de Lorraine avait la bonne fortune, sans donner d'ombrage à Louis XIV ni à l'Empereur, de pouvoir satisfaire ses velléités belliqueuses en remettant sur pied une vaillante et nombreuse armée. Il en donna le commandement à son fils, le prince de Vaudemont. Malheureusement le siége d'Erfurth ne pouvait pas durer toujours. Cette ville, pressée par les troupes lorraines et par quatre mille Français, que Louis XIV y envoya, sous les ordres de M. de Pradel, ancien gouverneur de Nancy, se rendit le 15 octobre 1664. Charles se mit alors en quête afin de trouver, pour son compte, quelque nouvel adversaire.

Il subsistait alors une vieille querelle entre le prince Ferdinand-Marie, comte palatin du Rhin, et les électeurs de Mayence, de Trèves, de Cologne, et les évêques de Spire et de Strasbourg. Le comte Palatin prétendait faire revivre à leur détriment un privilége féodal, naguère aboli par la diète de Ratisbonne, et que ses prédécesseurs avaient jadis exercé dans une partie de l'Alsace, de la Franconie, de la Souabe et des pays adjacents. En vertu d'un

---

1. *Vie manuscrite de Charles-IV*, par le père Hugo.
2. *Ibidem.*

certain droit du *Wildfang* que réclamait l'électeur palatin, tous les étrangers établis dans l'étendue du cercle du Haut-Rhin devaient se reconnaître pour ses tributaires, quelles que fussent d'ailleurs leurs qualités, ou celles des princes souverains dont ils relevaient directement. Charles IV ne manquait pas absolument de raisons pour se mêler au débat, en sa qualité de seigneur souverain du comté de Falkenstein, fief immédiat de l'Empire, autrefois cédé par les empereurs d'Allemagne à ses prédécesseurs les ducs de Lorraine, en 1458. Un motif si éloigné lui suffit et au delà pour se faire, à ses risques et périls, le champion de tous ses associés et commencer contre le comte Palatin une campagne en règle.

Le comte Palatin était par lui-même un prince assez puissant, actif, entendu à la guerre, peu scrupuleux dans ses négociations, irritable au dernier point, plein de ressources et de ruses, connaissant de longue main Charles IV, ne le craignant qu'à moitié, son digne émule en toutes choses, et fort aise, comme il disait en plaisantant, « d'avoir, de temps à autre, affaire avec son bon compère le grand diable d'enfer[1]. » Nous ne raconterons pas la lutte entamée entre ces deux combattants. Plusieurs fois apaisée et presque aussitôt reprise, elle a cependant trop contribué aux malheurs de la Lorraine

---

1. Charles IV avait jadis tenu sur les fonts du baptême un des enfants du comte Palatin.

pour que nous ne soyons pas obligés d'en indiquer brièvement les conséquences.

La guerre du Palatinat fut, pendant les années 1665 et 1666, mêlée de quelques revers et d'assez éclatants succès. Elle établit la réputation militaire du prince de Lillebonne, qui en prit la conduite; elle révéla les talents précoces du jeune prince de Vaudemont, appelé à faire de bonne heure, sous la direction de son père, l'apprentissage du métier des armes; elle ajouta peut-être au vieux renom des troupes lorraines un surcroît de gloire assez inutile; mais son résultat le moins contestable fut d'avoir achevé de ruiner complétement la Lorraine. Non content en effet d'appeler à son aide le ban et l'arrière-ban du corps de la noblesse, dont il reconnaissait volontiers l'existence et les priviléges quand il s'agissait de réclamer ses services, Charles IV profita des nécessités de l'état de guerre pour ordonner de plus nombreuses levées, pour établir des impôts plus onéreux et jusqu'alors inconnus, pour exiger avec la dernière rigueur la rentrée des moindres sommes qui lui restaient dues sur les revenus de ses domaines; de sorte qu'au dire des contemporains la misère n'avait jamais été si grande en Lorraine. Les populations, que le duc pressurait affreusement, « afin de bien remplir ses coffres[1], » se demandaient avec étonne-

---

1. *Mémoires du marquis de Beauvau.*

ment et douleur ce qu'elles avaient gagné à rentrer sous l'autorité de leur souverain légitime.

Ce n'était pas d'ailleurs la seule avarice qui motivait ces cruelles exactions de Charles IV. Il aspirait surtout à se rendre important. Il prévoyait que la France ne tarderait pas à se remettre en guerre avec l'Espagne; il ne doutait pas que Louis XIV n'eût alors besoin de ses troupes. Il faisait son calcul d'en avoir sur pied le plus grand nombre possible déjà équipées et tout aguerries, afin d'entrer avec le roi dans quelque avantageuse composition [1]. Charles IV ne se trompait qu'à moitié. Louis XIV méditait bien d'employer à son profit la valeur des soldats lorrains, si connue du public et si appréciée par ses généraux; mais il faisait état de les obtenir sans les demander, et de s'en servir sans les payer [2].

Le comte Palatin et le duc de Lorraine étaient tous les deux alliés des couronnes de France et de Suède. Louis XIV se porta, de concert avec Charles VI, médiateur de leurs différends. A peine

---

1. *Mémoires du marquis de Beauvau*, p. 295.

2. « A l'égard du duc de Lorraine, je ne crus pas qu'il fût à propos de lui faire pour ses troupes aucune proposition de ma part; car je ne doutois pas que dès lors que j'entrerois en marché avec lui, il ne se tînt ferme à me les faire acheter au-delà de ce qu'elles valoient, et que même il ne voulût mettre la condition de les entretenir toutes ensemble, à quoi je ne voulois en aucune façon m'engager. Ce n'est pas que dans le vrai, je n'eusse fait dessein de m'en assurer, soit pour en tirer service ou pour les ôter à mes ennemis, mais je voulois que ce fût lui-même qui me les offrit; et pour le réduire en ces termes,

l'envoyé du roi de Suède, M. Mœvius, et M. de Courtin, ambassadeur de France, se furent-ils abouchés en Allemagne, qu'une espèce de héraut, vêtu de la livrée royale, vint de Paris signifier au prince de Lillebonne d'avoir à cesser immédiatement toute hostilité. Bientôt Charles IV reçut (29 septembre 1666) une lettre qui lui enjoignait les volontés expresses de Sa Majesté[1]. Presque en même temps un agent français, le sieur d'Aubeville, arrivait à la petite cour de Nancy. Les termes du message royal ne parlaient en aucune façon du licenciement des troupes lorraines, et le langage de M. d'Aubeville n'avait dans ces commencements rien d'impérieux ni de blessant.

A la fin de l'année 1666, les projets que méditait Louis XIV sur les possessions des Espagnols en Flandre n'étaient pas encore tout à fait mûrs. Aussi longtemps que le secours des troupes lorraines ne lui était pas nécessaire, il importait peu au roi de France que le petit souverain de la Lorraine conti-

---

je résolus de lui faire dire que je désirois qu'il les licenciât, ainsi qu'il y étoit obligé par le traité fait entre nous...... Cette proposition ne pouvoit que l'embarrasser beaucoup....... En sorte qu'il falloit choisir l'une des extrémités ou de licencier ses troupes comme je le demandois, ou de rompre ouvertement avec moi, à moins que de lui-même ce duc ne trouvât une voie de milieu, qui ne pouvoit être que de me prier que ses gens demeurassent sur pied, en me servant de telle manière qu'il me plaisoit. » *Mémoires historiques et instructions de Louis XIV pour le Dauphin son fils*, t. II, p. 17.

1. Lettre de Louis XIV au duc de Lorraine, 29 septembre 1666. — Archives des affaires étrangères.

nuât à ruiner ses peuples par le maintien d'une armée dont le chiffre excédait de beaucoup ses véritables besoins. M. d'Aubeville n'éleva donc aucune sérieuse objection contre la mise en quartiers d'hiver, au sein de la Lorraine, de tous les régiments qui venaient d'être employés pendant la campagne du Palatinat.

Ce ne fut qu'au printemps de 1667, lorsque Louis XIV eut achevé tous ses préparatifs pour faire valoir ce qu'il appelait le droit de dévolution acquis à la reine Marie-Thérèse par la mort de Philippe IV, que l'agent français reçut ordre de presser vivement Charles IV au sujet de ses troupes. « Le duc de Lorraine ne devoit pas ignorer que par suite des engagements pris avec Sa Majesté, il les devoit toutes licencier; si Sa Majesté avoit souffert qu'il les gardât sur pied, c'est qu'elle étoit assurée qu'il les mettroit à sa disposition dès qu'elles lui seroient utiles, le moment en étant venu. » Le duc ne fit point d'objection à cette ouverture; il exprima seulement le désir de connaître à quelles conditions le roi de France lui voulait emprunter son armée, quelle rétribution lui serait accordée, quelle part lui reviendrait dans les conquêtes à faire sur les Espagnols. Sa surprise fut considérable quand il apprit de la bouche de l'envoyé français qu'il n'avait nulle instruction à ce sujet. Son émotion redoubla quand il entendit M. d'Aubeville parler en maître et répéter qu'il

ne s'agissait pas de discuter, mais d'obéir[1]; il hésita
fort. Le président Canon fut chargé d'aller éclaircir
à Paris ce redoutable mystère. M. Canon vit M. de
Lyonne, M. le Tellier et le roi lui-même. Tout ce
que l'envoyé lorrain put obtenir du monarque français, c'est qu'il consentît à déguiser le commandement
sous la forme d'une honnête instance. Deux jours
avant son départ pour la frontière, Louis XIV daigna
dire au président Canon « qu'il prioit M. le duc de
Lorraine, son frère, de lui accorder ses troupes pour
cette campagne, l'assurant qu'il le préserveroit de
toutes insultes de la part de l'Électeur palatin, et
d'avoir cette complaisance pour lui[2]. » Mais, de peur
que l'agent lorrain ne s'y trompât, M. le Tellier eut
ordre d'ajouter le lendemain, de la part de Sa
Majesté : « que les troupes lorraines devoient partir
aussitôt et prendre la route d'Arras en même temps
que l'armée française, et qu'il ne falloit parler de
retardement ni d'aucune autre condition que celle
de satisfaire la volonté du roi[3]. »

Le duc de Lorraine n'en pouvait revenir ; il s'écria : « qu'il ne comprenoit point que Sa Majesté
voulût exiger de lui qu'il eût à lever et à entretenir
des troupes au service de la France et à ses dé-

---

1. *Mémoires du marquis de Beauvau.*
2. La médaille ou expression de la vie de Charles IV, par un de ses principaux officiers. *Mémoires manuscrits du président Canon.*
3. *Mémoires du marquis de Beauvau*, p. 296.

pens[1]. » Il objecta qu'il n'y avait nulle sûreté pour lui du côté de l'Électeur palatin qui, plus d'une fois déjà, avait violé les trêves signées avec lui. Il représenta que donner ses troupes au roi, c'était s'exposer aux représailles des Espagnols, qui touchaient à ses frontières par le duché du Luxembourg et par la Franche-Comté ; rien ne fit. Aux supplications du duc, Louis XIV répondit par des menaces. Bientôt Charles IV apprit que le maréchal de Créqui avait reçu ordre de se préparer à marcher sur Nancy. On avait entendu dire au roi : « que si M. de Lorraine lui faisoit mettre une fois le pied à l'étrier, il ne rentreroit plus jamais dans ses États. » Il fallut se rendre. Le prince de Lillebonne partit à la tête de sa petite armée, suivi du prince de Vaudemont, qui reçut en route l'ordre de son père de feindre une indisposition et de revenir à Nancy. A Verdun, les commissaires du roi de France passèrent la revue des soldats lorrains « à sec », c'est-à-dire sans solde ni distribution aucune. Pendant toute la campagne on ne leur donna que le pain de munition[2].

Pendant que les troupes lorraines, violemment arrachées à leur prince, combattaient côte à côte des Français dans les plaines de la Flandre, pendant

---

1. Lettre de M. de Gomont à M. de Lyonne, 22 septembre 1667. — Archives des affaires étrangères.

2. *Mémoires du marquis de Beauvau.* — *Vie manuscrite de Charles IV*, par Hugo. — Guillemin, etc., etc.

qu'elles prenaient pour le compte de Sa Majesté Charleroi, Tournay, Oudenarde et Lille, leur pays demeurait exposé de toutes parts aux courses des Espagnols. Charles IV s'empressa, il est vrai, d'envoyer vers le marquis de Castel Rodriguez, gouverneur des Pays-Bas, afin de lui expliquer à quelle dure contrainte il avait dû céder. Il lui offrit même de payer immédiatement une contribution volontaire de quarante mille écus, si l'Espagne voulait s'engager à respecter les frontières de ses États. Les choses ainsi réglées, le duc s'imposa lui-même à quinze mille écus. Le peuple étant trop accablé pour supporter cette nouvelle charge, il la répartit sur la noblesse, sur les gens d'église et sur les personnes franches. On exigea ces contributions avec une rigueur qui aliéna beaucoup d'esprits, et qui amena la désertion d'un très-grand nombre d'habitants [1]. Bien des gens se rencontrèrent qui blâmèrent énergiquement le traité passé avec les Espagnols, soutenant qu'ils étaient trop occupés à repousser chez eux la formidable invasion des Français, pour songer à se

---

1. « Les gentilshommes devoient payer un risdale pour chacune de leurs maisons; les abbés, prieurs, curés, vicaires, simples prêtres, chanoines, et tous leurs fermiers, chacun un risdale par quartier; les nobles, gens de justice, marchands, taverniers et autres trafiquants un demi-risdale aussi tous les trois mois. Les religieux, autres que les mendiants, chacun un quart de risdale; les religieuses, hors les mendiantes de sainte Claire, chacune dix gros; les veuves, femmes de soldats, et les filles tenant un demy-ménage, chacune cinq gros quatre deniers. *Mémoires du marquis de Beauvau*, p. 308.

risquer hors de leur territoire. D'autres prétendaient que la convention n'existait pas; c'était, disaient-ils, une invention mensongère du duc pour frapper de nouveaux impôts et s'enrichir de plus en plus aux dépens de ses sujets. Cette opinion s'accrédita, lorsqu'on vit Charles IV, au milieu de la campagne de 1667, donner tout à coup à Nancy le signal de la terreur, proclamant que, dans peu de temps, la capitale de ses États ne pouvait manquer d'être saccagée, faisant transporter à Épinal ses plus riches tapisseries, ses meubles les plus précieux, et se retirant lui-même en toute hâte dans cette ville avec la duchesse son épouse. Ce fut alors un sauve-qui-peut général. La noblesse, les ecclésiastiques, le peuple de Nancy, emportant avec eux tout ce qu'ils pouvaient, abandonnèrent leurs demeures, comme on fait un vaisseau qui va sombrer. Les uns s'enfuirent en France, les autres en Allemagne, la plupart en Franche-Comté, pour se mettre à couvert d'un ennemi qui ne pensait pas à eux. C'était mal faire sa cour au duc que de vouloir raisonner sur des craintes aussi exagérées. Loin de les vouloir calmer, il les excitait tant qu'il pouvait. On dit qu'il songea même à mettre le feu à son palais, afin d'accroître l'effroi général. En vain le marquis de Beauvau offrit de s'enfermer dans la ville pour la défendre avec les bourgeois; le Duc ne voulut jamais y consentir. En peu de jours, Nancy, veuve de ses habitants et dépouillée par eux de toutes ses richesses, reprit l'aspect désolé qu'elle avait eu aux plus mauvais jours de l'occupation française. La conduite de Charles IV parut si étrange en cette circonstance, qu'il en courut mille bruits à sa honte [1].

La vérité était que, par l'accord passé avec les Espagnols, par cette alarme volontairement jetée au sein de sa capitale, et par sa fuite effarée, le duc de Lorraine s'était surtout proposé de dénoncer aux princes étrangers les rigueurs dont la France usait à son égard, et d'obliger Louis XIV, soit à lui rendre ses troupes à la fin de la campagne, soit à traiter avec lui à des conditions favorables; il manqua complétement ces deux buts. Parmi les puissances de l'Europe, les unes étaient, comme les Hollandais, complices du coup audacieux que le roi de France venait de frapper sur les Pays-Bas espagnols; les autres, comme l'Angleterre et l'Empire, avaient d'incommodes affaires sur les bras, et ne pouvaient accorder aux désastres dont souffrait actuellement le roi d'Espagne, et qui menaçaient la Lorraine, qu'une attention distraite et une stérile

[1]. « L'on soupçonna encor que le second motif qui avoit porté le Duc à répandre tant de crainte partout, étoit afin qu'elle lui servit de prétexte plus plausible pour pouvoir sous une apparente nécessité tirer de la Lorraine tout ce qu'il y avoit de plus précieux, soit en argent, en meubles ou en pierreries, et de le faire transporter en divers lieux indépendants de ses successeurs, afin qu'il n'y eût que le prince de Vaudemont seul qui en eût connoissance, et qui en pût profiter. *Mémoires du marquis de Beauvau*, p. 301.

compassion. Quant à Louis XIV, il avait fait l'heureuse épreuve des services que pouvait lui rendre la vaillance des soldats lorrains; il était bien décidé à ne pas les rendre à leur prince. Lorsque le président Canon retourna à Saint-Germain (décembre 1667) rappeler au roi qu'il n'avait demandé ses troupes au duc de Lorraine que pour une seule campagne, maintenant terminée, il reçut pour toute réponse que le roi en avait encore besoin, et qu'il les gardait. Elles furent, en effet, mises en quartier d'hiver en Flandre, sous les ordres de M. de Turenne. Pendant qu'elles y demeuraient inactives, le duc les fit sous main avertir d'avoir à déserter par petits groupes et à repasser en Lorraine, parce qu'il avait besoin de leurs services contre l'Électeur palatin. Mais Turenne était averti et sur ses gardes. Il parla sévèrement au prince de Lillebonne et au président Canon, disant tout simplement : « qu'il avait les ordres du roi, et que si les Lorrains bougeaient, il les ferait charger [1]. »

Les troupes de Charles IV ne furent pas employées pendant la courte campagne que Louis XIV fit en Franche-Comté au mois de février 1668. La paix une fois conclue entre la France et l'Espagne, par le traité d'Aix-la-Chapelle (2 mai 1668), elles passè-

---

1. *Mémoires manuscrits du président Canon.* — *Vie manuscrite de Charles IV*, par le père Hugo, etc., etc.

rent en Lorraine. A peine y furent-elles remis rentrées, que M. d'Aubeville, allant trouver le duc de Lorraine de la part de Sa Majesté, le somma de les licencier. Charles résista. Il n'objecta pas seulement cette fois les justes craintes que lui donnait le mauvais vouloir de l'Électeur palatin. En réponse aux exigences de M. d'Aubeville, M. de Risaucourt, ministre du Duc, représenta assez fermement, en son nom, qu'après tout « il étoit souverain, par conséquent indépendant et maître de ses actions, dont il ne devoit compte qu'à Dieu [1]. » Une discussion irritante s'engagea alors entre l'envoyé français et le représentant de Charles IV, sur les droits respectifs de leurs maîtres et sur la condition que les événements passés et les traités récents avaient faite à la Lorraine [2]. M. d'Aubeville se montra fort surpris de la résistance inattendue qu'il rencontrait à la petite cour de Nancy. Louis XIV se persuada que cette opposition à ses volontés provenait de quelques liaisons récentes que Charles IV aurait formées avec le cabinet de Vienne (ce que le prince lorrain niait énergiquement [3]); il en prit occasion pour insister d'autant plus sur le licenciement des troupes lorraines. Juste au moment où les choses allaient peut-

1. M. d'Aubeville à M. de Lyonne, 12 août 1668. — Archives des affaires étrangères.
2. *Ibidem.* — Voir aux Pièces justificatives.
3. Dépêches de M. d'Aubeville à M. de Lyonne. — Lettres du duc de Lorraine à Louis XIV. — Archives des affaires étrangères.

être en venir à quelque fâcheux éclat, l'Électeur palatin entra en campagne contre Charles IV. Le roi comprit qu'il serait par trop singulier de vouloir exiger l'entier désarmement de ce prince au moment où il était perfidement attaqué par l'un des alliés de la couronne de France. M. d'Aubeville reçut l'ordre d'ajourner ses poursuites, et la querelle fut remise à l'année suivante[1].

Le mois de janvier 1668 n'était pas écoulé que le duc de Lorraine recevait du maréchal de Créqui l'ordre péremptoire d'avoir enfin à congédier toutes ses troupes, à l'exception de deux compagnies de cent gardes qu'on lui permettait de conserver auprès de sa personne. La lettre du maréchal était du 16 janvier ; il donnait quarante-huit heures au duc pour obéir à son injonction. Il lui faisait en même temps savoir : « qu'il ne discontinueroit pas d'assembler des gens d'armes sur les frontières de la Lorraine jusqu'à ce que les choses ci-dessus marquées fussent ponctuellement exécutées[2]. » Le désespoir du duc de Lorraine était extrême. Il s'adressa (18 janvier) à l'agent français, M. d'Aubeville, pour qu'il suppliât de sa part le roi de France de ne point tant presser un pauvre prince qui avait le mal-

---

1. M. de Lyonne à M. d'Aubeville, 5 septembre 1668. — Archives des affaires étrangères.

2. Mémoire envoyé à M. le duc de Lorraine, de Metz, le 16 septembre 1668. — Archives des affaires étrangères.

heur d'avoir à sa porte un voisin de l'humeur de M. l'électeur palatin. « Sa Majesté ne voudroit-elle pas au moins prendre pitié de sa vieillesse[1]. » M. d'Aubeville, comme le maréchal de Créqui, avait pour instruction de rester inflexible. Charles laissa alors échapper des paroles de colère. « Il y avoit, s'écria-t-il, en Europe, une ligue qui le mettroit à l'abri des injustes procédés de Sa Majesté[2]. »

La ligue dont le duc de Lorraine voulait parler était celle qui s'était formée l'année précédente (28 janvier 1668), entre l'Angleterre, la Suède et la Hollande. Une autre était maintenant sur le tapis entre la Hollande, l'Empire et l'Espagne. Ce que le duc ignorait, c'est que Louis XIV, dont la diplomatie était partout présente, partout bien informée, et presque partout triomphante, était au moment de détacher le roi Charles II d'Angleterre de l'alliance hollandaise, qu'il avait déjà persuadé au roi de Suède Charles XI de se renfermer dans une stricte neutralité, et qu'enfin il avait à peu près réduit l'empereur d'Allemagne, absorbé par les troubles de la Hongrie, à prendre momentanément son parti de l'ascendant de la France. La cour d'Espagne n'était pas sans bonne volonté pour le duc de Lorraine, mais elle était gouvernée par une régente impuissante.

---

1. M. d'Aubeville à M. de Lyonne, 10 avril 1669. — Archives des affaires étrangères.
2. *Dom Calmet*, tome VI, page 595.

Seule la Hollande était portée à protéger efficacement Charles IV; mais le moment approchait où la Hollande allait avoir beaucoup à faire pour se protéger elle-même.

A partir du jour où il s'était vu arrêté dans l'essor de ses conquêtes en Flandre par la prévoyante politique des Hollandais, gouvernés par les frères de Witt, Louis XIV n'avait plus songé qu'à se venger des Provinces-Unies et à humilier cette république, qu'il appelait avec dédain une orgueilleuse boutique de marchands. C'était là qu'avaient tendu tous ses efforts depuis la paix d'Aix-la-Chapelle. Il ne s'était pas dissimulé toutefois qu'une guerre générale sortirait peut-être de cette atteinte portée à la sécurité d'une nation qui, ayant bravement conquis sa place en Europe, trouverait sans doute, en sa détresse, plus d'un allié pour la défendre. Il voulait mettre toutes les chances de son côté. Ainsi donc, tandis que pour se saisir d'une partie des Pays-Bas espagnols, il lui avait paru suffisant de s'assurer des troupes lorraines, il était résolu cette fois, avant d'entrer en campagne contre les Hollandais, de s'emparer, par mesure de précaution, non-seulement du territoire de la Lorraine, mais de la personne même de son souverain.

Avant de s'arrêter à un si violent parti, Louis XIV avait fait sonder le successeur légitime de Charles IV. Il eût aimé, pour déguiser un peu l'usurpation qu'il méditait, de pouvoir persuader au prince Charles d'entrer avec la France dans quelque secrète négociation. Le duc François et Mme la duchesse douairière d'Orléans s'employèrent dans ce but. Des agents secrets furent envoyés à Vienne pour agir auprès du prince lorrain ; l'impératrice douairière elle-même lui conseilla d'entendre à ces ouvertures, et le bruit se répandit un instant à Paris que le prince Charles avait fait son accommodement avec le roi[1]. Il n'en était rien cependant. Les tentatives faites près de l'héritier présomptif de la Lorraine ayant complétement échoué, Louis XIV ne songea plus qu'à se procurer une série de griefs suffisants contre le souverain qu'il s'agissait maintenant de déposséder à tout prix.

Il n'était pas difficile de surprendre Charles IV en faute, si c'en était une toutefois, au moment où il était si ouvertement menacé, d'avoir autour de sa personne plus de soldats que n'en devaient contenir ses deux compagnies des gardes, et de chercher à se procurer partout en Europe des protecteurs contre les exigences croissantes du roi de France. Le duc de Lorraine avait en effet signé, sans grande utilité, avec les électeurs de Trèves et de Mayence un traité purement défensif. Il entretenait, peut-être imprudem-

---

[1]. Lettres de M. d'Aubeville à M. de Lyonne. — Lettres de M. de Choisy. — Lettres de M. Morel. — Archives des affaires étrangères. — *Vie manuscrite du père Hugo.* — Lettres de Mme de Sévigné.

ment, auprès des cours de Madrid et de Vienne, à Londres et à La Haye, des agents qu'il employait le plus souvent à dénoncer les projets ambitieux du monarque français sur la Lorraine. Il passait avec quelque raison pour être l'auteur d'un projet de ligue armée entre l'Espagne, l'Empire et les Hollandais. M. de Risaucourt, son agent près des Provinces-Unies, s'agitait, disait-on, à Amsterdam pour persuader aux États-Généraux d'envoyer un corps de 13,000 hommes entre le Rhin, la Meuse et la Sarre[1].

Si inconsidérées qu'elles pussent être, ces démarches du duc de Lorraine n'excédaient en rien les droits qui appartiennent à tout prince indépendant. Louis XIV fit semblant de les ignorer jusqu'au moment où toutes choses étant enfin prêtes pour son expédition contre la Hollande, il lui convint de manifester tout d'un coup son ressentiment. L'éclat en fut étrange. Il causa par toute l'Europe autant de surprise que d'indignation ; et cependant l'on chercherait en vain, soit dans les gazettes de cette époque, soit dans les mémoires contemporains, soit dans les historiens du règne de Louis XIV, le récit de l'incroyable guet-apens qui, en l'an de grâce 1670, sans déclaration de guerre préalable, et en pleine paix, fut honteusement dressé par le puissant mo-

[1]. Extrait d'une lettre de Louis XIV à M. Colbert, 29 août 1670 ; citée par M. Mignet, *Succession d'Espagne*, t. III, p. 226.

narque de France au chétif souverain de la Lorraine. Voici comment les choses se passèrent.

Le 23 août 1670, dans la journée, Charles IV. vit arriver dans son palais de Nancy deux agents de la cour de France, le comte de Fourille, mestre de camp général de cavalerie, le même personnage qui avait jadis été chargé par Sa Majesté d'arrêter à Angers le surintendant Fouquet et le sieur Choisy, intendant à Metz. La mission de ces messieurs était toute pacifique. Il s'agissait de régler un différend survenu à propos de quelques péages et de certains poteaux de douanes, aux armes de France, que les agents du duc prétendaient avoir été indûment placés sur les terres de Lorraine, et qu'ils avaient assez imprudemment abattus. Dans l'entrevue que MM. de Fourille et Choisy obtinrent à ce sujet de Charles IV, l'intendant de Metz se montra seul un peu difficile et récalcitrant. Le comte de Fourille, au contraire, se répandit en protestations de respect et de zèle pour la personne du duc. Il affecta même de blâmer la rudesse de son compagnon « qui étoit doublement coupable, » disait-il, « car il alloit ainsi contre son devoir et contre les inclinations du roi de France [1]. » On se quitta avec des promesses réciproques de régler à l'amiable tous les différends qui regardaient le commerce et la souveraineté du

---

1. *Dom Calmet*, tome VI, p. 610.

pays. Choisy retourna le soir à Metz. Le comte de Fourille, qui avait le mot de Louis XIV et qui n'était venu à Nancy que pour étudier son terrain et s'informer exactement des habitudes du duc, se retira un peu plus tard, quand il eut suffisamment considéré toutes choses.

Cette visite du comte de Fourille avait surpris quelques personnes. Plus d'un zélé serviteur du duc de Lorraine en prit ombrage et conseilla à son maître de quitter au plus tôt Nancy. Charles n'en voulut rien faire. Il s'attendait bien à une prochaine invasion de la Lorraine, mais il ne voulait point admettre que sa personne fût en danger. Il avait récemment congédié la dernière portion de ses troupes qu'il avait jusqu'alors gardée dans le dessein de l'envoyer au secours de Candie. Il venait, à l'imitation de Louis XIII, de placer, avec un certain apparat, son duché sous la protection de la Vierge. Croyant, ou feignant de croire qu'il avait ainsi satisfait à toutes ses obligations divines et humaines, il témoigna qu'il y aurait de la honte à laisser voir en cette occasion une inquiétude déplacée[1]. Il sié-

1. « Chose merveilleuse, Madame la duchesse d'Orléans douairière, avoit envoyé le sieur de Pouillat à Son Altesse pour l'assurer de toute bonne amitié, et correspondance de la part du roi, que M. de Colbert venoit de lui exprimer exprès par son ordre, et ce gentilhomme arrivant à Nancy (au moment de l'expédition du comte de Fourille) se trouva pris..... je n'ay jamais vu un homme avec plus d'étonnement sur une aventure que luy sur la sienne, et dégoisant plus sur sa nation. » Extrait des mémoires manuscrits du président Cahon.)

geait donc tranquillement à son conseil, le 26 août au matin, lorsque, vers les onze heures, le gouverneur de Gondreville vint lui annoncer qu'une troupe de cavaliers armés s'avançait rapidement vers Nancy. En même temps une troupe de bûcherons accouraient raconter dans la ville que la forêt de Haye était toute pleine de soldats. Charles comprit que c'était à lui qu'on en voulait. Il fit promptement seller ses chevaux, et, feignant d'aller à la chasse, il sortit de Nancy par la porte la plus rapprochée de la chapelle de Notre-Dame de Bon-Secours. A peine avait-il eu le temps de s'y arrêter un instant et de s'agenouiller devant l'autel, que le comte de Fourille, traversant, à la tête de ses hommes, les faubourgs de Nancy, arrivait au galop devant les portes du palais ducal.

Ce n'était pas la faute du comte de Fourille s'il avait manqué le duc de Lorraine; il s'était arrangé pour le surprendre le matin dans son lit. Sa bande avait eu rendez-vous, la nuit, dans la forêt de Haye, qui touche à Nancy. Il s'était proposé d'arriver jusqu'à la ville par des chemins détournés; mais un brouillard épais avait égaré ses guides, qui l'avaient mené du côté du village de Liverdun. Reconnaissant son erreur, il s'était alors décidé à attendre dans les bois jusqu'à midi; pour se donner au moins la chance de saisir Charles IV pendant qu'il serait à table. Il se croyait encore si certain de l'y trouver qu'il menaçait de briser les portes du palais si on ne les lui ouvrait sur-le-champ. En vain, Mmes de Lillebonne et de Vaudemont voulurent parlementer avec lui, il ne les écouta point. Tandis que Mme de Lillebonne l'assurait que le duc était parti, tandis que Mme de Vaudemont, plus émue que sa sœur, lui reprochait avec colère la grossièreté de son procédé, le comte de Fourille pénétra dans la cour du palais ducal par une porte de derrière, et, malgré l'effroi de ces dames, animant lui-même ses soldats, bouleversa et fouilla tous les appartements afin de se convaincre que le duc n'y était pas caché.

Un traitement semblable attendait la duchesse de Lorraine, près de laquelle les Français s'imaginèrent que son mari s'était peut-être réfugié. Elle était alors à Pont-à-Mousson, où elle prenait les eaux. Sa demeure fut brusquement envahie par une troupe de soldats détachés de l'armée du maréchal de Créqui. Ses appartements furent, comme ceux du palais de Nancy, visités et fouillés avec la dernière rigueur, ses serviteurs arrêtés et ses gardes désarmés. La *Gazette de France*, qui n'avait point parlé de l'expédition à Nancy, contre le Duc, probablement parce qu'elle n'avait pas réussi, ne dédaigna pas d'entretenir ses lecteurs de celle qui avait été dirigée contre la Duchesse à Pont-à-Mousson. Elle rapporta même avec une certaine complaisance qu'on y avait fait quinze prisonniers,

« quatorze gardes et un officier de la duchesse, qui avaient été conduits sous escorte à Metz[1]. » C'était là un beau trophée de guerre. Il fallut cependant s'en contenter, car Charles IV avait décidément échappé au comte de Fourille. Tandis que celui-ci s'opiniâtrait à le chercher à Nancy et à Pont-à-Mousson, tandis que des cavaliers couraient sur toutes les routes pour découvrir sa piste, Charles IV, montant les chevaux de sa vénerie, prenait, à travers les bois qui environnaient Nancy, des sentiers qui n'étaient guère connus que de lui et de ses piqueurs. A la tombée de la nuit, il arriva, couvert de boue et harassé de fatigue, au château isolé de Mme des Piliers. Cette dame, surprise de voir le duc de Lorraine arriver chez elle à pareille heure et dans un tel état, lui demanda s'il se serait par hasard égaré à la chasse : « Je ne suis pas le chasseur, » répondit le Duc, « je suis le gibier qui se sauve du chasseur [2].

Il est facile d'imaginer la consternation qui régnait à Nancy et dans toute la Lorraine. On se demandait si le comte de Fourille avait réellement agi d'après les ordres de Sa Majesté; la violence de cette entrée en campagne faisait redouter les plus terribles calamités. Bientôt le doute ne fut plus possible, lorsqu'on vit le maréchal de Créqui pénétrer en Lorraine à la tête de sa puissante armée. Une instruction signée

---

1. *Gazette de France* du 13 septembre 1670.
2. *Dom Calmet*, t. VI, p. 610.

du roi, mais écrite de la main de M. de Lyonne, lui prescrivait la conduite qu'il devait tenir. Cette instruction expose si franchement, nous devrions peut-être dire si effrontément, la politique de Louis XIV à l'égard du malheureux duc de Lorraine, que nous ne saurions mieux faire que d'en citer textuellement les principaux passages.

« Je vous dirai en premier lieu, » écrivait Louis XIV au maréchal, « que le comte de Fourille m'ayant mandé qu'il a manqué le coup dont je vous ay parlé, je n'ai pas changé pour cela, comme vous le pouvez croire, mon premier dessein, mais seulement la manière de m'en expliquer dans le monde, car je me propose bien de chasser en effet le duc de Lorraine de son État, et que vous exécutiez là-dessus tous les ordres que je vous ay donnés de vive voix, mais j'ai jugé plus à propos que vous ne vous en expliquiez pas en ces termes quand vous aurez occasion d'en parler ou d'en écrire. Il faudra seulement dire que notre expédition n'est qu'une suite de celle que vous avez déja faite en Lorraine pour obliger aujourd'hui le duc à trois choses importantes : l'une de faire un licenciement effectif et non frauduleux de toutes ses troupes, comme il s'y engagea dans votre premier voyage; la seconde, de réparer certaines contraventions qu'il a faites aux traités que nous avons ensemble; et la troisième, de tirer de lui toutes les sûretés que j'esti-

merai nécessaires pour avoir l'esprit en repos ; qu'il
ne continuera plus à l'avenir les mêmes contraventions ou d'autres, et qu'il n'entretiendra plus de
pratiques et de cabales contre mon service. Vous
jugez bien que ces conditions si générales, et surtout
la dernière, sont d'une nature que, quelque chose
qu'il m'offre, hors de quitter lui-même son État et de
le faire effectivement, j'aurai toujours lieu de pousser
l'affaire à ce but; en disant que ce qu'il pourrait
m'offrir ou promettre n'est pas suffisant pour m'assurer qu'il n'y manquera, et que j'en désire de plus
grandes sûretés. Cependant vous irez toujours votre
chemin à le chasser des lieux où il pourrait se retirer, et s'il envoyoit quelqu'un sous prétexte de savoir
de vous ce que je luy demande, vous n'aurez qu'à
luy répondre qu'il peut s'adresser à moi-même pour
l'apprendre, et que vous n'avez d'autre pouvoir que
celui d'exécuter mes ordres.....[1] »

Le maréchal de Créqui était l'homme qu'il fallait
pour exécuter à la lettre de pareilles instructions[2].

[1]. Lettre du roi au maréchal de Créquy, 29 août 1670 (tout entière de la main de M. de Lyonne) aux Archives des affaires étrangères.

[2]. « Quand il vous plaira de rendre un homme capable d'affaires il ne tiendra qu'à vous, car on sait si à point nommé par vos dépêches, quelles sont les intentions du roy, qu'il n'y a qu'à suivre ce qui y est prescrit sans rien ajouter du sien... Si M. de Lorraine envoie vers moi, je luy ferai promptement connoître que j'ay des ordres pour agir et point pour négocier. Aussi quel temps qu'il puisse me demander, quelqu'offre qu'il puisse me faire, j'ai ma leçon, et n'écouterai rien. » (M. le maréchal de Créqui à M. de Lyonne, septembre 1670.) — Archives des affaires étrangères.

Après avoir séjourné quarante-huit heures à Nancy, où les Lorrains lui reprochèrent d'avoir affecté de coucher dans le propre lit du duc, il s'achemina vers Mirecourt, dont il s'empara sans grand'peine. Épinal, défendu par quelques seigneurs lorrains qui s'étaient jetés dans ses murs, par de braves soldats et par la milice du pays, tint un peu plus longtemps. Cette résistance inattendue irrita Louis XIV. Il ordonna au maréchal d'envoyer aux galères tous les hommes de la milice qui seraient pris les armes à la main. M. de Lyonne s'émut de voir le roi adresser publiquement à ses lieutenants des instructions aussi barbares et si contraires au droit des gens. Fort de l'assentiment de MM. le Tellier et Colbert, il osa faire à Sa Majesté de respectueuses remontrances. Il lui représenta « que si le roi Louis XIII avait jadis envoyé aux galères les Lorrains qui avaient défendu contre lui Saint-Mihiel, c'est que les habitants de Saint-Mihiel lui avaient précédemment prêté serment de fidélité et pouvaient être, par conséquent, considérés à bon droit comme des révoltés; mais il n'en était pas de même des habitants d'Épinal, sujets naturels du duc de Lorraine, qui tenaient contre l'un des lieutenants du roi dans une place susceptible de défense, puisqu'on l'assiégeait depuis dix ou douze jours... « Déjà, » ajoutait M. de Lyonne, « les gazettes étrangères commentent ce qu'a fait Votre Majesté, au sujet des princes de la maison de Lorraine, disent qu'elle n'agit pas différemment du Grand-Turc, qui nomme, destitue et rétablit suivant son bon plaisir les princes valaques, moldaves ou transylvains. Si Votre Majesté envoye aux galères des sujets qui défendent l'État de leur souverain, ne vont-elles pas publier par toute la chrétienneté que jamais le Turc n'a commis cette injustice ni cette inhumanité...[1] » Nous ignorons si Louis XIV sut bon gré à M. de Lyonne de ses observations. Il ne voulut pas toutefois révoquer ostensiblement les ordres précédemment envoyés au maréchal de Créqui; il l'autorisa seulement à ne pas les suivre trop rigoureusement. Effrayés par le sort de la ville d'Épinal, Chaté et Longwy n'osèrent braver longtemps les armées du roi de France. L'occupation de la Lorraine ne tarda pas à être complète. Le pays ne se défendit pas, en 1670, comme il avait fait en 1633. Bien des événements s'étaient passés depuis cette époque. La Lorraine n'avait plus, pour résister, de places fortes comme Marsal, Bitche et Lamothe. Sa faiblesse s'était accrue autant que la puissance de la France avait augmenté. Mais il y avait d'autres motifs qui expliquaient, sinon l'indifférence, au moins l'inaction des populations lorraines. Elles n'étaient plus animées des sentiments enthousiastes qui font les entraînements héroïques. Le prince qui naguère

---

1. M. de Lyonne au roy sur les affaires de Lorraine, octobre 1670. — Archives des affaires étrangères.

personnifiait, aux yeux de son peuple entier, la cause
de la nationalité menacée, avait maintenant trop
perdu de son prestige. Il n'avait pas cessé, malgré
ses fautes, d'être pour ses sujets un objet de pitié et
de respect; il n'excitait plus leur dévouement passionné. Réfugié, cette fois encore, dans les montagnes
des Vosges, où le suivirent quelques rares et intrépides serviteurs, dont l'épée ni les conseils ne devaient jamais lui faire défaut, Charles IV s'aperçut
bientôt qu'il n'était plus en état d'appeler de nouveau à sa défense ni cette généreuse noblesse qui
l'avait jadis si bien servi, et qu'il avait si ouvertement méprisée, ni ce peuple idolâtre qui s'était si
souvent sacrifié pour lui et qu'il avait si impitoyablement pressuré. Après avoir erré quelque temps
d'une place à une autre, sans pouvoir se résoudre
à quitter définitivement le sol de la Lorraine, après
avoir adressé à Louis XIV tant de lettres que ce fier
monarque ne voulait jamais lire, et tant de messages
qu'il ne voulait jamais écouter, repoussé de la Franche-Comté où les Espagnols n'osèrent pas le recevoir, et
traqué de toutes parts, le duc de Lorraine passa enfin le Rhin à Rhinsfeld. Quelques mois plus tard il
arriva à Cologne sans aucun équipage, suivi seulement des princes de Lillebonne et de Lixin, des
comtes d'Arbois et de Trichâteau. C'est là qu'il attendit l'ouverture de la campagne de Hollande.

 L'émotion fut grande en Allemagne quand on vit

le duc de Lorraine y arriver en fugitif. Les princes ennemis de la France se montrèrent indignés de la manière dont Louis XIV avait traité un prince indépendant. Les Électeurs qui étaient en relations intimes avec la cour de Saint-Germain, lui firent doucement connaître le mauvais effet qu'un semblable attentat aux droits des nations avait produit de l'autre côté du Rhin[1]. La diète de Ratisbonne s'assembla pour en délibérer. Par un vote unanime, en date du 13 octobre 1670, elle protesta contre les procédés du roi très-chrétien, et conclut à l'envoi d'un ambassadeur à Paris, afin de réclamer, au nom du corps germanique, la restitution de la Lorraine à son souverain légitime. Mais l'Empereur ayant témoigné avoir plus que personne cette affaire à cœur, il fut convenu que la Diète s'en remettrait entièrement à lui du soin d'agir auprès de Louis XIV. M. le comte Windisgratz partit à cet effet de Vienne à la fin de l'automne de 1670. Le roi de France était bien décidé à garder sa conquête. Il est assez curieux de connaître les fins de non-recevoir différentes qu'il opposa à ceux qui lui demandaient de s'en dépouiller.

Le maréchal de Créqui eut mission de rassurer par des paroles ambiguës les Électeurs, amis de la France, qui montreraient trop d'inquiétudes à pro-

[1]. Lettres des électeurs de Cologne, de l'évêque de Munster, etc., etc., au roi, 1670, 1671. — Archives des affaires étrangères.

pos de l'affaire de M. de Lorraine[1]. M. Gravel, résident de France à Ratisbonne, fut spécialement chargé de calmer la diète, de mettre dans leur vrai jour les torts du duc de Lorraine envers Sa Majesté, et surtout de bien convaincre MM. les Électeurs « que Sa Majesté ne vouloit, en aucune façon, profiter de la dépouille du duc, comme la suite le feroit bien voir [2]. » Il était plus malaisé d'éconduire le représentant de l'Empereur, avec lequel Sa Majesté n'entendait pas se brouiller à la veille de son expédition contre la Hollande. Le comte Windisgratz était d'ailleurs un personnage considérable, estimé de l'Empereur, ami de l'impératrice douairière et du prince de Lobkowitz; il avait droit à des ménagements particuliers.

Avant même que le comte n'eût quitté l'Allemagne, le chevalier de Gremonville, chargé d'affaires de France à Vienne, eut ordre d'aller demander à l'Empereur des explications sur la nature des instructions remises à son envoyé. Le langage qu'il devait tenir en cette occasion était assez singulier; on pourrait dire qu'il était à la fois très-hautain et très-ami-

---

1. Lettres de M. de Lyonne au maréchal de Créqui. — Lettres du maréchal de Créqui à M. Gravel, résidant de France à Ratisbonne. — *Idem* aux électeurs de Cologne, de Mayence, etc., 1670, 1671. — Archives des affaires étrangères.

2. Lettre du roi au maréchal de Créqui. — *Idem* à M. de Gravel. — Lettres du maréchal de Créqui à M. de Gravel, 9 janvier 1670, 17 février 1671. — Archives des affaires étrangères.

cal : « Quand je serois propre frère de l'empereur, » écrivait Louis XIV à son agent, « engendrés tous les deux par un même père et conçus dans les flancs d'une même mère, que nous serions d'ailleurs unis d'amitié autant que deux frères l'ont jamais été, l'intérêt politique ne permettroit pas que, moi étant roi de France et lui empereur, je rétablisse le duc de Lorraine dans son État à sa prière, et il n'auroit aucun sujet raisonnable de trouver mauvais le refus que je lui ferois, ni de se plaindre que j'eusse manqué à l'amitié qui est ou qui doit être entre deux frères ; à plus forte raison dois-je tenir cette conduite, étant nés de deux maisons qui, quoique étroitement liées par le sang, ont toujours, depuis près de deux siècles, été opposées par leurs intérêts [1]... » Le chevalier de Gremonville ayant affecté de répéter plusieurs fois dans la conversation que jamais le roi ne rendrait la Lorraine si on paraissait l'y forcer, l'Empereur s'était contenté de répondre « qu'il n'avoit pu refuser cette apparente satisfaction aux cris de tout l'Empire, mais qu'il désiroit sincèrement que sa demande n'aboutît qu'à mieux disposer le roi en faveur du duc de Lorraine [2]. »

1. Lettre de Louis XIV au chevalier de Gremonville, 20 novembre 1670. — *Correspondance d'Autriche*, t. XXXVIII. — Archives des affaires étrangères citées par M. Mignet. *Succession d'Espagne*, t. III, p. 489.

2. Dépêche du chevalier de Gremonville à Louis XIV. — *Correspondance d'Autriche*, t. XXXVII, citée par M. Mignet. *Succession d'Espagne*, t. III, p. 488.

Peu de temps après, le comte de Windisgratz arrivait à Versailles. « Le bruit s'étant répandu dans plusieurs endroits de la chrétienté, » écrit M. de Lyonne au chevalier de Gremonville, « que ledit Comte venoit de la part de l'Empereur et de l'Empire intimer au roi la restitution de la Lorraine, Sa Majesté a voulu lui donner ses audiences en public, afin qu'il y eût plusieurs témoins de ce qu'il disoit [1]. » Le discours du comte de Windisgratz, prononcé avec quelque embarras devant la cour de France, réunie autour de Sa Majesté, fut assez bref et très-respectueux. La réponse du roi fut plus longue. Il s'étendit sur les torts que le Duc avait eus à son égard, sur les droits de toutes sortes qu'il avait incontestablement sur la Lorraine. Il refusa en termes très-nets de souffrir aucune médiation dans cette affaire : « Mon honneur, dit-il en terminant, s'y trouvant donc si avant intéressé, je veux bien vous déclarer que si j'avois à rendre cet État à la prière de quelqu'un, je le ferois plutôt sur celle de l'Empereur que de tout autre prince, mais je vous déclare en même temps que je ne le rendrai jamais à la prière de qui que ce soit..... Quand, au lieu d'aller mendier des des secours et des appuis étrangers, l'oncle et le neveu (Charles IV et le prince Charles) se met-

---

[1]. Relation des audiences données par Louis XIV au comte de Windisgratz, 27 décembre 1670. — *Correspondance d'Autriche*, t. XXXVIII, citée par M. Mignet. *Succession d'Espagne*, t. III, p. 494.

tront mieux dans leur devoir et recourront à moi, sans entremetteurs, avec les soumissions qu'ils me doivent, je verrai alors ce que j'aurai à faire[1]. » Ces fières paroles rendaient par avance impossible le succès de la négociation du comte de Windisgratz. L'envoyé de l'Empereur ne voulut pas s'opiniâtrer plus que de raison à compromettre le crédit de son maître; il s'en retourna assez promptement à Vienne.

Il y avait alors à Paris un agent du duc de Lorraine, qui avait précisément pour mission d'adresser à Louis XIV ces sollicitations respectueuses et directes, les seules, disait-il, qu'il était disposé à accepter. Le président Canon s'était tenu à l'écart pendant tout le temps que le comte de Windisgratz avait traité avec le roi; il s'était surtout appliqué à n'entretenir avec cet envoyé de l'Empereur aucune relation compromettante. M. de Lyonne lui avait même positivement interdit de le visiter, disant : « Paris est grand, il peut s'y faire beaucoup de choses en cachette, mais le roi est bien averti. » Il avait même ajouté « qu'aussi longtemps que le comte de Windisgratz seroit à la cour, Sa Majesté n'écouteroit aucun agent du Duc. » Le Comte parti, M. Canon s'imagina qu'il y aurait pour lui plus de chance de réussir; il se trompait.

La première entrevue entre M. Canon et M. de

---

1. *Ibidem.*

Lyonne n'eut pas lieu à Paris, mais à Dunkerque où le roi s'était transporté afin de visiter ses nouvelles conquêtes de Flandre. « Avez-vous un plein pouvoir ? » demanda assez brusquement le ministre de Louis XIV à l'agent du duc de Lorraine. M. Canon offrit de le montrer. « Cela est bien, repartit M. de Lyonne, mais croyez-vous avoir assez de pouvoir pour consentir à une condition préalable que le roi demande ? après quoi nous entrerons en traité. C'est que le roi veut, pour sa sûreté, après tout ce qui s'est passé, que M. le duc de Lorraine vienne demeurer en France[1]. » M. Canon se récria. « Il avoit bien les pouvoirs les plus étendus, mais le Duc n'avoit pas prévu qu'on voulût lui demander pareille chose. » Là-dessus, M. de Lyonne rompit les conférences.

Peu de temps après elles furent reprises sur une donnée nouvelle. Charles IV, jugeant que sa personne était trop désagréable à Louis XIV, et que peut-être il serait de plus facile composition pour le prince Charles, envoya à M. Canon les instructions nécessaires pour qu'il fît connaître au roi qu'il était prêt à céder ses États à son neveu, et que Sa Majesté pouvait désormais traiter sur cette base. A cette ouverture inattendue, M. de Lyonne montra plus de surprise que de satisfaction. — « Est-ce tout de bon,

---

1. *Mémoires manuscrits de M. Canon.*

vraiment? ne craignez-vous point qu'on ne vous prenne au mot? s'écria le ministre de Louis XIV. — M. Canon ayant fait voir ses commissions et assuré qu'il était prêt à entrer en négociations et à conclure dans le jour même, « Prenez garde, » repartit M. de Lyonne, « le roi n'aime pas qu'on le joue[1]. » L'après-dîner, M. de Lyonne revint trouver le président Canon; il lui dit que Sa Majesté préférait traiter avec Son Altesse plutôt qu'avec le prince Charles, dont il n'était pas moins mécontent que de son oncle. Le président ne demeura point court. « De grâce, » s'écria-t-il, « traitez au moins avec l'un ou avec l'autre. » M. de Lyonne se retira disant que, pour le moment, il n'avait point d'autres réponses à donner.

Rien n'était cependant définitivement rompu entre le roi de France et le duc de Lorraine. Les pourparlers que nous venons de raconter avaient à peu près occupé la fin de l'année 1670 et la plus grande partie de l'année 1671. M. de Lyonne étant mort à la suite des tristes événements de famille qui empoisonnèrent les derniers jours de sa brillante carrière, M. Canon crut entrevoir de plus favorables dispositions chez son successeur, M. de Pomponne. Le prince de Lillebonne accourut aussitôt à Paris afin d'en profiter. On lui présenta tout rédigé d'a-

---

[1]. *Mémoires manuscrits de M. Canon.*

vance un traité fort rigoureux par lequel le roi
consentait à restituer la Lorraine en se réservant le
droit d'y établir deux places d'armes à son choix.
Pendant que M. de Lillebonne débattait ces fâcheuses conditions, la campagne de Hollande s'ouvrait
devant l'Europe attentive. Le succès parut d'abord
tenir du prodige ; rien ne résistait au premier élan
de l'armée française. Les villes réputées imprenables
étaient enlevées en quelques jours ; leurs garnisons
se rendaient presque sans coup férir ; au bout de trois
mois la moitié des Provinces-Unies était au pouvoir de la France ; les deux frères de Witt périssaient massacrés par la populace d'Amsterdam. Il
semblait qu'il n'y eût plus en Europe une seule puissance, ni un seul homme, qui voulût, ou qui pût tenir
tête au roi de France. Les dernières hésitations de
Charles IV tombèrent devant les triomphes chaque
jour croissants de son formidable persécuteur. Il fit
supplier le roi de le recevoir en grâce aux conditions
qu'il lui plairait d'indiquer ; mais Louis XIV répondit
(août 1672) qu'il ne s'occupait point de négociation
pendant qu'il était en campagne.

L'année suivante, les Hollandais, commandés par
leur jeune Stathouder, avaient un peu relevé la tête.
L'Empire et l'Espagne, après avoir assez facilement
abandonné les Provinces-Unies, pendant qu'elles
étaient gouvernées par le républicain Jean de Witt,
se montraient plus empressés à les secourir, mainte-

nant qu'elles obéissaient au prince d'Orange. Ce fut le tour de Louis XIV; menacé par cette dangereuse coalition, de faire dire au duc de Lorraine qu'il n'était pas éloigné de vouloir s'entendre avec lui. Mais tous ces bruits d'armes qui retentissaient d'un bout de l'Allemagne à l'autre avaient réveillé l'ardeur guerrière de Charles IV. Déjà l'Électeur de Brandebourg, déjà Montecuculli lui avaient fait demander de joindre ses troupes aux leurs[1]. L'âge n'avait pas tellement changé l'humeur du prince lorrain qu'il préférât traiter quand il pouvait combattre. Après avoir eu à Halberstadt une entrevue avec l'Électeur de Brandebourg, « il revint à Cologne, » dit l'auteur lorrain auquel nous avons emprunté la plupart de ces détails, « n'ayant plus d'autres sentiments que de la guerre, qui étoient ceux qui lui étoient naturels; et le président Canon lui-même de négociateur devint aussi guerrier[2]. »

Les biographes de Charles IV abondent en détails sur la part prise par ce prince aux campagnes d'Allemagne depuis l'année 1673 jusqu'au mois de septembre 1675, date de sa mort. Il n'entre pas dans notre sujet de les raconter après eux. Le sort de la Lorraine ne dépendait plus uniquement des expéditions heureuses ou malheureuses de son duc.

---

1. *Mémoires du président Canon.* — *Vie manuscrite de Charles IV,* par le père Hugo. — *Dom Calmet,* etc., etc.
2. *Mémoires manuscrits du président Canon.*

Dans la querelle maintenant engagée, il s'agissait d'autre chose que de savoir si la souveraineté de ce petit pays retournerait à son maître légitime ou si elle serait définitivement acquise au roi de France. Les Cours confédérées se seraient, à cette époque, estimées très-heureuses d'acheter la paix en sacrifiant les droits du duc de Lorraine [1], mais elles savaient parfaitement que Louis XIV roulait alors dans sa tête de plus vastes et de plus ambitieux projets. Les unes combattaient pour maintenir leur grandeur menacée; les autres pour assurer leur salut compromis ; toutes ensemble, pour préserver leur commune indépendance. Charles IV, était l'un des plus faibles, parmi les princes qui luttaient maintenant contre le puissant chef de la nation française. Sa cause était liée désormais à une cause plus grande que la sienne : celle de l'équilibre politique entre les puissances du continent. Le temps était venu où les destinées de la Lorraine allaient beaucoup moins résulter de la conduite particulière de ses souverains, que des combinaisons générales de la diplomatie européenne et des événements de la guerre universelle. Il ne dépendait pas des Lorrains de recon-

1. M. Canon raconte que pendant la négociation du comte de Windisgratz à Paris, l'envoyé des Provinces-Unies était venu trouver l'ambassadeur de Sa Majesté impériale pour lui faire observer qu'il n'était peut-être pas très-prudent ni très-bien entendu de tant presser le roi de France sur le sujet de la Lorraine, et qu'il ne fallait pas trop lui contester cette conquête, mais seulement tâcher qu'il s'en contentât.

quérir leur nationalité. Il n'appartenait plus à personne de la leur restituer. Les revers seuls de la France pouvaient leur rendre quelques chances de succès, mais la France était en ce moment partout victorieuse. Pendant les années qui lui restaient à vivre, le duc de Lorraine allait être condamné à assister aux triomphes de son plus implacable ennemi. Hâtons-nous de rapporter comment, dans quelques rares occasions, il lui fut pourtant donné d'en troubler un peu le cours.

Le duc de Lorraine, quoique dépossédé de ses États, n'était pas absolument sans ressources. Arrivé en fugitif à Cologne, il n'avait pas tardé à s'y composer un train de maison considérable. Il avait fait venir près de lui la jeune Duchesse, dont il ne pouvait se passer, et qui, pendant ce temps d'épreuves, l'accompagna toujours partout en épouse tendre et dévouée. Quelques seigneurs lorrains, moins nombreux que par le passé, s'étaient groupés autour de lui. Pour récompenser leur fidélité, Charles IV leur avait distribué quelques charges auprès de sa personne et des commandements dans ses troupes, car personne n'excellait comme lui à lever des régiments, et la guerre n'était pas encore déclarée entre la France et l'Empire que déjà il en avait formé plusieurs avec l'argent ramassé pendant son séjour en Lorraine. Le public s'était attendu à voir l'Empereur donner le commandement de ses armées au duc de Lorraine; Charles IV y comptait beaucoup. Il n'en était pas tout à fait indigne. Plus qu'aucun des autres généraux que l'Empereur pouvait alors employer, il avait la parfaite connaissance du terrain sur lequel il s'agissait d'opérer. Plus d'une fois déjà il s'était mesuré avec M. de Turenne. Inférieur à cet illustre capitaine, dans l'art de conduire les grandes manœuvres, il n'avait pas laissé que de remporter parfois sur lui, pendant les guerres de la Fronde, d'assez signalés avantages. Il est à présumer que l'inconsistance politique de Charles IV lui fit tort en cette occasion. On lui préféra des chefs dont la renommée militaire ne valait pas la sienne. Il en eut de l'humeur et se tint volontairement à l'écart, agissant pour son propre compte, sans refuser d'ailleurs ses conseils à ses alliés. Ceux qu'il donna à l'Empereur pour l'ouverture de la campagne auraient mérité d'être suivis. Supposant avec raison que Louis XIV ne manquerait pas de vouloir s'emparer de la Franche-Comté, il avait insisté pour que les confédérés l'occupassent en force[1]; mais, comme il arrive souvent dans les coalitions, l'Empereur avait préféré pénétrer en Alsace, parce qu'il espérait la conquérir à son profit, ce qui

---

1. *Mémoires du marquis de Beauvau.* — *Vie manuscrite du père Hugo.* « Si le duc de Lorraine avait été cru, il nous aurait prévenus de ce côté-là; mais l'empereur aima mieux se porter en Alsace parce qu'il comptait la conquérir pour lui. » *Abrégé chronologique de l'histoire de France du président Hénault,* t. II, page 752.

permit au roi de France de se saisir, aux premiers jours de 1674, de Gray, de Vesoul, de Besançon, et de soumettre à son pouvoir toute cette importante contrée.

Avant de se rendre en Franche-Comté, Louis XIV s'était, pendant le cours de l'année 1673, arrêté un moment à Nancy. Il s'était logé, avec la reine, au palais ducal, où toute la cour avait trouvé à s'installer commodément. « Leurs Majestés avouèrent que le Louvre n'étoit pas plus habitable ; et tout le pays leur parut si agréable, » dit le marquis de Beauvau, « et si abondant en toutes sortes de denrées, nonobstant les extrêmes calamités qu'il avoit souffertes depuis quarante années de guerre, qu'elles ne s'en pouvoient assez émerveiller[1]. » De leur côté, les habitants du pays trouvèrent matière à s'étonner de la douceur dont Louis XIV fit preuve pendant son court séjour au milieu d'eux. Ils furent surtout surpris de sa manière courtoise d'agir envers les gentilshommes lorrains. Il n'est pas d'avances qu'il ne tenta pour les embarquer à son service; mais elles ne lui servirent de rien. Surpris de les voir si fermes à ne s'engager pas dans un parti contraire à celui de leur prince, il témoigna les honorer beaucoup pour cette marque de leur zèle et de leur fidélité. Il les assura qu'il ne prétendait point con-

---

1. *Mémoires du marquis de Beauvau.*

traindre leur liberté ; et continuant à leur faire le plus gracieux accueil, il permit même à quelques-uns d'entre eux, entre autres à MM. d'Haraucourt et de Beauvau, d'aller prendre du service en Allemagne. Après la prise de Besançon, que le prince de Vaudemont avait défendu contre lui avec une rare intrépidité, on l'entendit louer publiquement le courage de ce fils de Charles IV. Cette générosité du roi, ses soins pour mettre un terme aux dilapidations dont souffrait la Lorraine, servirent mieux que n'auraient pu faire les plus rigoureux traitements à consolider dans ce pays la domination française.

Cependant les bons procédés n'empêchaient pas la guerre de suivre son cours. Le duc de Lorraine obtint des confédérés, vers la fin de l'automne de 1674, qu'ils oseraient passer le Rhin ; ce qu'ils firent à Spire et à Strasbourg. Mais ils avaient devant eux M. de Turenne. Quoique moins nombreux que ses assaillants, M. de Turenne leur fit tête partout avec sa supériorité habituelle. Pendant que les alliés, fort empêchés, manœuvraient sans accord devant ce redoutable adversaire, Charles IV résolut de percer inopinément les lignes françaises, et de risquer l'un de ces brillants coups de main qui, aux jours de sa jeunesse, l'avaient rendu si fameux. Un corps de cinq cents gentilshommes de l'arrière-ban d'Anjou, commandés par le marquis de Sablé, traversait alors la Lorraine pour se rendre à l'armée de M. de Turenne. Marchant à la tête de quatre régiments de cavalerie et de cent dragons, le duc les surprit à Bonamenil, c'est-à-dire à sept ou huit lieues en arrière du corps d'armée de M. de Turenne; il les mit entièrement en déroute, fit le marquis de Sablé prisonnier, et s'empara, en revenant, d'Épinal et de Remiremont. Il est vrai que peu de temps après Charles IV était obligé de repasser le Rhin et se laissait battre avec ses confédérés, par M. de Turenne. Il avait au moins eu l'occasion de se rappeler par un brillant exploit au souvenir de ses sujets. Il y joignit le plaisir de se moquer de ses collègues et de lui-même avec eux : « C'est chose plaisante, disait-il, qu'un prince par la grâce du roi (il entendait M. de Turenne) ait fait si vite repasser le Rhin à quatre princes par la grâce de Dieu. »

L'année suivante, M. de Turenne étant mort (27 juillet 1675), le duc de Lorraine, qui professait la plus grande admiration pour ce grand capitaine[1], se sentit plus à l'aise et osa davantage. Il y avait parmi les commandants de l'armée française un homme auquel Charles IV en voulait particulièrement, à cause de la part qu'il avait prise aux mal-

---

1. « L'année dernière, M. d'Elbeuf envoya son fils saluer M. de Lorraine qui lui dit : « Mon petit cousin, vous être trop heureux de voir, et d'entendre tous les jours M. de Turenne. Vous n'avez que lui de parent et de père, baisez les pas par où il passe, et faites-vous tuer à ses pieds. » — Lettre de Mme de Sévigné, du 12 août 1675.

heurs de la Lorraine, c'était le maréchal de Créqui. Le moment où l'armée française battait en retraite, découragée qu'elle était par la perte de son illustre chef, parut bien choisi au Duc pour venger sa vieille injure. L'armée confédérée assiégeait alors Trèves, le maréchal de Créqui se portait vers cette ville avec un corps de troupes considérable, afin de la secourir, et de surprendre, s'il pouvait, les assiégeants. Ce fut lui qui fut surpris par Charles IV, et mis en déroute, avec toute son armée. Il faillit même demeurer prisonnier des Lorrains ; ce ne fut qu'à grand' peine qu'il put se jeter, lui quatrième, dans la ville de Trèves. L'échec était considérable, Louis XIV n'en avait pas encore éprouvé de pareil. Il en convint, et témoigna savoir mauvais gré aux courtisans qui voulaient en dissimuler l'étendue [1]. Charles n'assista pas à la bataille, mais il avait dirigé toute l'expédition. Ses troupes y prirent la plus grande part. Sa joie fut extrême ; il s'empressa d'en écrire à Paris. Mme de Sévigné trouva plaisantes les lettres où il plaignait de si grand cœur « le bon Créqui [2]. » Il ne

---

1. « Un courtisan vouloit lui faire croire (au roi) que ce n'étoit rien que ce qu'on avoit perdu. Il répondit qu'il haïssoit ces manières, et qu'en un mot c'étoit une défaite très-complette » (la défaite de M. de Créqui à Consarbrück). — Lettre de Mme de Sévigné, 19 août 1675.

2. « M. de Lorraine en écrivant à sa fille, sur la déroute (de Consarbrück) ne nomme le maréchal de Créqui que *le bon maréchal, le bon Créqui;* il y a un air malin dans cette lettre qui ressemble bien à l'esprit de *Son Altesse mon père.* » — Lettre de Mme de Sévigné du 4 septembre 1675.

paraît pas d'ailleurs que ce succès eût trop enflé le
cœur de Charles IV, car il déconseilla à ses alliés de
presser trop vivement M. le maréchal de Créqui
dans Trèves, et fut d'avis qu'on lui fît des conditions
honorables, s'il consentait à rendre la ville qu'il s'était
mis à défendre avec acharnement. « Vous y périrez,
messieurs, » disait le duc de Lorraine, » songez qu'il
y a quatre mille hommes dans Trèves, et un maréchal de France en colère [1]. »

Ces succès répétés de Charles IV avaient relevé sa
considération dans l'Empire. Depuis le commencement de l'année 1675 on reconnaissait à Vienne qu'on
avait eu tort de ne pas déférer plus souvent à ses
avis. Montecuculli s'étant retiré du service, il fut
question de mettre les troupes impériales sous l'autorité de ce chef dont les inspirations étaient toujours
si hardies et les tentatives le plus souvent heureuses[2].
Peut-être ce prince, qui avait encore tout son entrain

1. « M. de Lorraine ne vouloit pas qu'on s'amusât au siége de Trèves
et disoit : Vous y perirez, Messieurs, songez qu'il y a quatre mille
hommes dans Trèves, et un maréchal de France en colère. » — Lettre
de Mme de Sévigné du 9 septembre 1675.

2. « J'ay bien du chagrin de veoir Son Altesse avec le peu de satisfaction qu'il a, après avoir soutenu toute cette campagne, et de sa
personne et de ses bons conseils, les quels plût à Dieu, devinssent des
ordres absolus. — L'on parle de luy former un corps et de le faire
agir conjointement selon les occasions avec M. le duc de Zell, et
rejoindre toutes les troupes de Sa Majesté ensemble. Je vous assure
que tout le monde juge qu'il ayt nécessaire que Son Altesse ayt de
quoy en main de faire quelque grand coup, car on les attend de luy,
et de nul autre ». (M. le prince de Lorraine à M. le Begue, 24 janvier
1675.) — Archives secrètes de Cœur et d'État, à Vienne.

pour la guerre, dont le coup d'œil militaire avait toujours été excellent, dont les allures, depuis ses derniers malheurs, devenaient plus rassises et plus sensées, allait-il trouver enfin l'occasion de changer, au grand profit de sa mémoire, une réputation incertaine contre une gloire véritable, lorsque la mort vint brusquement le saisir. Il mourut pour ainsi dire à cheval et sous le harnais de guerre, comme il avait vécu. Sa maladie dura deux jours, qu'il passa le plus souvent à s'entretenir avec son fils, le prince de Vaudemont, de l'art de la guerre, de la manière de faire des troupes et de les diriger en campagne. Il mourut subitement pendant la nuit du second jour de sa maladie, le 18 septembre 1675. Le domestique qui le veillait eut à peine le temps, le voyant expirer, d'ouvrir la fenêtre et de s'écrier « que Son Altesse étoit morte[1]. »

La mort de Charles IV ne trouva pas tous les cœurs insensibles. Sa jeune femme le pleura sincèrement ; le prince de Vaudemont versa aussi beaucoup de larmes. Mais il fut surtout regretté de ceux qu'il avait toujours le plus constamment et le plus véritablement aimés. Ses soldats suivirent dans un morne désespoir, jusqu'à Berri-Castel, le cercueil de celui qui les avait tant de fois conduits à la victoire.

---

1. *Dom Calmet*, tome IV, page 683.

« C'étoit, » dit dom Calmet, « le plus lamentable spectacle [1]. »

1. *Ibidem.*

Les restes de Charles IV furent plus tard rapportés en Lorraine, 20 mai 1717. Il fut enterré sans grande cérémonie près de Nancy, dans la chartreuse de Bosserville qu'il avait fondée.

Les beaux esprits du temps n'ont pas manqué d'exercer leur verve à propos de la vie singulière de Charles IV. La pièce suivante eut beaucoup de succès dans les ruelles de Paris et renferme quelques traits assez piquants.

Testament de Charles IV, duc de Lorraine.

Sain d'esprit et de jugement,
Et voisin de ma dernière heure
Je donne à l'Empereur, par ce mien testament,
Le bon soir avant que je meure.

Je laisse à mon neveu mon nom,
Seul bien qui m'est resté de toute la Lorraine;
Si ce prince ne peut le porter, qu'il le traîne;
La France le trouvera bon.

Je laisse à Vaudemont un peu d'affliction
Et de regret pour ma personne,
Avec ma bénédiction
Pour Madame de Lillebonne.

Je destine à ma veuve un fonds de bons désirs
Dont il sera fait inventaire :
Pour sa demeure un monastère,
Le célibat pour ses menus plaisirs,
La pauvreté pour son douaire.

Pour acquitter ma conscience,
En maître libéral, je me vois obligé
De remplir de mes gens la servile espérance :
Je leur donne donc leur congé;
Qu'ils le prennent pour récompense.

Je nomme tous mes créanciers
Exécuteurs testamentaires,

Et consens de bon cœur que mes frais funéraires
Se fassent aux dépens de leurs propres deniers.

  Qu'on me fasse des funérailles
  Dignes d'un prince de mon nom;
  Et qu'on embaume mes entrailles
  Avec de la poudre à canon.

Que mon enterrement solennel et célèbre
  Fasse bruit en tous les quartiers,
Et que le plus menteur de tous les gazetiers
  Fasse mon oraison funèbre.

  Que durant l'espace d'un jour
  On m'expose sous une tente,
  Et que l'épitaphe suivante
Se lise en mon honneur, sur la peau d'un tambour :

  Ci-gît un pauvre roi sans terres,
  Qui fut, jusqu'à ses derniers jours,
  Peu fidèle dans ses amours,
  Et moins fidèle dans les guerres.

  Il donna librement sa foi
  Tour à tour à chaque couronne;
  Et se fit une étroite loi
  De ne la garder à personne.

  Trompeur, même en son testament,
  De sa femme il fit une nonne,
  Et ne donna rien que du vent
  A Madame de Lillebonne.

  Il entreprit tout au hazard;
  Il se fit blanc de son épée;
  Il fut brave comme César,
  Et malheureux comme Pompée.

  Il fut toujours persécuté
  Par sa faute et par son caprice;
  On le déterra par justice,
  On l'enterra par charité.

CHAPITRE XXXII

Charles V fait part de son avènement à l'Empereur et aux États-Généraux. — Sa situation en Allemagne. — Détails sur la vie de ce prince depuis sa sortie de France. — Il se rend à Vienne. — Ses premières campagnes contre les Turcs. — Sa glorieuse conduite à la bataille de Saint-Gothard. — Il est nommé général de la cavalerie impériale. — Il prend part à la guerre contre les révoltés de Hongrie. — Élection d'un roi de Pologne. — Charles se met sur les rangs. — Il est porté par l'Autriche qui veut lui faire épouser l'archiduchesse Éléonore, sœur de l'Empereur. — Il est combattu par la France. — Élection de Michel Koributh. — Le nouveau roi de Pologne épouse Éléonore. — Chagrin de Charles V. — Campagne en Hongrie. — Nouvelle élection, nouvelle candidature de Charles V. — La reine Éléonore le préfère ouvertement. — Sobiesky est élu. — Campagne sur le Rhin. — Charles est nommé généralissime de l'armée impériale. — Ses succès. — Prise de Philisbourg. — Il épouse Éléonore. — Négociations à Nimègue. — Prétentions de la France. — Résistance de Charles V. — Il n'accepte pas les conditions de la paix de Nimègue. — Invasion de l'Allemagne par les Turcs. — Campagne de Charles V sur le Danube. — Siége de Vienne. — Réunion de Charles V et de Sobiesky pour le secours de Vienne. — Vienne délivrée. — Conversation de Charles V avec l'Empereur. Sa grande situation dans l'Empire rend Charles odieux aux ministres impériaux. — Il remet la Hongrie sous le joug de l'Empereur. — Testament politique qu'il remet à l'Empereur. — Importance de cet écrit. — Guerre avec la France. — Charles V commande l'armée impériale. — Ses triomphes. — Prise de Mayence et de Bonne. — Sa mort soudaine.

Au moment de la mort de son oncle (18 septembre 1675) le prince Charles était à l'armée impériale. Il la quitta pour venir aux environs de Trèves, dans le Honsruch, prendre le commandement des troupes lorraines, seul héritage que lui laissait Charles IV. A peine eut-il réglé les affaires domestiques de sa maison avec son frère naturel, le prince de Vaudemont, et reçu le serment de ses soldats, que Charles V s'empressa d'entrer en rapports avec les cabinets actuellement ligués contre Louis XIV. Il dépêcha un agent sûr pour s'entendre à Bruxelles avec le duc de Villa Hermosa, gouverneur des Pays-Bas espagnols. Il envoya M. de Serinchamps à La Haye pour traiter avec le prince d'Orange, et M. Lebegue à Vienne pour voir les ministres d'Autriche. « Le comte de Montecuculli a trouvé convenable, » écrivait-il à l'Empereur, « que je vinsse trouver ici les troupes que mon oncle y a laissées, afin de les engager et de les confirmer de plus en plus dans le service de l'Empire. Toutes mes actions auront pour but d'exécuter les ordres de Votre Majesté. Je lui ai déjà consacré les premières années de ma vie; et je n'ambitionne que l'honneur de la finir à son service.... [1] » « Ayant plu à Dieu, » mandait-il aux États-Généraux de Hollande, « de disposer de S. A. S. mon oncle, et m'étant rendu aussitôt à ses troupes, j'ai fait partir en y arrivant le baron de Serinchamps pour vous faire entendre, Messieurs, que succédant à ses États et pays, et par conséquent aux droits de ses alliances, je succède aussi au zèle qu'il avoit pour la cause commune..... Soyez assurés qu'il n'y aura point d'interruption dans les opérations de la guerre [2]. »

1. Extrait d'une lettre, en italien, de Charles V à l'empereur Léopold. 20 septembre 1675. Archives secrètes de Cour et d'État à Vienne.
2. Extraits d'une lettre de Charles V au prince d'Orange et aux États-Généraux de Hollande, citée par Dom Calmet. Tome VI, p. 684.

Ces premières démarches du nouveau souverain de la Lorraine furent accueillies à Bruxelles, à Vienne et à La Haye avec une évidente satisfaction, car elles étaient d'un utile secours aux puissances coalisées pour défendre leur indépendance menacée par l'ambition croissante de Louis XIV. Dépouillé du patrimoine de ses ancêtres Charles V n'était pas maître, il est vrai, d'offrir à ses confédérés les ressources qu'ils avaient jadis trouvées dans son pays, voisin de la France. Il ne dépendait pas de lui d'employer, au profit du parti qu'il embrassait, le courage de ses sujets si braves et si devoués ; mais il mettait au service de ses alliés le caractère le plus ferme, l'esprit le plus calme à la fois et le plus résolu, une valeur déjà éprouvée, une réputation naissante que les guerres prochaines allaient porter à son comble. Son concours servait à éclairer de plus en plus l'opinion de l'Europe sur les motifs qui avaient mis les armes aux mains des adversaires de Louis XIV. La sympathie universelle devait s'attacher de plus en plus à la cause qui comptait, parmi ses défenseurs, un prince généreux dont le bon droit était incontestable, la première et la plus innocente victime des violences du roi de France, qui, aux jours de la plus extrême jeunesse, avait su se garder de toute faiblesse et de toute imprudence, que l'adversité n'avait ni abattu ni aigri, chez lequel l'instinct public pressentait à l'avance un grand homme, un héros et un sage.

Le duc Charles avait trente-deux ans, lorsqu'à la fin de l'année 1675 [1], l'Empereur le nomma généralissime des troupes allemandes. L'inclination personnelle avait dicté le choix de Léopold, autant que le désir de complaire à ses alliés. Pour expliquer la situation que le nouveau duc de Lorraine s'était faite à Vienne, dans toute l'Allemagne et parmi les cours de l'Europe, il nous faut retourner quelque peu en arrière, et suivre rapidement les traces de ce prince depuis le jour où, s'échappant des Tuileries pour n'être point contraint d'adhérer au traité signé par son oncle à Montmartre (6 janvier 1662), il adressa, de Besançon, à Louis XIV la protestation publique, dont nos lecteurs n'ont peut être pas oublié le ton si plein de mesure et de fermeté.

En quittant la Franche-Comté, où les autorités espagnoles n'osèrent pas tolérer son séjour, il s'était acheminé du côté de l'Italie. Un reste de passion mal éteinte, et le désir de revoir sa cousine, la princesse de Toscane, l'avaient d'abord attiré vers Florence. Mais la jalousie du prince toscan ne lui permit pas de s'y arrêter longtemps. Il s'était alors rendu à Rome ; là, il avait rencontré d'autres en-

---

[1]. Turenne étant mort et le prince de Condé ayant abandonné la conduite des troupes françaises, Montecuculli refusa de commander plus longtemps les armées de l'Empire. Il disait « qu'un homme qui avait eu l'honneur de se mesurer avec ces deux grands capitaines ne devait pas risquer sa gloire contre la fortune de leurs lieutenants. »

nuis. Le saint Père, dont il sollicita la protection, était bien disposé pour lui; mais il avait, en ce moment, de graves difficultés avec le roi de France. La cour de Rome vivait sous la terreur que lui causaient les façons impérieuses du duc de Créqui. Cet ambassadeur de Louis XIV s'étant plaint hautement des méchants propos que le prince de Lorraine tenait, disait-il, sur le compte de son maître, Alexandre VII n'osa plus écouter les réclamations du neveu de Charles IV. Il lui fit même comprendre qu'inutile à ses propres intérêts, sa présence à Rome compromettait la position du saint-siége. Ainsi traqué de toutes parts, Charles résolut de se fixer à Vienne.

« S'il n'eût écouté que les mouvements de son cœur, » dit un de ses biographes, « il eût repassé par Florence, car la princesse de Toscane lui étoit plus chère en ces temps-là que les États de Lorraine et de Bar dont la succession venoit de lui être injustement ravie. Cependant pour vaincre sa passion chimérique et ne s'exposer pas à une nouvelle tentation, il se rendit tout droit à Venise[1]. » Il s'arrêta même quelque temps à Munich, avant de se rendre à la cour impériale. A peine y était-il arrivé que, sur le bruit du siége prochain de Marsal par les armées du roi de France, il accourut dans cette ville. Il y pénétra

---

1. *Vie de Charles V*, imprimée à Amsterdam — 1691.

déguisé, suivi seulement de deux serviteurs, et résolu, tant son ardeur était grande à défendre son bon droit, de maintenir contre Louis XIV cette dernière place forte de la Lorraine, ou de s'ensevelir sous ses murs. Mais Charles IV avait déjà pris son parti de livrer Marsal. La démarche de son neveu ne servit qu'à hâter son accommodement avec la France, et le prince de Lorraine dut retourner tristement en Allemagne.

On en était encore à disputer dans les cercles de Paris, et à la petite cour de Nancy, sur le mérite de cette entreprise de Marsal. « Quelques-uns la désapprouvaient comme mal concertée, d'autres la vantaient comme un coup hardi et de bon augure, disant que la témérité était louable chez un jeune homme avide de gloire, et qu'il était parfois raisonnable de tout hasarder pour se faire un nom. En général, ceux-là même qui blâmaient le plus le prince de Lorraine ne laissaient pas que de l'admirer [1] », lorsque tout à coup la nouvelle se répandit qu'il venait de tenter une autre aventure dont l'inspiration ne pouvait venir que d'une âme généreuse et d'un hardi caractère. Charles était brusquement arrivé à Paris. Ni son père, le duc François, ni sa tante, la duchesse d'Orléans, n'avaient été prévenus; il était allé descendre tout droit chez M. le

1. *Vie de Charles V.*

Tellier. « Il venoit, » lui dit-il, « pour offrir ses justifications à Sa Majesté, car il lui étoit insupportable qu'on l'accusât d'avoir manqué de respect à un aussi grand roi, et d'avoir tenu contre lui des propos injurieux. Pour preuve de son innocence, il remettoit avec confiance sa personne entre ses mains » — M. le Tellier fut visiblement embarrassé de la visite et des paroles du prince de Lorraine. Il en rendit compte au roi. Autant que son ministre, Louis XIV aurait eu grande peine à produire de véritables griefs. Il ne voulut ni écouter, ni souffrir à sa cour un prince qu'il ne pouvait convaincre d'aucun tort, et qu'il avait si indignement traité. Charles reçut l'ordre « de sortir de Paris, à l'instant même, et du royaume dans quatre jours. » — M. le marquis de Villequier, capitaine des gardes, qui lui rapporta cette dure réponse, eut ordre de laisser auprès du prince un exempt qui ne devait le quitter qu'à la frontière.

En vain la duchesse d'Orléans supplia-t-elle le roi « que son neveu pût au moins coucher à Paris. » Elle n'obtint pour lui que deux heures. Charles toujours accompagné de l'exempt des gardes alla visiter sa tante au palais du Luxembourg. En traversant Paris à cheval pour gagner les barrières, il passa devant le logis de Mlle de Nemours. On raconte qu'il demanda à son exempt s'il ne voudrait pas lui permettre d'aller voir sa fiancée. L'exempt répondit qu'il n'avait point l'ordre de l'empêcher, mais qu'il lui conseillait de n'en rien faire pour ne pas exciter davantage le mécontentement de Sa Majesté [1]. Charles n'insista point. Quelques jours après il était arrivé dans la ville de Luxembourg; il lui fallut pour continuer sa route emprunter quelques écus à un cavalier français qu'il ne connaissait point.

Le marquis de Beauvau, qui n'avait point approuvé le voyage de Charles à Paris, le blâma surtout d'avoir déféré à l'avis de l'exempt des gardes, et de n'avoir pas été visiter Mlle de Nemours. Il prétendait qu'étant légitimement marié à cette princesse, la simple visite qu'il eût faite au palais de Nemours, eût rendu à tout jamais impossible la rupture de cette union. Mme de Nemours en désirait si passionnément la conclusion qu'elle avait offert au prince Lorrain de lui mener sa fille, en qualité d'épouse, dans tel lieu d'Allemagne qu'il lui voudrait désigner. Charles n'avait pas accepté cette offre. Mlle de Nemours fut sans doute blessée de tant de marques de froideur. Elle avait refusé de se laisser marier au roi de Portugal. Mais sa mère étant morte, elle écouta plus volontiers les offres de Son Altesse Royale de Savoie. Appuyée du crédit de l'ambassadeur de France à Rome, elle en vint à déclarer qu'elle n'avait jamais donné un libre consentement à son

---

1. *Mémoires du marquis de Beauvau*, p. 244.

mariage avec le prince de Lorraine, et finit par obtenir du Pape la permission de contracter un second engagement. En favorisant l'établissement de Mlle de Nemours en Savoie, Louis XIV avait surtout pour but de dégager la parole qu'il lui avait donnée, lorsque, signant à son contrat de mariage, il avait reconnu le prince de Lorraine pour légitime héritier des États de son oncle. Au moment où il recevait cette preuve nouvelle de la malveillance du roi de France, Charles était déjà rendu à Vienne. Résolu désormais à s'attacher fortement à la personne de l'Empereur et au service de l'Empire [1], il n'attendit plus que l'occasion de se faire un grand nom dans le métier des armes. La fortune le servit à souhait.

Vers la fin de l'automne de l'année 1663, au moment où le prince Charles se fixait définitivement à Vienne, il n'était bruit dans le monde que des événements extraordinaires qui agitaient l'Orient. Secouant l'indolence de leurs mœurs efféminées, les Turcs venaient d'apparaître en masses profondes le long du cours du Danube. Ils avaient déjà pris Neuhausel (15 septembre) et s'avançaient rapidement vers les États héréditaires de l'Autriche. Pour réveiller l'ardeur conquérante de la race musulmane et lui rendre tout le fanatisme et tout l'orgueil des anciens temps, il avait suffi de l'ascendant qu'une

---

1. *Mémoires du marquis de Beauvau*, p. 24.

famille de pachas énergiques avait su prendre dans les conseils du Sultan. Le nom des Kiuperli ne se lit pas souvent dans nos histoires modernes; il n'y a pas deux cents ans encore, il était dans toutes les bouches, il remplissait toutes les gazettes, et jamais il n'était prononcé sans effroi. Témoins de la décadence musulmane, nous avons peine à nous figurer aujourd'hui les contemporains de Louis XIV, de Turenne et de Condé, pâlissant au récit des victoires remportées par les sectateurs du Croissant sur les adorateurs de la Croix. Il n'en est pas moins vrai cependant que la consternation fut générale en Europe, au printemps de 1664, lorsqu'on apprit qu'après avoir établi ses quartiers d'hiver au milieu de ses nouvelles conquêtes, Achmet Kiuperli poursuivait sa marche effrayante. L'Italie s'émut la première; mais elle avait cessé d'être une contrée militaire, et ne fournit qu'un petit nombre de troupes pour la défense de la chrétienté menacée. En sa qualité de fils aîné de l'Église, Louis XIV, vivement sollicité par le saint Père, fit passer le Rhin au comte de Coligny, qui conduisait une élite de gentilshommes français et quatre mille excellents soldats. Les Électeurs d'Allemagne se portèrent en toute hâte au secours de leur chef. Plus menacé que personne, l'Empereur fit aussi les plus grands efforts. Il dégarnit sa capitale, afin d'envoyer contre les infidèles toutes les troupes dont il pouvait disposer. Un régiment de vieille cavalerie, qu'il venait de donner au prince de Lorraine, reçut ordre de partir ; mais ne voulant pas exposer son jeune commandant (Charles n'avait que vingt ans) aux hasards d'une si dangereuse campagne, il l'obligea à demeurer à Vienne.

Montecuculli commandait l'armée impériale. Il avait été rejoint par les troupes françaises et passait ces différents corps en revue, lorsqu'à son grand étonnement il aperçut le prince Lorrain à la tête de son régiment. Charles s'était secrètement dérobé de Vienne afin d'assister au secours du fort de Serin. Il était trop tard, car le fort venait de se rendre ; mais il arrivait à temps pour prendre part à la journée de Raab ou de Saint-Gothard.

La bataille de Saint-Gothard, si funeste aux Musulmans, faillit d'abord l'être aux Chrétiens. Elle eût été inévitablement perdue sans la valeur du jeune prince de Lorraine et de la petite armée française. Sept ou huit mille Turcs des plus déterminés ayant, par l'ordre de Kiuperli, passé la rivière de Raab, en Hongrie, qui séparait les camps des deux armées, étaient venus, le 5 août 1664 au matin, surprendre l'aile droite des Impériaux. Leur attaque avait été si brusque et leur furie si grande que les premières lignes allemandes avaient d'abord lâché pied sans beaucoup de résistance. Ce désordre ayant mis l'épouvante parmi les troupes, Montecuculli, pour réparer un si fâcheux commencement, dut faire avancer son aile gauche. Le premier régiment qu'il rencontra sous sa main était celui du prince Charles. C'était un corps d'élite composé d'intrépides soldats et de solides officiers depuis longtemps accoutumés au feu. Montecuculli leur ordonna d'arrêter les assaillants à quelque prix que ce fût, pendant qu'il allait remettre un peu d'ordre dans l'armée et ramener les fuyards au combat. Cependant il voulut retenir leur commandant auprès de lui, disant que dans un cas si pressant, il était obligé d'exposer ces braves gens à toute la furie des Turcs, mais que pour rien au monde il ne voulait risquer la personne du prince en si petite compagnie. Charles répondit en demandant où il fallait charger, qu'il y périrait ou qu'il repousserait les Turcs. Le vieux général admira le grand cœur de son jeune lieutenant, en conçut bon espoir, et, lui donnant quelques brèves indications, le lança en avant. L'ennemi était partout victorieux, maître en partie du camp impérial et quatre fois plus nombreux que la petite troupe de Charles de Lorraine. Mais l'ardeur du chef électrisait le courage des soldats. Les Turcs les plus avancés reculèrent d'abord devant l'effort d'une vigoureuse attaque, à laquelle ils ne s'attendaient pas, défendant d'ailleurs leur terrain pied à pied; bientôt on les vit grouper en bataille leurs seconds escadrons qui venaient soutenir les premiers. Il fallut charger quatre fois ces nouveaux adversaires. Charles conduisit toutes les

charges en personne ; il commandait en prince et
combattait en soldat. Les officiers de son régiment
ne revenaient pas de tant de vaillance et d'une si
grande présence d'esprit. Les plus anciens s'étonnaient « que, pour un coup d'essai, il en sût déjà
tant [1]. »

Cependant les rangs de cette troupe héroïque s'éclaircissaient de plus en plus. Il était trop à craindre
qu'elle ne succombât, avec son chef, sous les coups
d'une foule innombrable de Turcs qui lui tombaient de toutes parts sur les bras, lorsque le marquis
de Coligny fit promptement avancer à son aide un
renfort de troupes françaises. « Perçant comme un
foudre à travers la bataille » le comte de la Feuillade
mit l'armée turque en fuite, et acheva, par un sanglant carnage, la défaite des ennemis. Cinq mille
morts jonchèrent la place, tant le combat fut opiniâtre. Rien ne manqua à la gloire du prince Lorrain.
Au plus fort de l'action, on le vit arracher lui-même, des mains d'un Turc, un guidon à pointe
acérée, dont l'Infidèle avait voulu le percer, ce que
Charles évita en tuant son assaillant d'un coup de
pistolet. Le comte de Ligneville, maréchal de camp
dans l'armée impériale, n'avait pas, en bon Lorrain, voulu quitter d'un seul pas l'héritier de la couronne de Lorraine, qui suivant lui s'exposait trop.

1. *Mémoires du marquis de Beauvau*, p. 253.

Envoyant plus tard à Charles IV le récit de cette sanglante affaire, le Comte lui mandait : « que l'armée impériale avoit dû en quelque sorte, au prince son neveu, le salut des troupes, et l'honneur de la victoire, la valeur avec laquelle il avoit chargé les Turcs ayant redressé le combat, que toute l'aile droite avoit abandonné, et donné aux François, qui étoient à l'extrémité de l'aile gauche, le temps d'arriver, et de vaincre[1]. » Pareil compliment fut, le soir même de la victoire, adressé au prince Charles par tous ceux qui avaient été témoins de sa brillante conduite. Il ne reçut pas sans une émotion particulière les félicitations de la noblesse française si généreusement accourue à son secours. Parmi ces gentilshommes, si avides de gloire militaire qu'ils étaient venus la chercher jusqu'au fond de la Hongrie, plusieurs étaient pour lui des parents comme le chevalier de Lorraine, et presque tous d'anciennes relations; c'étaient MM. de Rohan Guemené, Mouchy, Crussol, Béthune, de Villeroi, Saint-Agnan, Harcourt, et leur aventureux commandant, le comte de la Feuillade. Le prince Lorrain les avait connus à la cour de Louis XIV, au milieu des divertissements et des fêtes. Il leur serrait cordialement la main, sur un champ de bataille gagné en commun,

---

1. *Mémoires du marquis de Beauvau*, p. 254.

sans se soucier beaucoup de prévoir si ces alliés d'un jour ne deviendraient pas les adversaires du reste de sa vie. Un seul chagrin gâta pour lui a joie de cette heureuse journée, ce fut la mort de son fidèle écuyer, le sieur de Brone, qui l'avait partout accompagné depuis sa fuite de Paris. Charles le pleura à cause de son mérite et de sa fidélité. Il envoya au duc François, son père, comme un trophée de sa victoire le drapeau dont il s'était emparé[1]. Découragé par le mauvais succès de son expédition en Allemagne, le grand vizir Kiuperli signa une trêve de vingt ans avec l'Empire, et porta tout l'effort des armes musulmanes du côté de Candie et de la Morée. Léopold en profita pour congédier presque toutes ses troupes, mais il voulut garder toujours sur pied le régiment qui venait de donner de telles marques de sa bravoure.

Nommé général de la cavalerie impériale, et gratifié par l'Empereur d'une pension considérable, Charles ne voulut point retourner à Vienne qu'il n'eût établi ses troupes dans de bons quartiers d'hiver. A peine

1. « Le duc François le fit suspendre dans la chapelle des Bourguignons, près de Nancy, devant l'autel de la Vierge de Bon Secours où on le voit encore tout sanglant, et au-dessous un écriteau en lettres dorées qui raconte cette action. » (*Mémoires du marquis de Beauvau*, p. 254.) La chapelle des Bourguignons élevée en souvenir de la défaite de Charles le Téméraire par René de Lorraine, outre ce drapeau du prince Charles, en possédait cinq autres enlevés également aux Turcs par des princes de la maison de Lorraine. Cette chapelle a été détruite dans le xviiie siècle.

y fut-il arrivé qu'il fixa tous les regards. Sa valeur lui avait valu l'amitié de l'Empereur et l'estime des hommes de guerre. Sa noble attitude, les simples et gracieuses façons qu'il avait apprises à la cour de France charmèrent les princesses de la famille impériale. L'Impératrice douairière se prit d'une affection toute maternelle pour un prince qui descendait comme elle de la famille de Gonzague [1]. Elle parut même voir avec plaisir sa fille aînée l'archiduchesse Éléonore porter des sentiments plus tendres à celui qui devait être un jour pour elle un époux si passionné et si fidèle [2]; mais l'expérience acquise par ses malheurs, le souvenir gardé de tant de projets de mariage aussitôt rompus que formés, ne permettaient pas au prince lorrain de s'abandonner facilement à de trop flatteuses espérances. S'il avait à la cour des partisans sûrs, et dans l'Impératrice douairière une puissante protectrice, Charles se connaissait aussi de dangereux adversaires. Par sa jeunesse, par sa valeur, par sa position de prince injustement

---

1. L'Impératrice douairière était une princesse de Gonzague. La mère de Charles V, la princesse Claude de Lorraine, était fille de Henri II de Lorraine et de Marguerite de Gonzague.

2. On a imprimé à la date de 1676, à Bruxelles, un petit opuscule intitulé : *Histoire du prince Charles et de l'Impératrice douairière*. — L'auteur anonyme voudrait donner à penser que l'Impératrice Éléonore avait songé à épouser le prince Charles qu'elle aimait, tandis que sa fille avait donné son cœur au prince de Vaudemont. Tout ce petit roman à propos des personnes existantes alors, n'a aucun de fondement. Il a été probablement, dans son temps, une spéculation sur la curiosité publique, assez semblable à celles qui se pratiquent encore de nos jours.

dépossédé, il était devenu, quoiqu'il ne l'eût ni cherché ni voulu, le représentant du parti qui souhaitait la guerre avec la France. A ce titre il avait contre lui le prince Lobkowitz, ministre habile mais craintif, assez goûté de l'Empereur et qui mettait toute sa politique à préserver la paix de son pays. Aux yeux du prince Lobkowitz, la présence à Vienne de l'héritier de la Lorraine, objet du ressentiment avoué et des secrètes persécutions de Louis XIV, était un embarras pour l'Empire; son crédit, s'il en prenait à la cour, ne pouvait qu'entraîner l'Autriche dans les plus fâcheuses complications. Bientôt l'occasion s'offrit à la mère comme au ministre de l'Empereur de manifester quelles étaient leur véritables dispositions à l'égard du prince de Lorraine.

La couronne de Pologne venait de vaquer par la démission du roi Jean Casimir (août 1668). L'Impératrice douairière décida son fils à porter Charles comme candidat de l'Autriche, et à l'opposer soit au prince de Condé, soit au duc d'Enghien, candidats depuis longtemps mis en avant par la France. Pendant quelque temps le prince Lorrain put compter sur toutes les voix des Polonais qui, fatigués de l'influence française, avaient résolu de choisir dans la Diète prochaine un prince agréable à la maison de Hapsbourg. C'était presque toute la petite noblesse, polonaise maintenant liguée contre les grands seigneurs polonais qui tenaient, la plupart, le parti de la France. Charles avait aussi quelques partisans qui le choisissaient pour lui-même. A cause de sa piété notoire, le clergé lui accordait une évidente préférence sur ses concurrents. Le parti militaire se prononçait avec ardeur pour le jeune prince qui s'était si vaillamment conduit à la bataille de Saint-Gothard. Ainsi les chances de Charles étaient grandes, si grandes même que Louis XIV s'en effraya. Il craignit, en continuant de porter le prince de Condé ou le duc d'Enghien, de faire nommer le prince de Lorraine. De son côté, le prince Lobkowitz savait que l'élection de Charles amènerait la conclusion de son mariage avec l'archiduchesse d'Autriche. C'était un coup porté à son crédit actuel, et, dans un avenir prochain, la guerre probable avec la France. Une transaction, conseillée par le ministre autrichien, eut lieu entre l'Empereur et Louis XIV. Étrange complication de la politique! Louis XIV abandonnait ostensiblement la cause de ses neveux, pour le succès desquels il avait semé tant d'intrigues en Pologne, et dépensé tant d'argent; Léopold renonçait à soutenir un prince son vassal, dont il venait de faire son lieutenant; et tous deux choisissaient pour leur candidat un prince de Neubourg qui leur était à peu près également indifférent.

Il va sans dire, toutefois, qu'en s'engageant à ne plus patronner officiellement leurs premiers candidats, les Cours de Vienne et de Paris n'avaient pas renoncé à les appuyer sous main. L'ambassadeur de France continua donc à recruter en secret des voix pour le prince de Condé, et l'envoyé de l'Autriche, plus soigneux de servir les inclinations de la famille de l'Empereur que les répugnances de son ministre, se garda bien de décourager les partisans du prince Lorrain. Charles ne s'abandonna pas lui-même, animé qu'il était par l'espoir d'obtenir, s'il l'emportait, la main de la jeune Archiduchesse. Ce n'était pas une petite dépense que de se mettre sur les rangs pour la couronne de Pologne. Les frais des candidatures menaçaient d'être fort coûteux. Pour lutter contre un concurrent aussi riche que le prince de Neubourg, il fallait beaucoup d'argent, Charles n'en avait guère. Il en reçut de l'Empereur, de l'Impératrice, du duc François, son père. Le duc Charles, son oncle, auquel il écrivit lettres sur lettres, n'en voulait pas donner, mais il lui promit, s'il était élu, de lui remettre un certain gros diamant de famille, qui avait réputation en Europe et qui valait plus de 100,000 écus. C'était l'habitude de s'entourer, en ces occasions, d'un train presque royal. Charles s'était fait des amis parmi les seigneurs d'Allemagne; ils accoururent se grouper autour de lui, et lui composèrent un nombreux cortége digne d'une tête couronnée. Les gentilshommes de la petite noblesse polonaise qui venaient curieusement visiter celui qu'on leur proposait pour souverain, trouvèrent table ouverte à la cour improvisée du prince lorrain. On leur faisait boire autant de bière qu'ils voulaient à la santé du futur roi de Pologne, et chacun d'eux recevait un petit écu au moment du départ, ce qui leur paraissait le signe d'une rare magnificence. Enfin il était de toute nécessité d'avoir pour proposer et soutenir sa candidature à la Diète, un ambassadeur, homme de réputation et de naissance, capable de faire valoir la cause de son maître par la parole, de la pousser par l'intrigue, et au besoin de la défendre l'épée à la main. Charles trouva tout à point les qualités dont il avait besoin dans la personne d'un exilé français, le comte de Chavagnac. Il est impossible, si nous nous en rapportons à ses Mémoires, de montrer plus d'habileté, et en tout cas, plus de zèle et d'activité que ne le fit, en cette circonstance, le fondé de pouvoirs du prince lorrain, et d'avoir mieux tiré parti des faibles moyens qu'on avait mis à sa disposition. Dans ses entrevues particulières, le comte de Chavagnac promit au grand chancelier Michel Pac, 863,000 livres pour les nobles de Lithuanie; 150,000 livres pour lui-même et la charge de dame d'honneur pour sa femme; 300,000 l. aux armées de Pologne, payables avant le couronnement. Il s'engagea à donner à Polubonosky le petit bâton de général; à un autre seigneur polonais, le palatinat de Vitrepik; au maréchal de la cour, le petit sceau du royaume; au notaire de Lithuanie, la charge de référendaire. Marie d'Arquien, femme de Jean Sobiesky, fut assurée, par deux fois, que le gros diamant de Charles IV n'irait pas à d'autres mains qu'aux siennes si elle pouvait garantir l'assistance de son mari. Ayant été si libéral de promesses individuelles, le comte de Chavagnac se crut permis d'être plus sobre d'engagements publics. Dans sa harangue officielle, il offrit seulement de bâtir un pont en pierre sur la Vistule. Cette harangue était en latin, suivant l'usage, et comme le Comte ne savait pas le latin, ce fut un Père Riquet, de la compagnie de Jésus, qui la prononça. Outre le pont de pierre, qui fit peu d'effet, il y avait une proposition formelle, de la part du duc de Lorraine, de disputer, l'épée à la main, la couronne de Lorraine contre tous ses concurrents. Ce passage, lu d'une voix martiale, eut beaucoup de succès. Un rayon de soleil ayant tout à coup percé les nuages, pendant que le pieux orateur prononçait ces belliqueuses paroles, l'enthousiasme fut à son comble. Quant à s'étonner qu'un Prince, connu pour sa dévotion, proposât un duel pour un royaume, et qu'un révérend jésuite se fît l'interprète de son cartel, personne n'y songea. C'était un peu dans les mœurs du temps, et tout à fait dans celles du pays[1].

Cependant ni l'argent promis aux Lithuaniens, ni

---

[1]. Voir pour les détails de l'élection de Pologne en 1668, l'histoire du roi Jean Sobiesky, par M. le comte de Salvandy.

le gros diamant de Charles IV, engagé à Mme Sobieska, ni le défi lancé par le comte de Chavagnac, et soutenu de l'éloquence du Père Riquet, ne réussirent à assurer l'élection du prince de Lorraine. Le cri inattendu : un Piast ! un Piast ! sorti à l'improviste d'une bouche inconnue, bouleversa tous les projets des cours étrangères. Soit qu'il eût été jeté dans l'assemblée par esprit de tactique électorale, soit qu'il fût l'expression spontanée du vœu populaire, qui appelait à la tête de la nation un roi sorti de son sein, ce mot d'ordre fut à l'instant obéi. Un seigneur polonais, presque inconnu, le prince Michel Koribut Wiscniowiescki, proposé, par dérision peut-être, par le palatin de Podolie, fut élevé au trône, aux applaudissements unanimes de ses concitoyens. L'échec était rude pour le prince de Lorraine. Charles en ressentit davantage l'amertume lorsque, peu de mois après, suivant des errements qui sont de tradition à la cour de Vienne, plus habituée à consulter les convenances de la politique que les goûts des princesses de la famille impériale, Léopold, conseillé par son ministre Lobkowitz, donna au souverain nouvellement élu des Polonais l'Archiduchesse qu'il avait destinée au prince Lorrain.

Retiré de nouveau à Vienne, Charles y dévora ses chagrins sans émettre aucune plainte. L'occasion s'étant offerte d'aller exercer en Hongrie sa charge de général de cavalerie, il y alla servir sous les ordres du lieutenant général de Spork. Nous n'entrerons dans aucun détail sur ces campagnes entreprises pour réprimer chez les habitants de ce malheureux pays des mouvements insurrectionnels que la perte de leurs libertés nationales et les violentes exactions commises par les généraux de l'armée impériale n'avaient que trop motivés. La diversion que les Hongrois révoltés pouvaient à tout moment exercer sur les derrières des troupes impériales, lorsqu'elles seraient occupées à manœuvrer le long des bords du Rhin contre une armée française, était l'un des principaux motifs de l'inaction forcée où l'Autriche se renfermait alors. Charles, qui souhaitait qu'elle prît parti contre Louis XIV, ne pouvait que déplorer les tentatives d'indépendance qui faisaient de la Hongrie un foyer de désordres où la main du roi de France se découvrait trop bien. S'il remplit en conscience son devoir de soldat, en combattant énergiquement, là comme ailleurs, les ennemis de l'Empire, il eut du moins le mérite d'avoir cherché, par sa douceur personnelle, à rendre la soumission plus facile aux vaincus et prêché partout la modération aux vainqueurs. Ses campagnes en Hongrie furent longues, laborieuses et couronnées d'un plein succès. Charles avait donc considérablement augmenté sa réputation, lorsque la mort de Michel Koributh vint tout à coup rouvrir la lice aux prétendants à la couronne de Pologne (10 novembre 1673).

Le règne de Michel Koributh avait duré quatre ans à peine. Il n'avait été ni heureux ni honorable. Prince incapable, mari infidèle et grossier, il avait mécontenté les Polonais, servi avec plus d'ardeur que d'efficacité les intérêts de l'Autriche et blessé au plus profond de son cœur la femme qui s'était fait violence pour l'épouser. En se remettant sur les rangs pour la couronne de Pologne, Charles rencontrait encore une fois tous ses anciens concurrents. Cette fois, il avait pour lui le patronage officiel de la cour de Vienne. Devenue maîtresse en Hongrie, grâce aux victoires du prince Lorrain, l'Autriche craignait moins une rupture avec la France; elle osait porter hautement le candidat de son choix. Mais le meilleur et le plus dévoué auxiliaire du prince Lorrain était la reine de Pologne, la propre veuve de Michel Koributh. Eléonore avait mérité, par ses vertus de femme et de reine, par la douceur de son caractère et par la fermeté de son esprit, le respect et l'affection des Polonais. Elle avait acquis à Varsovie tout le crédit qu'y avait perdu son mari. Libre enfin de disposer d'elle-même et de laisser voir des sentiments longtemps contenus, elle soutint activement les intérêts de celui auquel elle avait résolu d'accorder sa main. Quelques jours après la convocation de la diète d'élection, des évêques polonais et un grand nombre de seigneurs lithuaniens étant venus, au nom du parti national, consulter les intentions de la reine, Éléo-

nore leur répondit : « qu'elle étoit sous la protection
de l'État, auquel elle s'en remettoit entièrement de
sa sûreté ; pour ce qui regardoit l'élection d'un nouveau roi, elle espéroit qu'elle ne seroit pas abandonnée de ses amis, et protestoit qu'elle ne vouloit point
d'autre roi ni d'autre époux que le prince de Lorraine, que Sa Majesté impériale lui avoit destiné[1]. »

Les candidats au trône de Pologne se retirèrent,
à l'exception du prince de Neubourg, devant la déclaration de la veuve de Michel Korybuth ; et ce rival
de Charles de Lorraine, quoique porté par la France,
avait lui-même perdu presque toutes ses chances, lorsque, pour écarter un choix redouté par
Louis XIV, et qu'il avait ordre de prévenir à tout
prix, l'ambassadeur de France alla trouver Marie
d'Arquien, femme du maréchal Jean Sobiesky. D'accord avec elle et avec tout le parti national, il opposa
le nom du vieux guerrier et du grand homme aux
chances croissantes du prince Lorrain. La Pologne
était alors en guerre avec les Turcs ; Sobiesky venait,
quelques jours avant la mort du dernier roi, de
remporter sur eux une victoire éclatante. Les lauriers
récents de Chozim firent aisément oublier les anciens
exploits de Saint-Gothard. Sobiesky fut élu à l'unani-
mité, et Charles n'en témoigna ni dépit ni colère. Son
envoyé à Varsovie, le comte de Taaff, répéta plu-

1. *Vie de Charles V.*

sieurs fois que son maître serait consolé lorsqu'il apprendrait quel avait été son heureux compétiteur. Charles avait l'âme trop haute pour méconnaître les droits de Sobiesky à la confiance des Polonais. On peut d'ailleurs supposer que les regrets témoignés en cette occasion par Eléonore suffirent à lui adoucir l'amertume de ce nouvel échec. Aussi triste que lui, cette princesse lui avait fait dire qu'il n'avait pas tenu à elle qu'il ne portât une couronne; « mais il devoit lui suffire d'en être digne, et peut-être un jour pourroient-ils avoir l'un et l'autre une destinée plus heureuse [1] ». Charles comprit parfaitement de quelle main était parti le coup qui anéantissait encore une fois toutes ses espérances. « Mais, » s'écria-t-il en l'apprenant, « il ne seroit pas toujours aussi infortuné, et sans doute, il lui seroit donné de se venger, une fois dans sa vie, d'un prince qui ne sembloit être au monde que pour le persécuter partout [2]. »

Arrivé à Vienne, le prince Lorrain s'appliqua à faire passer dans l'âme de l'Empereur les fières dispositions dont il était lui-même animé. La politique expectante du prince Lobkowitz fut mise de côté, et la guerre fut déclarée à la France. Charles obtint de Léopold la permission d'aller servir en Flandre sous les ordres du comte de Souches. Il arriva à temps pour prendre part à la journée de Sénef.

1. *Vie de Charles V.*
2. *Ibidem.*

(11 août 1674). On le vit, dès le début de l'action, se jeter en désespéré au plus épais des rangs ennemis. Son ardeur coûta la vie à plus d'un Français ; mais il s'était trop exposé. La bataille qui devait si mal finir pour les Impériaux n'était pas encore sérieusement engagée, qu'il fallut emporter le jeune prince atteint, à la tête, d'une dangereuse blessure. A peine était-elle guérie qu'il voulut, au milieu de l'hiver de 1675, reprendre le commandement de la cavalerie impériale. Montecuculli, que la jalousie des confédérés avait jusqu'alors tenu à l'écart, était chargé de la conduite de l'armée. Charles brûlait de servir sous ses ordres, et de se perfectionner dans l'art de la guerre, à l'école d'un si grand maître. Il fit avec lui cette mémorable campagne du Rhin, qui fut, dit le chevalier Folard, « le chef-d'œuvre du vicomte de Turenne et du comte de Montecuculli, » et qui finit par la mort du général français, tué, le 27 juillet 1675, par un boulet égaré, près de Salzbach en Alsace. Peu de temps après, le duc de Lorraine étant mort (18 septembre), et Montecuculli ayant volontairement quitté le commandement de l'armée des confédérés, le prince de Lorraine, désormais Charles V, était, sur l'indication de son glorieux prédécesseur et à la grande satisfaction des alliés, nommé, à trente-deux ans, généralissime de l'armée impériale.

Les détails qui précèdent suffisent, nous l'espé-

rons, pour expliquer quelle était, à la fin de l'année
1675, la position de Charles V dans l'Empire, et
parmi les princes de l'Europe. Sa présence à la tête
des armées de l'empereur Léopold, avait une importance politique qui n'échappait à personne en
Europe. Elle signifiait que l'Autriche voulait pousser vivement la guerre, qu'elle était résolue à disputer à Louis XIV l'ascendant qu'il avait pris en
Europe, et qu'elle entendait même lui contester la
légitime possession de la Lorraine. Charles était au
comble de ses vœux. Il entrevoyait enfin la possibilité de se venger à la fois d'un ennemi implacable,
et de mériter la main d'une femme qu'il aimait.
L'ambition et l'amour, ces deux plus fortes passions
du cœur de l'homme, mais une ambition légitime et un
amour partagé, animaient son ardeur. Ses débuts répondirent à ses espérances. Charles réussit à passer
le Rhin ; il battit en plusieurs rencontres M. de
Luxembourg. Il mit le siége devant Philisbourg, et
l'emporta, en face d'une nombreuse armée française
qui n'essaya même pas de lui disputer cette place importante[1]. A la fin de sa première campagne, il était
arrivé tout près des frontières de la Lorraine. Il
avait chance de recouvrer enfin par la victoire ces

---

[1]. En apprenant la reddition de Philisbourg, qui capitula le 10 septembre, Louis XIV ne put s'empêcher de s'écrier : « Philisbourg est rendu à la vue d'une armée de quarante-cinq mille hommes. » *D. Calmet*, t. VI, p. 789.

contrées, héritage de ses pères, où l'appelaient les souhaits ardents d'une population dévouée ; son intention était de marcher l'année suivante jusqu'à Nancy. Déjà, il avait fait inscrire sur ses drapeaux cette devise latine : *aut nunc, aut nunquam*, ou maintenant, ou jamais. Mais les ministres allemands qui dirigeaient de Vienne les opérations de la guerre prirent ombrage des projets du prince de Lorraine. A les entendre, les intérêts particuliers de Charles V lui avaient seuls dicté ce plan de campagne, et s'il parvenait à reconquérir ses États, il était à craindre qu'il ne servît plus la cause commune avec la même ardeur. L'Autriche avait d'ailleurs des vues particulières sur l'Alsace. Charles V reçut l'ordre de marcher de préférence du côté de Strasbourg.

Les soupçons des conseillers politiques de l'Empereur étaient profondément injustes, et leurs inspirations militaires ne furent point heureuses. Au lieu du maréchal de Luxembourg, Charles rencontra devant lui, au printemps de 1677, le maréchal de Créqui. M. de Créqui n'avait pas oublié sa défaite à Consarbruck par les soldats lorrains. Animé à la réparer, il fit partout preuve d'une rare vigilance et d'une incontestable habileté, battit en plusieurs occasions de forts détachements de l'armée de Charles V, et reprit Fribourg aux Impériaux. Cette campagne de 1677, qu'on avait imposée au prince

Lorrain, ne fut pas couronnée de succès comme la précédente. Mais la faute ne lui en était pas imputable. Léopold le sentit sans doute, car pour récompenser les services de l'illustre commandant de ses troupes, il lui offrit, à cette époque, la main de sa sœur l'archiduchesse Éléonore, veuve de Michel Koributh. L'Empereur, sans montrer qu'il y fût devenu contraire, avait tardé tant qu'il avait pu, à autoriser le choix de sa sœur. On soupçonnait à Vienne qu'il recherchait pour elle l'alliance de quelque tête couronnée. Nous croyons que cette opinion était fondée, et Charles craignait fort quelques traverses dans ses amours. Une lettre pleine des plus vifs remercîments écrite par le prince Lorrain à l'archevêque de Vienne, confesseur de Sa Majesté, donne même à penser qu'il avait fallu adresser d'impérieux appels à la conscience de l'Empereur, pour l'obliger à tenir une promesse qui satisfaisait à sa reconnaissance, mais qui coûtait à son orgueil [1].

Charles, en recevant le billet impérial qui lui annonçait cette haute faveur s'écria : « qu'il se consoloit maintenant de la perte de Fribourg, et qu'une si bonne nouvelle étoit la preuve que sa mauvaise fortune commençoit à l'abandonner [2]. » Il se rendait en

---

1. Lettre de Charles V à Mgr l'archevêque de Vienne (Emeric Ginellino, de Comorn, en Hongrie), 12 décembre 1677. — Archives secrètes de Cour et d'État à Vienne.

2. *Vie de Charles V.*

toute hâte à la Cour de Vienne lorsque, passant à Philipsbourg, et visitant les fortifications de la place, il lui arriva un accident qui faillit terminer avec sa vie, tous ses projets et toutes ses espérances. Une planche sur laquelle il traversait les fossés de la citadelle ayant manqué sous lui, il tomba au fond du fossé. La chute fut si terrible, qu'il entrait à peine en convalescence, et ne pouvait guère encore se tenir debout sur ses jambes, lorsqu'il arriva à Bade (4 février 1678), où il lui fallut s'arrêter pour prendre des bains. Le marquis de Grana, le comte de Buquoi et quelques autres seigneurs de ses amis vinrent l'y chercher pour le conduire à Neustadt où était la Cour. Le comte de Wallenstein, les comtes de Mansfeldt et de Schaffemberg, grands dignitaires de la couronne, le renconcontrèrent à quelques lieues de la ville, et le firent monter dans les équipages de l'Empereur. Les honneurs souverains lui furent rendus à l'entrée du palais. Léopold, qui l'attendait dans sa chambre, fit quelques pas au-devant de lui, et l'embrassa cordialement. Il le mena d'abord chez l'Impératrice régnante, puis ensuite chez l'Impératrice douairière, où était la reine de Pologne. Charles et Éléonore ne s'étaient point vus depuis quatre ans, quoiqu'ils se fussent quelquefois écrit [1].

---

[1]. Correspondance manuscrite de Marie Éléonore, reine de Pologne duchesse de Lorraine, papiers des Vaudemont, collection de Lorraine, t. I, *Bibliothèque impériale*, à Paris.

Tant de longues cérémonies à subir, tant de compliments officiels à recevoir, avaient considérablement fatigué le prince encore mal remis de sa chute, mais la journée cessa de lui paraître longue, lorsque, tous les membres de la famille impériale s'étant retirés, il resta seul avec celle qui lui avait été jusqu'alors une amie si constante et si dévouée, qui allait devenir sa fidèle compagne, et, suivant l'expression souvent reproduite dans sa longue et intime correspondance, « Toute la joie de sa vie et son unique consolation [1]. »

Peu de temps après son mariage, Charles V dut retourner à l'armée. Cependant, au commencement de 1678, la guerre traînait en longueur. Les Français n'avaient pu réussir à s'établir solidement de l'autre côté du Rhin. Les Impériaux, de leur côté, n'avaient éprouvé que des échecs quand ils avaient voulu se trop avancer soit en Flandre, soit dans le Luxembourg. Lorsque les revers se sont à peu près

---

1. Nous avons trouvé à la Bibliothèque impériale à Paris, parmi les papiers de Vaudemont, collection de Lorraine, la correspondance de Marie Éléonore, archiduchesse d'Autriche, reine de Pologne, qui ne contient pas moins de quatorze liasses ou volumes. La plupart de ces volumes ne renferment que des papiers d'affaires, un grand nombre de lettres échangées entre la duchesse de Lorraine et son confesseur, beaucoup de traités religieux et de dévotes oraisons ; mais nous avons été assez heureux pour y trouver aussi des lettres écrites par Charles V à sa femme pendant ses diverses campagnes. Elles sont toutes dictées par une affection tendre et presque passionnée ; quelques-unes renferment des détails historiques qui ne sont pas dépourvus d'intérêt ; nous y avons puisé d'utiles renseignements.

également balancés entre les belligérants, lorsque, de part et d'autre, on s'est réciproquement convaincu de l'impossibilité d'obtenir l'objet extrême de ses premières prétentions, on est tout prêt à transiger. Les efforts pacifiques des négociateurs réunis depuis deux ans à Nimègue, étaient d'autant plus efficaces que les opérations militaires des généraux de la France et de l'Empire étaient alors moins décisives. Aucun prince en Europe, n'était plus que Charles V, intéressé à ce qui se passait à Nimègue.

Louis XIV avait su résister à la formidable confédération de ses ennemis ; cependant sa puissance avait reçu quelque atteinte pendant cette lutte soutenue sur toutes les mers de l'Europe et à toutes les extrémités de son royaume. Il n'était plus en état de dicter ses volontés, comme il avait fait à la paix d'Utrecht. Il se montrait maintenant disposé à admettre quelques-unes des réclamations de ses adversaires ; il n'était pas éloigné d'accorder certaines concessions au sujet de la Lorraine ; mais sa fierté n'était rien moins qu'abbattue. On peut dire qu'à Nimègue ses ambassadeurs mettaient, chaque matin, le marché à la main à l'Europe. Les sacrifices que leur maître voulait consentir afin de rendre la paix possible, étaient comme autant de grâces qu'il fallait accepter sans les discuter. La position de la France était demeurée si forte, la réputation de son roi restait encore si entière, que ces procédés impérieux, quoique ressentis par les cours étrangères, étaient plutôt de nature à hâter qu'à rompre le cours des négociations. C'était surtout au sujet de la Lorraine que l'attitude du roi de France demeurait opiniâtre et hautaine.

Les agents de Louis XIV à l'étranger s'étaient toujours appliqués, depuis 1663, à ne parler du prince Lorrain qu'avec indifférence et mépris. En 1670, les dépêches royales s'exprimaient sur son compte avec un esprit de dénigrement aussi plein de colère que d'injustice[1]. Charles s'étant fait plus tard, dans l'Europe entière, une réputation désormais hors de toute atteinte, la haine remplaça le dédain. Les ambassadeurs du roi avaient reçu ordre de contrecarrer partout et de traiter sans ménagement le successeur de Charles IV. Les plénipotentiaires de la France à Nimègue, affectèrent d'abord de ne pas lui vouloir donner le titre de duc de Lorraine[2]. Ils refusèrent d'admettre ses envoyés au

---

1. Dépêches de M. de Lyonne, dépêches de M. le chevalier de Gremonville, etc., etc. — Archives des affaires étrangères.

« Comment l'Empereur, et les ministres de l'Empereur, qui se rendent si grands protecteurs du prince Charles, ou ce prince lui-même, lequel témoigne en cela avoir aussi peu d'esprit que de jugement, entendent-ils que je puisse être capable de voir si peu mes intérêts.... Si le prince Charles eût vu de ses yeux, ou seulement autant qu'un autre homme doué d'un très-médiocre sens, n'aurait-il pas vu, etc., etc. (Extrait d'une lettre de Louis XIV au chevalier de Gremonville, 20 novembre 1670), citée par M. Mignet, livre III de la *Succession d'Espagne*, p. 489.

2. Copie d'un mémoire envoyé en Angleterre au sujet des affaires de Lorraine, 2 novembre 1676.. — Archives des affaires étrangères.

DE LA LORRAINE A LA FRANCE. 321

congrès[1]. Ils discutèrent longtemps pour ne pas reconnaître à MM. Canon et de Serinchamps, agents de Charles V, le rang ni les pouvoirs d'ambassadeurs. Les plénipotentiaires étrangers se récrièrent unanimement contre ces prétentions singulières. Le nonce du Pape et le ministre d'Angleterre interposèrent leurs bons offices, et ces premières difficultés furent aplanies, non sans de longs débats[2]. Enfin, le maréchal d'Estrades, MM. de Croissy et d'Avaux produisirent les propositions de la France à l'égard de la Lorraine. Louis XIV offrait de rendre ses États à Charles V « en lui donnant Toul et une prévôté dans les Trois-Évêchés en échange de Nancy et de Longwy, qui resteroient au roi, lequel posséderoit de plus, en toute souveraineté et avec leurs villages, quatre chemins d'une demi-lieue de largeur, allant de Nancy à Saint-Dizier en Champagne, à Schelstadt en Alsace, à Vesoul en Franche-Comté et à Metz dans les Trois-Évêchés[3]. »

C'étaient là de dures conditions. Charles V ne voulait pas céder Nancy, sa capitale, en échange de Toul, ville beaucoup moins considérable, ni consentir

1. Pouvoir du prince Charles, 5 mai 1677. Propositions du prince Charles, 3 août 1677. — Archives des affaires étrangères.
2. Lettres manuscrites du président Canon à M. Lebègue, doyen de Saint-Diez, conseiller et secrétaire d'État de Son Altesse de Lorraine... depuis le 3 octobre 1669 jusqu'au 25 novembre 1679. — Archives secrètes de Cour et d'État à Vienne.
3. *Négociations relatives à la succession d'Espagne sous Louis XIV*, t. IV, p. 690.

à cette cession de cent cinquante lieues de terrain en longueur et de soixante-quinze en largeur, qui était la destruction de son petit État[1]. Il offrit de démolir en partie les fortifications de Nancy ; il demanda au roi de France qu'il lui plût « de prendre pour règle de son rétablissement le traité qu'il avoit fait au feu Duc son oncle, le dernier février 1661, espérant que Sa Majesté voudroit bien s'y prêter et ne pas lui faire un traitement plus défavorable qu'au Duc son oncle, puisqu'il n'avoit jamais rien démérité d'elle[2]. » Mais Louis XIV était inflexible; il ne donna qu'un délai de quelques jours pour accepter ou pour refuser ses conditions. Léopold, au contraire, était fort hésitant ; il avait besoin de la paix pour tourner tout l'effort de ses armes contre les révoltés de Hongrie. Le prince Lorrain n'osait imposer à l'Empereur, son beau-frère, l'obligation de sacrifier les intérêts de l'Empire et ceux de sa couronne à ses propres convenances. Dans cette situation extrême, il prit un parti plein de dignité et de sagesse, qui fit assez connaître quelle différence il y avait entre le Duc actuel et son imprudent prédécesseur. Charles déclara qu'il ne voulait pas être un obstacle à la conclusion de la paix entre la France et l'Empire, et ne

---

1. Mémoire envoyé à la cour, 4 novembre 1678. — Archives des affaires étrangères.— *Actes et mémoires de la paix de Nimègue*, t. III, p. 370.
2. *Ibidem.*

s'opposait pas à l'insertion dans le traité des conditions auxquelles on offrait de lui rendre la Lorraine, quoique, pour son compte, il ne pût accepter avec honneur de régner sur la Lorraine ainsi amoindrie. « Cependant il n'entendoit pas s'établir, par ce refus, en ennemi de la France et encore moins de son glorieux souverain [1]. » La paix signée, Charles s'adressa aux Électeurs alliés de Louis XIV, à la duchesse de Meckelbourg [2], au prince Guillaume de Furstemberg [3], pour les prier d'être ses intercesseurs auprès du fier souverain de la France.

« Tandis que la rigueur de ma destinée m'a mis hors d'état de pouvoir jouir de la succession de mes ancêtres, » écrivait Charles V à l'Électeur de Bavière, « et qu'elle m'a jeté dans des engagements contraires aux intérêts de Sa Majesté très-Chrétienne, je n'ai pu lui faire demander l'honneur de rentrer dans ses bonnes grâces, que par les voies ordinaires, établies par les négociateurs de la paix. Présentement que la guerre semble être finie par la conclusion du traité de paix, j'ai cru que le premier pas que je devois faire étoit de m'adresser à Son Altesse Électorale pour la supplier de vouloir me procurer le recouvrement des bonnes grâces de Sa Majesté, et

---

1. Vie de Charles V. — Dom Calmet, etc., etc.
2. Lettre de Charles V à la duchesse de Meckelbourg, 10 mai 1679. Archives des affaires étrangères.
3. Lettre de Charles V au prince Guillaume. — Archives des affaires étrangères.

améliorer la condition de mes affaires, ce que j'ai toujours autant attendu de la grandeur, de la justice, et de la générosité du roi, que de toute autre cause...[1]. »
Ce langage si modéré et si respectueux, ne fut pas entendu de Louis XIV. Il ne restait plus au duc de Lorraine qu'à s'attacher plus fermement encore à la cause de l'Empereur, qui allait avoir plus que jamais besoin des services de son habile lieutenant, et qui venait de lui donner le gouvernement du Tyrol, pour son apanage, avec le château d'Inspruck, pour sa résidence. Charles alla s'y reposer des fatigues de la guerre, près d'une épouse bien-aimée dont il avait été presque toujours séparé, au sein d'une honnête et douce population qui, par les vifs témoignages de ses affections, lui rappelait au moins la Lorraine.

Cependant il n'était pas dans la destinée du prince Lorrain de demeurer longtemps inactif. La paix qui venait de se signer à Nimègue, n'avait pas, à beaucoup près, rétabli la tranquillité en Europe. Louis XIV, qui avait cessé d'attaquer la maison d'Autriche, ouvertement et les armes à la main, n'avait nullement renoncé à la combattre par les voies sourdes de la diplomatie. L'une de ses plus continuelles applications, pendant la guerre, avait toujours été de susciter des embarras à l'Empire, du côté de ses frontières orientales, afin de le rendre plus faible sur

---

[1] Le duc de Lorraine à S. A. E. l'Électeur de Bavière, 13 février 1679. — Archives des affaires étrangères.

les bords du Rhin. Est-il besoin de dire que le monarque qui régnait à Paris en maître absolu se souciait fort peu des libertés de la Hongrie? Cependant il n'avait jamais manqué de faire parvenir, par l'intermédiaire de son ambassadeur en Pologne, des secours indirects aux révoltés Hongrois. Les grands seigneurs qui revendiquaient le maintien de leurs priviléges et les gentilshommes du pays qui avaient pris les armes pour soutenir les droits de cette monarchie indépendante et élective, que Léopold s'efforçait d'asservir et de rendre héréditaire, trouvaient faveur et assistance auprès de la cour de France. Les agents qui distribuaient les subsides de Louis XIV avaient ordre « de nourrir les troubles de ce pays-là, et les espérances de ceux qui pouvaient les entretenir[1]. » M. de Beaumont, pendant les années 1674 et 1675, et plus tard M. Akakia, secrétaire du comte d'Avaux à Munster, avaient été envoyés en Hongrie et en Transylvanie pour s'aboucher avec le comte Tekeli et les chefs du mouvement protestant. Le roi de France s'était fort employé à ménager la paix de Zusanow entre le roi Jean Sobiesky et Mahomet IV; mais loin de vouloir arrêter ainsi les armes musulmanes il avait au contraire,

---

[1]. Lettre de M. Forbin Janson, évêque de Marseille, à Louis XIV, 22 novembre 1674. — *Correspondance de Hongrie*, t. II. Aux affaires étrangères, citées par M. Mignet. — *Succession d'Espagne*, t. IV, p. 677.

pour but, de les appeler au centre même de la Chrétienté, en les conviant à assaillir les États héréditaires de la maison d'Autriche [1].

Ces pratiques autorisées peut-être par l'état de guerre, mais singulières à coup sûr, de la part d'un prince qui allait prochainement croire sa conscience intéressée à révoquer l'édit de Nantes et à chasser les protestants de son royaume, furent reprises avec une insistance nouvelle, quoique plus secrètement, après la paix de Nimègue. La trêve que le Sultan avait signée après la journée de Saint-Gothard allait bientôt expirer. Un nouveau vizir, Méhémet-Pacha, non moins ambitieux quoique moins habile que Kiuperli, gouvernait le sérail. Le comte Tekeli avait pris sur les rebelles de Hongrie un empire extraordinaire ; toutes les démarches des agents de la France, soit à Constantinople, soit en Transylvanie, soit en Hongrie, eurent pour objet principal, de 1679 à 1682, de porter ces deux ennemis de l'Empereur à s'unir contre l'Autriche. Aux premiers jours de 1683 ce but de la politique de Louis XIV était complétement atteint. La Hongrie s'était mise sous la protection de

---

[1]. « La paix de Pologne a été reçue avec beaucoup de joie par Sa Majesté. — Vous comprenez aisément quelles peuvent être les conséquences qu'elle en attend à l'égard de l'Électeur de Brandebourg (allié de l'Autriche), et quelle jalousie la Porte, dégagée d'une grande guerre, peut causer à la cour de Vienne... » Lettre de M. de Pomponne à MM. d'Estrades, Colbert et d'Avaux, 19 novembre 1676. — *Négociation de la paix de Nimègue*, t. VIII.

la Porte; une nuée de soldats turcs amenés depuis plusieurs années à Andrinople, sur les rives du Bosphore et sur les bords du Danube marchait, à grands pas, vers le centre des possessions de l'Autriche. Le siége de Vienne avait été définitivement résolu dans les conseils du sérail. Le Sultan lui-même s'était, de sa personne, transporté à Belgrade, pour surveiller et hâter les préparatifs de cette grande expédition. Tel était l'orage qui allait fondre inopinément sur l'Empire.

Il s'en fallait de beaucoup que la politique de Léopold eût été aussi sagement prévoyante que celle de Louis XIV avait été perfidement habile. L'Empereur, sans être par lui-même un prince incapable, était un souverain à la fois faible et violent. Il avait châtié sans pitié les révoltés de la Hongrie, détruit les temples des protestants, prodigué les supplices, les condamnations, les confiscations, les amendes. Ses ministres et ses généraux, dont il suivait trop aveuglément les conseils, après avoir triomphé de la rébellion, avaient traité la noblesse et les habitants du pays, en vaincus. Ils avaient, soit par cupidité personnelle, soit pour remplir les coffres épuisés de l'État, confondu, à dessein, ceux qui avaient pris les armes et ceux qui étaient demeurés étrangers à l'insurrection, prélevant également sur les uns et sur les autres des contributions exorbitantes, qu'ils exigeaient avec la dernière rigueur. Cependant les intérêts les plus essentiels de l'État avaient été entièrement négligés. Les places fortes qui pouvaient préserver l'Autriche, du côté des provinces turques, étaient sans garnisons suffisantes, ou dépourvues d'approvisionnements de guerre. La diplomatie des conseillers de Léopold avait été aussi peu vigilante au dehors que leur administration s'était montrée, au dedans, confuse et insouciante. Quoiqu'ils eussent envoyé à Constantinople un ambassadeur, le comte de Caprara, qui les avait tenus assez exactement informés des immenses préparatifs des Turcs, ils n'avaient pas voulu croire à la vérité de ses rapports, ou du moins ils s'étaient plu à s'imaginer que tout cet appareil de guerre ne les concernait pas. Aux premiers jours de mai 1683, lorsque après avoir passé, dans les campagnes de Kitz, une revue générale de ses troupes, il en donna publiquement le commandement à Charles V, l'imprévoyant Léopold et les envieux ministres, que ce choix désolait, soupçonnaient à peine la grandeur et l'imminence du péril qui les menaçait.

Nous ne nous proposons pas de raconter en détail cette mémorable campagne de 1683, qui sauva Vienne, l'Autriche, et peut-être la Chrétienté elle-même du joug des Musulmans. Nous n'avons pas surtout la prétention d'initier nos lecteurs à la supériorité des manœuvres militaires de Charles V et du roi Jean Sobiesky, ces deux héros, que la poursuite d'une même couronne n'avait pas divisés, et que la victoire remportée en commun allait unir, sur le champ de bataille, d'une glorieuse confraternité. Il nous suffira, pour donner une idée précise de ce grand événement, et pour indiquer la part de succès qui revient à notre prince lorrain, de suivre exactement ses pas. Selon notre habitude, nous emprunterons les traits principaux de notre récit aux lettres des vainqueurs eux-mêmes et aux relations des contemporains, témoins des faits qu'ils rapportent. Nous les puiserons de préférence dans les lettres adressées par Sobiesky et par Charles V, à deux personnes qu'ils aimaient passionnément, c'est-à-dire à leurs propres femmes, dans les dépêches de l'agent français à Vienne, et dans l'ouvrage d'un autre Français présent également à la levée du siége de Vienne [1].

Charles V n'était pas homme à se méprendre sur la grandeur de la responsabilité qui lui était imposée. En acceptant la conduite des 40,000 hommes que

1. Les documents manuscrits abondent aux Archives secrètes de Cour et d'État à Vienne, sur la vie et sur les principales actions militaires de Charles V. Si jamais un écrivain était tenté de tracer un complet tableau de cette noble figure dont nous ne pouvons donner qu'une esquisse imparfaite, les matériaux ne lui manqueraient pas, et nous ne pouvons que souhaiter qu'ils lui soient communiqués avec la même gracieuse obligeance qui nous a permis d'en prendre connaissance. Nous avons principalement remarqué les pièces suivantes : Mémoires des campagnes et des actions de guerre de Charles V depuis 1670 jusqu'en 1689, un gros vol. in-fol. — Journal de la première campagne en Hongrie. — Journal du siége de Vienne, par un officier de la garnison. — Lettres de M. le Bègue à M. Canon sur les choses plus particulières de la campagne. — Première lettre du 26 mai 1683. — Der-

Léopold venait de placer sous ses ordres, il était moins inquiet des périls qui lui viendraient du nombre et de la valeur des ennemis qu'il allait affronter en rase campagne, que des secrètes embûches et des sourdes trahisons de ceux qu'il laissait derrière lui, dans les conseils de l'Empereur. Son plan de campagne était aussi simple que sensé : il représenta à l'Empereur que les Turcs devaient être fatigués d'une longue marche, qu'ils auraient besoin de repos, et qu'il valait mieux les prévenir que les attendre; il proposa de surprendre quelques places, sur le chemin qu'ils avaient encore à parcourir, avant qu'ils ne fussent en état de s'y opposer; il désigna Gran ou Neuhausel. Ses contradicteurs habituels ne soulevèrent aucune objection; ils le laissèrent maître de choisir la ville contre laquelle il serait le plus à propos de tenter une pareille entreprise; ils ne se réservaient que la faculté de la faire avorter. Charles pensa d'abord à mettre le siége devant Gran qu'il était

nière lettre du 21 juin. — Lettres et relations écrites par et au roi de Pologne. — Journal de l'an 1684. — Mémoires de l'an 1685.—Extrait du journal écrit de Son Altesse, commençant au 31 mai 1685. — Journal de l'an 1686, commençant à *** le 11 juin 1686. — Extrait du journal de Son Altesse, 1686, et projet pour la campagne de 1687. — Journal de l'an 1687. — Extrait du journal de Son Altesse, 1687. — Campagne de 1688. — Mémoires de l'an 1689. — Journal de Son Altesse, de l'an 1689. — Récit des campagnes de Son Altesse. — Récit du secours de Vienne en l'année 1683, et des autres actions et progrès de l'armée impériale contre les Turcs dans cette même année. — Récit de ce qui s'est passé durant la campagne de 1684. — Récit du siége et de la prise de Bude et de ce qui s'est passé devant, durant et après la campagne de 1686. — *Idem* pour 1687.— *Idem* pour 1688, etc., etc.

allé reconnaître en personne. Mais ayant appris que les Turcs y avaient jeté une grosse garnison, et que le grand vizir se dirigeait vers Bude, il se décida pour Neuhausel [1]. Les commencements du siége furent assez heureux ; mais quand les travaux furent assez avancés pour mettre en batterie les grosses pièces d'artillerie, que l'on attendait de Vienne, Charles apprit qu'on leur avait fait prendre les chemins les plus longs et les plus mauvais, et qu'elles s'étaient embourbées en route. Quand elles arrivèrent il se trouva « que les boulets n'étoient point de calibre avec les canons, et que les bombes étoient percées [2]. » C'est ainsi que le prince Herman de Bade, président du conseil de guerre à Vienne, se vengeait de ce que Charles V lui avait été préféré pour la conduite de l'armée. Bientôt l'ordre positif et formel arriva, d'abandonner le siége de Neuhausel ; et Charles se porta sur Comorn.

Là, de nouvelles difficultés l'attendaient, qui ne ré-

[1]. « On ne doute plus que le prince Charles de Lorraine n'entreprenne le siége de Neuhausel malgré toutes les objections du président des guerres (le prince Herman de Bade) et de son conseil, qui avait obtenu de l'Empereur un ordre pour l'en empêcher. » — Dépêche de M. de Sobeville, ministre de France à Vienne, 10 juin 1683. — Archives des affaires étrangères.

[2]. « J'ai appris que M. de Lorraine mandoit à l'Impératrice mère que la place seroit bientôt prise si on lui avoit envoyé les choses nécessaires, mais que les boulets n'étoient pas de calibre avec les canons, et que les bombes étoient percées ce qui lui faisoit perdre beaucoup de temps... L'Impératrice se plaignit à l'Empereur, mais inutilement. » Dépêche de M. de Sobeville, 13 juin 1683. — Archives des affaires étrangères.

sultaient pas seulement de l'immense quantité d'ennemis qui lui tombaient sur les bras, mais des embarras qu'on lui suscitait dans son propre camp. Le prince Louis de Bade, fils du président du conseil de guerre, refusait d'obéir aux commandements de son supérieur militaire, disant que, comme prince d'Empire, il n'avait pas d'ordre à recevoir du duc de Lorraine [1]. Les circonstances devenaient de plus en plus critiques. Le grand vizir était devant la ville de Raab avec toutes ses forces, et faisait mine de la vouloir prendre. Il l'assiégea en effet pendant six ou sept jours, mais ce n'était qu'une feinte. Pendant qu'une partie de ses troupes qui ne montaient pas à moins de 200,000 combattants faisaient les approches de la ville, Méhémet-Pacha, qui avait construit sept ponts sur la rivière de Raab, derrière un rideau de collines qui dérobaient ses travaux aux assiégés, les fit franchir à son armée ; et laissant derrière lui l'impuissante citadelle de Raab qu'il dédaignait, pour

---

1.. « M. de Lorraine, qui est présentement à Comorn avec l'armée, est au désespoir; je sçay qu'on lui conseille de le quitter, mais je ne crois pas qu'il le fasse, quoiqu'il soit persuadé que M. de Bade lui fera échouer toutes ses entreprises... Le prince Louis de Bade a refusé de se porter sur une église menacée par les Turcs; disant qu'il n'a point comme prince d'Empire d'ordre à recevoir du duc de Lorraine, — comme prince d'Empire, non, mais comme maréchal lieutenant des troupes de l'Empereur, il devoit obéir au général de l'infanterie. Voyant qu'il n'en vouloit rien faire, le comte de Staremberg lui a dit : Retournez à Vienne vous divertir avec vos demoiselles; il n'y a point là de coups de mousquet à recevoir et vous y passerez mieux votre temps qu'icy. » — Dépêches de M. de Sobeville, 17 juin 1683. — Archives des affaires étrangères.

DE LA LORRAINE A LA FRANCE.

s'emparer d'une proie plus riche, il courut mettre le siége devant Vienne.

Charles n'était pas en état de lui barrer le passage ; avec une armée que les marches, les désertions et l'effroi général avaient déjà réduite de moitié, il n'aurait réussi qu'a se faire écraser. Il s'était avec une rare présence d'esprit jeté dans les îles que le Danube forme aux environs de Raab, et qui s'étendant presque tout le long de son cours jusqu'aux environs de Vienne, lui permettaient de préserver ces riches contrées des incursions des Tartares, et lui fournissaient la voie presque la plus directe, assurément la plus sûre, pour se rendre sous les murailles de Vienne. En même temps qu'il prenait un si sage parti, et qu'il l'exécutait avec un sang-froid et une rapidité d'évolutions qui firent l'admiration des hommes versés dans le métier de la guerre, il avertissait la cour impériale des projets de l'ennemi et de sa marche sur la capitale. La stupeur était extrême dans les conseils de l'Empereur. Ses ministres, qui n'avaient voulu écouter ni comprendre les avis réitérés de Charles V, et qui se sentaient décriés dans l'opinion publique, recoururent à quelques-unes de ces mesures pitoyables qui sont, dans les périls publics, la vaine ressource des esprits médiocres. On vit afficher sur les murs de Vienne un placard qui défendait « sous peine de punition corporelle, de parler de ce qui s'était

passé dans la campagne ni d'aucune affaire d'État[1] !«
L'agent français à Vienne, M. de Sobeville, ne dit
point si les Viennois obéirent à cette injonction;
mais il paraît qu'à défaut de paroles, ils se permirent d'autres manifestations. M. de Bade était
aussi méprisé et haï que le duc de Lorraine était
aimé et considéré; ses partisans furent hués dans
les rues, et ses domestiques maltraités [2]. Pendant ce
temps-là l'evêque de Vienne, ami de M. de Bade,
convoquait, par autorité, le peuple à venir prier
Dieu trois fois le jour, dans les églises, à certaines
heures marquées; il y avait une amende décrétée
contre quiconque y manquerait [3]. Telles étaient les
mesures que les ennemis du prince Lorrain avaient
imaginées pour sauver la capitale. — Le discrédit
où les ministres étaient tombés était si grand que
l'Empereur fut obligé de les remplacer. Le comte
de Kinsky, ancien ambassadeur à Nimègue, les
comtes de Mansfeldt et de Windisgratz, MM. de
Rosemberg et de Stratman, furent nommés à leur
place. C'étaient la plupart des hommes considérables par leur position et par leur mérite. Cependant les Tartares, avant-coureurs de l'armée turque, apparaissaient aux portes de la ville brûlant

---

1. Dépêche de M. de Sobeville.
2. Dépêche de M. de Sobeville, 1er juillet 1683. — Archives des
affaires étrangères.
3. *Ibidem.*

et saccageant tout — « C'est la plus grande consternation que l'on puisse voir », écrivait le ministre de France à sa Cour; la bourgeoisie menace de se révolter si l'Empereur les abandonne. Le pays crie contre l'ambassadeur d'Espagne..... enfin tout est dans une confusion horrible [1].

Malgré ces menaces de la bourgeoisie viennoise, ou peut-être à cause de ces menaces, l'Empereur se hâta de quitter sa capitale. Le 10 juillet, à huit heures du soir, il monta précipitamment dans un carrosse avec l'Impératrice; les princes et les princesses de la famille impériale l'accompagnaient [2]. Il n'y avait pas un homme de guerre avec eux. A Lintz, où ils arrivèrent fort tard dans la nuit, l'Empereur et sa famille ne trouvèrent que des œufs à manger, dans des escabelles de bois et de terre [3]; et l'Impératrice, qui était grosse, dut coucher par terre sur un manteau [4]. Ce qui probablement avait été plus pénible à l'Empereur, il avait entendu, pendant qu'il montait en voiture, la populace de Vienne s'écrier : « N'aurons-nous pas un maître pour nous défendre? Nous nous donnerons au comte de Tekeli! » M. de Sobeville ajoute même (ce que nous avons plus de peine à croire) que plusieurs deman-

[1]. Dépêche de M. de Sobeville.
[2]. *Ibidem.*
[3]. *Ibidem.*
[4]. *Vie de l'Impératrice Éléonore,* par le père Brumoy. Paris 1725, p. 28.

daient si le roi de France ne viendrait pas les défendre. Le père Brumoy, narrateur véridique et très-partial pour Léopold, rapporte que, dans les campagnes, « les paysans s'approchaient insolemment des portières du carrosse et déchargeaient leur rage sur l'Empereur par des injures cruelles comme celles dont Séméi accabla jadis David, ce qui fut pour lui un sujet de pratiquer la patience de ce roi pénitent[1]. »

A Lintz, ce fut une nouvelle panique. On avait entendu pendant la nuit retentir par toute la ville un horrible cri : l'ennemi est aux portes! et là-dessus toute la population s'était enfuie, entraînant la Cour avec elle[2]. Ce n'était pourtant qu'un parti de cavalerie tartare qui avait passé le Danube à la nage. Quelques historiens veulent que la présence d'esprit de l'Envoyé français ait, en cette occasion, sauvé la famille impériale. C'est une erreur, M. de Sobeville, qui informait très-exactement Louis XIV des moindres circonstances, ne dit pas qu'il ait en cette occasion contribué au salut de la Cour près de laquelle il était accrédité ; il paraît même qu'on l'y croyait généralement très-peu disposé. Il raconte, en effet, que, souvent, pendant le siége de Vienne, plus d'un familier de l'Empereur vint lui demander ironiquement « s'il avait de bonnes nouvelles du camp des Turcs, où en

---

1. Le père Brumoy, *Vie d'Éléonore*.
2. *Ibidem*, p. 29.

étaient les travaux du siége, » croyant, ou feignant de croire, qu'il était en correspondance avec le grand vizir, soupçons que M. de Sobeville se donnait à peine le soin de repousser. On voit d'ailleurs par ses dépêches qu'il était pour le moins indifférent entre les Turcs et les Autrichiens. Le nonce du Pape à Vienne s'étant presque jeté à ses pieds pour lui dire : « que ce seroit une action digne de la grandeur du roi son maître, que d'avoir pitié de l'état effroyable de la Chrétienté ; que le chef de l'Église l'en remercieroit, et que Dieu sauroit bien l'en récompenser, et rendre inutiles les desseins de ses ennemis ; qu'il ne s'agissoit que d'assurer l'Empereur et l'Empire, que Sa Majesté ne se prévaudroit pas des malheurs de la Chrétienté pour étendre ses conquêtes..... [1] » L'ambassadeur de France, qui savait les secrets du roi très-chrétien, et qui n'ignorait pas à quel point l'entremise des Turcs servait sa politique, accueillit dédaigneusement cette ouverture et ne se compromit pas jusqu'à dire la moindre parole encourageante au représentant du saint-siége.

Pendant que la cour impériale se réfugiait de Lintz à Passau, pour être plus éloignée du théâtre de la guerre[2], Vienne se remettait de sa première émotion et organisait sa défense. Le comte Capel-

---

[1]. Dépêche de M. de Sobeville, 1er juillet 1683. — Archives des affaires étrangères.
[2]. « L'Empereur se retire sur Passau, ayant quitté Lintz tres secrettement, et cachant sa marche tant qu'il pouvoit à cause des mecon-

lier, auquel l'Empereur avait donné l'ordre d'aller prendre le commandement de la ville, avait d'abord refusé de s'y rendre, ne la jugeant pas susceptible d'une sérieuse résistance. Mais, sur les instances réitérées de l'Empereur, il avait fini par y conduire quelques troupes. La capitale recevait, en même temps, dans ses murs un second défenseur qui montrait plus de confiance, et plus capable, par conséquent, d'en inspirer aux autres ; c'était le gouverneur de Vienne lui-même, le comte de Stharemberg, l'un des plus braves lieutenants de Charles V.

Ce n'était point sans peine que le duc Charles avait pu ramener jusqu'à Léopoldstadt, sous le canon de la ville de Vienne, sa petite armée, réduite maintenant à une vingtaine de mille hommes. Il lui avait fallu, toujours guerroyant contre les Tartares et contre des partis de Hongrois révoltés, passer tour à tour d'une rive du Danube sur l'autre. Cependant sa retraite n'avait jamais eu l'aspect d'une déroute ni même d'une fuite. C'est peut-être le chef-d'œuvre de l'art militaire que de savoir aguerrir ses troupes, en les obligeant à se replier devant un ennemi supérieur en forces. C'est ce que Charles avait su faire. Depuis son départ de Raab, il n'avait risqué ses soldats que peu à peu, quand il les eut habitués à la vue des Musulmans et à leur manière de com-

tens. » — Dépêche de M. de Sobeville, 20 juillet. — Archives des affaires étrangères.

battre. Il avait dû, dans les premières rencontres, payer beaucoup de sa personne; car, pour agir sur les autres hommes, partout, et à l'armée plus qu'ailleurs, il n'y a rien de tel que de prêcher d'exemple. En maintes occasions il chargea lui-même les Turcs, l'épée à la main, comme un simple soldat, « pour montrer, » disait-il, « comment il falloit traiter cette canaille musulmane. » Charles avait été merveilleusement aidé dans cette difficile retraite par un petit corps de trois régiments polonais, qu'il avait pris à la solde de l'Autriche, et que commandait le prince Lubomirsky. Accoutumés à vaincre les Turcs, avec des armes et des façons de combattre peu différentes des leurs, les Polonais de Lubomirsky avaient communiqué leur assurance aux troupes allemandes. C'est ainsi que Charles était arrivé, par la voie du Danube, à se mettre en communication avec la capitale de l'Empire et à lui procurer le secours si nécessaire d'une forte garnison, d'un approvisionnement considérable, et, ce qui valait mieux encore, d'un commandant intrépide.

Avant que les Turcs n'eussent complétement investi Vienne, Charles avait eu le temps d'en nettoyer les abords, de faire brûler les faubourgs, qui auraient pu servir d'approches contre les murailles. Les habitants s'étaient empressés de mettre eux-mêmes le feu à leurs propres demeures, avant de se venir enfermer dans la ville. Peu à peu ils s'étaient habitués aux visages basanés des Turcs, à leurs turbans, à leurs longs sabres recourbés. On les avait organisés en milice, on leur avait donné des armes qui ne manquaient pas dans les magasins; ils faisaient la garde jour et nuit sur les fortifications, repoussant les assauts, prenant part aux sorties de la garnison; et les plus hardis allaient quelquefois faire le coup de pistolet avec les janissaires, jusque dans le camp ennemi. Le nombre des habitants ainsi armés et enrégimentés se montait à environ quinze mille hommes. C'était aussi à peu près le chiffre de la garnison. L'armée de Charles V, placée d'abord dans les fossés mêmes de la place, puis dans la petite île de Leopoldstadt, très-rapprochée de la ville, dut se reculer plus tard dans l'île plus grande et plus éloignée de Tabor et enfin repasser de l'autre côté du Danube, quand l'investissement de Vienne fut complet; elle se montait de vingt à vingt-cinq mille hommes. Les Turcs avaient ouvert la tranchée le 14; le 21 toute communication était rendue impossible entre Charles V et le comte de Stharemberg[1]. Tous deux l'avaient prévu; ils s'étaient promis, l'un de défendre la ville à toute extrémité, l'autre de la secourir à tout risque. On va voir à quel point ils se tinrent parole.

1. Relation de M. le duc de Lorraine donnée au prince Labomusky pour être envoyée au roi de Pologne. — *Anecdotes de Pologne*, par M. Dalerac.

L'armée turque, qui enserrait maintenant toute la ville de Vienne, était à vrai dire immense; il serait difficile d'en fixer le chiffre même approximativement. Quelques auteurs l'ont porté à six ou sept cent mille individus, estimation trop évidemment exagérée. Quelques-uns l'ont au contraire réduit à 160,000, appréciation qui pèche par un autre excès. La différence entre ces chiffres en apparence inconciliables tient probablement à cette circonstance, que les uns ont voulu parler du nombre total des Turcs qui s'étaient mis en route pour marcher sur Vienne, et les autres de celui des soldats qui ont en réalité pris part au siége. Ce dernier chiffre lui-même à dû être très-considérable. Le Sultan ayant remis à son grand vizir l'étendard du Prophète, tout vrai croyant était, d'après la foi musulmane, obligé de le suivre. Le mouvement qui, en 1683, porta les mahométans contre Vienne, était, plus encore que la levée de boucliers de Kiuperli, quelque chose de semblable à ce qui s'était vu, dans le monde chrétien, au temps des croisades, et ne différait pas non plus essentiellement des migrations de Barbares, au temps du Bas-Empire. Les Turcs s'étaient mis en campagne tout à la fois pour asservir des populations ennemies de leur foi, et pour s'établir dans de nouvelles contrées. Ils avaient amené avec eux leur famille; il y avait, mêlés à cette expédition, des femmes, des enfants, des esclaves. Une partie de toute cette multitude était restée en route et n'avait pu suivre jusqu'au bout l'expédition, mais d'après les versions les plus probables, il n'y avait guère moins de 200,000 combattants dans le camp établi autour de Vienne, et un nombre proportionné de femmes, d'enfants et d'esclaves.

Une haine égale pour le nom chrétien, et la même ardeur de gloire, étaient d'ailleurs les seules ressemblances qui se pussent établir entre l'ancien vizir Kiuperli et son successeur. Méhémet Pacha était brave, mais présomptueux et inhabile. Sa marche précipitée sur Vienne, en laissant derrière lui Raab et d'autres places fortifiées, n'était pas l'inspiration d'un génie qui aurait alors devancé les conceptions des maîtres de l'art moderne de la guerre, c'était simplement un acte de fol orgueil, et de sotte forfanterie. Il ne fit pas cette seule faute. En saccageant toutes les contrées qu'il avait parcourues sur son chemin, en mettant à feu et à sang les environs d'une grande ville, qu'à coup sûr il ne pouvait emporter d'un coup de main, il avait commis une autre imprudence indigne d'un chef d'armée, qui aurait été simplement doué de l'intelligence de son métier. Le siége de Vienne ne fut pas d'ailleurs mené sans une certaine connaissance des règles applicables à la prise des villes de guerre. Des renégats versés dans la pratique de ces sortes de travaux, dirigèrent les tranchées, les approches de la place, et le jeu de l'artillerie, qui était nombreuse et formidable. On s'accorda plus tard à reconnaître que la ville avait été abordée par le côté le plus favorable à l'attaque. Heureusement pour les assiégés, leur courage, sinon leur nombre, égalait celui des assiégeants, et leur tactique était très-supérieure. Cependant ils ne tardèrent pas à beaucoup souffrir. Un retour offensif dirigé par Charles jusque vers Presbourg, qu'il reprit aux ennemis, et les combats journellement livrés sur les bords du Danube, servirent à relever la confiance des troupes impériales, et à maintenir libres les chemins par où les secours pouvaient enfin arriver à la capitale assiégée. Mais ces avantages partiels, présages de prochains et de plus grands succès, n'empêchaient pas la ville de Vienne d'être réduite à toute extrémité. Les combats, la fatigue, la misère et les maladies avaient épuisé la garnison; la milice était réduite à quelques hommes devenus, à force de souffrances, presque incapables de porter les armes. — Le comte de Stharemberg écrivait à Charles V, vers la fin de juillet, qu'il était temps de le secourir. « Ce n'étoit point, » disait-il, « la peur qui le fesoit parler ainsi, mais l'envie qu'il avoit de pouvoir encore baiser les mains à Son Altesse[1]. » Effectivement, le Comte était lui-même tombé malade de la contagion qui déjà rendait la ville presque déserte. « Mais je me ferai porter, » écrivait-il le 1er août, « là

---

1. Dépêche de M. de Sobeville.

où je ne pourrai plus aller, et j'espère que mon mal ne me fera pas négliger mon devoir[1]. » Il n'était point besoin de presser le duc de Lorraine ; pour tenter le secours de Vienne, il n'attendait plus que l'arrivée de Sobiesky, qui lui-même accourait à marches forcées.

A peine sa capitale avait-elle été menacée par les Turcs que Léopold s'était empressé d'écrire au roi de Pologne. Jean Sobiesky n'avait aucune raison de vouloir complaire à l'Empereur, ou d'être attaché à la maison d'Autriche. L'Empereur avait combattu son élection autant qu'il avait pu ; la maison d'Autriche avait toujours, dans les divisions de la république, pris parti pour ses adversaires. Mais Jean Sobiesky était l'ennemi juré des Turcs, le champion de la Croix contre le Croissant ; il avait promis, par un traité solennel à l'Empereur, et par lettre, au Pape, de venir au secours de Vienne, si Vienne était attaqué. Il tenait à dégager sa parole de roi et de chrétien. C'était, en plein dix-septième siècle, un héros à la façon des preux d'un autre âge, sincère, pieux, enthousiaste, avide de combats et d'honneur. Le bruit s'étant répandu à Rome, que peut-être il ne viendrait pas au secours de l'Empereur, et le saint Père lui ayant lui-même écrit pour stimuler son ardeur, So-

---

1. On montre à peu près à moitié de la tour de la cathédrale Saint-Estienne, à Vienne, un petit banc de bois, où, dit la tradition, le comte de Staremberg se faisait porter pour observer les travaux des assiégeants.

biesky avait presque ressenti comme un injure les
craintes exprimées dans la lettre pontificale. « Le roi
et son armée, » écrivait-il à Rome « seront plus tôt
aux portes de Vienne qu'on n'aura des nouvelles de sa
sortie de ses États. Votre Sainteté fera reflexion si on
peut faire plus pour un ami et pour un allié. Mais, en
ce qui touche le bien de l'Église et de la Chrétienneté,
moi et mon royaume seront toujours prêts de répandre jusques à la dernière goutte de notre sang,
comme un véritable bouclier du Christianisme[1]. »
Ces généreuses paroles du roi Jean Sobiesky rendaient véritablement ses pensées ; il venait en effet, avec un entrain tout chevaleresque, secourir son
allié, combattre les infidèles, et acquérir de la gloire.
Si quelque chose troublait son plaisir, c'était peut-
être le chagrin de quitter, même pour un instant,
celle qu'il appelle toujours dans ses lettres : « la joie
de son âme, sa bien-aimée Mariette, » et qui n'était
autre que Mlle Marie d'Arquien fille du marquis d'Arquien, capitaine des gardes de Monsieur, frère de
Louis XIV, actuellement reine couronnée de Pologne.

Ce fut auprès de Tuln, non loin des bords du
Danube, que le roi Jean Sobiesky et le duc de
Lorraine se rencontrèrent, le 30 août 1683. Leur
entrevue se fit sans cérémonie ; quelques traits fami-
liers et précis, puisés dans leur correspondance,

1. Brouillon de la lettre du roi de Pologne au pape. 25 avril 1683.
Copié sur l'autographe, par M. Dalerac.

serviront à faire connaître l'impression qu'éprouvèrent ces deux grands hommes lorsqu'ils s'entrevirent pour la première fois. Charles s'était empressé de se rendre au-devant de son glorieux compagnon; il arriva de bonne heure (sept heures du matin), pendant que les troupes polonaises se mettaient en rangs pour commencer leur marche. Il les trouva belles, lestes et l'air martial. Il fut surtout frappé de la magnificence toute royale que déployait Sobiesky, de l'éclat des uniformes polonais, de la quantité de serviteurs et de pages richement galonnés, que les nobles polonais traînaient après eux. Pour lui, son habit était si simple, sa suite si peu considérable, qu'aux avant-postes on avait fait difficulté de le reconnaître pour le duc de Lorraine. Le roi de Pologne avait toutefois été prévenu des habitudes modestes de Charles V. Le palatin de Wolhynie lui en avait fait ce portrait : « Petite taille, gros bon sens, mine mélancholique.... au demeurant, galant homme et même homme d'esprit, parlant peu et presque timide[1]. » C'est à peu près l'effet qu'il fit, à première vue, à Jean Sobiesky. « Habit gris sans ornement, » écrit-il à la reine Marie-Casimire, « si ce n'est des boutons de passementerie assez neufs; chapeau sans plumes, bottes jaunes, ou plutôt qui l'ont été, il y a trois mois; un cheval de combat passable, mais la

---

[1]. Lettre de Jean Sobiesky à la reine Marie Casimire, 29 août 1683. Paris 1826, p. 17.

bride et tout le harnois communs et usés ainsi que la selle. Avec tout cela, il n'a pas la mine d'un marchand, mais d'un homme comme il faut, et même d'un homme de distinction. Il parle très-bien de tout ce qui est de son ressort. C'est, à proprement parler, un galant homme qui entend la guerre parfaitement et s'y applique sans relâche. Il porte une perruque blonde des plus mal faites ; en général, il est peu soucieux de sa mise ; mais c'est un homme avec qui je m'accorderai très-facilement et qui est digne d'un sort plus haut[1]. » Par leur extérieur, par leur mise, et par toutes leurs façons habituelles, le duc de Lorraine et le roi de Pologne ne se ressemblaient guère. Sobiesky retint Charles à dîner. Afin d'être agréable à son hôte, le prince Lorrain se crut obligé, malgré sa sobriété habituelle, de prendre quelque chose des mœurs polonaises et se laissa enivrer. Sobiesky s'en divertit beaucoup ; il écrivit à sa femme que « le duc de Lorraine avoit voulu parler polonais pendant le dîner, » et lui conta les méprises étranges qu'il avait faites dans une langue qu'il ne possédait pas. De son côté, Charles mandait à la cour impériale « qu'il avoit été contraint de s'enivrer avec le roi de Pologne, ce dont il avoit esté bien incommodé[2]. »

Cependant Charles et Sobiesky se réunirent le

1. Lettre du roi Jean Sobiesky à sa femme, dernier août 1683, p. 29.
2. Dépêche de M. de Sobeville au roi, 5 août 1683. — Archives des affaires étrangères.

lendemain pour entamer de plus sérieuses conférences. Le duc de Lorraine prit soin d'expliquer au roi de Pologne la nature du pays où les Turcs étaient campés et quelle était la position de Vienne, par rapport au Danube, qui l'approche, et aux collines qui la dominent. Il lui fit part des projets qu'il avait formés pour la délivrance de la ville, projets dont il n'avait encore entretenu personne. Le roi de Pologne loua et approuva tout. « Je suis très-content du duc de Lorraine, » écrivait-il à sa femme, « il en use fort bien avec moi ; c'est un fort honnête homme, un homme de bien, et il entend le métier de la guerre mieux que les autres. » Il n'y avait entre eux ni apparence de jalousie, ni froissement d'amour-propre. Charles montrait pour le roi de Pologne une déférence respectueuse, que celui-ci reconnaissait par d'infinis égards. Le plan de campagne, qui allait décider du sort de Vienne, fut arrêté dans leurs secrètes entrevues, sans que, dans le moment ni plus tard, ils se soient jamais disputé l'honneur de l'initiative. Tout étant ainsi prêt et convenu, et les princes allemands enfin arrivés au rendez-vous, les armées réunies de l'Empire et de la Pologne, les troupes saxonnes, bavaroises et franconiennes passèrent les ponts que Charles V avait fait, à l'avance, préparer sur le Danube. Des gentilshommes appartenant à presque toutes les nations du monde chrétien, la France exceptée, étaient venus s'enrôler en volontaires sous les bannières qui allaient conduire tant de braves gens à une lutte désespérée contre les ennemis de leur foi. A défaut d'autres secours, le Pape avait délégué un religieux qui jouissait d'une certaine réputation de sainteté en Italie, le père Marco d'Avieno. La présence et les discours du pieux franciscain produisirent un grand effet sur toute l'assistance, mais sur personne autant que sur les deux principaux personnages de l'armée, Charles et Sobiesky. Quand l'armée eut passé les ponts à Tuln, le Père Marco dit la messe en plein air, fort dévotement; après quoi, s'adressant aux chefs et à tous ceux qui pouvaient l'entendre, il leur demanda s'ils avaient confiance en Dieu; sur leur réponse affirmative, qu'ils avaient en lui une confiance entière, il leur fit à plusieurs fois répéter : *Jesus, Maria! Jesus, Maria*[1]*!* et chaque corps, s'ébranlant à son tour, se mit en marche (9 septembre) dans la direction qui lui avait été indiquée.

Le plan d'attaque adopté par Charles et Sobiesky leur avait été inspiré, comme toutes les grandes manœuvres qui ont eu succès à la guerre, par la profonde étude du terrain sur lequel ils allaient opérer, par la juste appréciation des avantages qu'ils en pouvaient tirer, et des obstacles qu'il opposait à leurs ennemis. Ce plan résultait principalement de la po-

1. Lettre de Jean Sobiesky à Marie-Casimire, reine de Pologne, page 42.

sition même de la ville qu'il s'agissait de secourir. Vienne est située non loin du Danube, dont un bras passe assez près de ses murs, sur les bords d'une petite rivière qui vient se jeter dans le grand fleuve, et qui donne elle-même son nom à la ville, qu'elle laisse à sa gauche. Le cours du Danube est presque partout parallèle aux montagnes de la Styrie; mais il s'échappe de la chaîne principale des contre-forts qui viennent, en s'abaissant de plus en plus, mourir sur les bords mêmes du fleuve. Vienne s'étend dans une plaine accidentée qui s'appuie contre l'un de ces contre-forts, appellé le Kalemberg. Le Kalemberg, colline boisée à son sommet, coupée de ravins, couverte de vignobles sur ses pentes inférieures, descend en s'inclinant jusqu'aux portes de la ville qu'il protége au couchant, et abrite, comme derrière un rideau. Les Turcs avaient entouré Vienne entière de plusieurs lignes de circonvallation; leur camp était établi à l'est et au nord-est de la ville; mais par une négligence habituelle à leur nation, ils n'avaient poussé de reconnaissances ni sur le cours supérieur du Danube, ni sur les hauteurs du Kalemberg; ils ne savaient donc en aucune façon ce qui se passait au revers de cette colline qu'ils avaient devant eux. Telle fut la faute dont Charles et Sobiesky profitèrent avec tant d'habileté et de succès. Ils décidèrent que les armées remonteraient le plus promptement et le plus secrètement possible les pentes du Kalemberg, qui étaient, comme nous venons de l'expliquer, cachées à la vue des Turcs; elles devaient les redescendre ensuite pour marcher sur le camp turc, et donner, à travers les tranchées ennemies, la main aux assiégés. Charles et les Impériaux, prenant la gauche de la marche, avaient moins de chemin à faire; le roi de Pologne, tenant la droite, avait au contraire un circuit beaucoup plus long à décrire. L'armée, qui montait à 70,000 hommes environ, 50,000 Impériaux ou Allemands et 20,000 Polonais, mit deux jours à gravir les pentes du Kalemberg, qu'elle avait dû aborder par leur côté le plus rapide. On n'avait pu transporter que très-peu d'artillerie avec soi. Le duc de Lorraine avait fourni toutes les colonnes de guides sûrs, connaissant les meilleurs passages. Cependant, le 11 au soir, les troupes étaient fort harassées. On n'avait point rencontré d'ennemis, à peine quelques esclaves, gardeurs de troupeaux, qui s'étaient enfuis à l'aspect des lances polonaises. L'armée avait parcouru la portion, sinon la plus périlleuse au moins la plus fatigante, de la route qu'il fallait suivre pour arriver jusqu'en vue du camp des Turcs. Chacun était de belle humeur et en bonne espérance. « Nous avons si bien fait maigre ces deux derniers jours de vendredi et de samedi, » écrivait le roi de Pologne à la reine, « que chacun de nous pourroit chasser le cerf sur ces montagnes..... Humainement parlant, » disait-il dans une autre partie de sa lettre, « et en mettant d'ailleurs tout notre espoir en Dieu, il est à croire qu'un chef d'armée qui n'a pensé ni à se retrancher ni à se concentrer, mais qui s'est campé là comme si nous étions à cent milles de lui, est destiné à être battu[1]. »

Quelques jours auparavant, Charles avait écrit aussi à la duchesse de Lorraine une lettre pleine de confiance dans la protection du Ciel, mais d'un ton un peu plus grave. « Le père Marco d'Avieno vient d'arriver à ma grande joie ; nous avions déjà l'aide de nos alliés, et voilà maintenant le secours de Dieu. Nous nous mettons en marche pour ne nous arrêter plus qu'à Vienne, si la miséricorde de Dieu le permet. Comment ne pas espérer en lui? C'est le mois où le roi de Pologne a été couronné, et celui où est né notre Léopold, que Dieu nous le conserve ! Je ne vous recommanderai pas d'adresser vos prières au ciel, parce que je sais que vous le ferez de vous-même. Aimez toujours votre Charles ; j'espère vous donner bientôt une bonne nouvelle[2]. »

Le 12 septembre, à la pointe du jour, les troupes alliées prirent leur ordre de bataille, les Impériaux toujours à l'aile gauche conduits par Charles V, et les Polonais à la droite. Le roi de Pologne, ayant les Électeurs de Saxe, de Bavière, et les princes allemands réunis autour de lui, comme autant d'aides

---

1. Lettre de Sobiesky à la reine Marie-Casimire, 11 septembre 1683.
2. Lettre de Charles V à sa femme, 5 septembre 1683.

de camp, et suivi d'une foule d'officiers pour prendre et porter ses ordres, se plaça au centre, « animant ce grand corps de sa présence et de sa voix.[1] » Charles V et les Allemands ayant, en raison de leur position, moins de chemin à faire, furent les premiers engagés. Au grand étonnement de toute l'armée, les Turcs ne quittèrent point le siége de Vienne pour faire face à leurs nouveaux assaillants. Méhémet-Pacha s'étant aperçu que les Chrétiens marchaient sur les tranchées qui entouraient la ville et sur son propre camp, ne parut pas d'abord en concevoir une bien vive inquiétude. Il fit redoubler le feu des batteries qui tiraient contre Vienne. Un corps considérable de dragons, c'est-à-dire de Turcs qui combattaient à la fois à pied et à cheval, s'avança pour garnir les collines inférieures du Kalemberg ; ces troupes, cachées dans des replis de terrain, firent une bonne défense, et soutinrent l'attaque avec vigueur. Mais comme l'avaient bien prévu Sobiesky et Charles V, elles souffraient beaucoup des feux plongeants que les Impériaux et les Polonais dirigeaient de loin sur leurs masses compactes. Le combat se maintint ainsi, sinon avec des chances égales, du moins sans avantage trop marqué pour les alliés. On vit le grand vizir faire dresser une tente sur une petite éminence, s'y as-

---

[1]. Anecdotes de Pologne.

seoir avec ses fils, et prendre tranquillement son café, en regardant la bataille, qui devint peu à peu plus générale et plus vive. De son côté, Sobiesky ne croyait pas qu'il fût possible d'entamer en une seule journée et de chasser devant soi une si grande masse d'ennemis. Il avait indiqué le matin à son entourage un emplacement avantageux sur lequel il projetait de s'établir pour passer la nuit; il ne songeait pas encore, au milieu de la journée, à pousser ses troupes plus loin, et pensait qu'il faudrait trois jours à l'armée chrétienne, pour arriver jusqu'au camp des Turcs. Pendant qu'on se battait au centre, Charles V avait gagné beaucoup d'avance; il était arrivé, non d'un premier élan, mais à force d'assauts partiels livrés à chaque repli de terrain, jusqu'aux tranchées de la ville; il en avait chassé les janissaires; c'était un grand succès, car il était, par la portion des tranchées dont il s'était rendu maître, en communication avec les assiégés. Mais comme il occupait des positions plus basses que celles où se passait le reste de l'action, il ne pouvait savoir si l'attaque avait été partout aussi heureuse. Dans ce moment, la mêlée était, au centre, plus chaude et plus acharnée que jamais. Les troupes saxonnes et bavaroises redoublaient d'efforts, et poussaient en avant des charges furieuses. Tout à coup, soit que la trouée faite jusqu'aux remparts de Vienne par le duc de Lorraine eût découragé les Turcs, soit qu'ils désespérassent de résister plus longtemps aux Polonais, qu'excitait l'exemple de leur roi, on les vit hésiter et mollir ; ce fut alors qu'avec ce coup d'œil prompt et instinctif qui est le don des grands capitaines, remarquant une certaine hésitation dans leurs rangs et une certaine oscillation parmi leurs lignes les plus reculées, Sobiesky s'écria tout à coup : Ils sont perdus. Effectivement, une terreur indicible s'était emparée de toute cette multitude. Les Turcs qui gardaient les bagages et qui étaient les plus éloignés du lieu du combat s'étaient mis les premiers à fuir ; de proche en proche, ils avaient entraîné ceux de leurs camarades qui s'étaient jusqu'alors le mieux défendu. On aperçut le grand vizir, qui d'abord avait essayé de retenir les fuyards, donnant les signes du plus violent effroi ; il avait fait appeler ses fils auprès de lui, et se prenant à pleurer, « Ne peux tu pas me sauver? s'écria-t-il en s'adressant au khan des Tartares. « Nous connaissons le roi de Pologne, répondit le chef des Tartares, il est impossible de lui résister. Songeons plutôt à nous tirer d'ici. » Peu de temps après, en effet, Sobiesky toujours au premier rang et poussant le vizir devant lui, entrait dans les retranchements ennemis. Un domestique turc le conduisit dans les tentes du commandant de l'armée ottomane. Le camp entier des Infidèles était au pouvoir des Chrétiens. Le roi de Pologne ne pouvait revenir d'un succès si prompt et si complet. Il obligea ses soldats à rester sous les armes, car il appréhendait un retour offensif. Charles défendit également à ses troupes allemandes de marcher plus avant; chaque corps d'armée passa la nuit dans les positions conquises, pendant le jour, l'épée à la main, sans en oser sortir, et comme étonné de sa victoire. Le 13 au matin, les soldats polonais commencèrent à piller le camp des Turcs; il leur fallut deux journées entières pour s'emparer de toutes les richesses qui y étaient encombrées. — « Leurs tentes, écrivait Sobiesky à sa femme, occupent un espace grand comme la ville de Varsovie ou de Léopold... Le vizir a tout abandonné dans sa fuite; il n'a gardé que son habit et son cheval. C'est moi qui me suis porté son héritier, car la plus grande partie de ses richesses me sont tombées entre les mains.... Vous ne me direz donc pas, mon'cœur, comme les femmes tartares à leurs maris, lorsqu'ils reviennent sans butin : Tu n'es pas un guerrier, puisque tu n'as rien rapporté; car il n'y a que l'homme qui se met en avant qui peut attraper quelque chose [1]... » Au milieu de la joie de son triomphe, Sobiesky n'oublia pas de faire hommage au Pape de l'étendard de Mahomet. Il se donna aussi le plaisir d'écrire le jour même à Louis XIV, pour lui faire part de la défaite des Turcs. « Je lui ai écrit, » dit-il assez ironiquement, « que

---

[1]. Lettre de Jean Sobiesky à la reine Marie-Casimire, de la tente du vizir, 13 septembre, p. 61.

c'était à lui particulièrement comme au roi très-chrétien, qu'il me convenait de faire mon rapport de la bataille gagnée et du salut de la chrétienté. » Nous n'avons trouvé aucune lettre de Charles V annonçant cette victoire à laquelle il avait pris une si grande part.

Le lendemain de la bataille, Charles V et Sobiesky entrèrent dans Vienne, où l'on chanta un *Te Deum*. Ce fut une ovation pour le roi de Pologne. Déjà la veille, au moment de la prise du camp, il avait vu les princes allemands l'embrasser avec transport; les généraux lui baisaient les mains et les pieds, les officiers et les soldats s'écriaient : « *Ah! unser brave konig!* Ah! notre vaillant roi. » A son entrée à Vienne les mêmes transports se renouvelèrent. Le peuple aussi lui baisait les mains, les pieds, les habits; d'autres qui n'y pouvaient toucher que de loin s'écriaient : « Ah! donnez-nous à baiser vos mains victorieuses. » Sobiesky parut charmé des chaleureuses démonstrations que les Viennois prodiguaient à leurs libérateurs; Charles s'y déroba tant qu'il put.

Le soleil ne s'était pas encore couché sur cette journée, qui avait été consacrée tout entière à remercier Dieu de la victoire remportée en commun, et déjà l'on pouvait remarquer des signes évidents de froideur et de jalousie, non pas entre les deux chefs (leur âme était trop grande pour connaître de si bas sentiments), mais de soldat à soldat, d'officier à officier, de nation à nation. Dès le lendemain,

Sobiesky, en écrivant à sa femme, se plaignait de l'ingratitude des Allemands; il avait remarqué que les autorités de la ville avaient vu de mauvais œil les vivats dont les habitants l'avaient salué. Il trouvait fort étrange qu'on n'eût pas plus d'égards pour ses troupes; « on avait l'air de le prendre pour un pestiféré que tout le monde évite, tandis qu'avant la bataille ses tentes, Dieu merci assez spacieuses, ne pouvaient contenir tous les visiteurs... Il voulait à tout prix s'éloigner de cette ville de Vienne où l'on fesait feu sur les siens [1] ». Les Allemands, de leur côté reprochaient aux Polonais d'avoir pillé le camp des Turcs, comme aurait fait une bande de mercenaires; c'étaient, à les entendre, des gens avides et d'une grossièreté insolente. Ils les accusaient de voler et de tuer les officiers des corps étrangers, presqu'à la vue de leur roi. On racontait dans Vienne que le jour même du *Te Deum*, un d'entre eux avait mis le sabre à la main dans l'église, pour tuer M. l'Électeur de Bavière, qui lui avait dit de se ranger [2]. On se demandait avec curiosité, voyant ce mauvais vouloir entre les deux nations, quel accueil l'Empereur ferait au roi de Pologne.

Léopold était dans un visible embarras. Il sentait que la reconnaissance, autant que la politique, l'obli-

---

[1]. Lettre de Jean Sobiesky à la reine Marie-Casimire, 18 septembre, p. 69.

[2]. Dépêche de M. de Sobeville, 25 septembre 1683.

geait à traiter avec de grands égards un roi auquel il avait tant d'obligations et dont l'assistance lui demeurait encore nécessaire. Il redoutait d'avoir à se produire en public, en compagnie d'un héros dont la valeur faisait un tel contraste avec sa propre conduite. Après avoir quitté sa capitale dans un premier moment d'effroi, il n'avait pas, en effet, reparu pendant toute la durée d'un si long siége; il n'avait rien fait, de sa personne, pour encourager ou reconnaître l'héroïque résistance des habitants de Vienne. On l'avait vu, il est vrai, quitter Lintz le 7 septembre, pour venir, au dire de ses courtisans, prendre part à la délivrance de Vienne; puis il s'était tout à coup ravisé, donnant pour motif de sa retraite, si nous en croyons le biographe de l'impératrice Éléonore, que sa présence ne pouvait manquer de fomenter la jalousie et la discorde dans une journée où il s'agissait du salut commun; « ce qui était, » dit l'ingénieux Père Brumoy, « sacrifier sa gloire personnelle au bien public et à une gloire plus délicate dans l'esprit des connaisseurs [1]. » Mais ce qui gênait plus que tout le reste le chef de l'Empire, c'était une question d'étiquette. Sobiesky était souverain, mais souverain électif. Fallait-il lui donner la main ou prétendre la recevoir de lui? Sobiesky devina la raison des incertitudes de Léopold, et mit, à la lever,

---

1. *La Vie de l'Empereur Léopold*, par le Père Brumoy.

une franchise militaire toute pleine de bonne grâce. Il offrit de rencontrer l'Empereur, à cheval, à la tête de son armée, l'Empereur étant lui-même à la tête de son état-major, des princes de sa maison et des Électeurs de l'Empire. Charles V avait été quelques jours avant consulté par Léopold sur la manière dont il devait recevoir son hôte. « A bras ouverts, Sire, s'était-il écrié, puisqu'il a sauvé l'Empire. » L'Empereur ne suivit pas ce conseil ; soit morgue, soit embarras, son accueil fut glacial. Après un échange d'assez froids compliments, Sobiesky présenta son jeune fils qui, à la journée de Vienne, avait vaillamment combattu à ses côtés. Léopold ne porta même pas la main à son chapeau, et lui fit à peine un léger signe de tête. Il ne salua aucun des généraux polonais ; le roi de Pologne en fut « comme terrifié [1]. » On raconte, mais nous n'avons pas trouvé ce trait dans les relations contemporaines, que Sobiesky, visiblement mécontent, tourna assez brusquement son cheval, disant à l'Empereur : « Je suis pourtant bien aise de vous avoir rendu ce petit service. »

Les témoins de cette scène en furent péniblement affectés, et Charles V plus que personne, car il avait un sincère attachement pour son beau-frère. Malgré ses défauts trop apparents, malgré ses façons

[1]. Lettre de Jean Sobiesky à la reine Marie-Casimire, 18 septembre, p. 74.

tristes et maussades, et l'inertie de son caractère, Léopold n'était ni lâche, ni ingrat, ni malhabile, mais il était orgueilleux, faible, timide et méfiant. Sa famille, ses ministres, ses confidents avaient pris sur lui un déplorable empire, en l'entretenant dans la défiance de lui-même, et dans un perpétuel ombrage à l'égard de tout le monde. La maison impériale et la cour d'Autriche étaient, sans qu'il y parût beaucoup au dehors, divisées en deux camps sourdement hostiles, qui se disputaient la confiance du souverain. L'Impératrice douairière, mère de l'Empereur, princesse ferme, active, douée d'assez d'habileté, avait gardé sur son fils la principale influence. Elle en usait surtout pour tâcher d'inspirer plus de hardiesse aux conseils de l'Empire, et pour pousser la fortune de son gendre, le duc de Lorraine, qui représentait à Vienne, comme nous l'avons déjà dit, le parti de la guerre et d'une plus vigoureuse politique. L'Impératrice régnante [1], Éléonore-Marie-Thérèse de Neubourg, fille de l'Électeur Palatin, était une princesse d'une haute piété, si portée aux sentiments religieux qu'elle avait

---

[1]. Léopold Ier épousa en premières noces, le 25 avril 1666, Marguerite-Marie-Thérèse, fille de Philippe IV, roi d'Espagne. Il contracta une seconde alliance avec Claude-Félicité d'Autriche en 1673; cette seconde femme étant morte sur la fin de la même année, il se maria en troisièmes noces avec la princesse palatine de Neubourg, Éléonore-Marie-Thérèse, fille de l'Électeur Palatin, prédécesseur de l'Électeur régnant.

voulu entrer dans un cloître. Elle était adonnée
tout entière aux bonnes œuvres, ne se mêlant point
de politique, mais souffrant secrètement de l'ascendant que l'Impératrice douairière avait gardé sur
son mari. La portion remuante du clergé autrichien,
le nonce, les moines, et surtout les jésuites, avaient
beaucoup d'empire sur son esprit. Les partisans de
la paix, et parmi eux les ministres de Léopold,
auxquels la réputation militaire de Charles V était
devenue de plus en plus insupportable, n'avaient
pas manqué d'éveiller la sollicitude conjugale de
l'Impératrice sur les dangers que la politique belliqueuse du duc de Lorraine pouvait faire courir à
l'Empire et à son mari. On était allé plus loin : les
ennemis du prince Charles prenaient soin de rappeler, de temps à autre, ce qu'il en avait jadis coûté à
la dynastie des Valois en France, pour avoir accordé
trop d'honneurs et confié imprudemment le commandement de leurs troupes à d'autres membres de
cette même famille de Lorraine. L'éloignement où
Charles s'était tenu des plaisirs d'une cour frivole
et débauchée, quoique dévote, ses façons courtoises
avec les grands, faciles avec les inférieurs, fami-
lières avec les soldats, avaient été représentées
comme n'ayant d'autre but que de servir les desseins de sa funeste ambition. Sa présence habituelle
à l'armée excitait surtout la colère. Il y avait de
l'affectation dans cette application excessive au mé-

tier de la guerre, et dans cet amour exagéré pour la vie des camps; toutes les allures de ce prince guerrier faisaient, disait-on, un insolent contraste avec les goûts différents de l'Empereur, trop éclipsé par les succès de son heureux lieutenant. De sorte qu'à entendre les basses suggestions de ses obscurs envieux, la bonne réputation du duc de Lorraine était un danger public, et ses victoires, des crimes contre la sûreté de l'État. Au sein du conseil de guerre de l'Empire, il s'était trouvé des hommes qui, de bonne foi peut-être, à la veille de l'invasion des Turcs, s'étaient patriotiquement opposés à la levée de troupes nouvelles, de crainte de rehausser la situation de Charles V; qui avaient même refusé, tant est grande la sottise des partis, de réparer les places fortes, et d'y entretenir des garnisons suffisantes, de peur de les livrer à la merci du prince Lorrain. L'empereur Léopold, il faut le dire à son honneur, n'avait pas conçu lui-même d'aussi injurieux soupçons; mais il n'avait pas eu la force de les mépriser tout à fait, ni de les combattre ouvertement. C'était l'absence de toutes ces précautions militaires qui avait mis l'Empire à deux doigts de sa perte.

Salué maintenant par la nation entière comme l'un des sauveurs de la capitale, et fort de l'autorité que les événements venaient de donner à ses conseils, Charles osa, pour la première fois, adresser à l'Empereur de sérieuses représentations. Il lui fit

sentir le danger qu'il y avait à partager ainsi sa
confiance, à s'en remettre aux uns de l'organisation
de la guerre, et du soin de pourvoir à la sûreté de
ses États, tandis qu'il confiait à d'autres mains la
conduite des opérations militaires. C'étaient toutes
choses qui se tenaient ensemble; et le chef des
armées ne pouvait répondre de toujours réussir
lorsqu'il n'était consulté, à l'avance, ni sur la
convenance des plans de campagne ni sur les préparatifs nécessaires à leur réussite. Léopold comprit
la justesse des observations du duc de Lorraine; il
ne doutait pas de sa parfaite loyauté et de son complet désintéressement. Mais il y avait des habitudes
prises depuis longtemps à la cour de Vienne, qui faisaient presque partie des institutions de l'Empire, et
que l'Empereur ne se souciait pas de rompre : il craignait de mécontenter l'Impératrice régnante, ses
ministres et tout un parti puissant dans son entourage, s'il témoignait ostensiblement à Charles V
une confiance trop entière. Il fut convenu entre les
deux beaux-frères que rien ne serait en apparence
changé à la situation antérieure; cependant l'Empereur promit à Charles V d'entrer en communication habituelle avec lui, sur l'ensemble de la politique
adoptée par ses ministres, de le consulter à l'avance
sur les campagnes à entreprendre et sur les moyens
propres à en préparer le succès; l'Empereur recevrait lui-même les observations du Duc et les ferait

valoir, comme siennes, dans les conseils du cabinet et dans les délibérations du conseil de guerre. De son côté, Charles V, pour ne pas éveiller de plus fâcheux ombrages, affecta de paraître plus que jamais indifférent aux affaires générales de l'État, et de se vouloir strictement renfermer dans les occupations de son métier de soldat. En réalité, il acquit, depuis le secours de Vienne, un ascendant marqué sur l'esprit de Léopold[1]. A partir de cette époque, aucune décision importante ne fut prise à Vienne, sans que l'Empereur voulût entendre les avis officiels ou secrets du duc de Lorraine[2]; ils étaient, le plus souvent, soigneusement suivis.

Nous ne raconterons pas en détail la continuation de la campagne de 1683, soutenue en commun par Charles V et Sobiesky, contre l'armée ottomane. A la journée de Barkan, le roi de Pologne s'étant lancé à la poursuite de l'armée turque avec trop d'impétuosité, fut brusquement ramené en arrière par la cavalerie ennemie et courut personnellement de fort grands dangers[3]. Ce fut le duc de

---

1. Mémoire envoyé à la cour de France (sans date), après la mort de Charles V.
2. Voir les lettres de Charles V, à l'Empereur, à M. Canon, à M. Lebègue, etc. — Archives secrètes de cour et d'État à Vienne, voir la correspondance de Marie-Éléonore, reine de Pologne et duchesse de Lorraine, papiers de Vaudemont, collection Lorraine à la Bibliothèque impériale, à Paris, t. 1er et XIV.
3. Lettre du roi Jean Sobiesky à la reine Marie-Casimire, 8 octobre 1683, p. 127.

Lorraine qui, arrivant en toute hâte à son secours, rétablit le combat. Deux jours après, ces deux grands capitaines réparèrent cet échec, en s'emparant du fort de Barkan et en infligeant aux Infidèles une défaite plus meurtrière encore qu'au jour de la délivrance de Vienne. La prise de Gran, après sept jours de tranchée ouverte (27 octobre 1683), couronna les heureux succès des armées chrétiennes. L'hiver était proche ; les deux chefs se séparèrent : Sobiesky, pour se rapprocher de la Pologne ; Charles V, pour aller à Vienne s'entendre avec l'Empereur et recevoir ses instructions.

L'Allemagne n'avait maintenant plus d'invasion à redouter de la part des Turcs, que tant d'échecs avaient découragés, mais la cour d'Autriche avait beaucoup à faire pour rentrer dans ses possessions de Hongrie. C'était en vain, qu'à la fin de 1683, le roi de Pologne avait cherché à se porter médiateur entre l'Empereur et ses sujets révoltés ; son intervention n'avait produit aucun résultat. Les Hongrois avaient persisté à réclamer le maintien de leurs anciens priviléges, dont Léopold ne voulait plus, à aucun prix, tolérer l'existence. De son côté, la cour de Vienne avait exigé qu'ils rompissent immédiatement toute alliance avec les Turcs, ce que les chefs hongrois avaient refusé. Au printemps de 1684, les Turcs et les Hongrois occupaient donc en forces les places les plus importantes du pays, depuis Presbourg jusqu'aux confins de la Transylvanie ; il s'agissait, pour remettre la Hongrie sous le joug de la maison de Hapsbourg, de reprendre aux Turcs, Bude sa capitale, les principales villes du pays, toutes plus ou moins fortifiées, et jusqu'aux moindres châteaux, où la noblesse avait résolu de se défendre énergiquement. Telle était la tâche acceptée par Charles V. Il n'entre pas dans notre sujet de le suivre, sur ce théâtre trop éloigné à la fois, de la France et de la Lorraine. Il nous suffira de constater l'importance des nouveaux services que le Duc rendit, à cette époque, à la maison d'Autriche.

Quatre campagnes successives furent nécessaires pour chasser les Turcs de leurs récentes conquêtes, et pour reprendre sur les révoltés hongrois toutes leurs places, dans lesquelles ils se défendirent avec un courage obstiné. Ce fut une série continuelle de siéges et de batailles, mais de batailles acharnées et de siéges qui durèrent quelquefois près d'une année. En 1684, Charles mit le siége devant Vicegrade, et l'emporta, le 16 juin, après trois semaines de tranchée ; il attaqua ensuite 30,000 Turcs campés sur les hauteurs de Waast, et les en chassa. Avant la fin de l'année, il s'était emparé de Waast, de Pesth, et avait mis le siége devant Bude ; mais la jalousie des ministres impériaux fit manquer cette dernière entreprise. En 1685, il assiégea Neuhausel ; averti que les Turcs s'étaient présentés devant Gran, il marcha droit sur eux et les défit (16 août). Le prince Louis de Bade se distingua beaucoup dans cette affaire, ainsi que les princes de Conti, de la Roche sur Yon, et un jeune M. de Turenne, qui étaient accourus, au grand déplaisir de Louis XIV, servir dans l'armée impériale, sous la conduite du duc de Lorraine. Charles reçut leurs compliments avec grande civilité et les traita avec beaucoup d'égards, sans vouloir toutefois leur parler de ses démêlés avec la France[1]. A la fin de cette seconde campagne, les Turcs avaient déjà commencé à parler de paix, et les progrès des Impériaux en Hongrie étaient de plus en plus considérables.

L'année 1686 fut consacrée par Charles V à reparer l'échec subi, deux ans auparavant, devant Bude. Ce siége fut surtout mémorable par les grands combats qui se livrèrent autour de la ville, que les Turcs et les Hongrois s'efforcèrent de secourir. Elle fut emportée d'assaut le 2 septembre. Charles aurait voulu, après ce succès, poursuivre à outrance l'armée ottomane, mais il en fut empêché par le duc Bavière, qui d'accord avec les ministres de Vienne, ne cherchait qu'à faire obstacle aux desseins du duc de

---

1. « Les princes de Conti sont venus ce matin icy; nous nous sommes vus ensemble civilement. — » Lettre de Charles V, du 14 juin 1685, adressée de Raab à M. Lebègue. Archives secrètes de cour et d'État, à Vienne. — Lettre de Charles V à sa femme la reine de Pologne, 16 août 1685. — Correspondance de Marie-Éléonore, reine de Pologne, duchesse de Lorraine. Papiers de Vaudemont, collection Lorraine à la Bibliothèque impériale à Paris.

Lorraine. Cependant il réussit à reprendre aux ennemis les places de Szegedin, de Cinq-Églises, de Darda et de Kaposwar. La campagne de 1687 fut plus décisive encore. Charles prenant la direction suprême de la guerre de Hongrie, marcha vers Essek dont il fit brûler le pont; et secondé par le duc de Bavière, il défit complétement à Mohacz, le 12 août, l'armée la plus considérable que, depuis 1683, les Turcs eussent encore mise sur pied. Kara Mustapha la commandait en personne. C'était le troisième grand vizir que Charles V voyait fuir devant lui. Le butin fut immense, car ces lieutenants du sultan traînaient habituellement à leur suite un équipage magnifique. Le duc abandonna à ses compagons toutes les dépouilles du vaincu, et ne se réserva que la tente du grand vizir. Peu de temps après cette grande victoire, les soldats turcs se révoltaient contre le grand vizir; la ville d'Agria, assiégée depuis une année entière, se rendait aux Impériaux, et Charles V occupait en force presque toute la Transylvanie [1].

1. On peut suivre une partie de ces campagnes de Charles V, dans la correspondance qu'il entretenait avec la reine sa femme. La plupart de ses lettres, de 1683 à 1687, commencent par l'annonce de quelque grand succès; le ton en est toujours extrêmement simple et modeste. « Iddio, ci ha concesso una grande vittoria... » Tel est le début ordinaire de ces missives victorieuses. Suit habituellement un résumé succinct du combat, l'énumération des morts, celle des canons et des drapeaux enlevés à l'ennemi, et toujours l'invitation à la reine de remercier Dieu pour lui de cette grâce signalée. Voir la correspondance ma-

Le but de la guerre était ainsi complétement atteint. De l'aveu de tous les militaires, personne n'y avait autant contribué que Charles V. Les ministres de la cour de Vienne n'avaient rien épargné pour lui susciter des embarras, soit, comme au premier siége de Bude, en laissant les troupes qu'il commandait sans vivres ni munitions, soit en excitant sous main l'insubordination de ses lieutenants, le prince de Bade, et le duc de Bavière. Le duc de Lorraine avait triomphé de tous ces mauvais vouloirs, grâce à la protection secrète de l'Empereur, grâce aussi à sa patience, à sa sagesse et à son habileté; cependant tant de fatigues, et surtout tant de contrariétés, avaient compromis sa santé. Au mois de décembre 1687, la cour d'Autriche étant réunie à Presbourg, l'Empereur, maître désormais de presque toute la Hongrie, y convoqua les grands de son empire pour assister à une cérémonie solennelle. Les Hongrois offraient de reconnaître le chef de la maison d'Autriche pour leur souverain héréditaire, et l'archiduc Joseph, fils aîné de Léopold, allait être couronné comme roi futur de la Hongrie; les étrangers, les seigneurs hongrois, et la foule entière du peuple se montraient beaucoup moins curieux de connaître le jeune archiduc, qu'empressés à saluer le glorieux soldat qui avait préparé un si grand

nuscrite de la reine Marie Eléonore, papiers de Vaudemont, collection de Lorraine, à la Bibliothèque impériale à Paris.

événement, non-seulement par ses victoires, mais par le respect, par l'estime, on pourrait presque dire par l'attachement qu'il avait su inspirer à la fière nation qu'il venait de soumettre ; on se demandait déjà quelle place occuperait, dans les fêtes prochaines celui que chacun était avide de contempler, lorsqu'on apprit tout à coup qu'une question d'étiquette, soulevée à la cour, empêcherait le duc de Lorraine d'assister au couronnement du roi de Hongrie. Charles n'en conçut aucune mauvaise humeur. Il ne se souciait guère des applaudissements ; il lui importait peu d'être absent d'une solennité d'où son souvenir ne pouvait être banni. Cependant il ne pouvait s'empêcher de déplorer la faiblesse de Léopold, qui cédait sans combat aux plus fâcheuses suggestions de ses maladroits conseillers. Souffrant depuis plusieurs années et préoccupé de ce qui pourrait arriver après sa mort, il ne se demandait pas sans inquiétude, quel serait un jour la destinée de ce vaste Empire qui lui avait dû tant de fois son salut, et dont la conservation lui avait coûté tant de fatigues et de soins. Ces préoccupations n'étaient pas nouvelles chez lui. Depuis quelque temps déjà, on l'avait vu, pendant les courts intervalles de repos que lui laissaient ses campagnes, rechercher, soit à Vienne soit à Inspruck, la société des hommes les plus versés dans les affaires de la monarchie autrichienne. Il s'était appliqué à

provoquer leur entretien sur les matières de leurs professions diverses, tantôt les interrogeant de vive voix, tantôt leur demandant des mémoires écrits sur des sujets particuliers. Charles avait ainsi acquis, sur toutes les affaires qui regardaient le gouvernement de l'Empire autrichien, des notions aussi étendues que précises. Peu de jours avant la cérémonie du couronnement, au moment de quitter Presbourg pour aller retrouver dans le Tyrol la duchesse de Lorraine, il demanda audience à l'Empereur; et, lui remettant un papier écrit tout entier de sa main, il le supplia de vouloir bien le lire tout entier avec application, et lui fit promettre de le remettre ensuite au prince son fils. Cet écrit avait pour titre : « Testa-
« ment politique de Charles duc de Lorraine. et de
« Bar, en faveur du roi de Hongrie et de ses suc-
« cesseurs arrivant à l'Empire. »

C'était une instruction de famille que Charles V avait rédigée avec le plus grand soin et le dernier secret pour son neveu l'héritier présomptif de la couronne d'Autriche; suivant l'intention du prince Lorrain, celui-ci devait la communiquer plus tard lui-même à son successeur immédiat; transmise ainsi de génération en génération, elle était destinée à servir de guide invariable aux chefs de la maison de Hapsbourg, sans que jamais princes étrangers, fût-ce leurs plus proches parents, ni aucun de leurs ministres parmi les plus sûrs et les plus fidèles, en dût jamais prendre connaissance. « Il la confioit, » disait-il, « au cabinet de Sa Majesté l'Empereur Léo-« pold, par reconnoissance de lui avoir donné sa « sœur, et d'avoir eu quelque confiance en lui, sup-« pliant ses successeurs d'avoir soin de la famille « que Dieu lui avoit accordée d'un si auguste sang, « auxquels il laissoit des instructions qui ne les ren-« droient pas indignes de cette protection[1]. » Jamais peut-être document émané d'un homme considérable dans la politique et dans la guerre ne fut aussi curieux et plus important. Il semble que le testament politique de Charles V ait été dicté par une sorte de prescience vraiment merveilleuse de l'avenir réservé à la couronne d'Autriche. Non-seulement il devint le point de départ d'une politique toute nouvelle pour cette puissance, non-seulement il resta, à partir du jour où il fut remis entre ses mains, comme une sorte de programme sacré pour le beau-frère de Charles V, mais on peut dire que tous les successeurs immédiats de l'empereur Léopold, et les descendants du duc de Lorraine, héritiers plus tard de ce même

---

1. Testament politique de Charles V. — Archives des affaires étrangères à Paris.—Voir aux Pièces justificatives.—Nous avons trouvé cette pièce aux archives des affaires étrangères, accompagnée d'un Mémoire qui explique comment elle a été copiée par celui qui l'a fournie à l'un des agents de la cour de France. Cette pièce paraît avoir été transmise à Paris après la mort de Charles V, vers 1690, ou peut-être 1691, car la lettre d'envoi ne porte pas de date. Le testament politique a été imprimé plus tard à Leipzig, 1696; c'est un petit volume fort peu connu. Voilà pourquoi nous avons cru bon d'en donner de nombreux extraits.

Empire, l'ont, depuis ce moment jusqu'à nos jours, toujours pratiqué, et le pratiquent encore avec le même soin scrupuleux et la même infatigable persévérance.

Après un préambule solennel et presque sévère sur les devoirs des souverains, Charles appelait l'attention des princes de la branche d'Autriche régnant à Vienne, sur la décadence trop méritée où étaient tombés leurs aînés d'Espagne, « contre lesquels
« Dieu s'étoit tourné aprés avoir longtemps patienté.
« L'Espagne, » continuait-il « a cru se soutenir sans
« employer les avis secrets du grand Charles-Quint.
« Elle a cru que l'art de régner n'étoit qu'une aca-
« démie de fourbe, de ruse, de perfidie et de mau-
« vaise foy. Le temps nous marque qu'elle s'est trom-
« pée...... Il faut que le roy de Hongrie et ses
« successeurs étudient diligemment de contraires
« maximes, et que pour profiter de la prospérité
« qui vient de se tourner du côté de leur couronne,
« ils employent la sagesse au lieu de la fourbe, la
« vigilance au lieu de la ruse, la candeur au lieu
« de la perfidie [1]..... »

Charles prévoyait pour un avenir prochain la disparition de cette branche de l'aîné de la famille, « lequel expie aujourd'hui par la stérilité et par « d'autres disgrâces à l'infini, les omissions de ses

---

[1]. Testament politique de Charles V. — Archives des affaires étrangères, à Paris.

« pères et les crimes de son conseil. » Mais le trône d'Espagne venant à vaquer, le duc de Lorraine ne pensait pas qu'il fût de l'intérêt de l'Autriche de poursuivre cette succession à outrance, et d'en faire une maxime d'État. « Au contraire, le génie de la
« nation et l'éloignement n'ayant jamais fait que du
« mal dans la séparation des deux branches, il faut
« paraître résolu d'en disputer la possession à celui
« qui s'avisera d'y prétendre, afin de la lui faire
« acheter cher et à longues années, y suscitant des
« partys, et les y entretenant en crédit et en autorité. »
Cependant la maison d'Autriche devait trouver des compensations en Europe pour l'abandon qu'elle ferait de ses droits à la succession d'Espagne. Il fallait les chercher en Allemagne et en Italie.

Les princes de la maison de Hapsbourg ne devaient pas manquer, pour arriver à ce grand dessein,
« de se servir de l'antipathie des Hongrois contre
« les Allemands pour lâcher ceux-là aux troussés de
« ceux-cy, et en marchant à leur tête d'enfoncer
« l'Allemagne, et la réduire par conquête en mo-
« narchie, ce qui s'opérera toujours plutôt par force
« ouverte que par politique ; mais il fallait aller plus
« doucement dans le manégement de ce dernier
« projet [1]. » Ce but atteint il fallait « transférer Ra-
« tisbonne à Vienne, d'où il ne devait plus partir

[1]. Testament politique de Charles V. — Archives des affaires étrangères, à Paris.

« que des ordres despotiques et absolus [1]. » Quant aux princes d'Allemagne, il fallait « les épuiser in-
« sensiblement sous prétexte de gloire et de conquête,
« jusqu'à ce qu'on les ait réduits en gouverneurs de
« provinces comme en France, et leurs enfants à la
« nécessité de devenir pages dans la famille Impé-
« riale, comme on l'a si politiquement pratiqué en
« France [2]. »

Le plan pour l'asservissement de l'Italie était fort au long développé. « Sous prétexte d'oppression à
« craindre pour les princes d'Italie, d'invasion à
« prévenir pour le Milanais et pour la Sardaigne, et
« de guerre à soutenir pour le duc de Savoie, qui
« se déclarera toujours utilement s'il se déclare à
« temps..... il faut faire couler des Allemands dans
« le royaume de Naples, en Sicile, et dans le Mila-
« nais assez pour y prendre pied, et s'assurer de
« n'en pouvoir être chassés par les nationnaires. Il
« faut, tant par les quartiers de l'hiver que par les
« taxes des feudataires de l'Empire, ou les épuiser
« ou les obliger à quelque soulèvement, duquel on
« prendra occasion de les châtier sévèrement, et de
« s'assurer plus fortement dans leurs États que dans
« ceux des autres. L'exemple effrayera une nation
« fainéante et sans expériences; on en viendra enfin
« à bout, et ce n'est qu'après quelques années de

---

1. Testament politique de Charles V.
2. *Ibidem*.

« cette épreuve qu'il faudra installer l'archiduc roi
« de Naples [1]... » Les Vénitiens devaient être réduits
alors à leurs lagunes, « ou à devenir tout au plus
« une de ces républiques comme Dantzic ou comme
« Genève, qui n'ont rien du tout hors de l'enceinte de
« leurs murailles [2].....

« C'est le Pape qu'il faut pousser le dernier de
« tous les princes d'Italie, afin de réduire tous les
« autres sous le joug, et au titre de gouverneurs seu-
« lement, avant que d'entreprendre de réduire le
« Pape au seul domaine de la ville de Rome, en
« unissant par là le royaume de Naples avec le Mila-
« nais, bon gré, mal gré, et la force à la main. Il
« faut avoir à sa dévotion des docteurs profonds qui
« instruisent le peuple, de vive voix et par écrit, de
« l'inutilité et de l'illusion des excommunications,
« quand il s'agit du temporel, que Jésus-Christ n'a
« jamais destiné à l'Église et qu'elle ne peut possé-
« der sans outrer son exemple, et sans intéresser son
« Évangile [3].....

« Le dessein de l'Italie réussira infailliblement le
« premier, dans le projet de la monarchie impériale,
« à unir mieux que jamais les débris de tous ces pe-
« tits princes qui ne font que l'inquiéter par leurs

---

[1]. Testament politique de Charles V. — Archives des affaires étrangères.
[2]. *Ibidem*.
[3]. *Ibidem*

« remontrances, et dont les États ne sont destinés, » ajoutait Charles V, « qu'à concourir à sa grandeur et « qu'à jouir d'une paix assurée et fructueuse sous sa « protection ». Pour aider à l'accomplissement de ces grands desseins de la maison d'Autriche, le duc de Lorraine comptait surtout sur l'aide du duc de Nassau, qui n'était encore que le chef électif de la nation hollandaise. « Un Nassau, » disait-il, « deviendra roi
« d'Angleterre et entrera dans une étroite alliance
« avec la famille qui règne icy, je l'entrevois ; mais
« Nassau n'a point d'enfants, le peuple d'Angleterre
« est léger et ne peut souffrir le joug ;... il vaudra
« donc mieux, en même temps qu'on conclura l'al-
« liance offensive et défensive avec l'Angleterre, y
« faire intervenir le parlement anglais, avec lequel
« il sera toujours plus sûr de traiter qu'avec le souve-
« rain qu'on lui va donner, intéressant dans la même
« alliance la Hollande, et approchant de La Haye le
« duc de Bavière pour, par son crédit, maintenir
« l'un et l'autre en chaleur, afin d'attirer toutes les
« forces de la France de ce côté-là, et d'en disposer
« mieux ses affaires en Italie et sur le Rhin [1]... »

Tels étaient les passages principaux de ce long mémoire, si explicatif et si précis, sur tout ce qui regardait les relations extérieures du gouvernement impérial, qu'il a soin d'indiquer, avec un détail infini, les

[1]. Testament politique de Charles V. — Archives des affaires étrangères.

qualités qui sont les plus indispensables aux agents que l'Autriche doit envoyer dans chaque cour étrangère ; expliquant très au long, quelle sorte de personnes avaient le plus de chances de réussir, soit à Paris, soit à Londres, soit à La Haye, quelle attitude ces représentants de l'Empereur y devaient prendre, quelles relations ils devaient s'y créer. Sur les affaires intérieures, sur l'administration civile et militaire, les armées, les finances, ce sont les mêmes conseils, et des prescriptions aussi exactes et non moins circonstanciées. Les avis du duc de Lorraine sont toujours inspirés par la connaissance pratique des hommes et des choses; sa piété si grande n'influe point sur son jugement. « Il n'est pas à propos, « dit-il au sujet de la formation des conseils supérieurs qu'il propose d'établir pour la monarchie autrichienne,
« d'introduire la moinerie dans ces deux cours (*cours*
« pour *conseils*); c'est un genre d'hommes qui n'a ja-
« mais fait bien à souverain et qui n'est destiné qu'à
« leur faire du mal. Si on vouloit m'en croire, il n'y
« auroit jamais de ces gens d'église du bas vol, qu'un
« chapelain pour dire la messe, lequel mangeroit et
« coucheroit ailleurs, tant il est peu sûr d'avoir à
« vivre parmi des gens qui profitent de tout ce qu'ils
« voyent, pour deviner ce qu'on ne veut pas qu'ils
« sachent, et qui savent presser l'autre sexe, pour
« achever d'apprendre, par sa faiblesse, ce qu'ils n'ont
« pas pu approfondir par leurs fausses découvertes.

« Moins il y a de prêtres et de moines dans une famille,
« plus l'idée de la religion s'y conserve-t-elle ; là paix
« y est plus assurée et le secret plus impénétrable [1]. »

Ces dernières recommandations, comme le prouva bientôt l'événement, n'avaient rien que de très-fondé. L'Empereur ayant en effet passé une partie de la nuit à lire cette remarquable instruction, la remit, le lendemain au matin, à l'Impératrice, afin de guérir, lui dit-il, les injustes soupçons qu'elle avait pris des intentions du duc de Lorraine [2]. L'Impératrice relut plusieurs fois le testament politique, et l'Empereur lui ayant demandé ce qu'elle en pensait, elle répondit qu'elle n'était pas assez éclairée pour en juger par elle-même, mais, si l'Empereur le permettait, elle le communiquerait à son confesseur, ce qui lui fut accordé. Les indiscrétions du père Charles de sainte Thérèse, carme déchaussé, furent cause que, peu de temps après la mort du duc de Lorraine, des personnes dévouées à la France connurent l'existence de ce document important et apprirent que des lectures mystérieuses en étaient faites chaque jour parmi les membres de la famille impériale. L'éveil était donné. Bientôt une main adroite copiait, avec d'infinies précautions, le testament politique de Char-

---

1. Testament politique de Charles V. — Archives des affaires étrangères.

2. Mémoire envoyé à la cour de France, en même temps que la copie du testament politique de Charles V. — Archives des affaires étrangères. — Voir aux Pièces justificatives.

les V, qui parvenait ainsi à Louis XIV. L'agent qui l'adressait à la cour de France prenait soin de faire remarquer que les mesures indiquées par Charles V pour l'administration intérieure de l'Empire, avaient été, depuis sa mort, scrupuleusement exécutées; il était, par conséquent, probable que les avis du prince Lorrain seraient, dans les affaires de la politique extérieure, suivis avec la même exactitude. On peut facilement juger de l'importance d'une pareille communication, et combien elle fut utile à Louis XIV, qui possédait ainsi à fond tous les secrets desseins de ses adversaires, tandis que ceux-ci continuaient à ignorer ses véritables intentions. On peut conjecturer, sans peut-être se tromper beaucoup, que la connaissance du testament politique de Charles V donna au roi de France la première idée de ce partage à l'amiable de la monarchie espagnole, qui fut effectivement convenu entre les cabinets de Vienne et de Paris, et qui faillit être mis à exécution. En tous cas, les événements se trouvèrent donner plus tard complétement raison aux prévisions du duc de Lorraine. L'Autriche n'hérita pas de l'Espagne, mais, peu de temps après la mort du prince Lorrain, elle acquit, en Italie, des possessions territoriales importantes et une influence que le cours des événements a depuis toujours accrue. Le Milanais lui est échu en partage; les Vénitiens n'ont pas même gardé les lagunes que Charles V voulait bien leur abandonner. La Hongrie est devenue partie intégrante de cette puissante monarchie absolue que rêvait le duc de Lorraine. En Allemagne comme en Italie, c'est bien l'autorité de l'Autriche qui domine sans contre-poids. Seules, les doctrines religieuses, émises par le pieux auteur du testament politique, et professées plus tard, à toute rigueur, par son petit-fils, l'empereur Joseph II, dans tous ses rapports avec l'église de Rome, semblent avoir aujourd'hui perdu leur autorité à la cour de Vienne.

Quoi qu'il en soit, entrevoyant toute l'excellence des conseils qu'il recevait par une voie si sûre et si désintéressée, l'empereur Léopold résolut de se laisser désormais guider par son beau-frère. Malheureusement pour lui, il ne put réclamer les services de Charles V, pendant la campagne de 1688, car ce prince tomba dangereusement malade, et ne put qu'assister sans y prendre part, vers la fin de l'été, à la prise de Belgrade, emportée, le 6 septembre, par l'électeur de Bavière.

Cependant le prince d'Orange venait d'arriver au trône d'Angleterre comme Charles V l'avait prévu; la ligue formée à Augsbourg se liait chaque jour plus fortement par de nouvelles alliances; la lutte entre la France et l'Empire, assisté de tous les ennemis que l'ambition de Louis XIV s'était attirés sur les bras, était imminente. Personne ne doutait, si la guerre venait à éclater, que Charles V ne devînt, sur le continent, le chef de la coalition européenne. Il s'y attendait lui-même. Depuis près de deux ans, préoccupé des éventualités qui rendaient un pareil conflit presque inévitable, il pressait Léopold de faire la paix avec les Turcs, afin de se ménager l'entière liberté de ses mouvements, pour le jour où il aurait à porter une armée impériale sur les bords du Rhin. Ce n'est pas qu'une aveugle haine, trop naturelle après tant d'injustices, animât Charles V contre la France et contre Louis XIV. Les succès constants qui, depuis 1683, avaient marqué sa carrière, n'avaient pas exalté son orgueil. Il s'était toujours montré plein d'égards et même de déférence envers son cruel persécuteur. Il avait à plusieurs reprises essayé d'entrer en arrangement avec lui. Après la prise de Bude, septembre 1686, il avait résolu d'envoyer M. Canon à Paris, pour solliciter la bienveillance du monarque français. Ce fut Louis XIV qui ne voulut pas recevoir l'agent lorrain [1]. Charles avait même tenté d'intéresser la conscience du roi dans cette affaire; et le nonce, à Paris, avait été chargé de presser le Père La Chaise, pour qu'il por-

---

[1] « Depuis la prise de Bude, j'ai cru être le temps le plus à propos de réveiller à Rome, en Espagne, en Angleterre, et surtout à Ratisbonne, la response que M. de la Vauguyon a donné de la part de Sa Majesté très chrestienne à Sa Majesté Impériale par le comte de Konigsch. Vous consulterez avec le président Canon.... J'ay bien à louer Dieu des grâces qu'il m'a faites cette année. » (Charles V à M. Lebègue, 18 septembre 1686.) — Archives secrètes de Cour et d'État à Vienne.

tât le roi de France à restituer la Lorraine à son possesseur légitime[1]. Cette démarche avait été inutile comme toutes les autres. Les duretés de Louis XIV avaient affligé Charles V, mais ne l'avaient pas irrité. Il supportait les amères épreuves de sa vie avec tristesse, mais sans colère. « Le temps passe, » écrivait-il dans des lettres intimes, empreintes à la fois de mélancolie et de résignation, « l'âge ne diminue pas ; j'ay des enfants..... il faut remettre l'issue de tout à Dieu, et recevoir le bien comme le mal de sa main, en adorant ses jugements. Voilà l'état où je tâche de me mettre[2]..... »

Malgré cette haute sagesse et cette admirable modération, Charles V ne put s'empêcher d'éprouver un sentiment de juste orgueil et de vive satisfaction, lorsqu'au printemps de 1689, la guerre étant définitivement déclarée entre la France et l'Empire, il reçut le commandement de l'armée impériale, destinée à opérer sur le Rhin. Le duc de Lorraine ne pouvait être insensible au plaisir d'être tout à la fois, sur le continent, le champion le plus considérable d'une grande cause, comme l'était celle de l'indépendance européenne, et le vengeur de sa propre querelle. Il se mit donc en campagne avec une

---

1. Lettre de Charles V. à M. Lebègue. — Archives secrètes de Cour et d'État à Vienne.

2. Extraits des lettres de Charles V à M. Lebègue. — Archives secrètes de Cour et d'État à Vienne.

ardeur extrême, après avoir expliqué à l'Empereur quel était son plan pour chasser les Français d'Allemagne [1].

On trouve dans toutes les histoires générales de France ou de l'Empire les événements de cette année (1689), qui furent si favorables aux armes du duc de Lorraine. Nous ne les reproduirons pas; nous en constaterons seulement les résultats principaux. Les Français avaient conservé, au cœur même de l'Allemagne, deux villes considerables, Mayence et Bonn, qui servaient à la fois de places de dépôt et de points de départ pour toutes leurs expéditions de l'autre côté du Rhin. Il n'y avait point de sûreté pour les Électeurs, alliés de Léopold, et pour l'Empire lui-même, aussi longtemps que le roi de France pourrait, grâce à cette redoutable occupation, pénétrer jusqu'au centre des possessions de ses adversaires. Charles V n'hésita pas à tenter un grand effort pour délivrer l'Allemagne, en rejetant les Français loin de la rive gauche du Rhin. Les affreux ravages ordonnés dans le Palatinat, avec une barbarie que la postérité n'a pas cessé de reprocher à la mémoire de Louvois, n'arrêtèrent point la marche des troupes impériales. Elles furent promptement conduites devant les deux villes que le duc de Lorraine s'était proposé de remettre sous l'obéissance de l'Empereur. Mayence, assiégée

---

[1]. Lettre en italien de Charles V à l'Empereur Léopold, avril 1689. — Archives secrètes de Cour et d'État à Vienne.

par Charles V en personne, tomba, le 8 septembre, après sept semaines de tranchée ouverte, malgré le courage de son commandant, le marquis d'Huxelles. Bonn, défendu avec intrépidité par le baron de Hasfeldt, après avoir résisté assez longtemps à l'Électeur de Brandebourg, se rendit également à Charles V, le 12 octobre. Il était impossible de débuter plus heureusement. Ce vainqueur, dont les populations allemandes saluaient avec enthousiasme les glorieux succès, se contentait de les annoncer au chef de l'Empire, du ton simple et modeste qui lui était habituel, sans manquer jamais de les attribuer à la protection divine et à la valeur de ses lieutenants. Les plus magnifiques perspectives s'ouvraient, pour la campagne prochaine, devant le prince Lorrain. Son beau-frère, l'empereur Léopold, lui avait donné sans retour sa confiance entière; il était sur le point d'entrer en vainqueur sur le territoire français; il touchait aux frontières de ses États héréditaires, qu'il ne désespérait pas de reconquérir; la diète de Ratisbonne, jusqu'alors assez froide sur la revendication de la Lorraine, venait de lui adresser, au sujet de ses droits de souveraineté, la réponse la plus satisfaisante. Soit comme chef de l'armée impériale, soit comme prince indépendant, tout lui souriait; il se rendait auprès de l'Empereur, pour lui rendre compte des grandes opérations qu'il méditait, lorsqu'il tomba tout à coup malade à Welz, près de Lintz,

(17 avril 1690). Charles ne se méprit pas un instant sur la gravité du coup qui le frappait. Il reconnut la main de la mort, et s'y soumit en chrétien. Lorsqu'il sentit ses forces l'abandonner, il voulut dicter une dernière lettre à l'Empereur. « Suivant vos ordres, « mandait-il à Léopold, « je suis parti d'Inspruck pour me rendre à Vienne, mais je suis arrêté ici par un plus grand maître. Je vais lui rendre compte d'une vie que je vous avais consacrée tout entière; souvenez-vous que je quitte une épouse qui vous touche, des enfants à qui je ne laisse que mon épée, et des sujets qui sont dans l'oppression. » La nouvelle d'une mort si inattendue consterna l'Empereur; la cour d'Autriche, le peuple de Vienne, l'Allemagne entière étaient dans la désolation. En apprenant cet événement qui allait relever un peu la fortune de ses armes, Louis XIV s'écria : « J'ai perdu le plus grand, le plus sage, et le plus généreux de mes ennemis. »

Rien de plus touchant que cette simple et noble fin d'une si simple et si noble vie. A ne considérer que le temps présent, sans doute la destinée de Charles V fut cruelle; on pouvait dire que sa réputation sans tache et sa gloire impérissable avaient été comme inutiles, non-seulement à lui-même, mais à sa famille et à sa patrie. La suite de cette histoire fera voir que tant de gloire, tant de bonne renommée, tant de succès ne furent pas entièrement perdus. Les victoires de Charles V, premiers coups portés à la toute-puissance de Louis XIV, amenèrent la paix de Ryswick, qui rendit à son fils ses États héréditaires; plus tard encore, lorsque la Lorraine fut réunie à la France, ce fut le souvenir des vertus du héros Lorrain qui fit monter son petit-fils sur le trône des Hapsbourg. Charles n'eût pas, dans ses plus ferventes prières, demandé à Dieu une autre récompense.

FIN DU TOME TROISIÈME.

DOCUMENTS HISTORIQUES[1]

ET

PIÈCES JUSTIFICATIVES

I.

LE CARDINAL MAZARIN A M. DE LORRAINE.

De Saint-Jean de Luz, le 10 septembre 1658.

Monsieur,

Après ce que j'ai dit au sieur Mengin et au père confesseur de Mme la duchesse d'Orléans qui est allé trouver V. A., je n'ai qu'à lui confirmer les mêmes choses en réponse de la lettre qu'elle a pris la peine de m'écrire; c'est-à-dire que je contribuerai avec joie à tous les avantages de V. A. autant que la réflexion que l'on doit faire sur les choses passées et le poste où je suis me le pourront permettre, étant persuadé qu'elle a trop de justice pour vouloir exiger de moi aucune chose qui puisse blesser le service du roi ou ma réputation. Je serai très-aise d'entretenir le sieur Mengin toutes les fois qu'il le désirera, et que, sur le fondement que je viens de dire, il me fournisse les moyens de faire connoître à V. A. que je suis véritablement......   MAZARIN.

(*Archives des affaires étrangères.*)

---

[1]. Nous avons cru devoir insérer, parmi les pièces justificatives de ce volume, un très-petit nombre de documents historiques déjà imprimés, soit dans de vieux livres maintenant assez rares, soit dans des collections spéciales relatives à l'histoire de la Lorraine. Il nous a semblé, lorsque ces pièces étaient importantes par elles-mêmes et se rapportaient directement à notre sujet, que nos lecteurs seraient étonnés de ne les point trouver dans cet ouvrage.

II.

EXTRAIT DES DERNIÈRES LETTRES DE S. A. DE LORRAINE ÉCRITES
A MM. SAINT-MARTIN ET MENGIN.

(A la suite d'une lettre du cardinal Mazarin au maréchal de La Ferté.)

Du 3 octobre 1658.

..... Je suis attendant voir si l'envoyé que le roi m'a dépêché me tirera de ce lieu où je suis ; il semble que l'on marche plus clairement en besogne ; ainsi il semble que les espérances combattent, et fassent un dernier effort; mais je suis si vieil et si pelé que je crains fort que personne au monde ne me reconnoîtra plus, et que l'on me fera le signe de la croix comme à une âme de l'autre monde, et si cela arrive, je ne sais comment je ferai pour me trouver par delà, Dieu nous mette en la peine. L'on m'avoit accordé un passeport il y a trois ans; mais à cette heure je crains plus que lors. Car M. d'Orléans n'étant pas à la cour et peu d'apparence qu'il y retourne, je ne prendrois pas plaisir d'aller à la cour de Londres visiter M. Cromwell. Adieu, continuez vos soins à tout ce qui me touche, et en Flandre et partout......

(*Archives des affaires étrangères.*)

III.

LETTRE DE LOUIS DE BOURBON PRINCE DE CONDÉ A CHARLES IV.

De Bruxelles, ce 8 aoust 1659.

Monsieur,

Je n'ay jamais eu plus de joye que d'apprendre par la lettre que m'a escrit M. Lesnet quil auoit pleu à L. M. C. de redonner la liberté à vostre Altesse. La profession particulière que j'auois tousjours faite d'estre vostre seruiteur m'auoit donné des inquiétudes que vous pouuez vous imaginer pendant vostre détention. Je loue Dieu de tout mon cœur de vous en auoir délivré, et je vous supplie de croire que j'ay conservé pour la personne de Vostre Altesse tous les sentiments d'estime et d'amitié que je dois et que je suis,

     Monsieur,

      De Votre Altesse,

       Très-affectionné cousin et serviteur,

        Louys de Bourbon.

(Papiers du père Donat, confesseur de Charles IV, conservés à la bibliothèque de la ville de Nancy.)

IV.

LETTRE DE CHARLES DE LORRAINE AU PRINCE DE CONDÉ.

  Monsieur,

..... Je ne pouuois recevoir une plus parfaite consolation que les marques qu'il a pleu à V. A. de me donner de son souuenir et de son amitié que j'ay chéry et estimé à l'esgal de ma vie, et ça esté un de mes plus sensibles regrets que la passer sans auoir peu seruir V. A., bien que dans cette prison j'ay fait tout ce qui m'a esté possible pour luy en donner des preuves et si je suis encor assez heureux pour auoir le bonheur d'assurer V. A. de viue voix je luy feray connoistre que jamais personne ne fut plus attaché et plus parfaitement,

     Monsieur,

      De Votre Altesse,

       Son très-affectionné seruiteur et cousin,

        Ch. de Lorraine.

De Tolède, ce 26 aoust 1659.

(Papiers du père Donat, confesseur de Charles V, conservés à la bibliothèque de Nancy.)

V.

LE CARDINAL MAZARIN AU DUC FRANÇOIS DE LORRAINE.

Saint-Jean de Luz, 31 juillet 1659.

Monsieur,

J'ai reçu les deux lettres que V. A. m'a fait la faveur de m'écrire. Il est inutile qu'elle me recommande ses intérêts puisque je les porterai toujours avec chaleur, et par la passion que j'ai pour son service et pour celui M. son fils, et parce que je me conformerai en cela aux sentiments de S. M. Je n'ai pas encore vu M. Dom Luis de Haro, et quand nous entrerons en matière là-dessus, elle se peut assurer que je ferai ce que je devrai. Pour ce qui est des désordres qu'on lui a mandé qui se soutiennent en Lorraine, j'en écris fortement à M. le Tellier, afin que s'il se vérifie que ce qu'on a rapporté à V. A. soit vrai, le roi donne les ordres nécessaires non-seulement pour en empêcher la suite, mais pour faire réparer tout le mal qui aura été fait et en toutes choses......   MAZARIN.

(*Archives des affaires étrangères.*)

VI.

LE CARDINAL MAZARIN AU DUC DE LORRAINE.

A Saint-Jean de Luz, le 2 octobre 1659.

Monsieur,

J'ai reçu les trois lettres que V. A. a eu pour agréable de m'écrire, une par le sieur de la Chaussée, l'autre par M. de Haraucourt, et la troisième que m'a rendue M. le baron de ***. Je lui rends très-humbles grâces de la disposition obligeante qu'elle montre à vouloir bien honorer de son amitié. Je sais de quel prix est celle d'un prince aussi considérable par ses grandes qualités que V. A., et je la supplie aussi de croire que je n'oublierai rien pour la mériter par tous les services que je lui pourrai rendre. Elle aura pu savoir ce que j'ai fait pour la faire d'ailleurs jouir sans délai d'une pleine liberté. C'est pourquoi je ne m'étendrai pas là-dessus maintenant, même que M. le duc de Guise qui est ici n'aura pas manqué de l'en informer. Je la conjure seulement d'être persuadée que je donnerai à la passion que j'ai pour ses intérêts et pour ceux de sa maison toute l'étendue que la réflexion que l'on doit faire sur les choses passées et le poste où je suis me pourront permettre. V. A. étant trop équitable pour exiger rien de moi au delà, et qui pût blesser le service du roi ou ma réputation. J'en ai entretenu particulièrement M. le duc de Guise, et ceux qui sont venus ici de la part de V. A. Et toutes les fois que le sieur Mengin ou quelque autre me voudra parler par son ordre, je les écouterai avec plaisir, principalement s'ils me fournissent les moyens de faire connaître de plus en plus à V. A......

MAZARIN.

(*Archives des affaires étrangères.*)

VII.

LETTRE DU DUC FRANÇOIS A CHARLES IV.

A monsieur le duc de Lorraine, mon frère.

2 septembre.

On fait courre des bruicts de toutes parts que la comtesse de Cantecroix fait tout ce quel peut pour vous obligez à luy promettre qu'estant en liberté vous penserez à elle. Je suis très-persuadé que c'est une chose à quoy vous ne songez pas, mais comme elle prend soin de publier la croyance quelle a qu'elle vous gaignera à tous ses interests; celuy de vostre pauvre peuple par conséquent vous oblige à faire cognoistre le contraire; car je crois vous deuoir advertir que ces bruits-là nuisent à toutes vos affaires et de tous costez; pour Dieu remédiez à ces bruicts car je ne puis dire combien ils vous nuisent; je vous feray veoire des choses de ceste femme-là qui vous feront cognoistre comme elle ne songe qu'à ses intérests. Pour Dieu, rompez tous ses bruicts autant que vous pourrez, je vous le dis, mon cher frère, dans la passion que j'ay pour vostre service, vous conviant de croire que je ne regarde que cela puisque je vous aime très-chèrement; le père Donat m'a mandez qu'il vous auoit assurez que je n'auois jamais pensez luy donnez commission de vous parlez d'une affaire que l'on vous a dit, et c'est ainsi que j'ay d'impatience de vous veoire et prie Dieu qu'il vous conserue.

(*Papiers du père Donat, confesseur de Charles IV, conservés à la bibliothèque de Nancy.*)

VIII.

LE MARQUIS DE BEAUVAU AU REUEREND PÈRE DONAT, TIERCELIN, CONFESSEUR DE S. A.

A Paris, le 9 novembre 1659.

Mon reuerend père,

L'on me fait entendre icy que S. A. est fâchée de tant de choses et contre tant de personnes qu'encore que je n'apprenne pas estre de ce nombre, et que je ne voie pas assez de quoy je pourrois estre accusé, je ne laisse pas d'en estre en peine; ce qui me fait vous supplier de m'en vouloir éclaircir, et si vous n'auez rien reconnu en l'esprit de S. A. contre moi. Je ne puis me persuader quelle trouue mauuais le seruice que j'ay rendu à feu Mgr le prince Ferdinand, et que je rends encore à présent à Mgr son frère, puisque ça toujours esté dans la veuë que cela ne luy pouuoit estre désagréable. Du reste vous sçauez assez vous-même, mon reuerend père, que, je ne me suis meslé, ni mesme n'ay esté employé à autre chose qu'à l'éducation de ces deux jeunes princes; je m'asseure qu'aux occasions de remonstrer ceste vérité à S. A. et de me rendre quelques bons offices près d'elle, vous ne me refuserez pas cette assistance charitable, tant parce que votre profession vous y invite et pour l'affection que vous m'auez toujours tesmoignée. J'ay eu souuent la pensée de me donner l'honneur d'escrire à S. A., mais l'appréhension que j'ay euë, que ce ne seroit pas luy rendre assez de respect, en la conjoncture présente de la liberté, où il le faut voir soy-mesme pour s'en acquitter et luy en tesmoigner sa joye. Je m'en suis retenu, en attendant l'occasion de luy pouuoir rendre en personne mes très-humbles deuoirs. En attendant, faites-moy la grâce dont je vous supplie, et croiez, s'il vous plaist, que j'en aurai toute ma vie toute la reconnoissance que vous sçauriez désirer de nous, reuerend père,

Votre très-humble et très-affectionné serviteur,

BEAUVAU.

(Papiers du père Donat, confesseur de Charles IV, conservés à la bibliothèque de Nancy.)

IX.

LE CARDINAL MAZARIN A M. LE DUC FRANÇOIS DE LORRAINE.

Toulouse, le 3 décembre 1659.

Monsieur,

V. A. ne sera jamais trompée dans la confiance qu'elle prend en moi et la justice qu'elle me rend sur la passion que j'ai pour son service et les intérêts de sa maison. Je crois ne lui en pouvoir donner une plus forte marque que si elle s'étudie à aller au-devant de toutes les choses qui pourront être de plus grande satisfaction à M. de Lorraine et établir entre lui et V. A. une parfaite union. Il répondra sans doute de son côté, et demeurera dans les mêmes sentiments qu'il a fait paroître autrefois à l'égard de V. A. et de M. le prince Charles. Mais si V. A. tient une conduite différente, je crains bien que cela ne soit une semence d'aigreur et de division qui lui donne aussi d'autres pensées et lui fasse prendre des résolutions différentes. Ce que je ne vous dis point sans être bien informé de la disposition où il est. V. A. profitera donc, si elle le juge à propos, de cet avis qui n'a pour principe que le désir que j'ai de la servir et de lui témoigner de plus en plus... MAZARIN.

(*Archives des affaires étrangères.*)

X.

EXTRAITS DE LETTRES DE M. LE TELLIER AU CARDINAL MAZARIN.

Paris, 27 février 1660.

..... En retournant de Saint-Maur j'ai rencontré M. le duc François et M. son fils. Mme de Chevreuse a été visitée dans cette rencontre de toute la maison de Guise et d'Elbeuf qui n'est guère leur coutume... Elle est dans l'opinion que M. de Lorraine ne veut point de bruit, et qu'elle désire sur toutes choses d'avoir l'amitié de V. E. et son alliance. Mlle de Guise, à laquelle ce prince a grande croyance et assurément plus qu'à M. son frère, m'a dit la même chose estant persuadée que c'est le bien de sa maison..... Mlle de Guise m'a aussi témoigné que M. de Lorraine auroit bien voulu visiter mesdemoiselles ses nièces, ou au moins les voir en quelque rencontre, sur quoy j'ay répondu que je ne prenois pas connoissance de ces choses-là... Je crois cependant qu'il sera à propos que j'en dise un mot aujourd'hui ou demain à Mme de Venel.

10 mars.

..... Durant l'absence de M. l'abbé de Montaigu Mme de Chevreuse a cru pouvoir prendre confiance en moy et m'a prié de dire à S. E. qu'auparavant le départ dudit abbé pour la cour, et depuis son arrivée en cette ville elle avoit toujours entretenu l'esprit de M. le duc de Lorraine dans les sentiments de s'attacher entièrement à V. E., et de luy demander sur toutes choses son amitié ; et comme cette Altesse fait estat de partir demain pour aller à la cour dans l'entière disposition de lui demander son amitié, sans laquelle ce prince est persuadé que quand le roi lui rendroit tout son pays, il ne pourroit pas être satisfait ni content, et que la luy accordant il se tiendroit asseuré que S. E. auroit la bonté de procurer que ce prince pût demeurer avec honneur et réputation en son pays, et par conséquent d'estre plus en estat de servir S. E., ce qu'il proteste vouloir faire toute sa vie.

Ce Duc a grande envie et même impatience de l'alliance de M. son neveu avec Mlle votre nièce, mais luy et Mme de Chevreuse ayant appris par ledit sieur abbé de Montaigu que V. E. ne vouloit pas (et ce avec grande prudence), mesler ses intérêts avec ceux de l'Estat, il n'a garde de vous en parler. Mais son intention est de supplier la reyne, lorsqu'elle sera à la cour, que quand les affaires seront terminées et qu'elle jugera qu'il sera temps et que V. E. l'ait agréable, que Sa Majesté, à sa prière, vous fasse la proposition, son intention estant, avant ledit mariage, de donner toutes les déclarations que l'on jugera nécessaires pour assurer après sa mort la souveraineté du duché de Lorraine à M. son neveu.

Mme de Chevreuse m'a dit d'écrire à V. E. qu'il lui paroît que le prince n'est pas encore détaché du sentiment d'espouser Mme de Cantecroix, s'il peult obtenir la dispense, le refus de laquelle on luy a pourtant mandé de Rome. Néantmoins, si V. E. jugeoit plus à propos que ce fust mondit sieur de Lorraine qui espousât Mlle sa nièce, elle croit que cela se pourroit faire. M. de Lorraine lui a dit qu'il se trouve un peu empesché et embarrassé sur ce que V. E. ne s'ouvre point sur le sujet de l'accommodement de ses affaires. Sur quoy elle lui a conseillé qu'en vous demandant votre amitié, de s'ouvrir lui-même à V. E. avec la dernière confiance, la priant aussy de lui donner ses avis et ses conseils, estant asseuré que V. E. aura la bonté de considérer une personne qui veut estre son amy et son serviteur.

L'advis de Mme de Chevreuse est aussy que V. E. pourra

faire dire par la reine à ce prince ce qu'elle desirera, luy ayant persuadé d'avoir confiance à S. M., et pour témoigner à V. E. que ce prince veut estre tout à fait attaché à ses intérêts. C'est qu'estant un de ces jours chez Mme de Chevreuse où estoit aussi en tiers Mgr de Guise; il proposa qu'il avoit aussi sa fille que l'on appelle la princesse Anne, laquelle il ayme tendrement, et que, si l'on jugeoit qu'il pût faire la proposition de la marier à M. de Manciny, vostre neveu, il en seroit aise, et que pour sa dot on pouvoit faire estat en la mariant de 2,500,000 livres.

..... M. de Lorraine s'en va sans voir M. le prince.....

..... Mme de Chevreuse m'a fait promettre d'escrire à V. E. qu'elle croyoit qu'il seroit aussi sage à l'advenir qu'il avoit été fou par le passé. Je me suis défendu de vous écrire en ces termes, mais elle m'a recommandé de le faire précisément en ces termes, parce que V. E. connoîtra mieux par-là ses intentions; adjoutant qu'elle sera bien aise que ledit Duc par la recognoissance des obligations qu'elle lui a du passé rencontre sa satisfaction et ses avantages, mais toujours dans les intérêts de V. E.....

(*Archives des affaires étrangères.*) — Collection France, tome CLXX.

XI.

LE CARDINAL MAZARIN AU DUC DE LORRAINE.

Lusignan; le 4 juillet 1660.

Monsieur,

J'ai été un peu surpris de voir le commencement de la lettre que j'ai reçue de la part de V. A., n'ayant pas remarqué jusq'ici que ma nièce eût des qualités si belles et si charmantes qu'elles pussent gagner si vite le cœur d'un prince comme vous, et de plus obliger V. A. à lui déclarer ses affections sans avoir au préalable pris la peine de m'en écrire. Mais ayant vu dans la suite la proposition qu'elle me fait de m'employer auprès du roi pour vous faire remettre le duché de Bar, il m'a été fort aisé de démêler le véritable charme qui portoit V. A. à cette recherche, et je vous avoue que j'ai été en quelque façon mortifié de voir qu'on m'ait cru capable de songer seulement de procurer le moindre avantage à mes nièces aux dépens du roi et de l'État, au bien duquel je suis prêt de sacrifier tout ce qui me regarde et ma propre personne. Il me semble d'avoir assez fait connoître mes intentions sur les affaires de cette nature en d'autres occasions qui se sont présentées, et que je ne puis avoir d'autre but dans toutes les actions de ma vie que de relever de plus en plus la gloire du roi et la grandeur de cette couronne, et ne faire jamais rien qui puisse tant soit peu préjudicier au service de S. M. Je crois donc que V. A. n'aura pas désagréable que je continue à tenir cette conduite, et pour cet effet, elle trouvera bon de ne pas presser davantage, l'assurant... MAZARIN.

(*Archives des affaires étrangères.*) — Collection Lorraine.

XII.

ARTICLES ET CONDITIONS SOUS LESQUELLES S. A. VEUT ET ENTEND CÉDER SES ÉTATS A M. LE PRINCE CHARLES SON NEVEU EN FAVEUR DU MARIAGE PROPOSÉ AVEC MADEMOISELLE.

10 avril 1661.

Sadicte Altesse veut avoir 100,000 escus de rente, monnoye de France, franche, et quitte de toutes debtes, scavoir : 150,000 livres sa vie durant sur les salines de Lorraine, au payement desquelles les fermiers desdictes salines et leurs cantons s'obligeront, et 150,000 livres en fond de terre, dont sadicte Altesse pourra disposer par vente, donation ou eschange, ainsi qu'il lui plaira, sçavoir : 50,000 livres en terres, et seigneuries situées en Lorraine, et de son obéissance, comme sont les comtés de Bitche et de Saaverden, et autres terres de proche en proche que S. A. prendra sur le prix des 3/4 du revenu qu'elles rendoient avant la guerre, pour les tenir, et posséder seulement en tous droits de haute, moyenne et basse justice, soubs la souveraineté de Lorraine, et pour les 100,000 livres restans, on donnera à S. A. les terres et seigneuries sises en France, aussy en haute, moyenne et basse justice de pareille valeur et revenu, toutes charges déduites, lesquelles seront rachetables pour la somme et dans le temps dont on conviendra.

S. A. aura un an, ou tel temps qu'elle voudra au-dessoubs d'un an, pour gouverner son Estat et y faire tel établissement et règlement qu'elle jugera utile et nécessaire, et pourvoira aux bénéfices et à toutes les charges et offices tant de la justice, police et domaines que du gouvernement, ainsy qu'elle se choisira durant ce temps.

Tout ce que ladicte Altesse aura disposé, pourvu et réglé sera maintenu et entretenu, sans y contrevenir soubs aucun prétexte....,.

(*Archives des affaires étrangères.*)

XIII.

ARTICLE PARTICULIER DU TRAITÉ AVEC M. DE LORRAINE.

Bien que par le traité fait et conclu le dernier febvrier de la présente année 1661, entre S. M. et M. le Duc de Lorraine, il soit porté par le second article d'yceluy que S. M. fera démolir les fortifications des deux villes de Nancy, et que la garnison françoise qui y est en sera tirée présentement, à la réserve de 400 hommes qui y demeureront pendant le temps de la démolition des fortifications, et seront entretenus pendant le temps de la démolition des fortifications aux dépens du païs, en la manière jusques icy pratiquée, outre lesquels 400 hommes, S. M. y enverra d'autres troupes pour la seureté et avancement de ladite démolition, qui seront entretenues aux frais et dépens de S. M., et a esté néantmoins en exécution dudit article, et sans rien déroger audit traité pour les autres choses convenues et accordées par cet article particulier qui aura la même force et vigueur que le traité même, et sera pareillement ratifié par ledit Sr Duc, à son arrivée dans ses Estats; que la garnison française qui est en ladite ville en sera présentement tirée, et ledit Sr Duc déchargé du payement et entretenement des 400 hommes, auquel il étoit obligé par ledit article. Au lieu de laquelle garnison, S. M. y enverra telles autres troupes qu'elle avisera pour la seureté de ladite place en avancement de ladite démolition, lesquelles seront entretenues aux frais et dépens de S. M. En considération de quoy ledit Sr Duc promet à S. M. de fournir par jour le nombre de 3,000 personnes de ses sujets valides et capables de servir, qui seront pris tant dans ladite ville qu'ès environs dans les villages voisins et ailleurs, si besoin est, pour travailler sans interruption à ladite démolition et faire les deux tiers du travail, S. M. se chargeant de faire démolir l'autre tiers desdites fortifications, et donnera, ledit Sr Duc, les ordres nécessaires à cet effet toutes les fois qu'il en sera requis, faisant venir effectivement audit travail le nombre de 3,000 personnes par jour; à défaut desquels ordres, ou de leur exécution, ledit Sr Duc consent dès à présent que S. M. use de toutes voies et contraigne mesme par force tant les habitans dudit Nancy que ses autres sujets jusqu'à concurrence du nombre de 3,000 personnes par jour, sans que pour ce S. M. puisse estre censée contrevenir en aucune manière audit traité du dernier febvrier 1661.

Fait à Paris, le dernier jour de mars 1661.

Signé : DE LYONNE ET CH. DE LORRAINE.

(*Archives des affaires étrangères*

XIV.

LE DUC DE LORRAINE A M. DE LYONNE.

17 juin 1661.,

Monsieur,

J'ay appris avec beaucoup de joye, par la vôtre du 13 de ce mois, que S. M. avoit eu la bonté d'ajouter foy aux choses que j'ay contés, et que vous lui avés représentées à ma prière, pour destruire la faucité des advis qu'on lui avoit donnés à mon préjudice. C'est un effet de sa justice, dont je lui rends graces très humbles, et la supplie de croire que je n'auroy jamais de sentiments qui soient contraires à son service, et au traité qu'il luy a plu m'accorder, dont je demande seulement l'exécution en tous ses points, afin de pouvoir vivre en repos, et de me veoir à couvert tant des meschants offices qu'on tâchera de me rendre auprès du Roy que des entreprises continuelles que le Parlement de Metz et les gouvernements voisins feront incessamment sur les lieux qui m'appartiennent, si S. M. n'a la bonté de m'y maintenir et de donner des ordres bien préciz à cet effect, pour faire cognoitre à tout le monde qu'elle se contente des grands avantages que la France a remportés par ce dernier traité, et qu'elle n'entend pas qu'on me trouble en la jouissance de ce qu'il luy a plu me rendre. Vous me ferez une faveur très particulière d'en parler à S. M. efficacement, afin qu'elle achève l'ouvrage qu'elle a commencé, et comme vous y avez toujours esté employé, j'espère que vous y mettrez la dernière main, et que vous me trouverez avec toute la reconnoissance possible, etc., etc.
Сн. DE LORRAINE.

(De la main du Duc.)

Je viens de recevoir de Mademoiselle ses intentions par MM. d'Entragues et de Fustenberg, qui sont de trouver bon que je m'en retourne en Lorraine, et qu'il n'y a rien qui presse pour la conclusion de son mariage. Il semble qu'il luy est nécessaire de quelques années avant que d'en arriver là ; pour moy, je ne diroy pas de mesme, puisqu'il me seroit bien nécessaire de me desfaire de plusieurs domaines pour en venir là.....

Paris, le 17 juin.

(*Archives des affaires étrangères.*)

XV.

LE DUC DE LORRAINE AU ROI.

18 juin 1661.

Monseigneur,

Ensuite des ordres de V. M., j'ay tardé icy jusques aujourd'huy, que j'ai appris la résolution de Mademoiselle qui n'a pas trouvé bon de continuer les propositions et articles que M. le comte de Fustenberg luy avoit portées de ma part, quoy qu'il m'eust assuré à son retour de Saint-Fargeau qu'elle les acceptoit, n'aiant pas esté possible d'apprendre sa volonté, quoy que MM. d'Entragues et de Fustenberg y aient fait leur possible. C'est pourquoy je ne puis dire autre chose à S. M., la suppliant très humblement de croire qu'elle aura éternellement les dernières preuves de mon obéissance, et que je n'estimeroy jamais rien à l'esguale d'estre, etc., etc.   Ch. de Lorrraine.

(*Archives des affaires étrangères.*)

XVI.

RÉPONSE DE MADEMOISELLE AUX CONDITIONS PROPOSÉES PAR LE DUC CHARLES.

(Propositions du duc de Lorraine.)

S. A. désirant ardemment que le mariage proposé entre

Mademoiselle et M. le prince Charles son nepveu se puisse conclure et terminer, a faict mettre par escrit les conditions soubs lesquelles elle prétend se démettre de ses Estats entre les mains de M. son nepveu, en faveur dudit mariage :

1. S. A. veut avoir 100,000 escus de rentes, franches et quittes de toutes debtes, sçavoir : 50,000 escus sur les salines de Lorraine sa vie durant, et 50,000 escus en fonds de terre, dont elle pourra disposer comme il luy plaira. On luy donnera lesdits 50,000 escus de rente en fonds, sçavoir : 50,000 livres en domaine sis en Lorraine, et pareille valeur à son choix ; et 100,000 livres en terres et seigneuries situées en France, lesquelles pourront estre racheptées pour la somme, dans le temps dont on conviendra.

2. S. A. gouvernera l'Estat un an entier pour y régler et disposer les choses qu'elle jugera utiles et nécessaires.

3. Les choses qu'elle aura establies seront maintenues, tant au regard des charges et offices de justice que pour d'autres du gouvernement.

Moyennant l'accomplissement des choses susdites, S. A. cédera, avec ses duchés de Lorraine et de Bar, toutes les prétentions, titres et droits qui lui appartiennent sur plusieurs autres Estats, terres et seigneuries.

RÉPONSE SUR LES ARTICLES DU MÉMOIRE.

A l'esgard du premier, a été repondu : que si S. A. M. le duc de Lorraine entend que les 100,000 livres de rente racheptables, à prendre sur des terres et seigneuries situées en France, soient prises sur les terres appartenantes à S. A. R. Mademoiselle, S. A. R. s'est toujours expliquée qu'elle ne peut accorder cet article, et demeure sur ce point aux derniers termes qui ont été proposés.

Sur le second et troisième article, S. A. R. a toujours faict entendre de sa part qu'elle ne trouvoit rien à redire que S. A. le duc de Lorraine gardast ses Estats autant de temps qu'il luy plaira, mais qu'elle ne peut entendre à aucune proposition avec M. le prince Charles que lorsqu'il sera actuellement en possession paisible des Estats de Lorraine et autres terres en dépendance sans aucune diminution, sauf des 300,000 livres de rentes retenues moitié en propriété, moitié par usufruit.

(*Archives des affaires étrangères.*)

XVII.

LE PRINCE CHARLES A M. DE LYONNE.

1er juillet 1661.

Monsieur,

Vous m'avez tesmoigné tant de bonnes volontés jusques à présent, que ce seroit en douter si je ne m'en promettois la continuation, particulièrement dans ce rencontre duquel dépend toute ma fortune et mon establissement. C'est, monsieur, qu'après quelques petits délaimens de la part de Mademoiselle, pour l'affaire que vous sçavés, les choses sont réduites présentement au point que si le Roy avoit la bonté de luy faire cognoître qu'il croit qu'elle peut passer outre, et qu'elle rencontrera avec son advantage, l'agrément de S. M., il y a apparence que Mademoiselle le feroit, ou que le Roy ne m'accordant pas cette grâce, S. A. Monsieur mon oncle s'en retournera triomphant et publiera qu'il n'a pas tenu à luy qu'il ne m'ait fait justice, et que je ne fusse parvenu au bonheur de ce mariage. Vous y avés trop contribué, monsieur, jusques à cette heure, pour ne pas espérer que vous continuerez jusques à la conclusion, par le moyen de laquelle S. M. me peut faire jouir aisément d'un bien qu'elle sait qui m'appartient, et qu'autrement j'auroy néantmoins peine d'avoir sans la ruine de ma maison, que je ne puis pas croire que l'on souhaite à la cour, vu que le Roy a eu la bonté de la restablir. Je vous en auroy, monsieur, toute l'obligation, après la première que j'en reconnoîtrai de S. M., à laquelle je me retiens par respect d'écrire sur ce sujet, me réservant à luy tesmoigner par mes très humbles services la gratitude que je veux faire paroître par toute ma vje, par mes soumissions et par mon obéissance à ses volontés, la mienne estant à vostre égard de vous tesmoigner de même, etc., etc.

Ch. de Lorraine.

(Archives des affaires étrangères.)

XVIII.

LETTRE DU PRINCE CHARLES DE LORRAINE A M. ***.

Paris le 23 d'aoust 1661.

M. le prince Charles de Lorraine ne pouvant venir que demain à Fontainebleau, et craignant cependant que M. de Sainte-Mesmes ne fasse sa proposition de la part de Madame soit au roi ou à la reine, qui soit contraire à celle qui a été proposée à S. A. de Lorraine en faveur du mariage de Mme de Nemours, à prier M. de *** de se donner la peine d'aller à la cour pour tâcher d'empêcher que l'on ne reçoive de nouvelles propositions, ne voyant pas comment de son côté il y pourroit entrer sans faire tort tant à son inclination qu'à l'engagement dans lequel il se trouve pour le mariage de Nemours, qu'il n'a pris qu'après que M. son père lui-même a fait témoigner à LL. MM. qu'il donnoit son consentement, selon l'intention et le désir qu'elles ont fait paraître. Ce n'est pas que M. le Prince aye lieu d'appréhender jusqu'à présent quelque changement du côté de M. son père qui se rendra demain sans faute à Fontainebleau pour exécuter les ordres du roy, mais il craint que si M. de Sainte-Mesme rapportoit quelque réponse favorable, ou même ambigue sur la proposition que peut-être il est allé faire, cela ne fasse vaciller M. son père, et par conséquent apporte des longueurs et difficultés dans une affaire, laquelle pour le bien de ses intérêts a plus besoin d'être conclue au premier jour que différé pour un moment. Vous voyez assez par là, Monsieur, dans quel embarras se trouverait M. le Prince si l'on changeoit de proposition, et il espère que vous avez trop d'amitié pour lui refuser votre assistance dans cette occasion. Je sçay que vous ne trouvez pas mauvais la prière que M. le prince vous fait, puis que c'est un effet de la confiance qu'il a en votre générosité, et il ne doute pas que vous ne ménagiez la chose en sorte qu'elle ne puisse venir à la cognoissance de M. son père, selon que M. de *** vous expliquera particulièrement.....

(*Archives des affaires étrangères.*)

XIX.

LETTRE DE S. A. LE DUC CHARLES DE LORRAINE PRÉSENTÉE AU ROI PAR M. DE LILLEBONNE.

Le 25 février 1662.

Sire,

Ayant sceu la résolution que S. M. a prise, j'ay cru que je ne debvrois pas me présenter à Elle pour lui dire mes sentiments, mais qu'elle me donneroit bien la liberté de luy réitérer la supplication que je lui ay faite ce matin par Monsieur, qu'une affaire dans laquelle je ne suis entré que pour complaire à V. M. luy ayt donné tant de peine et d'embarras depuis qu'elle est faite. Je lui seroy infiniment obligé de remettre les choses en l'estat qu'elle y trouve sa satisfaction par des moyens qui ne blessent ny sa bonté, ny sa justice; mais je luy demande cette grâce que mes ennemys produisent les choses qu'on met en avant pour diminuer le mérite du service que j'ai cru rendre à V. M. et ruiner l'avantage qu'elle a eu la bonté d'accorder aux princes de ma maison. Il ne se trouvera rien dans cet escrit qui affaiblisse le traicté que j'ay fait avec V. M., et j'espère que si elle en desire l'exécution de ma part elle satisfera de la sienne aux conditions auxquelles elle a bien voulu s'obliger et au préjudice desquelles elle ne voudroit pas user de son authorité pour tirer avantage de la ruine de ma maison, et donner force à un traicté qui demeure nul dans son inexécution. Après quoy il ne me reste plus rien à demander à V. M., sinon qu'estant venu icy sur trois lettres, qu'elle m'a fait l'honneur de m'envoyer, elle ayt aussi la bonté de me permettre de retourner dans mon pays avec ce déplaisir de voir sans effet une occasion qui m'avoit paru si agréable à V. M., mais avec plus de passion que jamais de demeurer toujours,

Le très-humble et obéissant serviteur,

Ch. de Lorraine.

(*Archives des affaires étrangères.*)

(Cette pièce a été imprimée à la suite de l'histoire du traité de la paix, de 1659 — Bruxelles, 1670.)

XX.

RÉCIT SUCCINCT DE CE QUI S'EST PASSÉ JUSQU'ICY EN L'AFFAIRE DU TRAITÉ QUE LE ROI A FAIT AVEC M. LE DUC DE LORRAINE.

(De l'écriture de M. de Lyonne.)

2 mars 1662.

Après un grand mariage manqué auquel M. le prince Charles de Lorraine aspirait pendant l'été dernier par la permission du roi, et par l'intention de M. le duc de Lorraine son oncle, ledit duc désira que ledit prince lui-même pensât au mariage de Mlle de Nemours, alors qu'il partit pour aller prendre possession de ses États que le roy lui avoit généreusement donnés, pouvant les retenir par le droit de conquête. Ledit Duc laissa un pouvoir à M. le duc de Guise de signer les acticles dudit mariage à certaines conditions contenues dans une instruction particulière qu'il lui envoya de Villemareuil. Ledit sieur duc de Guise, en vertu dudit pouvoir, signa les articles dudit mariage conformément à ladite instruction, et les parties désirèrent, qu'afin que M. le duc de Lorraine dont elles craignent l'humeur variable, eut moins d'occasion et de moyens de se retracter, le roi autorisât la chose par la signature d'un de ses ministres d'État qui y intervint en son nom.

Ledit sieur duc étant ensuite revenu à Paris ratifia lesdits articles, mais d'une manière qui fit bien connoître qu'il avoit déjà changé de volonté, faisant naître un grand nombre de difficultés, la plupart sans fondement sur toutes les clauses du contrat.

Cependant le roy, pour favoriser Mme de Nemours qui voyoit l'avantage de Mlle sa fille en ce mariage, pressoit M. de Lorraine de le conclure, lorsque ledit duc proposa au roy de lui céder et transporter ses États à certaines conditions dont il seroit facile de convenir, pourvu que S. M. lui laissât l'usufruit desdits États pendant sa vie, qu'elle se chargeât du payement de ses dettes qui montent à plus de 2,000,000, qu'elle donnât 100,000 écus de rente à son fils naturel, et que, pour dédommager les personnes de sa maison qui pourroient avoir intérêt d'y mettre obstacle, S. M. voulût bien les appeler à la succession de sa couronne, en cas que l'auguste maison de Bourbon (ce qu'à Dieu ne plaise) ne vînt à défaillir.

Le roy, après avoir examiné mûrement l'affaire, considéra entre autres choses qu'elle n'étoit point contraire à l'engagement qu'avoit pris en quelque sorte S. M. de faire achever le mariage du prince Charles avec Mlle de Nemours, puisque M. de Lorraine ne mettoit point dans ses conditions que ce mariage dût se rompre, S. M. se résolut enfin d'entendre à l'affaire, la trouvant non-seulement avantageuse à sa couronne qui pouvoit être augmentée d'un État si fort à sa convenance par la propre volonté de ses souverains, mais d'ailleurs honnête et juste en toutes ses circonstances par les dédommagements qui seront accordés à tous les intéressés au delà même de la proportion de leur véritable intérêt. S. M. à qui on ne demandoit rien de contraire se réservant, aussitôt après le traité conclu, de faire achever le mariage du prince Charles avec Mlle de Nemours, et de donner même audit prince en son particulier et à M. le duc de grands biens et des établissements dans son royaume beaucoup plus considérables, étant jointe à la qualité qu'ils acquerreroient, que ne le pourroient être les espérances assez incertaines de la possession d'un petit État, vu la résolution qui passoit dans le monde pour constante que M. le duc de Lorraine allait se marier lui-même et pourroit encore avoir plusieurs enfants légitimes, comme il en a plusieurs naturels.

S. M. fit négocier cette affaire sur tous les fondements dits ci-dessus, et on conclut heureusement le traité. La satisfaction sembloit réciproque et même avec joie des princes de la maison de Lorraine qui y acquerroient un si grand avantage, à l'exception, s'entend, du duc François et du prince Charles qui ne témoignèrent pas en être bien aises, mais que S. M. se réservait de contenter en leur particulier par les moyens qu'on vient de dire. Mais M. le duc de Lorraine avoit des sentiments bien différents de ce qu'il faisoit paroître. Car quoique la proposition du traité et toutes les conditions vinssent de lui, et qu'il en eût même pressé la conclusion, S. M. a depuis découvert et vérifié de telles particularités de sa conduite qu'elle n'a pu douter de l'intention qu'il a eue de la surpendre et de se moquer d'elle, et en procurant aux princes de sa maison un avantage hors de tout prix de gagner lui-même un revenu plus grand que n'est présentement celui de son État, et pour son fils naturel la qualité de duc et 100,000 écus de rente, sans pour cela donner rien d'effectif à S. M., s'il eût été son pouvoir.

En voici la preuve bien claire par plusieurs circonstances qu'il ne peut désavouer.

Le traité fut signé le 7 février et le jour d'auparavant ledit sieur Duc, sans en donner aucune connoissance au

Roi, passa volontairement un acte par-devant deux notaires nommés Guichardet, le Vasseur, avec le duc François et le sieur Charles qui contenoit en substance ce qui s'en suit sans qu'il puisse le désavouer, puisque ladite copie de l'acte collationné à son original a été mise entre les mains de S. M. :

Que le duc de Lorraine reconnoît qu'il n'a possédé et ne possède encore aujourd'hui ses États qu'en vertu de la substitution contenue dans le testament du duc René.

Qu'il reconnoît en outre que par les articles du mariage de son neveu avec Mlle de Nemours, signé de lui, il l'a déclaré héritier de son duché de Lorraine et de Bar, sans qu'il en puisse disposer en faveur d'aucun autre.

Et enfin qu'il promet de faire tout son possible pour s'empêcher de passer outre au traité de cession auquel il est engagé avec le roy.

C'est-à-dire, à proprement parler, qu'en faisant ledit acte sans aucune nécessité qui l'y obligeât, il a voulu porter une semence de désordre et de division par la déclaration qu'il a faite que s'il passoit outre au traité avec le roy, non-seulement il ne le pourroit faire valablement, mais même qu'il y seroit contraire par volonté, puisqu'il s'engage par ledit acte à faire tout ce qu'il pourra pour s'en empêcher.

Il ne s'est pas arrêté là ; car le roi a appris que depuis le traité signé il a encore signé une protestation que le duc François lui a présentée. Mais ce qui est constant, puisqu'on le tient des gens mêmes du duc François, et ce qui fait voir bien clairement l'intention des deux frères de se moquer du roy, c'est que depuis la paix faite ledit sieur Duc a envoyé son confesseur auprès de S. S. pour lui dire de sa part que tout ce qu'il avoit fait n'avoit été que par un motif de rage pour rompre le mariage de son neveu avec Mlle de Nemours, mais que le traité ne devoit pas subsister et qu'il demandoit la protection et l'assistance de S. S. pour le faire rompre.

En second lieu, il est encore constant que c'est ledit Duc

lui-même qui a donné conseil et pressé son neveu de sortir du royaume pour aller demander l'appui et la protection des princes étrangers contre S. M., laquelle sait de preuve certaine que M. le duc et son neveu furent chez Mme la duchesse d'Orléans enfermés en grande conférence pendant trois heures l'après dîner du même jour. Que le prince Charles s'en alla la nuit, après avoir dansé au ballet du roy, sans que dans cet intervalle de temps il eût parlé à d'autres personnes qu'au sieur Duc, et on travaille présentement à justifier que ledit Duc lui a donné de l'argent, sans lequel il ne pouvoit partir. S. M. sait de plus que le Duc a promis 100,000 francs par an au prince Charles pour sa subsistance dans les pays étrangers, afin qu'il puisse attendre en toute commodité des circonstances et susciter, s'il est en son pouvoir, une guerre qui lui donne les moyens de rentrer en Lorraine. Le roy a aussi eu avis de toutes parts que le Duc, depuis le traité signé, n'a presque parlé à personne qu'il n'ait dit qu'il n'avoit rien cédé à S. M. parce qu'il ne pouvoit lui rien céder.

Toute cette conduite et plusieurs autres choses que l'on omet ont surpris avec raison et fâché le roy qui n'avoit que de bons desseins pour ledit Duc. Mais cependant S. M. pour procéder en toute cette affaire-ci avec gravité et se parer contre les mauvaises intentions de M. de Lorraine, a été obligée, lorsqu'elle est allée au parlement pour y faire enregistrer le traité, de déclarer comme c'est juste que les princes de la maison de Lorraine n'entreront en jouissance des prérogatives qui leur y sont accordées que quand tous lesdits princes auront ratifié ledit traité, et que S. M. seroit aussi entrée dans la possession desdits États de Lorraine et de Bar, n'étant pas raisonnable qu'elle fasse jouir dès à présent les princes les plus éloignés de sa succession des prérogatives des princes du sang, tandis que les plus proches de M. de Lorraine montrent par des actes qu'elle a en son pouvoir, l'intention de contester le droit qui lui est acquis par ledit traité.

(*Archives des affaires étrangères.*)

XXI.

CE QUE LE ROY A DIT A M. LE PRINCE EN LUI DONNANT LA
NOUVELLE DU TRAITÉ CONCLU AVEC M. DE LORRAINE.

(De l'écriture de M. de Lyonne.)

« Je viens de faire un coup de grand bonhèur et de grande importance qui va bien faire du bruit et de l'éclat dans le monde.

Je ne vous en ai pas parlé plustôt ni à personne parce qu'en effet je ne le croyois pas moi-même, ni ne l'osois quasi espérer, jusqu'à ce qu'il a été fait, et je ne voulois pas me faire moquer de moy, s'il eût manqué, comme il y en a eu jusqu'au bout sujet de le craindre, parce que j'avois à faire à un esprit qui change d'avis dix fois en un jour; mais je viens de le lier à ne s'en pouvoir dédire.

J'ai acquis la souveraineté des duchés de Lorraine et de Bar et les ai réunis pour jamais à ma couronne. Que croyez-vous que je lui aie donné pour si grand État, et qui est si fort à ma bienséance et me rend maître jusqu'au Rhin? De quelle province de France en souveraineté croyez-vous que j'aie fait consentir M. de Lorraine pour cet échange? Je ne lui ai pas donné un pouce de terre en tout mon royaume. J'ai trouvé moyen de le satisfaire d'une chimère d'honneur pour les princes de sa maison à laquelle nous n'avons tous ceux de notre famille aucun intérêt, et dont le cas même fort vraisemblablement n'adviendra pas, s'il plaît à Dieu. J'ay seulement déclaré les princes de Lorraine habiles et capables de succéder à la couronne de France, après notre famille. Quand nous serons tous morts, il arrivera ce qui pourra. Cependant, Dieu merci, nous nous portons aussi bien qu'eux. Il a fallu aussi que j'en donne le rang aux princes de Lorraine sur tous les autres princes étrangers ou bâtards, ce qui fâchera fort ceux-ci; mais le déplaisir qu'ils en auront ne peut, comme vous pensez bien, me retenir un moment de faire une si considérable acquisition à si bon marché. J'en suis seulement fâché à cause que l'intérêt de M. de Longueville nous donnera quelque peine, mais je crois que vous avez assez d'amour pour ma personne et pour ma gloire et la grandeur de l'État, que vous m'auriez au besoin conseillé vous-même de conclure les choses sans m'arrêter à votre considération. »

(*Archives des affaires étrangères.*)

XXII.

LETTRE DU DUC CHARLES A M. LE CHANCELIER.

Sans date, mais elle fut escrite et délivrée deux iours avant qu'on tint le lit de iustice, qui fut le premier lundy de carême, le 27 février 1662. C'est au suiet de l'addition conditionnée pour cette prétendue qualité de nouveaux princes du sang.

Monsieur,

Puisque Sa Majesté n'a point voulu m'entendre ny voir la requeste que je luy ai voulu présenter, je m'adresse à vous pour vous prier de luy faire scavoir que je déclare nul le traité qui a esté fait, si on ne met dans la vérification qu'il sera exécuté en tous ses points.

Je suis vostre, etc.

CH. DE LORRAINE.

XXIII.

LETTRE DU DUC CHARLES A M. LE PREMIER PRÉSIDENT DU PARLEMENT DE PARIS.

Monsieur,

Estant assez malheureux pour que le roy ne m'ait pas voulu escouter en personne ny par lettre touchant la résolution qu'il a prise aujourd'huy de porter au parlement le traitté qu'il a fait avec moy, je m'adresse à vous pour vous dire qu'à moins qu'il soit vérifié pour estre exécuté dans

tous ses points, je le tiens pour nul, quelque prétexte que
l'on puisse prendre au contraire. C'est la justice que j'espère de la bonté du roy.

Ch. de Lorraine.

XXIV.

LETTRE ESCRITE AU ROY TRÈS-CHRESTIEN PAR M. LE PRINCE CHARLES DE LORRAINE.

Sire,

Après le tort impréveu que monsieur mon oncle m'a fait sans luy en avoir jamais donné sujet, j'ai creu ne devoir demeurer plus long-temps en un lieu où je pense que cette action luy a acquis assez de crédit pour m'oster la liberté de m'en plaindre à Vostre Majesté et me réduire à une dissimulation également honteuse et préjudiciable à mes intérests, au lieu du juste ressentiment que j'en dois avoir. C'est pourquoy désirant d'éviter les inconvénients, ou d'une conduite trop lasche ou d'une plainte nécessaire, et considérant d'ailleurs le peu d'égards que Vostre Majesté a eu à mes très-humbles remonstrances, que més prières toutes seules ne luy seroient qu'importunes, je me suis résolu de rechercher celles des princes mes parents et amis pour implorer conjointement la justice que j'espère de Vostre Majesté; que si l'on veut donner une mauvaise interprétation à ma retraitte pour n'avoir pas esté assez publique, je supplie très-humblement Vostre Majesté de croire que si j'en ai usé de la sorte, ce n'a pas esté pour appréhender aucune violence, mais bien les tendres et fortes oppositions de mes amis, auxquelles j'aurois esté contraint de résister avec dureté ou de succomber avec foiblesse. Cependant, Sire, j'ose me promettre de vostre bonté que faisant réflexion sur les conséquences de ce traitté prétendu tant en sa matière qu'en sa forme, sur la nature des duchez de Lorraine et de Bar, sur l'injuste traittement que mon oncle m'a fait, sur la protection que Vostre Majesté m'a promise, sur la confiance que j'ay eü, sur le procédé de ses ministres, sur le jugement qu'en fera toute la chrestienté et tout ce qui a irrité mon oncle contre moy, elle ne voudra pas se prévaloir des soumissions que je luy ay rendues pour m'oster un bien qui m'est dû par la confession de toute la terre, advoué par la reconnoissance du roy de glorieuse mémoire et par les actes de vostre parlement de Paris à l'égard du Barrois, ny vouloir retenir des Estats par la cession d'une personne qui ne possède que par tolérance, au lieu que les laissant au point où ils ont esté pendant tant de siècles, Vostre Majesté en disposera plus utilement et plus glorieusement, en s'acquérant le cœur de leurs princes légitimes, qu'en les voulant posséder par des voyes aussi extraordinaires. C'est pourquoy je supplie très-humblement Vostre Majesté de se laisser éclaircir et particulièrement pendant que je me tiendray dans les respects que je lui ay voué et que je conserveray avec un désir très-passionné d'exposer ma vie et de lui faire connoître que je suis,

     Sire, de Vostre Majesté,
   Très-humble et très-obéissant serviteur.
    Le Prince Charles de Lorraine.

De Besançon, 12 février 1663.

XXV.

LETTRE DE M. LE PRINCE CHARLES DE LORRAINE A MM. DE L'ANCIENNE CHEVALERIE DE LORRAINE.

Messieurs de l'ancienne chevalerie, le rang que vous tenez en Lorraine et l'honneur que vous avez conservé dans vos familles par les preuves signalées de vostre fidélité et de vostre valeur pendant les guerres dernières, ne me permettent pas de douter que vous n'agissiez avec la mesme générosité dedans la malheureuse occasion que le traité prétendu avec S. M. très-chrétienne et S. A. monsieur mon oncle vous en a fait naistre. Le temps et le lieu, et les personnes qui y sont intervenues, et toutes les circonstances qui l'accompagnent le rendant nul, vous font assez connoître la surprise qui a emporté Sa dite Altesse à un excez si extraordinaire et par conséquent vous doit persuader le gré que l'on vous aura d'avoir résisté par toutes les voyes de déclarations, oppositions et autres qui vous seront possibles à l'exécution dudit traité où se trouvent ensevelis avec le nom et la gloire de notre maison les advantages de vostre ordre, le mérite de vos belles actions, le repos et la félicité publique. C'est pourquoi je vous invite de toutes mes forces, et afin de faire éclater avec plus de démonstration votre zèle, je crois qu'il seroit à propos que vous députassiez quelqu'un de vostre ordre pour en venir faire vos remontrances à Sa Majesté très-chrestienne et à Sadite Altesse et vous asseurant, en foy et parole de prince, qu'en vous y comportant de la bonne sorte et telle que je dois me promettre des personnes de vostre condition vous trouverez en ma reconnoissance toutes les satisfactions que vous pourrez souhaiter, lesquelles vous seront des marques éternelles du plus grand et du plus important service que vous sçauriez rendre à l'Estat et qui m'obligera toute ma vie à vous témoigner que je suis en général et en particulier, Messieurs......

Le Prince de Lorraine.

XXVI.

CONTRAT DE MARIAGE DU DUC CHARLES DE LORRAINE AVEC Mlle MARIE-ANNE-FRANÇOISE PAJOT.

Furent présents très-haut, très-puissant, très-excellent et sérénissime prince Charles, par la grâce de Dieu, duc de Lorraine, de Calabre, Bar, Gueldres, marquis de Pont-à-Mousson et Nomeny, comte de Vaudémont, Blâmont et

Zuphten, Salut, et un assistant de monseigneur Nicolas-François de Lorraine, son frère unique et héritier présomptif d'une part; et très-nobles personnes Claude Pajot et Élisabeth Soüart de Luy, autorisée en cette partie pour l'effet des présentes, demeurant au palais d'Orléans d'autre part, au nom et comme stipulans pour Mlle Marie-Anne-Françoise Pajot, leur fille, lesquels ont déclaré: sçavoir ledit sérénissime prince duc qu'après avoir employé pour le restablissement de ses Estats la plus grande et la plus laborieuse partie de son âge, et s'être acquitté à cet effet des plus importants devoirs de sa souveraineté, se voyant encore obligé et chargé de l'obligation d'en affermir le repos et de conserver la paix dans sa maison en asseurant la succession sur une personne en qui ses sujets eussent la consolation de voir fleurir les espérances d'un bon gouvernement et tel qu'il espère luy laisser, il aurait creu ne le pouvoir mieux faire plus avantageusement, suivant la constitution présente du temps et des affaires, que de suivre la déclaration qu'il en auroit faite en faveur de monseigneur le prince Charles de Lorraine son neveu, fils unique de monseigneur Nicolas-François, de ses Estats, ayant même offert de luy remettre en mains de son vivant sesdits Estats pour luy en procurer l'une des plus illustres alliances de la chrestienté, et dans le dessein d'achever ses jours dans un genre de vie plus retiré et dans la tranquillité du célibat, auquel il s'estoit porté tant par inclination que par la considération du bien public : néantmoins comme par un effet imprévu de la Providence divine qui se réserve le droit de gouverner les princes et de régler leur conduite, il s'est veu depuis appelé à la condition d'un second mariage, afin de satisfaire aux mouvements de sa vocation, qui dépend du repos de sa conscience sans toutefois vouloir déroger à ladite déclaration de successeur, laquelle seroit de plus difficile exécution si, venant à s'allier à quelque maison proportionnée à la grandeur de la sienne, il en naissoit des enfants masles; il a jugé que le moyen le plus convenable pour conclure ces deux choses estoit de faire choix d'une espouse en laquelle la pudeur et la sagesse remplissent les lieux de ces éminentes qualitez qui sont plus tost les objets de l'ambition des hommes que d'un amour chaste et véritablement conjugal. En quoy il a bien voulu suivre l'exemple de plusieurs grands princes qui non seulement n'ont pas esté blamez, mais au contraire ont mérité l'applaudissement de leur temps et l'approbation de la postérité.

Pour ces causes et après avoir esprouvé que les avantages que le sort d'une haute et souveraine naissance peut apporter à un mariage ne le rend pas tousjours heureux, principalement quand il se fait par un principe de politique et par un intérest purement humain, sans le concours des affections que doivent faire en ce mystérieux lien l'union des cœurs aussi bien que celle des personnes.

Considérant aujourd'huy les belles et louables qualitez qui se rencontrent en celle de Mlle Marie-Anne-Françoise Pajot accompagnée d'une vertu rare, d'une piété solide et d'une modération d'esprit non commune et jugeant qu'elles pourroient plus efficacement contribuer au bonheur de sa vie dans l'estat du mariage que celles qui dépendent purement de la fortune; après avoir reconnu le mérite et la grande honnesteté de ladite damoiselle, se seroit ledit sérénissime duc résolu de la rechercher et de la faire demander en mariage à sesdits père et mère, lesquels aussi auroient dit que recevant avec tout le respect qu'ils doivent l'honneur que Son Altesse sérénissime duc leur fesoit et à leur fille, ils acceptoient avec soumission : et les autres pour y parvenir ont reconnu et confessé comme par ces présentes reconnoissent et confessent lesdites parties avoir de bonne foy fait entre elles les traittez de mariage, accords, dons, douaires, articles et conventions matrimoniales qui s'ensuivent.

A sçavoir ledit sieur Claude Pajot et la dame Élisabeth Souart sa femme, avoir promis de donner et bailler à femme ladite damoiselle Marie-Anne-Françoise Pajot, leur fille, à ce présente et acceptante de l'autorité desdits père et mère, au sérénissime prince duc de Lorraine, lequel a promis et promet de la prendre à femme et légitime espouse par loy et nom de mariage, en foi de nostre mère sainte église catholique, apostolique et romaine, avec la licence d'icelle le plut tost que bonnement faire se pourra.

En contemplation duquel mariage lesdits sieurs et damoiselle Pajot père et mère ont constitué et constituent en dot à leur dite fille, future espouse, pour lui demeurer et tenir lieu de propre à elle et aux siens de son costé, et lègue la somme de cent mille livres tournois qui a esté payée et délivrée comptant, sçavoir soixante mille livres sur la terre de..... et le reste en argent, dont ledit seigneur sérénissime duc s'est tenu pour content et satisfait, moyennant quoy ladite future espouse renonce à la succession de sesdits père et mère sans pouvoir prétendre ny demander aucune chose.

Sera ladite damoiselle, future espouse, douée et doue ledit sérénissime prince duc, futur espoux, de la somme de cinquante mille livres annuelles, monnoye de Lorraine, à prendre sur tous les biens dudit sérénissime prince, futur espoux, présens et à venir de telle nature qu'ils puissent estre et spéciallement sur les terres et seigneuries, domaines, rentes, revenus, redevances, bois et forest de la prevoté de Soully au Barrois et de celle d'Estain en Vosges et leurs deppendances et appartenances avec habitation et meubles convenables à l'estat d'une douairière de la qualité et dignité de Son Altesse sérénissime, le tout sans diminution dudit douaire.

D'avantage en contemplation dudit mariage et la bonne amitié que ledit seigneur sérénissime duc, futur espoux, a dû avoir et porter à ladite damoiselle Anne-Marie-Françoise Pajot, et pour lui donner le moyen de soutenir la dignité et le rang auquel elle se trouvera élevée au moyen dudit mariage, ledit seigneur sérénissime duc dez mainte-

nant, au cas que elle luy survive et non autrement, luy a
fait don entre vifs à elle et aux siens, ce acceptant ladite
damoiselle Marie-Anne Pajot de l'authorité de sesdits père
et mère, de la somme de deux cent mille livres tournois,
monnoye de France, qui seront employez à l'acquisition
d'une terre le plus tost que faire se pourra; luy a aussi,
ledit seigneur sérénissime prince et duc, sous la mesme
condition, fait don de bagues et joyaux à luy appartenans,
jusques à la concurrence de la somme de cent mille livres,
monnoye de France.

Et d'autant comme il este touché cy-dessus que Sadite
Altesse par des considérations importantes au bien de sesdits Estats et par un effet singulier de l'affection et de l'estime qu'elle a pour mondit seigneur le duc Nicolas-François et le prince Charles, son fils, elle auroit après une
longue et meure délibération et par un choix et désignation
purement volontaire, comme aussi du consentement et à la
prière de mondit seigneur le duc Nicolas François, nommé
et déclaré mondit seigneur le prince Charles son successeur immédiat et incommutable en sesdits duchez de Lorraine et de Bar, terres et seigneuries y annexées et dépendantes, Sadite Altesse demeurant constamment à l'effect
de la déclaration sus mentionnée, clauses et obligations en
résultantes, déclare avoir voulu, entendu et ordonné,
veut, entend et ordonne à raison d'icelles le cas arrivant
qu'il plaise à Dieu de bénir leur mariage par la naissance
de quelques enfans qui en sont la fin et les fruits les plus
légitimes, ils ne devront ny pourront prétendre à la succession desdits duchez de Lorraine et de Bar, terres et seigneuries y annexées et en dépendant ny de fait, et de
suite, ou en hériter d'elle au préjudice de ladite déclaration
faite par Sadite Altesse au proffit de monseigneur le prince
Charles, ny de ses enfans descendans masles en cas qu'il
vînt à se remarier.....

Pour l'exécution de cé que dessus ledit seigneur sérénissime et ladite demoiselle future espouse déclarent se sou-

mettre eux et leurs héritiers à la juridiction et jugement du parlement de Paris. Promettant ledit seigneur sérénissime duc et ladite demoiselle future espouse d'en faire telle déclaration que sera jugée nécessaire à cet effet, ayant pour ce sujet et pour l'exécution du présent contract fait élection de domicile en l'hostel de Lorraine situé rue du Roy-de-Sicile, paroisse Saint-Paul.....

XXVII.

M. DE BEAUVILLIERS A M. DE LYONNE.

1er novembre 1662.

Monseigneur,

Comme vous m'ordonnâtes à mon départ de vous avertir des choses qui se présenteroient par deçà, j'ai cru être être obligé de vous rendre compte d'un long discours que me fit M. le duc de Lorraine, lorsque j'allai le saluer mardi dernier à Mirecourt et lui demander en arrivant dans ses États la protection qu'il m'a fait l'honneur de me promettre en mes affaires : à quoi S. A. me dit tout bas et me tirant au coin de sa chambre, qu'ayant été privé de ses biens, de ses dignités et généralement de toutes choses, elle croyoit n'avoir plus qu'un très-faible crédit; mais que néanmoins, elle m'offroit tout ce qui pouvoit encore en dépendre. Je ne répondis que par un très-humble et très-respectueux remerciement, ajoutant seulement que S. A. étoit toute puissante, qu'elle le seroit toujours, et qu'elle ne perdroit jamais son rang, ni ses premières dignités avec lesquelles elle étoit née, non plus que moi le souvenir de ses bontés et de l'honneur qu'elle me faisoit. Je croyois, monseigneur, que la conversation, si j'ose ainsi parler, se termineroit par mon compliment, quand S. A. reprenant soudainement la parole, me dit qu'il étoit le plus malheureux prince du monde; qu'il avoit toujours fait tout ce que le roi pouvoit désirer de luy, que sa plus forte passion étoit de témoigner

une obéissance toute entière aux volontés de S. M., et que si elle le vouloit, il porteroit encore le mousquet dans son régiment des gardes, comme il avoit fait, il y a quarante ans, lorsque le feu roy le mit de sa petite compagnie, que nonobstant ce grand zèle et le désir qu'il avoit de plaire à S. M., il étoit exposé à cent .... (ce fut, monseigneur, le terme dont il se servit) qui lui étoient tous les jours faites de la part de M. le comte de Guiche et de M. de Pradel, et de celle de M. l'intendant, qu'il étoit ruiné, etc., etc., qu'il étoit de sa part dans la même disposition d'esprit et de volonté qu'il avoit toujours eue et qui lui avoit attiré la colère de l'Empereur, l'indignation du roi d'Espagne et l'aversion de toute sa famille particulière. . . . .
. . . .

Après cela, M. le duc me parla fort au long de la manière dont le traité de février 1662 avoit été conduit, me jura qu'il n'y avoit point eu de part que dans la conclusion, lors de laquelle il vous avoit dit les mêmes raisons et les mêmes difficultés qu'il dit quelques jours après à M. le Prince, et qui avoient été autrefois alléguées dès le temps de M. le connétable de Luynes, quand on parla premièrement des clauses et conditions qui de la part du roi ont été employées dans ce traité, l'exécution duquel S. A. protesta avoir toujours consentie, ajoutant qu'il en avoit si bien le dessein et celui de remettre Marsal entre les mains de S. M., que, dans cette pensée seulement, il en avoit donné le gouvernement à M. d'Haraucourt, duquel sieur n'étant pas tout à fait content, mais lui devant néanmoins d'ailleurs quelque récompense, il avoit cru satisfaire à son ressentiment et à cette dette, en lui mettant entre les mains une place qu'il lui avoit à la vérité promise, mais de laquelle il devoit sortir au premier jour..... Mais que les choses avoient tourné tout autrement, qu'on avoit supposé qu'il avoit dit qu'il ne vouloit jamais traiter avec vous, monseigneur, qui est une chose à laquelle il n'avoit jamais pensé, qu'il vous aimoit et chérissoit parfaitement. . . . .

Ne vous ennuyéz pas, s'il vous plaît monseigneur. L'entretien secret dura plus de deux heures, et partant je ne puis vous rendre un compte exact et fidèle en peu de mots : voyant donc, quant à moi, que S. A. témoignoit prendre quelque plaisir à me dire ses disgrâces..... Mais je fus bien plus confus et étonné quand M. le duc de Lorraine reprenant une seconde fois le discours du respect et de l'obéissance qu'il veut toujours rendre aux volontés de S. M., me dit qu'étant dans le déplaisir de la pensée que vous pourriez avoir, monseigneur, du discours supposé qu'il ne vouloit plus traiter avec vous, M. Colbert l'étoit venu chercher au palais d'Orléans sans le trouver, ce qui l'obligea incontinent d'aller au logis de M. Colbert, où pour marquer les sentiments qu'il avoit pour la France et pour la satisfaction de notre monarque, il s'étoit offert de remettre entre ses mains la ville de Marsal, et de faire l'échange du domaine et de la souveraineté qu'il s'est reservée sur cette place pendant sa vie par le susdit traité de février 1662, contre le domaine et la souveraineté de Rambervilliers ou de Liverdun, ce qui lui servoit de couleur et d'excuse envers ses proches auxquels il sembloit qu'il devoit en cette façon satisfaire, puisque S. M. n'exécutoit point de sa part les clauses et conditions du traité qui les regardent; que M. Colbert ayant communiqué cette note à M. Le Tellier, sur laquelle sans doute l'un et l'autre avoient su les volontés du roy, on lui avoit répondu que cette offre n'étoit pas agréable, vu que S. M. n'y vouloit point entendre, de manière que ne sachant ce que le roy pouvoit souhaiter de lui, il s'étoit trouvé, comme il est encore à présent, dans le plus grand embarras du monde, mais que son déplaisir et sa douleur avoient beaucoup augmenté, lorsque ayant communiqué à un seul homme, qui étoit prêtre et son confesseur, le dessein qu'il avoit d'instituer le roy son héritier, le secret en avoit pourtant été divulgué, que Mlle de Guise en avoit eu connoissance, quoiqu'elle luy ait feint n'en avoir que le soupçon, et que les plus proches de sa famille lui en avoient su fort mauvais gré, mais plus que toutes, Mme la duchesse d'Orléans, qui de là avoit pris occasion de le faire maltraiter, quoique sous d'autres prétextes. Alors S. A. me conta tout au long cette dernière aventure, d'une manière qui m'embarrassoit fort, me faisant quasi perdre toute contenance, voyant que tantôt elle se mettoit en colère, et tantôt rioit fort de cette rencontre. Enfin, pour tirer M. de Lorraine et pour me dégager aussi de la confusion dans laquelle son discours nous avoit jetés, je pris la hardiesse de lui dire qu'en l'état des choses, il voyoit bien lui-même et les plus sages jugeoient assez que le plus avantageux parti que S. A. peut prendre, étoit de s'attacher particulièrement aux volontés et aux desseins du roy, et de prévenir, autant comme il pourroit, les desseins de sa maison par une complaisance anticipée, qu'ayant, ainsi que lui-même m'avoit fait l'honneur de me dire, excité le chagrin de l'Empereur, l'indignation du roy d'Espagne et l'aversion de ses proches, par le dessein qu'il avoit eu de mettre ses États et ses peuples sous l'obéissance du roy et par le traité qu'il en avoit fait, il pouvoit bien juger que ces passions excitées en de si grandes âmes ne seroient pas aisément calmées, et que s'il n'achevoit pas par une généreuse conclusion ce qu'il avoit si bien commencé, il tomberoit dans l'inconvénient de blesser la confiance que le roy avoit prise en lui, avec danger de perdre l'honneur de ses bonnes grâces; et d'autre côté ne ratrapperoit pas l'amitié de ceux qu'il avoit fâchés ou blessés..... M. le duc de Lorraine me repartit qu'il n'avoit autre dessein que d'activer et consommer les choses commencées, mais qu'il en falloit aplanir le chemin, qu'on avoit au contraire rendu si rude et si fâcheux, qu'on le traitoit d'une manière qu'il exprima par un terme que je n'ose, monseigneur, vous écrire pour le respect que je dois à S. A. Il ajouta encore qu'on lui avoit tout enlevé, et qu'il ne lui restoit plus que l'honneur, avec lequel il vouloit achever ses jours, qui ne seront pas de longue durée, me dit-il, en tirant ses cheveux blancs de dessous sa perruque et me les faisant voir. . . . .

BEAUVILLIERS.

(*Archives des affaires étrangères.*)

XXVIII.

MÉMOIRE SUR LA DÉMOLITION DES FORTIFICATIONS DE NANCY.

L'an 1662, le 4 may, iour de mercredy, lendemain de l'Invention de la sainte Croix, l'on commença à démolir et abattre les murailles de la ville de Nancy, ville capitale de la duché de Lorraine, et fut le commencement d'icelle démolition faite près de la porte appelée le bastion Saint-Nicolas et commença par le pied de la muraille à la sapper, et à mesme temps l'on fit une mine à la pointe dudit bastion pour le faire sauter; ladite mine fit son effet le 17 du mesme mois, à huit heures et demie du soir; elle ne fist pas beaucoup de dégast; on en avoit encore fait une au mesme lieu et bastion, mais on ne la fist pas iouer.

Et le 10 du mesme mois tout le monde de la duché de Lorraine et de la duché de Bar fut commandé à ladite démolition et se trouvèrent bien 3,000 ouvriers travaillans tant à la sappe des murailles qu'aux demy-lunes, fortifications et remparts, travaillans tant par le haut que par le bas.

Ladite ville de Nancy avoit la renommée d'estre la plus belle de l'Europe sans aucune exception, ce qui estoit véritable, ainsi qu'il a esté dit et rapporté par plusieurs ingénieurs et voyageurs tant sur mer que sur terre et autres personnes dignes de remarque. Elle est extrêmement bien assise et composée pour la deffense et aussy pour la beauté des murailles, des bastions, courtines et fortifications et pour les rues qui estoient toutes tirées au cordeau, depuis un bout desquelles on voyoit l'autre. La forteresse estoit sans pareille tant dedans que dehors. Il y avoit huit bastions à ladite ville neuve et trois portes desquelles voicy les noms : la porte Saint-Nicolas, qui est du costé de Saint-Nicolas de Port en Lorraine, à deux lieues de ladite ville, et la porte Saint-Jean, et la porte Saint-Georges, qui sont belles, bien travaillées, composées de belles pierres de tailles dans lesquelles sont gravées et eslevées de belles effigies et statues, et les armes des princes et des ducs de Lorraine.

A chaques portes il y avoit trois ponts levis avec des profonds fossés, et mesme chaques portes estoient deffendues de deux bastions et estoient lesdites portes chacune au milieu d'une courtine.

Au regard des bastions et courtines, ils estoient fort beaux, bien faits et de belle hauteur. Les murailles avoient d'espaisseur vingt pieds et plus, au dehors parées et vestues de briques rouges, vertes et blanches et de toutes autres couleurs agréables à voire avec un bastiment et ouvrage artificiel.

Pour les bastions j'en diray Icy les noms : près de la ville vieille estoit un bastion appelé Saint-Jean, fort gros, large et haut, avec de belles batteries et formes plates, entre ledit bastion et ladite ville vieille il y avoit une courtine fort belle et haute par laquelle passoient secrettement, et par une digue qui estoit à travers le fossé, la plus part des fontaines de ladite ville neuve; ensuite de ce bastion et à la courtine est la porte Saint-Jean, et ensuite est un bastion nommé le bastion de Saint-Thiébaut, lequel estoit entouré d'un estang de profondeur et largeur assez belle, lequel estang fait moudre un moulin qui est dans la ville, et l'eau passe dessoubs ledit bastion par un canal au devant duquel sont deux fortes grilles de fer.

Ensuite y a une autre belle courtine et suivant ladite courtine est le bastion de ***, composé comme les autres cy devant, et suivant ledit bastion est une courtine à laquelle y avoit au-dessus un corps de garde, et après le bastion Saint-Nicolas et à la courtine qui le suit est faite et assise la porte Saint-Nicolas; le bastion suivant est le bastion d'Haraucourt, après lequel y a une autre courtine composée de mesme que les autres courtines; ensuite est le bastion de la Magdelaine, suivant ledit bastion y a une courtine, et suivant ladite courtine est le bastion de Saint-Georges; à la courtine qui suit est assise et située la porte Saint-Georges, et ensuite est le bastion de Saint-Jacques, et ensuitte estoit une courtine qui s'estendoit iusques à la ville vieille.

Bref, pour la ville neuve, elle estoit entourée de larges et profonds fossés; au devant de chaque courtine, il y avoit une demie lune avec ses fossés fort larges et profonds; tous les bastions et courtines estoient contreminez et y avoit plusieurs sorties fort secrettes, les murailles estoient toutes esperonnez de forts et longs esperons, ce qui pouvoit conserver et entretenir les murailles à une éternité; la ceinture de la ville estoit fort belle et faite d'une belle pierre de taille; le pied de la muraille estoit composé de pierres de tailles fort dure d'environ douze pieds de haut, au-dessus des murailles il y avoit de fort beaux parapets, à chaque bastion il y avoit trois guérites, une à la pointe, les autres sur les deux carrés; lesdits bastions estoient faits en forme de quarreaux, et après la guérite de la pointe desdits bastions estoient attachées les armes de Lorraine sy somptueusement travaillées qu'elles paroissoient estre toutes d'une pierre. Les murailles estoient un peu pendantes du côté de la ville; les terrasses et remparts estoient de largeur nompareille, à chaque bastion y avoit de belles formes plattes avec de belles batteries et toutes choses nécessaires pour sa deffense. Lors de cette démolition a esté dit que la matière des murailles n'estoit pas encore sèche à cause de l'espesseur des murailles. Il n'y avoit que soixante-dix ans qu'elles estoient faites et commencées, et y avoit encore dans ladite ville plusieurs personnes qui y avoient travaillé et les ont veu faire.

La ville vieille. — Le commencement de la desmolition de la ville vieille fut le 29 aoust dé la mesme année. On commença à sapper un bastion qui estoit au-dessous de la porte du costé de la ville neuve, appelé le bastion de Vaudemont, celuy bastion estoit si fortement travaillé et massonné qu'on y fut six sepmaines auparavant que de pouvoir coupper le pied et à mesme temps on commença à poursuivre et y travailler à beaucoup d'endroits.

Ladite ville vieille estoit composée de huit bastions et huit courtines entourées de profonds fossez tout à l'entour contreminée et les murailles faites comme celles de la ville neuve, nonobstant qu'elles estoient plus anciennes; dessous ces bastions y avoit des contremines et fausses portes, et sur chacun d'iceux y avoit un corps de garde, les plattes formes estoient fort belles, les batteries bien faites au possible; à la pointe de chaque bastion estoient attachées après les murailles les armes de Lorraine fort artificiellement travaillées, au-dessous desquelles estoient aussy attachées les armes de quelques princes ou seigneurs qui avoient aydé à bastir lesdits bastions. Du costé de la ville neuve y avoit trois bastions; celuy du mylieu qui estoit près de la porte de ladite ville vieille estoit nommé le bastion d'Haussonville; ensuitte une belle courtine de pierres de taille du costé d'en haut, ensuitte estoit le bastion des Michottes auquel y avoit deux fortes murailles, l'une parée de briques comme aux autres murailles et l'autre de fort belles pierres de taille extrêmement haut; après la muraille de pierres de taille dudit bastion, depuis le cordon iusques au sommet estoient élevées et faictes des miches de pierre qu'on y avoit fait ainsi que disent les croniques en commémoration des pains qu'on donnoit à un chacun des ouvriers qui y travailloient quand on en faisoit l'édification à cause que l'argent estoit fort rare, et on en donnoit par iour à chaque ouvrier, ledit bastion estoit encore nommé le bastion du Grand-Cavalier. Ensuitte y avoit aussi une belle courtine faite de deux fortes murailles, l'une de briques parée et vernie, et l'autre de pierre de taille, par laquelle courtine passent les canaux qui conduisent l'eau à la grande fontaine de la ville vieille et aux autres. Ensuitte est le bastion de Salm, près duquel dedans ladite ville est l'arsenal, sous ledit bastion y avoit des magasins à mettre la pouldre et le plomb et autres choses nécessaires à la deffense de la ville, à cause que depuis ledit arsenal y avoit une porte secrette par laquelle on alloit audit bastion de peur que quelque malheur n'arrivast en cas de siége audit arcenal de dehors ou de dedans, derrière ledit arcenal, et ensuite dudit bastion estoit une courtine fort belle de pierres de tailles appelée courtine Saint-Anthoine et suivant estoit le bastion de Danemarcque, dessous lequel y avoit une fausse porte et auprès duquel il y avoit une muraille faite en forme de fer à cheval qui servoit beaucoup à la deffense de la ville, il y avoit encore audit bastion des magasins à y mettre de la pouldre du costé de la ville bien fermez avec de grosses portes de fer; il y avoit encore sous ledit bastion une porte où l'on passoit quatre hommes de front, vouttée, qui alloit bien environ une lieue et demie pour se sauver en cas de besoing sans estre aperçu de nulles personnes, ledit passage estoit fort secret. Suivant une courtine qui estoit faite de deux murailles fortes, celle de pierres de tailles qui estoit derrière avoit esté couppée pour faire la citadelle qui fut édiffiée au règne de Louis le Juste, treizième du nom, laquelle il fist édiffier fortement et estoit ladite citadelle au dedans de la ville, hormis que, du costé de la ville, Sa Majesté y avoit fait faire deux petits bastions et une courtine pour laquelle il y avoit aussy une porte pour entrer dans ladite citadelle qu'elle avoit aussy fait faire, la porte Notre-Dame servoit pour sortir aux champs. Ensuitte de cette courtine de laquelle i'ai parlé qui estoit forte de deux murailles estoit un bastion fort gros nommé le bastion du Marquis et composé artificiellement qui servoit à la deffense de la citadelle et auparavant l'édiffication de la citadelle servoit à la deffense de ladite ville. Ensuitte estoit une courtine au milieu de laquelle estoit faite la porte Saint-Louis, que Sa Majesté avoit fait faire pour entrer par icelle et aller à la citadelle sans entrer dans la ville et sans passer par autre porte que celle qu'il avoit fait faire. Ensuitte de cette courtine estoit le bastion des Dames au derrière de la cour des princes dé Lorraine, sur lequel estoit un fort beau jardin. Suivant lequel bastion estoit une grande courtine fort belle, et ensuitte estoit le bastion de Vaudemont, sur lequel y avoit aussy de fort beaux arbres servans à la promenade, et ensuitte estoit une autre belle courtine au bout de laquelle estoit la porte du costé de la ville neuve. Au regard desdits bastions il y avoit au-dessus trois belles guérites, l'une à la pointe et les deux autres de chaque costez sur les deux quarrés; lesdits bastions estoient faits en forme de cœur et n'y avoit rien de plus beau; les murailles vestues de briques et pierres comme celles de la ville neuve, hormis aux deux courtines. Au-devant à chaque courtines, il y avoit une forte demye-lune avec de profonds fossez et tout à l'entour de la ville vieille il y avoit des chemins couverts et autres fortifications. Quant à l'arcenal, il n'y avoit rien de plus beau et pas un arcenal de l'Europe mieux garny d'artillerie, de mesches, pouldre, boulets, plomb, cuirasses, armes et de toutes sortes de choses nécessaires, lequel est fait de fortes murailles. Pour la plus grande rareté est la couleuvrine qui a de canon vingt-cinq pieds, sur laquelle sont gravées et figurées de belles effigies et de beaux portraits et choses jolies, et y a encore deux autres pièces fort rares, lesquelles avec quelques autres sont demeurées audit arcenal; pour toutes les autres elles ont été conduites avec toutes les mesches, pouldre et plomb, boullets, cuirasses, armes, artifices, souffres, en la ville de Metz. Bref, c'estoit la plus belle place et la mieux composée pour la deffense qui soit dans l'Europe. On pouvoit faire passer la rivière à l'entour ou au milieu; il y avoit en plusieurs endroits quatre murailles faictes de longtemps qu'on ne voyoit pas à cause qu'elles servoient aux remparts et estoient derrière les autres. Voilà la composition de la ville de Nancy...

(*Extrait d'un manuscrit de la bibliothèque de M. Noel, à Nancy.*)

XXIX.

LETTRE DE CHARLES IV DE LORRAINE A L'EMPEREUR.

Disposition de feu Son Altesse Sérénissime Charles, ou plustot compromis entre les mains de l'Empereur pour ledit acte (de la main de Charles IV).

24 juillet 1663.

Dans l'estat présent où se trouve ma maison et mon Estat, cherchant tous moiens d'y pourvoir pour maintenir l'un et l'autre, j'ai jugé nécessaire de desclarer et assurer autant que possible la succession de cet Estat à monsieur le prince Charles, mon neveu, estimant que le plus puissant moien qu'on puisse avoir en mains est de supplier très humblement S. M. impériale de vouloir bien nous prendre sous sa protection particulière, et nous remestre à ce qu'il lui plaira en ordonner pour la sûreté que dessus, et en mesme temps aussy lui faire agréer que venant faute de mon neveu, ou lignée venant de luy, mon fils le prince de Vaudemont luy succède, comme aussy à son défaut, venant faute de mondit fils sans enfant ou frère, mon neveu luy succède, remettant le tout entre les mains de S. M. I. d'en ordonner comme il luy plaira, protestant de luy obéir avec la dernière ponctualité et respect.

Fait à Mirecourt, ce 24 juillet 1663.

CHARLES DE LORRAINE.

(*Archives secrètes de cour et d'État à Vienne.*)

XXX.

M. DE LYONNE A M. DE BERNBOURG SUR LE VOYAGE
DE LORRAINE.

11 aoust 1663.

Vous serez sans doute étonné de la nouvelle que j'ai à vous donner. Nous allons nous approcher de Toul et le roy part dans quatre jours, pour aller en Lorraine, obliger le Duc qui tergiverse depuis si longtemps à accomplir ce qu'il nous a promis par son traité, touchant la remise qu'il devoit faire de la place de Marsal, ou à la réduire par la force. Outre l'indignité des amusements dudit Duc que tout autre prince que notre jeune monarque et qui auroit eu moins de bonté pour lui n'auroit pas toléré, ce que S. M. a fait pendant dix-huit mois, espérant qu'il ouvriroit les yeux, S. M. a encore eu d'autres motifs qui l'ont nécessitée à ne laisser pas plus longtemps traîner cette affaire : l'un de pouvoir une bonne fois dégager toutes les troupes de la Lorraine, pour s'en servir, s'il est besoin, dans les différents que son honneur l'a forcée, malgré elle, d'avoir avec la cour de Rome qui est plus opiniâtre que jamais à ne la point satisfaire.

L'autre est l'avis que nous avons eu que ledit Duc avoit fait prendre une résolution aux États de son pays d'envoyer une grande deputation à la diète de Ratisbonne, composée de quatre abbés, d'autant de gentilshommes et de personnes du tiers-état, de son chancelier et d'un secrétaire pour tâcher d'engager l'Empire contre le roy et porter les Estats à envoyer un commissaire impérial dans ladite place de Marsal ; c'est-à-dire à susciter à S. M. s'il le pouvoit une guerre, au cas que l'Empereur s'accommode avec le Turc, comme il y a toute apparence que cet accord se fera, vu que l'on sait que la cour de Vienne offre tous les jours la carte blanche pour les conditions du traité à ces ennemis du nom chrétien. J'ai avis que cette deputation avec des instructions telles que je viens de dire étoit déjà arrivée à Mayence, et pourroit maintenant être à Ratisbonne, et quoique je veuille croire que les États de l'Empire les trouveront plus équitables que ledit Duc n'a présupposé, et qu'ils ne feront aucun cas de ses instances, la prudence néantmoins a voulu que le roi tâchat de prévenir l'effet de toutes ces machines, en ôtant la pierre de scandale qui est la place de Marsal, laquelle devoit être remise à S. M. aussitôt après le Traité.

Je ne doute pas, Monsieur, que les ennemis de S. M. ne déclament fortement en vos quartiers contre cette résolution, et que même ils n'exagèrent artificieusement celle qu'elle a prise dans une conjoncture où l'Empereur se trouve embarrassé par l'approche des armes ottomanes. J'avoue que cette considération lui a fait quelque peine; mais si vous voulez, il vous sera facile de détruire leurs calomnies auprès de ceux à qui vous en parlerez en faisant connoître aux personnes non préoccupées de passion, autant que vous l'estimerez à propos, les véritables motifs qui ont obligé le roi, après une patience de dix-huit mois, à vouloir finir cette affaire qui pouvoit lui donner quelques embarras dans autres qu'elle a. Peut-être dira-t'on encore que S. M. pouvoit la terminer, sans qu'il fût besoin qu'elle allât en personne sur les lieux, et on voudra gloser sur cette circonstance, comme si elle avoit quelque dessein de donner de l'ombrage à l'Empereur, et le rendre par là moins capable de résister aux invasions dont il est menacé. Mais outre que peu de jours feront voir par son prompt retour qu'il est bien éloigné d'une pareille pensée, je vous avoue franchement qu'elle est d'une humeur à ne laisser pas faire par d'autres ce qu'elle peut faire par elle-même, et notamment qu'il ne se verra guère de son règne, qu'étant nécessité à faire agir ses armes, il en laisse la gloire à ses lieutenants, non qu'elle soit fort grande en cette occasion, mais il est bon de s'instruire par les petites choses à être capable des grandes......

(Archives des affaires étrangères.)

XXXI.

LE ROY AU DUC DE LORRAINE.

Vincennes, 29 septembre 1666.

Mon frère,

L'ardente passion que j'ay de restablir la tranquillité des quartiers du Rhin (à quoi je doibs m'employer avec d'autant plus d'efficace que les princes intéressés aux différends qui les ont brouillez m'en ont defféré l'arbitrage et à la couronne de Suède) me met aujourd'hui la main à la plume pour vous requérir comme je fais très-instamment par cette lettre de vouloir promptement rappeler les troupes que vous avez envoyées dans le Palatinat et de faire cesser toutes hostilités : Je fais requérir d'un autre côté par mon ambassadeur toutes les parties intéressées de faire la même chose, afin que l'action des armes ne m'ôte pas le moyen de travailler avec fruit à l'accommodement desdits différends. Cependant je me promets non moins de votre affection que de votre disposition au repos public que vous vous conformerez bien volontiers en cela à mon bon désir. Sur ce, je prie Dieu qu'il vous ait, mon frère, en sa sainte et digne garde.

Fait en mon château de Vincennes,

Votre bon frère, Louis.

(Archives des affaires étrangères.)

XXXII.

LE DUC DE LORRAINE AU ROY.

Nancy, 8 janvier 1668.

Monseigneur,

J'agis trop sincèrement dans le service de V. M. pour

luy rien desguiser, et lui envoie le mémoire de ce qui s'est passé à la cour de l'Empereur, et bien que je soy indigne et incapable de comander son armée, je ne seray pas mortifié de le prétendre, après l'espérance que l'on en a donné au prince Charles mon neveu. J'ose protester à V. M. que cela ne m'est venu dans l'esprit, non plus que d'avoir signé aucune ligue avec l'Empereur ny autre prince de l'Empire, etc., etc., etc.   Ch. de Lorraine.

(Archives des affaires étrangères.)

XXXIII.

M. D'AUBEVILLE A M. DE LYONNE.

12 août 1668.

Monseigneur,

Je me donnay l'honneur de vous écrire le 8ᵉ de ce mois et plus succinctement que je n'avois résolu étant forcé à ne pas faire ma lettre plus longue par une incommodité que j'avois, et qui ne me permit pas, avant le départ de l'ordinaire, d'y pouvoir ajouter quelque chose, comme j'avois lieu de le faire.

Vous saurez donc, Monseigneur, que M. de Risaucourt estant venu me trouver de la part de M. le duc de Lorraine qui me dit que son maître étoit surpris des instances que je lui avois faites de la part du roi de licencier ses troupes, qu'il étoit souverain et par conséquent indépendant, et maître de ses actions dont il n'avoit à rendre compte qu'à Dieu seul.

Je lui dis que le roy reconnoissoit M. le duc de Lorraine pour souverain, et que S. M. traitoit tous les jours avec S. A. en cette qualité, mais que cette qualité de souverain n'empêchoit pas que les princes ne fussent dépendants de leurs traités et que c'étoit en vertu de ceux que S. M. et S. A. avoient fait ensmble que S. M. demandoit à S. A. le licenciement de ses troupes, et l'y pouvoit obliger. A quoy j'ajoutai que c'étoit aussi en vertu desdits traités que S. A. avoit été rétablie dans la Lorraine et le Bar, et qu'elle en jouissoit, et que S. M. devoit considérer que la demande que S. A. lui faisoit du licenciement de ses troupes n'étoit que l'exécution d'un traité sans lequel S. A. ne seroit pas aujourd'hui en état de contester sur ce sujet avec S. M., puisque S. A. se trouveroit dépouillée de ses États.

M. de Risaucourt me répliqua que son maître avoit été rétabli dans ses États comme dans son bien, et que ce n'étoit point en vertu des traités qu'il en jouissoit, mais comme héritier légitime de ses pères.

Je lui répondis que je ne discuterois point présentement le droit qu'il prétendoit que S. A. avoit sur la Lorraine et sur le Barrois, que je lui dirois seulement, sans parler d'autre chose, que le feu roy de glorieuse mémoire avoit conquis la Lorraine et le Barrois, qu'il en avoit joui, que depuis sa mort, S. M. en avoit eu aussy la jouissance, et enfin avoit voulu faire des traités en conséquence, auxquels S. A. avoit été rétabli dans la Lorraine et le Barrois, et en jouissoit présentement.

La conversation continua sur ce sujet; quoique j'eusse raison, il me parut que je ne le persuadois pas, et vous pouvez croire, Monseigneur, que les raisons spécieuses dont il se servit ne firent pas aussi d'impression sur mon esprit.

Après cela, M. de Risaucourt me dit qu'il croyoit que pour le service de S. M. et celuy de S. A., il seroit bon pour une fois de couper chemin à tous les différents qui pouvoient arriver entre S. M. et S. A. et que le vray moyen pour cela, étoit de casser et annuler le traité de 1662, par lequel S. A. avoit fait le don de ses États à S. M.

Je lui repartis que je n'avois garde de faire cette proposition à S. M.

M. de Risaucourt me dit, se mettant en colère; Dieu conserve S. A., mais quand il en auroit disposé, il ne seroit pas aysé au roy de jouir de la Lorraine, n'y ayant pas un

Lorrain qui ne souffrît qu'on le mît plutôt en pièces que de vivre sous la domination d'autres princes que ceux de la maison de Lorraine. Je lui répondis que ce n'étoit pas une affaire à traiter présentement, mais qu'il pouvoit se souvenir que la Lorraine avec beaucoup de places n'avoit pas été bien difficile à conquérir, et qu'on la voyoit présentement bien délabrée.

M. de Risaucourt ensuite me dit qu'il n'y avoit rien au monde que S. M. eût tant à cœur que la suppression dudit traité.

Je lui repliquay que sans vouloir approfondir cette affaire, j'étois surpris de ce qu'il me disoit, vu que S. A. ne m'avoit jamais rien dit de la suppression dudit traité, et que j'avois observé que quand S. A. souhaitoit quelque chose de S. M. elle m'avoit expliqué nettement ses sentiments.

Enfin, je demandai à M. de Risaucourt si S. M. le duc de Lorraine lui avoit donné charge de me parler de la suppression dudit traité.

Il me dit que non et que S. A. né parloit pas volontiers de ce traité, parce que la mémoire lui en étoit odieuse.

Je lui répondis que, comme il n'avoit pas charge de me parler de cette affaire, et que je n'avois pas d'ordre aussi de rien écouter sur ce sujet, il seroit fort inutile que nous en parlassions davantage.

Enfin, je lui dis que pour entretenir la bonne intelligence qui étoit à désirer entre S. M. et S. A. il étoit très-expédient que S. A. satisfît promptement S. M. dans le licenciement des troupes en conformité des traités que S. M. avoit faits avec S. A. Sur quoi il ne me répondit rien et il se retira.....

(*Archives des affaires étrangères.*)

XXXIV.

M. DE LYONNE A M. D'AUBEVILLE.

5 septembre 1668.

J'ai reçu et lu au roy vos dépêches du 26e et 29e du mois passé. Puisque M. le duc de Lorraine se trouve effectivement attaqué par M. l'électeur Palatin, S. M. trouve bon que vous suspendiez jusqu'à nouvel ordre les instances que vous faisiez de sa part audit Duc, d'achever de licencier toutes ses troupes. Ce n'est pas que S. M. n'ayt néanmoins la même mauvaise satisfaction de la conduite que S. A. a tenue, tant dans les projets pernicieux qu'il faisoit ayant si longtemps résisté au désarmement dont on le pressoit et ayant même, contre sa parole, vendu une partie de ses troupes aux Espagnols. Mais S. M. a pensé qu'elle devoit retenir son ressentiment dans cette circonstance et lui laisser toute liberté de se défendre de l'insulte qu'on lui a faite.

LYONNE.

(*Archives des affaires étrangères.*)

XXXV.

MÉMOIRE ENVOYÉ A M. LE DUC DE LORRAINE.

Metz, 16 janvier 1669.

Le roy désire que M. le duc de Lorraine licencie toutes ses troupes, et que S. A. en fasse le licenciement réel et effectif, faisant sortir de ses États tous les corps étrangers que S. A. a levés, et tous les soldats étrangers en quelque corps qu'ils soient, désarmant ses sujets et les renvoyant chacun chez eux, sans que S. A. leur fasse fournir aucune solde ou subsistance, ni de son argent, ni par ses autres sujets, de quelque manière que ce puisse être, comme S. A.

l'a pratiqué jusques ici, pour les tenir obligés de s'assembler et se mettre en corps de compagnies ou de régiments, quand elle croiroit en avoir besoin.

S. M. désire que M. le duc de Lorraine commence le licenciement de ses troupes le 18 de ce mois, et pour celles qui se trouvent dans les quartiers plus voisins des États de S. M., et achever ledit licenciement le 22 de ce mois pour celles qui en sont les plus éloignées, et il sera envoyé de la part de S. M. des commissaires dans les quartiers où sont les troupes de S. A., pour être présents à leur licenciement, et à cet effet fourni de la part de S. A. à M. le maréchal de Créquy, un mémoire des lieux où sont ses troupes.

S. M. désire que M. le duc de Lorraine licenciant les corps étrangers qui sont à son service leur donne des routes, afin qu'ils sortent incessamment de ses États, et on enverra de la part de S. M. des commissaires pour accompagner lesdites troupes jusques hors des États de S. A. et leur fournir des passeports du roy pour la sûreté de leur retraite.

Quant aux sujets de S. A. qui sont présentement dans ses troupes, S. M. désire qu'ils se retirent chacun chez eux, sans demeurer en équipage ni de cavalier ni de fantassin, ni recevant solde, paiement, subsistance, ni de S. A, ni d'aucun de ses sujets, et que lesdits soldats sujets de S. A. soient pleinement déchargés de leur enrôlement.

S. M. désire que les troupes de S. A., tant de cavalerie que d'infanterie soient licenciées dans les lieux où elles se trouveront, S. A. ne retenant en son service de toutes troupes généralement quelconques que deux compagnies de gardes de 100 hommes chacune.

Le 18ᵉ de ce mois, M. le maréchal de Créquy attendra sans remise une réponse positive de S. A. sur le présent mémoire, afin qu'il puisse donner ordre que les commissaires de S. M. se rendent sans aucun délai au Pont-à-Mousson, pour commencer le licenciement des troupes de S. A., le continuer, et enfin le finir dans le temps ci-dessus.

Aussitôt que M. le duc de Lorraine aura commencé le

licenciement de ses troupes, l'acte de garantie de S. M. sera remis à S. A. ou à celui que S. A. désirera. Et M. le maréchal de Créquy tiendra la main à ce que M. l'électeur Palatin exécute sans délai la parole qu'il a donnée au roy du licenciement de ses troupes, M. le maréchal de Créquy en ayant ordre spécial de S. M. Et pour faire connoître à M. le duc de Lorraine combien les ordres de S. M. sont précis, M. le maréchal de Créquy ne discontinuera pas l'assemblée des troupes de S. M. que les choses ci-dessus marquées ne soient absolument exécutées.

(*Archives des affaires étrangères.*)

XXXVI.

M. D'AUBEVILLE A M. DE LYONNE.

Nancy, 10 avril 1669.

...... M. le duc de Lorraine me dit qu'il ne savoit pas pourquoi on prenoit à tâche de le mortifier en toutes rencontres, qu'il avoit cru pouvoir espérer de demeurer en repos, après les extrêmes violences qu'il avoit souffertes à l'occasion du licenciement des troupes, qu'il voyoit bien qu'on cherchoit de nouveaux prétextes pour le tourmenter, et qu'enfin le roy devoit avoir pitié de sa vieillesse...

D'AUBEVILLE.

(*Archives des affaires étrangères.*)

XXXVII.

LETTRE DE M. DE LORRAINE A M. LE MARÉCHAL DE CRÉQUI.

Nancy, 18 janvier 1669.

Monsieur,

Lorsque le sieur d'Aubéville me parla du licenciement de mes troupes, je le priai de faire trouver bon au roy que je lui représentasse mes intérêts. Les affaires étant dans

une disposition d'ajustement avec M. l'électeur Palatin, le
le peu de temps que j'ai offert à ce désarmement a produit
une trêve qui a été publiée de part et d'autre. J'espère de
terminer à fond tous nos différents par un traité de paix,
et comme S. M. a eu la bonté de témoigner la désirer, je
ne puis douter qu'elle n'eût agréé les moyens, étant certain que si je ne me fusse trouvé désarmé, les choses n'auroient jamais parvenu à ce point. Ainsi, Monsieur, étant
résolu de faire ce que S. M. désire, je suis prêt à lui donner
la parole qu'elle m'a demandée par M. d'Aubeville de désarmer dans huit jours, estimant qu'elle ne me peut blâmer
de lui demander les assurances et l'honneur de ses bontés,
ayant été assez malhereux pour que toute la chrétienté ait
vu des marques de son indignation, tant au refus qu'elle a
fait de voir M. de Lillebonne, que par les ordres qu'elle a
donnés à son armée de venir m'accabler, et je ne voudrois
pas demeurer un moment sans cette certitude. J'ose bien
me promettre de sa générosité et de son équité qu'elle voudra bien m'accorder cette grâce, ainsi que je l'en envoie
supplier, et qu'elle me lairra jouir de la souveraineté dans
laquelle Dieu nous a établis, suivant le traité de paix. Je
vous prie d'y contribuer ce qui pourra dépendre de vous.
Je vous en aurai obligation très-sensible, et m'en dirai toute
ma vie, etc., etc.   Ch. de Lorraine.

(*Archives des affaires étrangères.*)

XXXVIII.

LE ROY AU MARÉCHAL DE CRÉQUI.

(De l'écriture de Lyonne.)   29 août 1670.

Mon cousin,

Je vous dépêche un courrier exprès pour vous informer
de mes intentions sur le mémoire que vous avez adressé à
Lyonne dans le moment de votre départ.

Je vous dirai en premier lieu que le comte de Fourille m'ayant écrit qu'il a manqué le coup dont je vous avois parlé, je n'ai pas changé pour cela, comme vous le pourrez juger, mon premier dessein; mais seulement la manière de m'en expliquer dans le monde. Car je propose bien chasser en effet le duc de Lorraine de son État, et que vous exécutiez là-dessus tous les ordres que je vous ai donnés de vive voix; mais j'ai jugé plus à propos que vous ne vous en expliquiez pas en ces termes, quand vous aurez occasion d'en parler ou d'en écrire. Il faudra seulement dire que notre expédition n'est qu'une suite de celle que vous avez déjà faite une fois en Lorraine pour obliger aujourd'hui le duc à trois choses importantes, l'une de faire un licenciement effectif et non frauduleux de toutes ses troupes, comme il s'y engagea dans votre premier voyage, la seconde de réparer diverses contraventions qu'il a faites aux traités que nous avons ensemble, et la troisième de tirer de lui toutes les sûretés que j'estimerai être nécessaires pour avoir l'esprit en repos, qu'il ne continuera plus à l'avenir ces mêmes contraventions ou d'autres, et qu'il n'entretiendra plus de pratiques et de cabales contre mon service. Vous jugez bien que ces trois conditions si générales et surtout la première, sont d'une nature, que quelque chose qu'il m'offre, hors de quitter lui-même son État et de le faire effectivement, j'aurai toujours lieu de pousser l'affaire à ce but, en disant que ce qu'il pourroit m'offrir ou me promettre n'est pas suffisant pour m'assurer qu'il n'y manquera pas, et que j'en désire de plus grandes sûretés. Cependant vous ferez votre chemin à le chasser des lieux où il pourroit se retirer, et s'il envoyoit quelqu'un, sous prétexte de savoir de vous ce que je luy demande, vous n'aurez qu'à lui répondre qu'il peut s'adresser à moi-même pour l'apprendre, et que vous n'avez d'autre pouvoir que celui d'exécuter mes ordres.

En second lieu, si les princes voisins, dont quelques-uns sont alarmés, veulent lier quelque commerce de lettres ou autre avec vous, mon intention est que vous y correspondiez fort, j'entends même ceux dont je peus avoir quelque sujet d'être mal satisfait, comme les électeurs de Mayence et de Trèves. Vous témoignerez, s'ils vous en donnent l'occasion, que votre voyage et l'envoi d'un corps de mes troupes en Lorraine ne les regarde en aucune manière, parce que je me promets de leur demander qu'ils n'auront à l'avenir aucunes pratiques avec le duc de Lorraine, que ses infidélités et ses contraventions aux traités et les cabales qu'il faisoit contre mes intérêts m'obligent à mettre hors d'état de me faire du mal, sans que je veuille profiter en rien de sa dépouille, comme la suite le fera voir. Quant aux lettres que vous pourrez écrire aux électeurs, je n'estime pas que vous devez les traiter autrement qu'avec le terme de Monsieur et celui de V. A. E. L'électeur palatin peut-être n'en sera pas fort content, et alléguera des exemples en sa faveur; mais vous lui pourrez faire proposer de vous écrire l'un à l'autre par billets, et s'il le refuse, vous l'aurez mis dans son tort.....

(*Archives des affaires étrangères.*)

XXXIX.

M. DE LYONNE A M. LE MARÉCHAL DE CRÉQUI.

Le 30 août 1670.

J'aurois grand déplaisir de vous avoir vu partir sans avoir eu le temps de vous entretenir, si je ne m'étois souvenu bien à propos du vieux mot : *mitte sapientem et nihil dicas*. En effet, Monsieur, voilà toute l'instruction qui doit être donnée à un général d'armée aussi éclairé que vous l'êtes. Je n'ai pas laissé de tâcher de faire que la lettre que le roy vous écrit fût conçue en termes si substantiels qu'encore qu'elle ne soit pas bien ample, un esprit aussi pénétrant que le vôtre y trouvera suffisamment de quoi se conduire selon les intentions de S. M., sans courir risque de s'en écarter le moins du monde. Dans tous les cas et circonstances qui pourroient arriver, et que l'on n'auroit pu prévoir d'un procédé aussi irrégulier qu'a coutume de l'être celui de M. le duc de Lorraine, aucun homme qui ait incomparablement plus de prudence et d'habileté qu'il n'en a ne pourroit jamais dire bien au vrai ce qu'il fera ou ne fera pas. Je vous envoie le chiffre, comme vous l'avez ordonné, et suis, je vous l'assure, autant à vous qu'à moi-même. LYONNE.

(*Archives des affaires étrangères.*)

XL.

LE DUC DE LORRAINE AUX TREIZE CANTONS.

Épinal, 10 septembre 1670.

Messieurs,

L'amitié que vous m'avez toujours témoignée et à ma maison et l'intérêt que vous avez bien voulu prendre de tout temps à la conservation de mes États, m'oblige à vous donner part de l'insulte que j'ai reçu des troupes de France le 26 du mois passé, lesquelles étant venues dans ma ville de Nancy sous le commandement du chevalier de Fourille, pour m'y prendre prisonnier, après m'avoir manqué deux ou trois fois à la chasse et sur des grands chemins, se sont emparés de ma ville capitale et de mon palais, ont enlevé tous les titres de mes duchés, rasé tous les bourgs et villes qui ne leur font pas de résistance, et amassent un grand corps de troupes dans mon pays, pour réduire les autres villes en leur obéissance, et ce, sans aucune déclaration de guerre, et dans un temps où la tranquillité de la paix rendoit tous les princes de l'Europe hors de crainte d'une pareille invasion, et sans sujet que j'aie encore pu connoître, si ce n'est peut-être celui de bienséance de mes États pour l'agrandissement de la France, quoi qu'elle en dise. Je ne doute pas, Messieurs, que vous ne receviez cet avis avec étonnement, et que le zèle que vous avez pour le bien public ne vous porte à conserver celui de mes États, et la Lorraine à son prince légitime, ainsi que vous l'avez fait du passé, et en considération de nos anciennes alliances, toute ma maison vous en sera très-obligée et moi particulièrement. Ch. de Lorraine.

(*Archives des affaires étrangères.*)

XLI.

M. LE MARÉCHAL DE CRÉQUI A LYONNE.

Septembre, 1670.

Quand il vous plaira de rendre un homme capable d'affaires, il ne tiendra qu'à vous; car on sait si à point nommé quelles sont les intentions de S. M. par vos dépêches, qu'il n'y a qu'à suivre ce qui y est prescrit, sans rien ajouter du sien.

Jusqu'à présent je n'ai fait que le métier de courrier et je n'ai joint les troupes qu'à Mirecourt. Si M. de Lorraine envoie vers moi, je lui ferai promptement connoître que j'ai des ordres pour agir et point pour négocier. Ainsi, quel temps qu'il puisse me demander, quelque offre qu'il puisse me faire, j'ai ma leçon et n'écouterai rien.

Si MM. les électeurs, alarmés de voir une si puissante armée dans la Lorraine, donnent charge à quelqu'un de venir vers moi, je les garantirai de la peur autant qu'il me sera possible, et leur rendrai les civilités et respects qui me sont marqués.

Si dans la suite les affaires devenoient plus considérables, je ne manquerai pas de vous en informer, et je vous solliciterai fort de me donner des marques de vos bontés, dont j'essaierai de me rendre digne, etc., etc.

Maréchal de Créqui.

(*Archives des affaires étrangères.*)

XLII.

M. DE LYONNE AU ROY SUR L'AFFAIRE DE LORRAINE.

1er octobre 1670.

Sire,

Je ne croirois pas seulement manquer à mon devoir, mais trahir V. M., si dans toutes les occasions d'affaires importantes je ne disois à V. M. mes sentiments avec respect, pour exécuter après ses ordres, quand elle a estimé de devoir passer outre. Je suis d'autant plus hardi à user en ce rencontre de la liberté que V. M. nous donne, que j'ai trouvé que M. Le Tellier et M. Colbert, auxquels j'en ai dit hier un mot au sortir du conseil, étoient du même avis que moi, sans quoi je me serois défié de mon jugement.

C'est sur l'envoi des prisonniers d'Épinal aux galères. M. Le Tellier nous disoit hier, avant que V. M. entrât, qu'il avoit vérifié pour quelle raison le feu roy y avoit envoyé une partie de la garnison de Saint-Mihiel, que le cas étoit entièrement différent de celui d'aujourd'hui, non-seulement pour la personne du feu roy, mais pour une autre considération bien plus essentielle. Le feu roy, nous dit-il, étoit en possession paisible de la Lorraine. Tous les Lorrains lui avoient prêté serment de fidélité, et par conséquent étoient ses sujets. Le duc Charles avoit renoncé lui-même à tous droits et prétentions sur ses États en cas qu'il manquât au traité de Paris, et il y avoit manqué. Ceux de Saint-Mihiel ayant appelé ceux du pays, se révoltèrent et osèrent résister à l'armée du roy, lui y étant en personne. S. M. envoya les chef aux galères. S. M. voit combien le fait est différent. C'étoient alors des sujets, aujourd'hui ce sont des sujets naturels qui défendent leur prince, et dans une place assez bonne pour n'avoir pu être emportée que dans dix ou douze jours. M. Le Tellier nous dit encore un trait de la gazette, que j'attribue à l'Isola, c'est un commentaire à la résolution de V. M. d'établir un autre prince de la maison de Lorraine ; il dit là-dessus qu'il lui semble d'entendre une résolution de la Porte-Ottomane, qui donne et destitue et rétablit, suivant son bon plaisir, le Valaque, le Moldave et le Transylvain. V. M. jugera de là ce que l'Isola dira quand elle enverra aux galères des sujets qui défendent l'État de leur souverain, et s'il n'exagérera pas dans la chrétienté que jamais le Turc n'a commis cette injustice ni cette inhumanité. V. M. pardonnera, si je lui représente que, selon mon petit avis, rien au monde ne préjudicieroit plus à la réputation de V. M. au dehors et au dedans même du royaume, que de faire une pareille chose. Je suis persuadé qu'il vaudroit mieux pour son service que les deux ou trois galères qu'elle pourroit équiper de chiourmes, fussent abîmées dans la mer, que de les voir armées des sujets d'un autre prince, auquel on n'a même pas déclaré la guerre, sans autre cause que pour lui avoir voulu être fidèles. Je voulus hier obliger M. Colbert, pour n'être pas seul à parler, de dire à V. M. ce qu'il en pense. Il me dit qu'il ne pouvoit faire autre chose qu'obéir, mais que c'étoit à moi, par le devoir de ma charge, à représenter à V. M. les inconvénients que je craignois à son service dans les pays étrangers.

En cas que V. M. trouvât mauvaise ma liberté, je la supplie de me la pardonner, sur le principe que la cause, qui n'est autre que l'excès de mon zèle, ne pouvoit avoir d'autre intérêt imaginable en cette affaire que celui de sa gloire et de son service. Je pense même que le service de V. M. requéreroit qu'elle nous ordonnât une fois pour toutes positivement, de lui dire nos sentiments en toutes affaires avec liberté et sans complaisance, et qu'elle ne le trouvera pas mauvais, d'autant plus qu'après les avoir ouïs elle fera toujours ce qui lui plaît.

Si V. M. estimoit à propos de changer sa résolution, il seroit nécessaire que j'en fusse informé assez tôt pour le pouvoir écrire à tous les ministres au dehors dès vendredi matin, et leur pouvoir mander que tout ce qui s'en est dit n'a été qu'une menace, pour faire craindre davantage la garnison de Chasté, et que ce n'a jamais été l'intention de V. M. d'en venir à l'effet.....   Lyonne.

(*Archives des affaires étrangères.*)

XLIII.

ACTE DE RECONNAISSANCE DU PRINCE CHARLES COMME HÉRITIER DES ÉTATS DE SON ONCLE.

30 novembre 1670.

Charles, etc., à tous ceux qui ces présentes verront, salut. La suite des ajustements faits entre nous et notre T. Ch. et T. H. frère le duc Nic. Fr. de Lorraine que Dieu absolve, pour la raison de la succession de nos pays et États, et autres intérêts de nos familles, devront les éclaircir par une déclaration authentique de notre volonté, en faveur de notre ami T. C. et T. A. neveu M. le prince Charles de Lorraine, pour l'amitié singulière que nous avons toujours eue pour lui, dont nous sommes bien aise de ne pas tarder davantage de lui départir des marques réelles et effectives, et aussi par la gratitude que nous avons des sentiments d'affection qu'il a témoigné pour nous et notre T. C. et T. A. fils Charles-Henri de Lorraine, prince de Vaudemont; et pour maintenir une bonne union et correspondance entre eux, ayant égard encore à l'âge où nous sommes qui ne nous permet plus de prendre les soins et fatigues nécessaires pour le soutien d'un État envié par un puissant voisin, tel qu'est le roi T. C., lequel même, depuis peu s'est emparé par force de la plus grande partie, et faire cesser les prétextes qu'il prend contre notre personne de se l'approprier, n'ayant jamais eu rien plus à cœur que de le conserver à notre dit neveu, que nous en avons toujours jugé très digne, et auquel nous sommes aujourd'hui résolu de le remettre, au moyen de choses convenues entre nous et lui, telles que ci-après.

Ces causes, et autres bonnes à ce nous mouvant, et de l'avis et par l'entremise de M. l'électeur de Mayence archichancelier du S^{gr} Empereur, nous avons déclaré et déclarons notre dit T. C. et T. A. neveu M. le prince Charles de Lorraine notre héritier et successeur ès duché de Lorraine et de Bar et pays et terres y annexées, ensemble à tous les droits appartenant et dépendant à notre couronne, pour en jouir lui et ses descendants mâles, ainsi que les Ducs nos prédécesseurs et nous en avons joui, nous réservant seulement sur les revenus desdits duchés, la somme de 60,000 rixdalers annuellement et notre demeure en telle ville et lieu qu'il nous plaira choisir avec l'autorité et le commandement en icelui qui est dû et convient à notre personne. En regard de notre fils, le prince de Vaudemont, les châteaux, terres et comtés de Bitche, Sarreguemines, Sarrable et leurs dépendances, les villages restants de la terre de Sareck et Marmoutiers, les lieux naturels du comté de Sarwerden, la baronnie de Fenestranges, le comté de Falkenstein, la principauté de Lixheim et une partie des acquets faits par nous tant aux Pays-Bas qu'au comtés de Bourgogne demeureront audit prince de Vaudemont, notre fils, et à ses descendants suivant les donations que nous lui en avons fait, et notamment par son contrat de mariage, pour en jouir par lui et sa ligne masculine, et les posséder comme vrai seigneur et propriétaire, notamment desdits comtés de Bische, Sarreguemine, Sarrable, villages restants de Sarrek et de Marmoutiers, lieux restants de la comté de Sarwerden, baronnie de Fenestranges, comté de Falkeinstein, principauté de Lixheim en tous droits de régale comme dans l'empire, à charge néanmoins que si la ligne masculine venait à défaillir, lesdits comtés de Bitche, Sarreguemine, Sarrable et le restant de la terre de Sarreck et Marmoutiers, Sarwerden, Fenestrange, le comté de Falkenstein, et généralement tous les biens appartenant à notre dit fils, retourneront au duc de Lorraine, en récompensant les filles, s'il y en a, de la somme de 55,000 rixdalers chacune. Que la baronnie de Vivres et la terre de Ruvigny et Louppi demeureront à notre très-chère et très-aimée fille, Anne de Lorraine, princesse de Lillebonne, et aux siens, ensemble les autres biens et acquets aux Pays-Bas suivant les donations que nous lui en avons fait, et notamment par son contrat de mariage avec notre très-cher et bien aimé cousin, M. le prince de Lislebonne, et que les portions matrimoniales faites entre nous et notre très-chère et très-aimée épouse Mlle Marie-Louise d'Apremont, seront accomplies et payées après notre décès et les avantages nuptiaux conservés sans difficultés, dont notre dit neveu nous donnera acte authentique et en bonne forme de son consentement et aveu à tout ce que dessus, au moyen de qui nous voulons et entendons que les présentes aient leur exécution. Si, mandons à nos très-chers et feaux les présidents et conseillers de notre cour souveraine de Lorraine et de Barrois, chambre des comtés, et à tous nos maréchaux, baillifs et sénéchaux et autres qu'il appartiendra de se conformer entièrement à tout égard à cette nôtre déclaration, car ainsi nous plaît-il. En foi de quoy nous avons aux présentes, signées de notre main et contresignées par l'un de nos conseillers et secrétaires d'Estat, commandement et finances, fait mettre notre scel secret.

Donné en la ville de Mayence, le 4e de nov. 1670.

CH. DE LORRAINE.

Contresigné : LEBÈGUE.

(Suit l'acceptation du prince Charles, faite à Mayence, le 30 novembre 1670.)

(*Archives des affaires étrangères.*)

XLIV.

**MÉMOIRE SUR L'AFFAIRE DE LORRAINE
ENVOYÉ A MM. LES AMBASSADEURS ET MINISTRES DU ROY.**

Le 26 septembre 1670.

Pour justifier la résolution que le roy a prise contre la personne du duc de Lorraine et non pas contre son État, il n'y a qu'à considérer deux choses, voir d'un côté à quoi ledit Duc étoit tenu envers S. M. par les traités, et de l'autre s'il a satisfait aux obligations qu'il y avoit contractées, et on trouvera qu'il les a toutes si manifestement violées et en tant de manières, que le public aura plutôt lieu d'admirer la longue patience de S. M. à le souffrir, que d'être surpris de ce qu'enfin elle y a voulu pourvoir...

. . . .

Après cela, S. M. se promet que non-seulement elle sera justifiée devant Dieu et devant les hommes sur ce qui se passe aujourd'hui dans la Lorraine, mais qu'après tant d'ingratitudes et de nouvelles marques d'animosité et de rage que le duc de Lorraine a données contre sa couronne depuis son rétablissement dans ses États, qu'il ne devoit qu'à la seule bonté de S. M. qu'après tant de contraventions formelles qu'il a faites aux principaux articles de ces traités, et qu'elle a si longtemps dissimulées et souffertes par la considération du repos public, dont le monde connoîtra et avouera que S. M., sans manquer à elle-même, à ses enfants et à la sûreté de son État, ne pouvoit dans cette conjoncture pour le bien de la paix même, prendre d'autre résolution que celle qu'elle a prise de tâcher d'ôter des mains d'un furieux les armes qu'il vouloit employer à lui faire tant de mal, toute défense étant de droit naturel, et la Providence n'ayant pas permis d'ailleurs à S. M. d'attendre les bras croisés, les dangereux coups que ledit Duc avoit l'intention et se mettoit en état de lui porter, et qu'elle.

avoit à craindre non par ses forces incomparablement inférieures aux siennes, mais par ses artifices, ses suppositions et ses instigations, amener d'autres princes plus puissants que lui, et qui n'avoient pas bien discerné, pour le malheur de la chrétienté, la véritable fin qu'il se proposoit de la replonger dans les calamités d'une nouvelle guerre, pour y trouver les moyens de satisfaire sa passion et la mauvaise volonté qu'il a contre cette couronne. Ingratitude, à dire vrai, qui sera trouvée monstrueuse de tous ceux qui voudront faire quelques réflexions, que ce prince si animé contre le roy et si déchaîné contre tous ses intérêts, doit pourtant à la sacrée personne de S. M. seule, les trois choses les plus estimables et les plus précieuses qu'un homme puisse devoir à un autre, l'honneur, la liberté, et le bien; la première, lorsque S. M. lui ôta le moyen d'achever un mariage, dont il avoit déjà signé le contrat, et qui l'auroit déshonoré dans le monde, vu le peu de rapport qu'il y a d'un prince souverain à la fille d'un apothicaire que S. M. fit mettre dans un couvent; la seconde, lorsqu'elle le tira de sa prison de Tolède, sur les instances réitérées qu'elle fit faire par feu M. le cardinal Mazarin à D. Luis de Haro, sous un prétexte dont celui-ci ne put à la fin se défendre, qu'on ne pouvoit rien tenter sans la personne du Duc sur les affaires de Lorraine, qui ne pût donner longue matière à ces nouveaux troubles s'il n'y avoit pas donné son consentement dans une pleine liberté, et quoique dans la suite il ne donna pas son consentement à ce qui avoit été arrêté par les deux plénipotentiaires sur ses intérêts, parce que celui d'Espagne lui avoit fait perdre tout le duché de Bar; tous ceux qui étoient aux conférences peuvent témoigner que le plus ordinaire discours que ledit duc avoit alors en la bouche, étoit qu'il seroit pourri dans sa prison si ledit sieur cardinal ne l'en avoit tiré, pour ne rien dire des grands remerciments qu'il en fesoit à toute heure à S. E.; la troisième, lorsque S. M. égalant la générosité du roi son père, qui lui avoit déjà une autre fois rendu ses États, voulut bien une seconde fois l'y rétablir et même dans le duché de Bar, que l'Espagne lui avoit relâché, sans faire valoir l'art. 77ᵉ du traité en Pyrénées dont voici les termes : En cas que ledit sieur duc Charles de Lorraine ne veuille pas accepter et ratifier, ce dont les deux soussignés ont convenu pour ce qui regarde ses intérêts de la manière qu'il est dit. S. M. T. C. ne sera obligée d'exécuter de sa part aucuns des articles dudit traité, sans que pour cela il puisse être dit ni pensé qu'elle y eut en rien contrevenu.....

(Archives des affaires étrangères.)

XLV.

ADDITION A UNE LETTRE DE M. LYONNE.

En date du 3 octobre 1670.

J'oubliois de vous dire que le maréchal de Créqui pour faire craindre d'avantage la milice du pays qui est dans Châté et l'obliger à quitter les armes malgré les officiers, a pu s'être expliqué qu'il enverroit aux galères les prisonniers d'Épinal de la même milice. Mais je vous dois assurer que ce n'est pas l'intention du roy d'y envoyer ni eux ni les autres, quoique S. M. ait l'exemple du feu roy son père qui envoya 300 hommes de la garnison de St. Mihiel auxdites galères. Au cas que quelque esprit malin, ou quelqu'un croyant la chose vraie, ait écrit en vos quartiers cette mesure du maréchal de Créqui, vous détromperez tout le monde de cette opinion, et direz que S. M. vous a mandé elle-même pour la contredire, qu'elle n'est pas capable de commettre l'injustice et l'inhumanité de condamner de pauvres misérables à une peine infamante pour avoir obéi aux ordres de leur souverain.

Sur le point du départ du courrier, on me dit qu'il a passé à Versailles un courrier de Monseigneur le Duc qui porte la nouvelle que Châté s'est rendu et n'a tenu que six heures..... LYONNE.

(Archives des affaires étrangères.)

XLVI.

LE DUC DE LORRAINE A MM. DES ÉTATS-GÉNÉRAUX.

Hombourg, 10 octobre 1670.

Messieurs,

Ayant su tous les bons offices que V. N. P. ont fait faire par leurs ambassadeurs près de S. M. Britannique, pour la conservation de mes intérêts, j'envoie le marquis de Gerbevillers, mon grand chambellan et gouverneur de ma ville et province de Nancy, leur en témoigner ma reconnoissance et les informer de ce qui s'est passé en Lorraine depuis l'invasion des François, qui, ayant pris quelques places par intelligence, ayant établi des garnisons et y mettant leurs troupes en quartier d'hyver, il est aisé à juger qu'ils la veulent conserver pour eux, puis après porter leurs desseins plus loin. Les marques de bienveillance que V. N. P. m'ont fait témoigner me font espérer qu'elles voudront continuer leurs soins pour la conservation de mes États et de ma maison, aussy bien que de la cause commune. Je les prie de donner créance entière au marquis de Gerbevillers. Сн. DE LORRAINE.

(*Archives des affaires étrangères.*)

XLVII.

LE MARÉCHAL DE CRÉQUI A M. DE GRAVEL.

Gondrecourt, 9 janvier 1671.

Par la réponse que le roi a faite à M. le comte de Windisgratz, vous aurez bien pu juger que les affaires de Lorraine n'étoient pas prêtes à se terminer; mais quand vous saurez que S. M. a envoyé des ordres pour supprimer toutes les compagnies souveraines de ce pays, vous demeurerez, je crois, persuadé que M. le duc de Lorraine pouvoit prendre de meilleures mesures que celles qu'il a prises ci-devant. Je ne fais nul doute que l'Allemagne ne considère assez attentivement tout ce qui se passe sur le sujet de cette affaire, dans le temps que l'on attendoit une restitution à la réquisition de l'Empereur et de l'Empire. Nous voyons que le roy veut disposer en maître de cette contrée, et il fait marque de la donner à quelque prince.

A toutes les raisons que vous avez déduites ci-devant pour justifier les armes de S. M., ajoutez-y-en d'autres présentement pour faire comprendre quels sont nos droits sur la Lorraine. Ce sont matières capables de faire écrire bien des volumes, mais je ne scais si elles exciteront de plus grands mouvements parmi vos Allemands. J'attends avec beaucoup de curiosité de vos nouvelles.

Le maréchal de Créqui.

(Archives des affaires étrangères.)

XLVIII.

M. DE CRÉQUI A M. DE GRAVEL.

Châté, 26 février 1671.

Jusqu'à présent, je ne vois pas que la longueur des affaires de Lorraine fasse tenir une conduite à son prince, propre à rétablir les choses dans un état plus tranquille. Ceux qui s'intéressent pour la prospérité des affaires de cette maison espèrent quelque chose par le long séjour de M. le comte de Windisgratz à la cour, et se figurent que l'Empereur n'engageroit pas une négociation si opiniâtre, sans quelque certitude de réussir dans son projet. Cependant, quand une fois le roy s'est fait entendre et a décidé d'une certaine manière, il est fort difficile d'apporter du changement à sa délibération, à moins que la manière d'agir des princes lorrains ne l'y convie. Le maréchal de Créqui.

(Archives des affaires étrangères.)

XLIX.

LE DUC DE LORRAINE A M. DE LYONNE.

15 juin 1671.

J'ai honte d'importuner le monde pour quatre jours que j'ai à vivre, et surtout vous, Monsieur, dans vos grandes occupations. Souffrez-le, s'il vous plaist, pour la dernière fois et que ce gentilhomme vous assure que personne du monde n'est plus votre serviteur que

Le duc de Lorraine.

Réponse que j'ai faite à ce billet :

Ce 15 juin 1671.

Monseigneur, je tiendrai toujours à honneur et à bonne fortune les occasions de rendre mes très-humbles services à V. A. auprès du roy; il ne tiendra, ce me semble, qu'à elle-même de m'en fournir plus de moyens qu'elle n'a estimé à propos de le faire jusqu'à présent. Lyonne.

(*Archives des affaires étrangères.*)

L.

LE MARÉCHAL DE CRÉQUI A M. DE GRAVEL.

Nancy, le 25 octobre 1671.

Je croyois que les mois d'août et de septembre avoient dissipé toutes les plaintes que notre camp de la Sarre a suscitées de la part des petits princes qui en sont voisins ; mais plusieurs circonstances m'ont fait connoître que cela n'étoit pas éteint, et que plusieurs lettres à divers États de l'Empire, qui n'ont pour fondement que des pertes de........, avoient fait quelque bruit. Si cela étoit capable d'ébranler la machine ronde, je croirois que le mouvement seroit déjà pris, et que le moindre petit souffle devroit achever de l'exciter. Puisque dans la vérité, il n'y a pas eu de raison de faire parler les voisins contre notre manière d'agir, il faut considérer leurs plaintes comme des effets de leur méchante volonté dont il faut leur savoir quelque mauvais gré et se ressouvenir en temps et lieu. Présentement que toutes les troupes de S. M. sont séparées dans les quartiers d'hiver, nous ne songeons qu'à des revues, et qu'à chercher des moyens de les fortifier, et dans l'intervalle de ces fatigues, nous pourrons dans peu de temps voir passer la princesse électrice palatine, qui sera conduite à Châlons, où Monsieur se trouvera pour la consommation de son mariage. Je suis avec passion, votre très-humble affectionné serviteur,

Maréchal de Créqui.

(Archives des affaires étrangères.)

LI.

PRINCE DE LORRAINE A M. LEBÈGUE.

24 janvier 1675.

J'ay reçu très volontiers votre relation, laquelle est fort exacte et quoy que l'on y voie rien que de fort deplaisant hors la vigueur avec laquelle les troupes de Son Altesse que commandoit M. d'Alamont ont chargé et repoussé les ennemis, dont tout le monde parle comme l'on doit, neantmoins j'ay esté bien aise d'en apprendre le détail. Enfin, votre relation a suppléé à beaucoup d'ordinaires par lesquels je n'avois point eu de nouvelles. J'ay bien du chagrin de voir Son Altesse avec le peu de satisfaction qu'elle a après avoir soutenu toute cette campagne et de sa personne et de ses bons conseils, lesquels, plut à Dieu, devinssent des ordres absolus. — L'on parle de lui former un corps et de le faire agir conjointement selon les occasions avec M. le duc de Zell, et rejoindre toutes les troupes de l'Empereur ensemble.

— Je vous assure que tout le monde juge qu'il est nécessaire que Son Altesse ayt de quoy en main de faire quelque grand coup, car on les attend de luy et de nul autre. — Je vous prie de me mander toujours des nouvelles de Son Altesse de Lorraine.   Le prince de Lorraine.

(*Archives secrètes de cour et d'État à Vienne.*)

LII.

MÉMOIRE ENVOYÉ A LA COUR PAR LE PLÉNIPOTENTIAIRE DE LORRAINE.

4 novembre 1978.

Le ministre et plénipotentiaire de S. A. S. de Lorraine au congrès de la paix, ayant, par sa declaration du 31 mois passé, accepté la paix et les alternatives proposées par S. M. T. C. le 15 avril dernier, de la meme facon que MM. les ambassadeurs de S. M. I. avoient fait quatre-vingt-dix-neuf jours auparavant, et apprennant que depuis ils se sont ouverts à l'option de l'une des deux alternatives qui concernent S. M. I. et l'Empire, le dit ministre plénipotentiaire de S. A., pour ne pas differer de concourir de sa part à la paix, y sacrifiant ses propres interets, de même que ses volontés à celles de S. M. T. C. s'ouvre et confie egalement à M. le nonce de S. S. médiateur; que quoique le duc son maître soit sans connoissance de ses Etats pour n'y avoir jamais été, et sans aucune information qui puisse suppléer à ce défaut par l'empêchement de toute communication avec ses officiers et sujets, il se réduira à la partie que S. M. lui fait la plus apparente et dans laquelle sa grande générosité et équité peuvent éclater davantage pour sa gloire, qui est la seconde, de le remettre dans tous ses Etats généralement par l'espoir que S. A. a toujours, que S. M. n'en diminuera rien, eu egard à son innocence toute pure envers elle et de nul témérite, et par l'abandonnement qu'il a à toutes ses volontés, en levant, s'il lui plaît les exceptions portées dans cette alternative, sur laquelle il offre de plus à S. M. d'entrer dans les expédients à sa satisfaction et tels qu'il en résultera des avantages égaux pour la grandeur de sa couronne, avec quoi S. A. S. embrassera la paix et la recevra de la main bienfaisante du Roy avec une reconnoissance très parfaite.

Fait à Nimègue, ce 4 novembre 1678.

(*Archives des affaires étrangères, à Paris*).

LIII.

LE DUC DE LORRAINE AUX ÉTATS-GÉNÉRAUX.

Vienne, le 27 avril 1683.

Hauts et puissants seigneurs,

Voyant reprendre à Ratisbonne les négociations de la paix, et ne me persuadant pas qu'elle puisse être solide ni dans l'Europe ni dans l'Empire, dont je suis membre, sans reprendre mes interets et me procurer un traité acceptable, je me suis resolu de faire instance partout, tant vers les princes avec lesquels j'ai l'honneur d'être allié, qu'aux Etats de l'Empire à Ratisbonne pour faire souvenir que je suis toujours le seul prince depouillé de ses Etats qui n'ait pu jusques à présent jouir de la paix, ni obtenir aucune modération aux conditions qui m'ont rendu le traité de Nimègue inacceptable, et les supplier de me continuer leur protection dans cette conjoncture pour le recouvrement de mes Etats. C'est ce qui m'oblige de recourir à vos hautes puissances pour leur demander l'honneur de leur interposition en France, en Angleterre et dans toutes les Cours où elles ont des ambassadeurs et ministres, leur ordonnant d'appuyer mes justes prétentions par tous les moyens qu'elles trouveront les plus efficaces. J'ai tant de confiance en leur justice et en leur generosité, que je ne me doute pas que vos Hautes Puissances ne m'en fassent ressentir les effets, suivant l'obligation qu'elles en ont contractée. C'est par elles que je les en supplie.....

Ch. de Lorraine.

(*Archives des affaires étrangères, à Paris*)

LIV.

MÉMOIRE SUR LE TESTAMENT POLITIQUE DU DUC DE LORRAINE.

Sans date, envoyé à la cour de France en même temps que la copie dudit testament.

Quelques ménagements qu'eût gardé le duc de Lorraine pour cacher aux ministres de l'Empereur sa penetration dans les affaires et les connoissances qu'il avoit acquises par une longue expérience et par une extrême application à tout ce qui pouvoit l'instruire, ils découvrirent sa capacité et la grandeur de son esprit dans les avis qu'il donna à l'Empereur après la levée du siége de Vienne. C'est ce qui le leur rendit si suspect et même si odieux que, pour se précautionner contre les suites, ils firent manquer le premier siége de Bude dont il avoit, lui seul, inspiré le dessein à l'Empereur, afin de l'humilier, et lui rendirent de si mauvais offices auprès de l'Impératrice qu'ils vinrent à bout d'exciter sa jalousie contre ce prince, et de lui donner des defiances qu'il ne songeoit qu'à l'avancement de sa famille, au prejudice de celle d'Autriche et de Neubourg, de sorte que l'Impératrice, sans aucun égard pour la douairière Éléonore, résolut de croiser ce prince en toutes choses et d'arrêter les projets qu'il faisoit dans l'intimité de l'Empereur, de quoi les ministres surent parfaitement se prévaloir.

Ce fut au retour du siége de Bude que le duc de Lorraine comprit qu'il seroit toujours plus malheureux à mesure qu'il paroîtrait plus éclairé, ce qui l'obligea à prendre le parti de se laisser conduire qu'il a suivi jusqu'à sa mort.

Il commença à son retour d'Inspruck à Vienne à travailler à un testament politique pour l'instruction et pour la gloire du roi des Romains, qui n'étoit alors que roi de Hongrie, à quoi il s'appliqua fortement, en cherchant à s'instruire avec d'habiles gens sur les matières qui devoient y être traitées, et en méditant dans son cabinet sur ses propres lumières qui étoient beaucoup plus grandes qu'on ne les a supposées; et sous prétexte de ses indispositions, il ne se laissoit presque voir à personne, et demeuroit enfermé avec un sécretaire dans son cabinet.

Il apprit en Transylvanie après s'en etre rendu maître les sinistres interpretations que les ministres de l'Empereur avoient faites sur l'heureux succès de cette expédition; il tomba dans une mélancolie noire, et c'est apparemment, comme on a lieu de le croire, pendant le sejour qu'il y fit qu'il acheva cet ouvrage.

Il repassa par Presbourg au milieu de novembre 1687 où la cour impériale s'étoit rendue pour le couronnement du roi de Hongrie, et ne pouvant assister à cette ceremonie à cause des difficultés sur le rang, il en partit le 30 du mêm emois, pour aller à Inspruck, et la veille de son départ, il remit entre les mains de l'Empereur en prenant congé de lui cette pièce qui est datée du 29 de ce mois 1687.

L'Empereur passa une grande partie de la nuit à la lire et il fut le lendemain au lever de l'Impératrice à qui il la consigna, pour lui guerir l'esprit des soupçons qu'on lui avoit donnés contre les bonnes intentions de ce prince. L'Impératrice la relut plusieurs fois, pendant cinq ou six jours qu'elle la garda, au bout desquels l'Empereur lui demanda ce qu'elle en pensoit. Elle repondit qu'elle n'etoit pas assez eclairée pour en bien juger, mais qu'elle lui demandoit la permission de la communiquer au Père Charles de Sainte-Therèse, son confesseur, qui a été général des Carmes dechaussés; ce qu'elle obtint. Ce Père lut plusieurs fois cet important manuscrit, et comme il commença dès lors à parler un langage politique au dessus de sa capacité, cela donna occasion à celui qui était lié avec lui d'une amitie fort etroite et qui le voyoit tous les jours de soupçonner cette nouveauté de consequence et de le pousser insensiblement là dessus. Enfin on apprit que le duc de Lorraine etoit profondement rehabilite dans l'esprit de l'Empereur en faveur de sa famille.

Comme on se douta que ces avis précieux seroient écrits quelque part, on n'omit rien pour en apprendre quelque chose, sans se rendre suspect, et dans cet intervalle on découvrit que le P. Charles Slavata, sous prétexte de son peu d'experience dans les matières d'Etat, avoit eu permission de communiquer ce testament au chancelier Stratmann. Comme on était dans la confidence de ce ministre, on le suivit de près là dessus, et comme on travaillait dsns son cabinet, ou souvent on demeuroit seul, il arriva un jour, après que la Cour fut de retour à Vienne qu'en cherchant d'autres papiers pour une expédition qu'on voulait envoyer en Carinthie, on découvrit, sous une liasse de papiers, le testament en question. On le lut à diverses reprises et comme on en connut l'importance, on profita du temps que le chancelier alloit au conseil, ou qu'il etoit en visite, pour l'ecrire sur de petits morceaux de papier le plus promptement et le plus mal qu'on pouvoit, afin qu'on ne put pas deviner ce que c'etoit; on en vint à bout à plusieurs reprises et en plusieurs jours, et on en fit une copie exacte et entière sans y mettre le titre, de peur qu'il ne le fit decouvrir. On le confronta avec l'original pour s'en assurer davantage et on se garda bien de le reduire en un autre copie portant toujours ces morceaux de papier dans sa poche pour le danger qu'on auroit couru, si on eut été découvert, et ce n'est que lorsqu'on a été arrivé en lieu de sureté qu'on l'a fait mettre en l'état ou il est à présent.

Le duc de Lorraine etant retombé malade à Vienne en 1688 et sa maladie augmentant, il voulut y ajouter quelque chose, touchant la France avec laquelle la rupture étoit signée à Persbourg, le dernier décembre 1687, et il signa cette addition de sa propre main.

Quelque temps après ce testament revint dans le cabinet de M. le chancelier, auquel l'Empereur l'envoya cacheté par Saliers son valet de chambre. On le sut et on fit si bien qu'on eut encore le moyen de copier cette addition.

Il est vrai qu'il s'y trouva dessous une feuille qu'on n'avoit pas encore vue qui pouvoit peut-être y avoir été apportée de nouveau, ou qu'on avoit omis d'observer auparavant, laquelle contenoit de très belles instructions sur les négociations étrangères. On l'a lu deux fois à plusieurs reprises, mais on n'a jamais eu le loisir de le copier. Cependant on ne laissa pas de mettre par écrit tout ce qu'elle contient ; on avoue que ce n'est pas dans les mêmes termes, mais c'est dans le même sens.....

(*Archives des affaires étrangères, à Paris*).

LV.

TESTAMENT POLITIQUE DE CHARLES V, DUC DE LORRAINE ET DE BAR

Déposé entre les mains de l'empereur Leopold, à Presbourg, le 29 novembre 1687, en faveur du roy d'Hongrie et de ses successeurs arrivans à l'Empire.

Les prosperitez d'une couronne sont des présents du ciel, et des épreuves de l'art de regner.

Quand Dieu fait cette faveur à une famille, elle doit les regarder comme une insigne marque de sa bienveillance, comme un motif à sa reconnoissance et comme un avis d'en profiter, puis qu'il y a tant de princes malheureux pour ne vouloir pas apprendre à regner, lors même que Dieu sembloit les destiner à cet auguste exercice.

La branche d'Austriche en Allemagne vient d'experimenter à son tour ce que celle de Madrid a negligé de soûtenir. Dieu s'est tourné de son côté, aprés avoir longtems patienté sur les faux pas de l'Espagne dans les guerres precedentes, qui l'ont dépoüillée du Portugal, de la Hollande, et dans la suite de la Flandre presque entiere, de la comté de

Bourgogne, et ses alliez de leurs Etats tous entiers. L'Espagne a crû se soûtenir sans employer les avis secrets du grand Charles-Quint; elle a crû que le politique de regner n'étoit qu'une academie de fourbe, de ruse, de perfidie et de mauvaise foy, le tems nous marque qu'elle s'est trompée, que sa décadence est venuë de la découverte de ses maximes, et que s'étant trop fiée sur les détours de son cabinet pour broüiller par tout, elle a mis tout le monde en garde contr'elle, personne dans la continuation de ses interêts, et perdu un credit qui auroit pû la porter si loin, si elle eût sçû l'art de s'en servir dans les regles, et de ne pas tenter Dieu, en l'obligeant de la soûtenir par miracle.

Il faut que le Roy d'Hongrie et ses successeurs arrivant à l'Empire étudient diligemment de contraires maximes, et que pour profiter de la prosperité qui vient de se tourner de son côté, ils employent la sagesse au lieu de la fourbe, la vigilance au lieu de la ruse, la candeur au lieu de la perfidie, et l'assurance des effets de leur protection au lieu de la mauvaise foi des Espagnols.

Pour opposer l'un à l'autre avec discernement, ils liront curieusement l'histoire depuis les Memoires que le Grand Charles-Quint laissa à Philippes II, son fils, une partie desquels il communiqua à Ferdinand son frere, qui s'en est assez mal servi; et observant ce qu'ils ont à faire sur les funestes incidens qui marquent les fautes de la branche aînée de leur maison, ils apprendront l'art de regner mieux, par les manquemens même qui ont procuré la décadence de l'aîné de leur famille, lequel expie aujourd'huy par une sterilité et par d'autres disgraces à l'infini, les omissions de ses pères et les crimes de son conseil.

Pour aider celui qui voudra se servir de cette instruction, je la confie en détail au cabinet de Sa Majesté l'empereur Leopold, par reconnoissance de m'avoir donné sa sœur pour femme, et d'avoir eu quelque confiance en moi; et je supplie ses successeurs d'avoir soin de la famille que Dieu m'a bien voulu accorder d'un si auguste sang, ausquels je laisse des instructions qui ne les rendront pas indignes de cette protection.

Il y a long-tems que les plaintes de Madrid et les murmures de Rome inquietent la cour de Vienne sur une rupture avec la France; comme chacun de ces Etats y regarde ses intérêts, c'est à la famille qui regne à y mesurer les siens.

Quelque projet qu'on fasse sur le démembrement d'Angleterre, des intérêts de la France, le dessein qu'on veut faire réüssir est trop violent et trop outré, pour n'avoir pas de fâcheuses consequences. Un Nassau en deviendra roy d'Angleterre, et entrera dans une étroite alliance avec la famille qui règne ici: je l'entrevois; mais Nassau n'a point d'enfans, le peuple d'Angleterre est leger et ne peut souffrir de joug; l'épuisement où il faudra qu'il entre le fatiguera de ce gouvernement: ou Nassau viendra à mourir, ou le peuple d'Angleterre à changer; et il y a tout à craindre de cette revolution, sur laquelle il est impossible de se précautionner aprés la rupture ouverte, et en consequence de l'union publiquement declarée contre la France.

Puisque neanmoins on ne voit point d'autres moyens d'humilier la France, et que les envoyez de Sa Majesté n'ont pu rien gagner sur le roy Jacques; je suppose qu'il faut conclure la paix avec la Porte avant que d'achever de s'expliquer, et sur le champ, avant que de desarmer, venir à la charge en même tems qu'on conclura l'alliance offensive et defensive avec l'Angleterre contre la France, y faisant intervenir le parlement anglois, avec lequel il sera toûjours plus seur de traiter qu'avec le souverain qu'on lui va donner, interessant dans la même alliance la Hollande, et approchant de la Haye le duc de Baviere pour, par son credit, maintenir l'un et l'autre en chaleur, afin d'attirer toutes les forces de la France de ce côté-là, et d'en disposer mieux ses affaires en Italie et sur le Rhin.

C'est là où il faut avoir cent mil hommes preparez; de l'argent, dequoi les payer; des munitions, dequoi les faire vivre; des quartiers d'hyver reglez à Ratisbonne d'un commun accord de toute l'Allemagne, et des commandans d'intelligence dans la subordination reglée, avant que de signer la ligue qui se presente, sans quoi on court risque d'être prevenu sur le Rhin par la vigilance de Loüis XIV, puis qu'il n'est pas possible que Nassau passe, s'installe, et se mette en état de faire assez-tost une descente en France, comme on le propose assez legerement. La vrai-semblance du succés qu'on s'en promet par les religionnaires outrez, n'a pas la mine de réüssir ; car comme il n'y a pas de chef à leur donner, ce ne seront que des milices mal reglées, peu capables de discipline ; et la politique de France, qui manie tout le bien de cet Etat, n'a point laissé de moyens à cette tentative d'avoir un heureux succés ; quand même cela devroit arriver, j'assure qu'il n'arrivera pas assez à tems pour assurer l'Allemagne contre la violente irruption de la France.

A la proposition que fait Nassau d'un neviéme Electorat en faveur d'un protestant, sous le pretexte d'un secours present, il faut observer que son parti lui suggere là-dessus de plus longues veues ; mais si on signe la ligue, il ne faut pas manquer d'accepter sa proposition, en en prenant occasion de proposer à son execution l'élection du roy d'Hongrie en roy des Romains, et la faisant suivre de la proposition bien conçuë d'un dixiéme Electorat en faveur de la Hongrie, en prétextant la necessité qu'il y a pour l'Allemagne, en corps, de faire entrer en commerce perpétuel avec elle une nation belliqueuse, et par la communication de laquelle il y aura plus d'intelligence entre les deux peuples, agissans dans la guerre contre leur ennemi commun.

Mais la fin de cette nouveauté, presentée à l'Allemagne sous les intérêts de sa défense et de sa gloire, doit être de l'obliger à l'alliance offensive et défensive contre le Turc, et à regler sur le champ le nombre des troupes que chacun des membres sera obligé par ce traité solemnel d'y envoyer et d'y entretenir à ses dépens pour la conservation de la cause commune, par où la famille sera assurée de trois avantages.

Le premier, d'avoir dans l'Allemagne une défense assurée pour ses Etats hereditaires sans qu'il lui en coûte rien, et de pouvoir mettre dans la désolation le membre qui manquera aux premiers ordres.

Le second, d'épuiser insensiblement, sous prétexte de gloire et de conquête, tous les princes d'Allemagne, jusques à ce qu'on les ait réduit en gouverneurs de province, comme en France, et leurs enfans à la nécessité de devenir pages dans la famille impériale, comme on l'a si politiquement pratiqué en France.

Le dernier, de pouvoir se servir de l'antipatie des Hongrois avec les Allemands, pour lâcher ceux-là aux trousses de ceux-cy; et, leur roy à leur tête, enfoncer l'Allemagne et la réduire par conquête en monarchie; ce qui s'operera toûjours plutôt et plus seurement par la force ouverte que par politique; mais il faut aller plus lentement dans le ménagement de ce dernier projet.

Si, avec moins de précaution que j'en viens de marquer, on est réduit à la nécessité de déferer à la conjoncture et de signer la ligue, il ne faut pas differer d'un moment l'élection d'un roy des Romains pour profiter de la chaleur de cette premiere émotion, qui pourroit se ralentir et avoir d'autres suites.

Si la France prévient les Etats exposez, il faut se servir dans les dehors de ce danger, pour interesser les membres de l'Empire à se cottiser d'hommes et d'argent en paix et en guerre, afin de faire un rempart perpetuel contre la France; mais il n'y faut employer que des paroles et des desirs exterieurs, étant plus avantageux à la famille de faire remuer l'Angleterre et la Hollande de toute leur animosité, de toutes leurs richesses, de tous leurs interêts contre la France, et de se servir du passage du duc de Baviere en Flandres pour exciter l'appetit de ces deux nations, que de secourir veritablement le Rhin, son affoiblissement devant toûjours concourir à la grandeur de la maison d'Austriche.

Il ne faut pas craindre que les princes ecclesiastiques et seculiers, faits ou nez souverains, se tournent jamais du costé de l'esclavage de la France; leur jalousie de regner en souverains durera toûjours, tandis que la famille feindra d'en vouloir appuyer les droits; et celle-cy se servira utilement de leurs remontrances et de leur inquietude, pour faire valoir à Ratisbonne l'impression que j'ay donnée plus haut, de cottiser tous les membres de l'Empire d'hommes et d'argent, en paix et en guerre, à charge d'abandonner la disposition de l'un et de l'autre à un prince de la famille, sans quoy les laisser se défendre par eux mesmes, et veiller de son costé à ses interets domestiques, en attendant que la prosperité transfere Ratisbonne à Vienne; d'où il ne parte plus que des loix despotiques et absolues.

Pour y reüssir insensiblement, il faut se servir de la sterilité du roy d'Espagne, pour le resoudre à disposer de ses Etats d'Italie en faveur de l'archiduc Charles, et sous pretexte d'oppression à craindre pour les princes d'Italie, d'invasion à prévenir pour le Milanois et pour la Sardaigne, et de guerre à soùtenir en faveur du duc de Savoie, qui se declarera toûjours utilement s'il se declare à tems, et si on le met en état d'executer ce qu'on luy propose par l'entrée dans la ligue; il faut faire couler des Allemands dans le royaume de Naples, en Sicile et dans le Milanois, assez pour pouvoir y prendre pied et s'assurer de n'en pouvoir être chassez par les nationnaires.

Il faut, tant par les quartiers d'hyver que par les taxes des feudataires de l'Empire, ou les epuiser insensiblement, ou les obliger à quelque soulevement, duquel on prendra occasion de les châtier severement, et de s'affermir plus fortement dans leurs Etats que dans ceux des autres. L'exemple effrayera une nation faineante et sans experience, on en viendra enfin à bout, et ce n'est qu'après quelques années de cette épreuve qu'il faut installer l'archiduc roy de Naples et seigneur du reste des Etats espagnols en Italie, afin d'avoir déjà de quoy l'y maintenir par la force, quand on en fera la declaration.

Ce sera pour lors qu'il faudra redoubler la ferveur des Anglois et des Hollandois contre la France, et entretenir, sans y rien épargner, l'antipathie et l'animosité des couronnes et des peuples, afin qu'ayant cette épine au pied, elle ne soit pas en état d'amener de grandes forces au secours des complaignans d'Italie; qu'au fond, l'Allemagne les prime toûjours sur cette révolution; les troupes espagnoles y étant jointes, et ce que l'Espagne peut faire par mer y concourant, le dessein de l'Italie réüssira infailliblement le premier, dans le projet de la monarchie imperiale, à unir mieux que jamais, du debris de tous ces petits princes qui ne font que l'inquieter par leurs remontrances, et dont les Etats ne sont destinez qu'à concourir à sa grandeur et qu'à joüir d'une paix assurée et fructueuse sous sa protection.

Si ce dessein est bien conduit, il réüssira comme insensiblement; car pendant que le roy d'Espagne vit encore, l'enfant se fera grand et se mettra en état de se faire voir à ses peuples : conjoncture qui ne manquera jamais d'emporter toute l'Italie; et érigeant un roy sur cette portion de l'empire, la branche est divisée sans être separée, avec bien plus de moyens de s'entre-secourir, que de Madrid à Vienne, puisque les Etats en sont contigus, que du port d'Otrante et de tant d'autres, outre ceux de Sicile, il est aisé d'avoir dequoi attaquer le Turc par mer lorsqu'il remuë à contretemps par terre, et d'obliger insensiblement les Venitiens, pressez des deux couronnes, de rendre libre l'Adriatique, afin d'y entretenir des galeres et d'y armer des vaisseaux, au moins dans la Morlaquie et le long de la coste d'Istrie, sans quoi on trouveroit un ménagement à les y forcer, en les faisant attaquer par terre du côté du Milanois pour le recouvrement de Bresce et de Bergame, pendant qu'on les attaqueroit du costé du Frioul, pour reparer l'invasion qu'ils y ont faite, sur laquelle ils ont eu l'adresse de bâtir la forteresse de Palma nueva.

Estant pressez des deux couronnes, et hors d'état d'esperer du secours de la France occupée de toutes ses forces, tant sur le Rhin, en cas de guerre ouverte, que du côté d'Angleterre, de Flandre et de Hollande, où il faut toûjours entretenir la guerre, par les raisons que je diray cy-des-

sous, les republiquains étant sans esperance de pouvoir
même tirer du secours de la Suisse (avec laquelle il faut
garder les mesures que je vais marquer) rendront gorge, et
on les dépoüillera aisement de ce qu'ils ont de terre ferme,
qui separe l'Etat de Milan du Tirol d'un costé, et de ce
qu'ils ont dans le Frioul de l'autre : par là on pourra les
reduire à leurs lagunes, et à devenir tout au plus une re-
publique comme Dantzic ou comme Geneve, qui n'ont rien
du tout hors l'enceinte de leurs murailles.

Cette expedition doit occuper tous les politiques attachez
à la famille, c'est-à-dire ceux qui au préjudice, et par ex-
clusion du ministere, découvrent et soûtiennent ses interêts, pour la bien ménager, pour ne la découvrir que par
degrez et à tems, et pour ne la laisser éclater que quand
un prince de Lorraine sera en état de commander une armée sous le roy d'Italie, et d'y soûtenir ses intérêts et l'établissement de sa grandeur.

. . . .

C'est le pape qu'il faut pousser le dernier de tous les
princes d'Italie, afin de reduire tous les autres sous le joug,
et au titre de gouverneurs seulement, avant que d'entreprendre de reduire le pape au seul domaine de la ville de
Rome, en unissant par là le royaume de Naples avec le
Milanois, bon gré mal gré, et la force à la main. Il faut
avoir à sa devotion des docteurs profonds, qui instruisent
le peuple de vive voix et par écrit de l'inutilité et de l'illusion des excommunications, quand il s'agit du temporel,
que Jesus-Christ n'a jamais destiné à l'Eglise, et qu'elle ne
peut posséder sans outrer son exemple et sans interesser
son Evangile, observant exactement qu'en cet état, pour
le spirituel, l'une et l'autre couronne lui marquent tous
les respects possibles pendant qu'elles le contiendront
dans Rome comme il étoit autrefois dans Avignon à la
devotion du souvérain regnant.

Ce sera pour lors qu'il faudra se servir des Hongrois, des
Italiens et des Suisses pour reduire l'Allemagne en monarchie; et ce que l'aîné de la famille aura fait pour son cadet,

le cadet le faisant pour son aîné, de concert, ils viendront à bout d'y oster la souveraineté, premierement des villes anseatiques et imperiales, où ils posteront de bonnes garnisons, s'ils ne peuvent obliger les bourgeois d'y bâtir de bonnes citadelles à leurs dépens; ensuite des électeurs et princes du Rhin, pour être à portée d'empêcher la jonction des secours qu'ils pourroient invoquer de France; et enfin reduire, tant par épuisement que par force, les électeurs protestans les derniers.

Pour tenter ce dernier coup, il faut beaucoup de ménagement avec la Suede, et on peut se servir des interêts qu'elle a à s'agrandir des débris du Brandebourg pour l'engager d'armer puissamment ou la premiere, sans qu'on paroisse, en ayant adroitement jetté l'occasion ou de concert avec la famille imperiale, pour partager à l'amiable ce qui reviendra de ce débris; au moyen de quoy, et quand les choses en seront là, il ne faut plus se relâcher du titre de conquête, qu'aux conditions que le corps germanique déferera l'heredité de l'Empire à la famille regnante avec une entiere soûmission à ses ordres, sans qu'il y reste d'Etats ou d'assemblées à Ratisbonne.

Pour réüssir dans ce dernier projet, il faut entretenir l'Angleterre et la Hollande sous l'appat du commerce et de la liberté de conscience, sur laquelle il faut être inviolable dans ses promesses, et laisser chacun vivre à sa mode, pourvû qu'il obéisse et qu'il soit entierement soûmis, renouvellant dans ce tems même une ligue offensive et deffensive avec l'Angleterre et la Hollande, contre tous ceux qui seront declarez leurs ennemis communs; c'est pour cette alliance qu'il ne faut rien épargner ni rien negliger.

. . . .

Au contraire, le génie de la nation et l'éloignement n'ayant jamais fait que du mal dans la separation des deux branches, il faut paroître resolu d'en disputer la possession à celui qui s'avisera d'y prétendre, afin de la lui faire acheter cher et à longues années, y suscitant des partis et les y entretenant en credit et en autorité. Si le roy de Portugal est dans les intérest actuels de la famille regnante, il faut l'aider à y disputer l'entrée, même à lui faire tomber cette portion d'Etat qui est si fort à sa bien-seance; toûjours aux conditions d'être l'ennemi déclaré de la France pour l'occuper davantage.

. . . .

Le successeur de la maison d'Austriche composera toûjours son conseil secret de trois personnes seulement, dont l'un sera Italien, le second Flamand, et le troisiéme tiré de ses Etats hereditaires à son choix, et à la preuve qu'il aura donné de son attachement pour la famille; observant bien exactement de n'y donner jamais ni entrée ni confidence à pas un jésuite, étant à propos de se défaire de cet attachement actuel que la famille paroît avoir pour ces peres.

. . . .

Il n'est pas à propos d'introduire la moinerie dans ces deux cours, c'est un genre d'hommes qui n'a jamais fait de bien à souverain et qui n'est destiné qu'à leur faire du mal. Si on m'en vouloit croire, il n'y auroit jamais de ces gens d'église du bas vol, qu'un chapelain pour dire la messe, lequel mangeroit et coucheroit ailleurs, tant il est peu seur d'avoir à vivre parmi des gens qui profitent de tout ce qu'ils voyent, pour deviner ce qu'on ne veut pas qu'ils sçachent, et qui sçavent presser l'autre sexe, pour achever d'apprendre par sa foiblesse ce qu'ils n'ont pas pû approfondir par leurs fausses découvertes : moins il y a de prêtres et de moinés dans une famille, plus l'idée de la religion s'y conserve-t-elle; la paix y est plus assurée et le secret plus impenetrable.

. . . .

ADDITION AU TESTAMENT POLITIQUE DE CHARLES V,
EN 1688, AU MOIS DE MAI.

La prosperité de la France aura son période, la rapidité de ses conquêtes et la maniere de son gouvernement nous sont caution d'une prompte vicissitude, de laquelle nos enfans auront droit de profiter mieux que nous aujourd'huy, s'ils sçavent se servir de l'occasion et s'y préparer par ces instructions.

Il faut employer la paix à cet usage, bien plus utilement que la guerre qui va commencer, s'étudiant d'interesser cependant l'Angleterre et la Hollande à ne laisser jamais plus la France en paix, puisqu'une guerre continuée la doit desoler en l'épuisant malgré ses ressources, et en ruinant son commerce par la methode cy-dessus, au lieu qu'une guerre interrompuë l'accommode et la rendra toûjours inaccessible.

Il faut employer avec la France la sagesse et la franchise ouverte, à la place de la ruse et de la surprise, que l'Espagne n'a pu pousser à bout, et sur la découverte desquelles elle se ruine de reputation et de credit; et à force de ménagemens et de préparations sourdes, gagner du tems au secours duquel les choses ne manqueront pas de changer de face.

Il ne faut point faire d'alliance avec elle, point accepter de mediation qui la regarde, et ne l'inquieter que du côté de l'Angleterre et de la Hollande, pour luy faire acheter cher le reste de la Flandre, et en épuiser ses forces et son haleine, pendant qu'on se préparera en Italie et ailleurs à déployer successivement ses desseins.

Ch. de Lorraine.

(Suivent des instructions sur les négociations étrangères et les affaires intérieures de l'Empire).

(Archives des affaires étrangères, à Paris.)

FIN DES PIÈCES JUSTIFICATIVES.

TABLE DES CHAPITRES

DU TOME TROISIÈME.

CHAPITRE XXV. — Charles IV est gardé plus étroitement que jamais dans la prison de Tolède. — Il met sa principale confiance dans la duchesse Nicole. — Démarches de cette princesse pour la délivrance de son époux. — Elle meurt à Paris. — Dévouement des Lorrains pour procurer la liberté de leur souverain. — Ruses de Charles IV pour s'échapper de sa prison. — Elles échouent. — Sa lettre à Philippe IV. — Préliminaires de paix signés entre Mazarin et Pimentelli. — Conditions acceptées par la cour de Madrid. — Situation de la France et de l'Espagne. — Entrevue du cardinal et de don Louis de Haro. — Les deux ministres ont peine à s'entendre au sujet des intérêts du prince de Condé. L'Espagne cède au prince de Condé des places que celui-ci remet à la France. — Charles IV sort de prison. — Le roi d'Espagne refuse de le recevoir. — Charles arrive à la frontière des Pyrénées. — Son entrevue avec don Louis de Haro et avec Mazarin. — Il proteste contre les conditions qui lui sont faites par le traité. — Ses emportements contre don Louis de Haro. — Mazarin tâche de persuader au ministre espagnol de céder quelques provinces à Charles IV, afin que la France rende à ce prince le duché de Bar. — Don Louis de Haro propose une dernière conférence au sujet du duc de Lorraine. — Elle n'aboutit point. — Signature définitive du traité. — Charles IV se rend à Blois.......... 1

CHAPITRE XXVI. — Entrevue de Charles IV et du duc François. — Ils se réconcilient par l'entremise de la duchesse d'Orléans. — Cet accord ne dure pas. — Retour de Charles IV à Paris. — Il se rencontre avec les princes de la maison de Lorraine et la duchesse de Chevreuse. — Cette dame instruit Mazarin des bonnes dispositions du duc de Lorraine. — Charles IV évite de voir Condé à Paris. — Il se rend auprès du roi, à Avignon. — Effet qu'il produit à la cour. — Il traite avec M. de Lyonne. — Ces pourparlers n'aboutissent point. — Charles revient de nouveau attendre le roi à Paris. — Marie Mancini et le prince Charles de Lorraine. — Mlle Mancini avait autrefois aimé Louis XIV. — Dans quelles circonstances. — Sa beauté; son esprit; ses manières. — Elle captive entièrement le roi. — Louis XIV veut l'épouser. — Résistance de Mazarin. — Cette résistance était sincère, mais elle n'était point désintéressée. — Marie Mancini opposée aux intérêts du cardinal. — Sa séparation d'avec le roi. — Elle cesse de l'aimer quand elle le sait décidé à épouser l'Infante. — Elle donne son cœur au prince Charles. Leur liaison devient publique. — Charles IV la traverse, se met sur les rangs. — Réponse dédaigneuse du cardinal aux offres de Charles IV. — Il refuse également le prince Charles. — Il marie sa nièce au connétable Colonna. — Désespoir de Mlle Mancini en quittant la cour. — Puissance immense de Mazarin. — Il tombe malade. — Ses derniers moments. — Comparaison entre Mazarin et Richelieu...... 51

CHAPITRE XXVII. — Louis XIV prend la résolution de gouverner lui-même. — Il est aidé dans ce dessein par les circonstances du dedans et du dehors. — Perspective d'une longue paix. — Elle contribue à diminuer l'importance des hommes de guerre. — Tous les yeux sont tournés vers le roi. — Il attire les nobles du royaume à sa cour. — Ses façons despotiques avec eux, et avec les princes lorrains établis à Paris. — Prestation de foi et hommage par Charles IV pour le Barrois. — Alliances proposées pour le prince Charles. — On veut lui faire épouser mademoiselle de Montpensier. — Il lui préfère sa sœur cadette. — Affection réciproque de Charles et de Marguerite d'Orléans. — Marguerite est promise par Louis XIV au prince de Toscane. — Séparation des deux amants. — Désespoir de Marguerite. — Le prince Charles rend des soins à mademoiselle de Montpensier. — Mademoiselle de Montpensier jalouse de sa sœur. — Elle incline à épouser le prince Charles. — Louis XIV fait démolir les fortifications de Nancy, et Mademoiselle ne veut plus entendre parler de ce mariage... 88

CHAPITRE XXVIII. — Le prince Charles est protégé par la reine-mère. — Elle arrange son mariage avec mademoiselle de Nemours. — Louis XIV donne son consentement. — M. de Lyonne signe pour lui au contrat. — Difficultés soulevées par le duc de Lorraine. — Le roi presse et menace le duc de Lorraine. — Intervention de M. de Lyonne dans cette affaire. — Sa situation, son crédit. — Il persuade au roi de profiter de la répugnance du duc de Lorraine à ce mariage, pour se faire céder immédiatement la Lorraine. — Perplexités du duc de Lorraine. — Sa mauvaise volonté pour son neveu. — Il cède ses États au roi, à condition que les princes lorrains seront reconnus aptes à succéder à la couronne de France. — Surprise et indignation du duc François et de son fils. — Étonnement général à la cour. — Le prince de Lorraine a recours à la générosité du roi. — Réponse de Louis XIV. — Le prince de Lorraine se dérobe de la cour après y avoir dansé dans un ballet. — Sa lettre à Louis XIV. — Protestation du duc François. — Réclamations des princes de la famille royale de France, et des ducs et pairs. — Résistance du Parlement de Paris pour enregistrer le traité. — Lit de justice. — Le traité est enregistré, sauf ce qui regarde les princes lorrains. — Protestation énergique de Charles IV. — Il veut épouser Marianne Pajot. — Louis XIV envoie le Tellier, menacer Marianne Pajot du couvent, si elle ne fait pas changer par Charles IV les dispositions de son contrat de mariage qui reconnaissent les droits du prince Charles à la succession de Lorraine. — Refus de Marianne Pajot. — Elle est arrêtée et mise au couvent de la Ville-l'Évêque. — Colère et menaces inutiles de Charles IV. — Sa considération diminue sensiblement à la cour de France. — Il quitte Paris pour retourner dans ses États.. 127

DES CHAPITRES. 477

CHAPITRE XXIX. — État de la Lorraine au moment du retour de Charles IV. — Phases diverses de l'occupation française. — Les dispositions des populations lorraines envers les Français modifiées peu à peu. — Esprit de l'armée. — Dispositions de la noblesse, des classes moyennes et du peuple. — Charles IV veut gouverner en maitre absolu. — Résistance des seigneurs de l'ancienne chevalerie. — Ils réclament leurs priviléges. — Charles IV exile quelques-uns d'entre eux. — Ils persistent dans leur opposition. — Ils sont peu soutenus par l'opinion, et pourquoi. — La signature du traité de Montmartre par Charles IV rend leur cause plus populaire. — Charles IV écoute leurs observations et leur permet de s'assembler. — Louis XIV fait promettre aux chevaliers la conservation de leurs franchises, s'ils embrassent sa cause. — Les chevaliers restent fidèles à Charles IV. — Leurs diverses assemblées. — Ils envoient des députés à la Diète de Ratisbonne. — Conduite ambiguë de Charles IV. — Il n'est de bonne foi avec personne. — Il promet à Louis XIV d'exécuter son traité, et se met secrètement sous la protection de l'Empereur. — L'Empereur ne peut le protéger à cause de l'invasion des Turcs dans ses États. — Expédition de Louis XIV pour prendre Marsal. — Charles IV remet cette ville au roi de France. — Traité de paix de Marsal.. 133

CHAPITRE XXX. — Joie des Lorrains après la conclusion du traité de Marsal. — Réception enthousiaste faite au duc Charles à son retour à Nancy. — Sa conduite à l'égard des gentilshommes de l'ancienne chevalerie. — Il abolit définitivement le tribunal des Assises. — Il traite avec honneur les fils des anciens chevaliers et leur donne des charges auprès de sa personne. — Succès de cette manœuvre. — Il refuse de laisser revenir le prince Charles en Lorraine. — Carrousels donnés aux dames de Mirecourt. — Passion de Charles IV pour Mlle de Ludre. — Il la veut épouser. — Opposition de Mme de Cantecroix. — Elle est obligée de retourner à Besançon. — Sa maladie. — Charles l'épouse *in extremis*. — Sa mort. — Nouveaux divertissements à Nancy. — Les bourgeoises de la ville admises à la cour. — Charles tombe amoureux de Mlle la Croisette. — Cette liaison dure deux ans. — Il s'éprend de la fille du comte d'Aspremont. — Dans quelles circonstances. — Il veut l'épouser. — Mlle de Ludre forme opposition au mariage. — Elle se désiste. — Mlle d'Aspremont reconnue duchesse de Lorraine. — Son entrée solennelle à Nancy................ 214

CHAPITRE XXXI. — Situation précaire de Charles IV. — Sa conduite imprudente. — Il lève des troupes pour secourir l'Électeur de Mayence. — Il entre en campagne contre l'Électeur palatin. — Louis XIV l'oblige à désarmer. — Il se fait donner les troupes lorraines pour les employer contre les Espagnols. — Il ne veut point les payer. — La campagne finie, il les garde malgré le duc. — La paix faite, il veut obliger Charles IV à désarmer. — Résistance du duc. — Il entre dans la ligue contre la France. — Louis XIV, avant de commencer la guerre contre la Hollande, veut s'emparer de la Lorraine et de la personne de Charles IV. — Guet-apens pour le surprendre à Nancy. — Il échoue. — Politique de Louis XIV à l'égard du duc de Lorraine, expliquée dans la lettre de

Louis XIV au maréchal de Créqui. — Le maréchal s'empare de la Lorraine. — Le duc se sauve en Allemagne. — Intervention de la Diète et de l'Empereur. — Ambassade du comte de Windisgratz à Paris. — Comment il est reçu par Louis XIV. — Négociations diverses du président Canon, agent du duc de Lorraine, avec MM. de Lyonne et de Pomponne. — Elles n'aboutissent point et pourquoi. — L'Empire et l'Espagne entrent en guerre contre la France. — Succès personnels de Charles IV dans les campagnes des années 1674-75.—Défaite du maréchal de Créqui à Consarbruck. — Mort de Charles IV.............. 235

CHAPITRE XXXII. — Charles V fait part de son avénement à l'Empereur et aux États-Généraux. — Sa situation en Allemagne. — Détails sur la vie de ce prince depuis sa sortie de France. — Il se rend à Vienne. — Ses premières campagnes contre les Turcs. — Sa glorieuse conduite à la bataille de Saint-Gothard. — Il est nommé général de la cavalerie impériale. — Il prend part à la guerre contre les révoltés de Hongrie. — Élection d'un roi de Pologne. — Charles se met sur les rangs. — Il est porté par l'Autriche qui veut lui faire épouser l'archiduchesse Éléonore, sœur de l'Empereur. — Il est combattu par la France. — Élection de Michel Koributh. — Le nouveau roi de Pologne épouse Éléonore. — Chagrin de Charles V. — Campagne en Hongrie. — Nouvelle élection, nouvelle candidature de Charles V. — La reine Éléonore le préfère ouvertement. — Sobiesky est élu. — Campagne sur le Rhin. — Charles est nommé généralissime de l'armée impériale. — Ses succès. — Prise de Philisbourg. — Il épouse Éléonore. — Négociations à Nimègue. — Prétentions de la France. — Résistance de Charles V. — Il n'accepte pas les conditions de la paix de Nimègue. — Invasion de l'Allemagne par les Turcs. — Campagne de Charles V sur le Danube. — Siége de Vienne. — Réunion de Charles V et de Sobiesky pour le secours de Vienne. — Vienne délivrée. — Conversation de Charles V avec l'Empereur. — Sa grande situation dans l'Empire rend Charles odieux aux ministres impériaux. — Il remet la Hongrie sous le joug de l'Empereur. — Testament politique qu'il remet à l'Empereur. — Importance de cet écrit. — Guerre avec la France. — Charles V commande l'armée impériale. — Ses triomphes. — Prise de Mayence et de Bonne. — Sa mort soudaine.................................. 287

DES CHAPITRES.

DOCUMENTS HISTORIQUES ET PIÈCES JUSTIFICATIVES.

. — Le cardinal Mazarin à M. de Lorraine 389
II. — Extrait des dernières lettres de S. A. de Lorraine, écrites à MM. Mazarin, Saint-Martin et Mengin 390
III. — Lettre de Louis de Bourbon, prince de Condé, à Charles IV 390
IV. — Lettre de Charles de Lorraine au prince de Condé 391
V. — Le cardinal Mazarin au duc François de Lorraine 392
VI. — Le cardinal Mazarin au duc de Lorraine 392
VII. — Lettre du duc François à Charles IV 393
VIII. — Le marquis de Beauvau au reverend père Donat, Tiercelin, confesseur de S. A 394
IX. — Le cardinal Mazarin à M. le duc François de Lorraine 395
X. — Extraits de lettres de M. le Tellier au cardinal Mazarin 396
XI. — Le cardinal Mazarin au duc de Lorraine 398
XII. — Articles et conditions sous lesquelles S. A. veut et entend céder ses États à M. le prince Charles, son neveu, en faveur du mariage proposé avec Mademoiselle 399
XIII. — Article particulier du traité avec M. de Lorraine 400
XIV. — Le duc de Lorraine à M. de Lyonne 402
XV. — Le duc de Lorraine au roi 403
XVI. — Réponse de Mademoiselle aux conditions proposées par le duc Charles 403
XVII. — Le prince Charles à M. de Lyonne 405
XVIII. — Lettre du prince Charles de Lorraine à M. *** 406
XIX. — Lettre de S. A. le duc Charles de Lorraine, présentée au roi par M. Lillebonne 407
XX. — Récit de ce qui s'est passé jusqu'icy en l'affaire du traité que le roy a fait avec M. le duc de Lorraine 408
XXI. — Ce que le roy a dit à M. le prince en lui donnant la nouvelle du traité conclu avec M. de Lorraine 413
XXII. — Lettre du duc Charles à M. le chancelier 414
XXIII. — Lettre du duc Charles à M. le premier président du parlement de Paris 414
XXIV. — Lettre escrite au roy très-chrestien par M. le prince Charles de Lorraine 415
XXV. — Lettre de M. le prince Charles de Lorraine à MM. de l'ancienne chevalerie de Lorraine 416

TABLE DES CHAPITRES.

XXVI. — Contrat de mariage du duc Charles de Lorraine avec Mlle Marie-Anne-Françoise Pajot.. 417

XXVII. — M. de Beauvilliers à M. de Lyonne......................... 422

XXVIII. — Mémoire sur la démolition des fortifications de Nancy 426

XXIX. — Lettre de Charles IV de Lorraine à l'Empereur................ 432

XXX. — M. de Lyonne à M. de Bernbourg sur le voyage de Lorraine...... 433

XXXI. — Le Roy au duc de Lorraine................................. 435

XXXII. — Le duc de Lorraine au Roy................................ 435

XXXIII. — M. d'Aubeville à M. de Lyonne........................... 436

XXXIV. — M. de Lyonne à M. d'Aubeville........................... 439

XXXV. — Mémoire envoyé à M. le duc de Lorraine.................... 439

XXXVI. — M. d'Aubeville à M. de Lyonne........................... 441

XXXVII. — Lettre de M. de Lorraine à M. le maréchal de Créqui........ 441

XXXVIII. — Le Roy au maréchal de Créqui........................... 442

XXXIX. — M. de Lyonne à M. le maréchal de Créqui................... 444

XL. — Le duc de Lorraine aux treize cantons......................... 445

XLI. — M. le maréchal de Créqui à Lyonne.......................... 446

XLII. — M. de Lyonne au Roy sur l'affaire de Lorraine 447

XLIII. — Acte de reconnaissance du prince Charles comme héritier des États de son oncle 449

XLIV. — Mémoire sur l'affaire de Lorraine envoyé à tous MM. les ambassadeurs et ministres du Roy.. 452

XLV. — Addition à une lettre de M. de Lyonne (en date du 3 octobre 1670)... 454

XLVI. — Le duc de Lorraine à MM. des États-Généraux................ 455

XLVII. — Le maréchal de Créqui à M. de Gravel..................... 455

XLVIII. — M. de Créqui à M. de Gravel............................. 456

XLIX. — Le duc de Lorraine à M. de Lyonne......................... 457

L. — Le maréchal de Créqui à M. de Gravel......................... 457

LI. — Le prince de Lorraine à M. Lebègue........................... 458

LII. — Mémoire envoyé à la Cour par le plénipotentiaire de Lorraine....... 459

LIII. — Le duc de Lorraine aux États-Généraux....................... 460

LIV. — Mémoire sur le testament politique du duc de Lorraine........... 461

LV. — Testament politique de Charles V, duc de Lorraine et de Bar....... 464

FIN DE LA TABLE DES CHAPITRES DU TOME TROISIÈME.

www.ingramcontent.com/pod-product-compliance
Lightning Source LLC
Chambersburg PA
CBHW050237230426
43664CB00012B/1737